Wittinger (Hg.) · Psychodrama in der Bildungsarbeit

Edition Psychologie und Pädagogik

Thomas Wittinger (Hg.)

Psychodrama in der Bildungsarbeit

Matthias-Grünewald-Verlag · Mainz

Widmung

Meiner Frau Heidrun,
die mich zum ersten Psychodrama-Seminar animierte
und von da an meine Entwicklung zum Psychodramatiker mit ihrer Liebe begleitete;
und meinen Kindern Lysander und Valeska;
wenn ich ihr Spiel sehe, muss ich an Moreno mit den Kindern in den Wiener Parks denken.

Der Matthias-Grünewald-Verlag ist Mitglied der Verlagsgruppe engagement

Die Deutsche Bibliothek – CIP-Einheitsaufnahme

Ein Titeldatensatz für diese Publikation ist bei Der Deutschen Bibliothek erhältlich.

Umschlag: Harun Kloppe, Mainz
Abbildung: Édouard Manet, Frühstück im Atelier, 1868
Bayerische Staatsgemäldesammlungen, Neue Pinakothek, München
Unter Verwendung eines Fotos von © Joachim Blauel - ARTOTHEK
Satz/DTP: Manfred Werkmeister, Mainz
Druck und Bindung: WS-Druckerei, Bodenheim
ISBN 3-7867-2286-2

Inhalt

Inhalt

Prolog

J. Levy Moreno hat immer wieder betont, dass das Psychodrama auch im Bildungswesen anwendbar sei. Gleichzeitig unternahm er selbst nur sporadisch Ausflüge in diesen Tätigkeitsbereich. Als Pädagoge hat Moreno sich wohl nicht verstanden. Entsprechend spärlich sind seine schriftlichen Ausführungen. Nach meiner Kenntnis existieren von ihm nur einige Ausführungen in Psychodrama Vol I und ein kurzer Aufsatz zu diesem Themenkomplex. Er lag bisher nicht in deutscher Übersetzung vor. (>Moreno) Die Theoriebildung ist dort aber sehr ungenau. Dies gilt besonders für die von ihm verwendete Begrifflichkeit. Schon deshalb halten wir den Begriff der „Moreno-Pädagogik" nicht für sinnvoll. Daraus ergibt sich für PsychodramatikerInnen heute die Möglichkeit für kreative Ausgestaltungen in pädagogischen Feldern. Dazu gehört, dass zur theoretischen Reflexion nicht nur die relevante psychodramatische, sondern auch pädagogische Literatur heranzuziehen ist.
Schon in den 70er Jahren haben Mävers, Stein und Freudenreich entsprechende Übersetzungsversuche in die Bildungsarbeit unternommen. Sie waren zwei Fronten von Kritikern ausgesetzt. In der Bildungsarbeit begegneten sie erheblichen Ressentiments gegenüber allem, was – salopp ausgedrückt – nach „Psycho" roch. Sie erfanden deshalb eine Reihe von neuen Begriffen, um einerseits diesen Ressentiments zu entgehen und doch gleichzeitig das zu bezeichnen, was sie in der Bildungsarbeit Besonderes taten. Freudenreich (1977, [3]1993) und Mävers sprechen z.B. von Pädagogischem Rollenspiel (1993). Ebenso Inge Brenner et al. (1996). Steinweg sprach vom Sozialtherapeutischen Rollenspiel. Andererseits reklamierten ÄrztInnen und PsychologInnen Therapie/Selbsterfahrung für sich. Ihre Arbeit durfte deshalb keine therapeutischen Vokabeln benutzen. Das führte oft zu dem Vorwurf von PsychodramatikerInnen, ihre Arbeit sei nicht wirklich psychodramatisch. Sie hatten deshalb ausführliche Abgrenzungsdebatten zu führen. Diese Diskussionen führten dazu, dass ihre Bemühungen ebenso wie ihre Arbeiten nur SpezialistInnen unter den PsychodramatikerInnen bekannt sind. Eine erziehungswissenschaftliche Grundlegung gibt es bis heute nicht. Roland Springers Arbeit (1993) ist nur eine Neuauflage der alten Debatte.
Seit 1977 wurden in Frankreich die ersten Bemühungen für eine Umsetzung psychodramatischer Methoden für den Spracherwerb unternommen (Dufeu 1993). Die Arbeiten von Augusto Boal wurden in Europa in der praktischen Anwendung erst bekannt, als er nach Paris kam. Von Ausnahmen abgesehen fand aber kein fachlicher Austausch statt. Die Inhalte der relationellen Psychodramaturgie verdienen deshalb für eine theoretische Fundierung der psychodramatischen Arbeit in der Pädagogik

sicher besondere Beachtung, weil hier beide Traditionen miteinander verknüpft werden (>Feldhendler). Ein weiterer Traditionsstrang findet sich in den Arbeiten zur subjektiven Didaktik von Kösel. Er hat nach meiner Kenntnis als erster einen kollegialen Austausch zwischen PädagogInnen und PsychodramatikerInnen im Rahmen eines Kongresses organisiert (Kösel 1988).
Seitdem unternehmen mehr PsychodramatikerInnen Übersetzungsversuche in pädagogische Felder. Die Versuche bemühen sich dabei vorrangig um eine Verbesserung der sozialen Kompetenz der TeilnehmerInnen. Seitdem werden immer häufiger die Begriffe pädagogisches Psychodrama oder Psychodrama-Pädagogik verwendet.
In diesem Handbuch sprechen wir nicht vom „Pädagogischen Psychodrama", weil dieser Begriff ein traditionelles Psychodrama-Modell unterstellt, das nur irgendwie pädagogisch angestrichen wird. Eine solche Vereinnahmung der Pädagogik durch die Therapie und Selbsterfahrung unterschätzt den Anspruch der Erziehungswissenschaft.
Wir sprechen deshalb auch nicht von „Psychodrama – Pädagogik", weil damit so getan wird, als könne das Psychodrama die gesamte Pädagogik neu fundieren. Daran würden wir uns überheben.
Wir sprechen deshalb bewusst von *Psychodramatischer Bildungsarbeit.* Hierfür gibt es eine Reihe von Traditionen und Verbündeten. Ferdinand Buer unternimmt die notwendigen theoretischen Orientierungen für eine psychodramatische Arbeit im Bildungswesen (>Buer).
Andererseits erhebt das Psychodrama Ansprüche für eine kreative Befruchtung der Bildungsarbeit. Diese Ansprüche und Möglichkeiten werden von Buer formuliert und von Klaus Lammers (>Lammers) noch einmal präzisiert. Diese Kreativität ermöglicht auch wertvolle Verknüpfungen mit anderen Verfahren. Die traditionell eher therapeutische Ausrichtung des Psychodramas mag eine Ursache dafür sein, dass das Soziodrama und besonders die Soziometrie von den PsychodramatikerInnen so wenig beachtet wurde (Gellert/Klein1994). Demgegenüber beweist das Soziodrama gerade in der Bildungsarbeit seine Qualitäten nicht nur als psychodramatisches Arrangement, sondern als eigenständiges Verfahren (>Geisler).
Die Beiträge im praktischen Teil wollen an Hand konkreter Beispiele zeigen, wie psychodramatische Bildungsarbeit in einem konkreten Format und Feld aussehen und was sie leisten kann. Es geht nicht darum, *alle* pädagogischen Formate darzustellen. Die pädagogische Professionalität der Leiterin oder des Leiters erweist sich sicherlich auch in genauer Kenntnis der Formate und deren Anforderungen. Deshalb werden sie in allen praktischen Beispielen immer neu dargestellt. Es sollen vielmehr einige wesentliche Bereiche vorgestellt werden. Wir wollen PsychodramatikerInnen Anregungen geben, wie sie ihre Arbeit im Bildungssektor angemessener gestalten können. Wir wollen den Bildungsveranstaltern und allen Lerninteressierten zeigen, was wir als PsychodramatikerInnen für die Bildungsarbeit der Zukunft leisten können. Dazu gehört die Kompetenz, Sachverhalte nicht nur durch rezeptives Erarbeiten zu vermit-

teln und zu erlernen. Lernen geschieht dialogisch, in der Beziehung (>Buer Theorie, >Feldhendler, >Wittinger). In der Führungskräfteentwicklung und Lehrerfortbildung liegt der Vorteil u.a. darin, Fachkompetenz mit dem Erwerb von Steuerungsmitteln zur Förderung eines guten Arbeitsklimas zu verknüpfen. Die Nutzung durch die TeilnehmerInnen an ihrem Arbeitsplatz bewährt sich gerade an konfliktträchtigen Themen wie Entlassung oder Alkoholmissbrauch, weil die Kompetenzerweiterung personenbezogen geschieht und die emotionale Befindlichkeit der TeilnehmerInnen bewusst mit einbezieht (>Wolsching-Strobel, >Rimmasch). Grundsätzlich ermöglicht Psychodrama aber auch neue Wege in essentiellen Anliegen der jeweiligen Formate. So unterstützt und fördert psychodramatisches Arbeiten das politische Selbstverständnis der Teilnehmenden und deren Handlungsfähigkeit (>Geisler, >Serafin). Es eröffnet neue Möglichkeiten des christlich-jüdischen Dialogs. Christen lernen von dem Juden Moreno die dringend notwendige Kritik der antijudaistischen Überlieferungen christlicher Tradition *(nicht des Neuen Testamentes)*. Die Befruchtung für interreligiöses Lernen ist durch Stangiers Anknüpfung an die Tradition der Mystik und des Zen-Buddhismus offensichtlich (>Stangier).
Wir möchten auch auf die besonderen Anforderungen an die Qualifikation des Leiters/der Leiterin als unverzichtbare Voraussetzung für die Anwendung psychodramatischer Arrangements hinweisen. Abgrenzungen erscheinen uns angesichts mancher Veröffentlichung der Gegenwart wieder notwendig, um einer Verflachung der Arbeit zu wehren (z.B. Ingo Scheller 1998). Wir würden uns freuen, wenn zukünftig auch unter den szenisch arbeitenden Pädagogen ein Konsens darüber erreicht würde, dass für die gleichen Arrangements die gleichen Begriffe verwendet werden. Gegenüber Nicht-PsychodramatikerInnen in der Bildungsarbeit plädieren wir also mit diesem Handbuch explizit für eine Seriosität der szenischen Arbeit, „Schuster, bleib' bei deinen Leisten". (Aktions-)soziometrische Arrangements, psychodramatische Gruppenspiele und Protagonistenspiele sollten auch nur so genannt werden und nicht durch Begriffe aus anderen szenischen Verfahren z.B. „Standbilder der Gruppe" oder „Szenische Interpretationen eigener Haltungen und problematischer Erlebnisse" in ihrer psychischen Tiefenwirkung heruntergespielt und damit unterschätzt werden (Scheller a.a.O.). Zur Qualifikation des Leiters genügt nicht das Befolgen des Rates, bei angeblich oder tatsächlich einfacheren Arrangements anzufangen, allmählich Erfahrungen in der Anwendung zu sammeln und ein nicht näher beschriebenes Maß an Selbstreflexion und Sensibilität für eigene und fremde Empfindungen (Scheller a.a.O.). Statt dessen ist eine fundierte Psychodrama-Weiterbildung notwendig! Das soll nicht heißen, dass man keinen Wechsel zwischen den Verfahren vornehmen darf. Im Gegenteil! Man muss aber wissen, was man tut. Es geht uns nicht um Standesdünkel. Vielmehr müssen Teilnehmende von Bildungsveranstaltungen die Gewähr haben, dass die Leitung den angerührten Gefühlen auch Stand halten und damit umgehen kann. Das Buch ist auch als ein Arbeitsbuch angelegt. An den entsprechenden Stellen wurden deshalb Verweise (>...) zu anderen Artikeln des Buches zur weiteren

Lektüre eingefügt. Die Literatur zu den jeweiligen Themen wurde immer an die Artikel hinten angefügt.
Sie, die Leser und Leserinnen, sind eingeladen, auch die Bildungsarbeit als Beziehungsarbeit ernstzunehmen und sich von den Texten und Beispielen anstiften zu lassen, an Morenos Utopie einer dialogischen Weltordnung mitzuwirken.

Danksagung

Allen AutorInnen dieses Sammelbandes bin ich zu großem Dank verpflichtet. Sie haben mit ihrer schnellen Zustimmung zur Mitarbeit trotz der meist sehr vollen Terminkalender und den Gesprächen zum Thema mir ungeahnte Unterstützung zukommen lassen. Hier sei ganz besonders Ferdinand Buer genannt, der mein Anliegen und seine Umsetzung von Anfang an gefördert hat. Ohne seine klare Sprache und viele Hinweise hätte das Projekt so nur mit sehr viel mehr Aufwand realisiert werden können.
Danken möchte ich meinen KollegInnen Anette Latzel und Olaf Mönch, die das Manuskript korrigiert haben.
Mein Dank gilt natürlich auch meinen LehrerInnen zum Psychodramatiker Marlies Arping, Friedel Geisler, Manfred Dietl, Manfred Gellert und dem unvergessenen Peter Oechsle.
Mein Dank geht auch an den Verlag für die freundliche und unkomplizierte Art der Realisierung dieses Buches.
Mein Dank gilt last not least meinen SchülerInnen, die mit ihrem Engagement und ihren Rückmeldungen meine Versuche zur Umsetzung des Psychodramas im Unterricht unterstützt haben.

Daniel Feldhendler

Psychodramatische und dramaturgische Arbeitsformen in der Sprachvermittlung

Seit 1977 wurden pädagogische Verfahren für den Fremdsprachenunterricht entwickelt, die vom Psychodrama tief geprägt sind. Den Ausgangspunkt bildete der Austausch und eine Blockveranstaltung an der Universität Mainz mit Willy Urbain, der Anfang der 70er Jahre in Frankreich in seinem Pariser Zentrum (CESDEL) Vorgehensweisen für den Einsatz von Psychodrama im Fremdsprachenerwerb konzipiert hatte. Von diesem Zeitpunkt an, und angeregt durch unsere Psychodrama-Ausbildungen (an den Moreno-Instituten in Stuttgart und Überlingen) begann eine Phase schöpferischer Gestaltung am gemeinsam gegründeten *Centre de Psychodramaturgie* in Mainz (1983). Während Marie und Bernard Dufeu vor allem die Methode der *„Psychodramaturgie Linguistique"* und Grundlagen einer *Relationellen Pädagogik* entwickelten, konzentrierte ich mich vorrangig auf den Aufbau einer *Relationellen Dramaturgie* an der J.W. Goethe-Universität in Frankfurt am Main.
Im Folgenden möchte ich spezifische Aspekte dieser pädagogischen Ansätze näher betrachten: Sie wurden zunächst für den Fremdsprachenunterricht in der Erwachsenenbildung entwickelt. Seitdem wurden Grundformen dieser Verfahren sowohl auf die Primar- und Sekundarstufe in Schulen als auch in die Hochschulausbildung übertragen. Die Gemeinsamkeit dieser Arbeitsformen, die Sprachen übergreifend angewendet werden können, besteht in ihren interdisziplinären Bezugsquellen. Das Psychodrama bildet hier den wichtigsten Bezugspunkt. Erwähnenswert ist an dieser Stelle die Tatsache, dass bereits Moreno auf die mögliche Anwendung seiner Verfahren in nicht-therapeutischen Bereichen hinwies. Er bezeichnete sie als *„action methods"* – gemeint sind Stegreiftheater, Lebende Zeitung, Soziodrama, Axiodrama, Ethnodrama, Soziometrie, Rollenspiel und Psychodrama – Methoden, die die „schöpferische Spontaneität" wecken und fördern:
„I have always tried to show that my approach was meant as much more than a psychotherapeutic method – my ideas have emphasised that creativity and spontaneity affect the very roots of vitality and spiritual development, and thus affect our involvement in every sphere of our lives." (Moreno in Blatner 1973, VI).
Moreno entdeckte im Stegreifspiel eine besondere Qualität und gab dabei schon 1914 dem Begriff der Begegnung einen zentralen Stellenwert für die theoretische Grundlegung seiner Arbeitsweise. Später, in seinem Stegreiftheater, das er 1921 in Wien gründete, wollte Moreno eine Form entwickeln, die den Kriterien der Begeg-

nung entsprach: „The problem which I tried to solve was how to create a form of „drama" which meets the criteria of the encounter." (^{2}1975, 28) Auf der Basis seiner Erfahrungen gelangte er zu einer Theorie der Spontaneität, die für sein Schaffen maßgeblich war. Rückwirkend postulierte er, dass er bereits in seinem 1923 erschienenen Buch *„Das Stegreiftheater"* die Idee entwickelt habe, die Hauptaufgabe einer Schule der Zukunft sei das Training der Spontaneität, „It was in the year 1923 when I set forth the dictum: „Spontaneity Training is to be the main subject in the school of the future." (^{4}1985, 130)
Bei der Anwendung des Psychodramas im pädagogischen Bereich wird das Psychodrama als „Einladung zu einer Begegnung im Spiel" (Leutz 1974, 66) betrachtet und diese Einstellung als „Seinsweise" verstanden, die zugleich auch eine Methode des persönlichen Lernens konstituieren kann.

1. Eine morenosche Pädagogik: *Pädagogik des Seins*

Dufeu prägte den Begriff *„Pädagogik des Seins"* (1983, 197) im Fremdsprachenunterricht. Sie entstand aus einer Wandlung der Unterrichtsformen, bedingt durch gesellschaftliche Entwicklungen im Laufe der 70er Jahre.
Diese Pädagogik könnte sich auch als morenosche Pädagogik verstehen. Ihre Hauptmerkmale sind folgende:

- die Lernenden werden als Individuen und Subjekte betrachtet;
- die Lernenden sind TeilnehmerInnen einer Lerngruppe: Es findet ein personen– und gruppenorientierter Unterricht statt;
- die TeilnehmerInnen werden in ihrer Gesamtheit (Körper, Gefühlsleben, Intellekt) berücksichtigt;
- der Spracherwerb ist weniger auf die Speicherung von Inhalten gerichtet, als auf die Entwicklung von Fähigkeiten, Fertigkeiten und Haltungen, die den Erwerb der Fremdsprache fördern;
- die erworbenen Fähigkeiten tragen zur besseren Wahrnehmung des Selbst, der anderen TeilnehmerInnen und der Umwelt bei;
- die Entwicklung dieser Fähigkeiten als kommunikative Kompetenz ermöglicht den TeilnehmerInnen sich als Person auszudrücken und sich zu situieren;
- die Sprache wird nicht mechanisch gelernt (wie in Strukturübungen), sondern in direktem Kontakt mit Bezugspersonen erlebt, erfahren und erworben;
- die Erlebnisse der TeilnehmerInnen werden einbezogen. Jeder kann sich mit seiner eigenen Identität, mit der Wahrnehmung seiner Realität, mit dem Ausdruck seiner Phantasie als Person einbeziehen;
- die Sprache ist Mittel zur zwischenmenschlichen Kommunikation;
- das inhaltliche Programm des Spracherwerbs entsteht in Anwesenheit der TeilnehmerInnen und gestaltet sich nach ihren Ausdrucksbedürfnissen;

- die Lernschritte richten sich mehr nach interaktionellen, relationellen Komponenten;
- der Irrtum ist ein wesentlicher Bestandteil des Erwerbsprozesses;
- die Lehrerrolle und die pädagogische Beziehung ändern sich: Die hierarchische Beziehung wird durch eine empathische Beziehung ersetzt.

Bestimmte Arbeitsbedingungen für die *„Pädagogik des Seins"*, auch relationelle Pädagogik (als eine Beziehungspädagogik) genannt, sind notwendig:

- eine Raumgestaltung, die Beweglichkeit in der Gruppe erlaubt;
- Zeit und Raum für Kleingruppenarbeit;
- Intensivkurse sind im Anfangsunterricht von großem Vorteil;
- offenes Programm statt Lehrbücher;
- Feedback-Verfahren in der Gruppe statt Leistungskontrollen;
- eine breite und tiefe Lehrerausbildung und kontinuierliche Fortbildung.

Dufeu betont weiter, „Die Grundsätze der Pädagogik des Seins können zudem außerhalb des Fremdsprachenunterrichts angewandt werden, denn die Fertigkeiten und Haltungen, die damit entwickelt werden, tragen zu einer Gesamtentwicklung des Individuums bei. Eine Fremdsprache zu erwerben, bedeutet für uns, die Wahrnehmungs- und Ausdrucksmöglichkeiten des Teilnehmers zu erweitern, was zu seiner persönlichen Entwicklung beiträgt." (1983, 197)

1.1. Die pädagogischen Ansätze am „Centre de Psychodramaturgie"

Die Forschungs-und Ausbildungsarbeit am *Centre de Psychodramaturgie* in Mainz setzte sich zum Ziel, psychodramatische Grundlagen auf den Spracherwerb zu übertragen. Die Übernahme von theoretischen Grundlagen und Grundübungen (Prinzipien der Doppel- und Spiegeltechnik und Einsatz von Masken im Fremdsprachenunterricht) aus der Methode von Willy Urbain (genannt *Expression Spontanée,* 1972) wurde zum Ausgangspunkt für die Entwicklung der *„Psychodramaturgie Linguistique"* (PDL oder Sprachpsychodramaturgie). Der Begriff verweist auf die Grundlagen und Quellen dieser Methode, einerseits das Psychodrama und andererseits die Dramaturgie. Der Begriff Psychodramaturgie bezieht sich ursprünglich auf eine bemerkenswerte kulturelle Erscheinung, Schützenberger stellt in der französischen Übersetzung von Morenos Werken nämlich fest, dass der Psychodramatiker hier auch Psychodramaturg genannt wird.

Als Übernahmen aus dem Psychodrama für den Einsatz im Spracherwerb gelten:

- das Konzept der schöpferischen Spontaneität;
- die TeilnehmerInnen- und Gruppenzentriertheit;
- die Einbeziehung der TeilnehmerInnen in ihrer Gesamtheit;
- das Prinzip des Lernens durch Handeln *(drama).*

Die Hauptverfahren des Psychodramas wurden übertragen auf diese pädagogische Form:

– Doppeln, Spiegeln, Rollenwechsel und Rollentausch;
– Imaginative Verfahren (Einsatz von Märchen u.a.);
– Das Prinzip der szenischen Umsetzung (Vignetten, Rollenspiele und ihre Konstituenten).

Zusätzlich wurden andere Bezugsquellen übernommen:
– Aufwärmübungen, Raum-Zeit-Übungen aus der Schauspielerausbildung
– Entspannungsübungen auf der Grundlage der Eutonie (Alexander) und der Sophrologie (Caycedo)
– Atemtechniken (insbesondere nach der Methode von I. Middendorf)
– Vokal- und Stimmübungen (insbesondere aus der Arbeit von M. L. Aucher, und M. Jousse).
– Inszenierungsverfahren aus dem Stegreiftheater nach J.L. Moreno und aus weiteren Quellen (u.a. Sheleen, Dropsy, Boal).

Weitere Übungen stammen aus der Tradition der Encounter-Gruppen oder körperorientierten Methoden. B. Dufeu schreibt dazu (1991): „Alle diese Quellen wurden unseren Zielen angepasst bzw. waren Anstoß zur Entwicklung neuer adäquater Übungen. Im Sinne der Schaffung eines kohärenten pädagogischen Zusammenhangs wurden die erwähnten Quellen aufeinander abgestimmt, so dass daraus neue, unserer Zielsetzung angepasste Übungen entwickelt werden konnten."

Da schon in zahlreichen Publikationen näher auf die Konstituenten und den Aufbau der PDL eingegangen wurde (vgl. u.a. Dufeu in Bosselmann et ali.1993), möchte ich in diesem Artikel lediglich eine Form konkret beschreiben. Das Hauptprinzip, auf dem die pädagogische Arbeit aufbaut, ist die Doppelübung, die aus der psychodramatischen Tradition kommt. Sie wurde auf das pädagogische Setting zum Spracherwerb übertragen. In der ursprünglichen Form der PDL sitzen GruppenteilnehmerInnen und TrainerInnen auf einem Teppichboden. Am Anfang eines Intensivkurses findet eine Entspannungsübung statt, und darauf folgt in der Regel eine Aufwärmphase (z.B. ein Gruppenspiegel als Aufwärmung in der Fremdsprache). Danach wird die Hauptübung eingeführt. Eine TeilnehmerIn (auch Protagonist genannt) setzt sich in die Mitte eines Halbkreises. Die TrainerIn stellt sich an die Seite des Protagonisten bzw. hinter ihn. Die TrainerIn übernimmt, soweit es möglich ist, die gleiche Körperhaltung. Sie stellt sich auf den Atemrhytmus des Protagonisten ein und versucht sich in ihn durch körperliches Doppeln hineinzuversetzen. Die TrainerIn entwickelt dann eine kurze Sequenz von etwa zwei Minuten in der Fremdsprache, die der Protagonist in dieser Situation aussprechen könnte. Er trägt dabei eine volle neutrale Maske, die ihn vor dem Blick der anderen TeilnehmerInnen schützt und ihm dabei erlaubt, sich auf sich selbst und auf die Stimme der TrainerIn zu konzentrieren. Die TrainerIn übernimmt ein zweites Mal ihre Sequenz, so dass der Protagonist eine weitere Unterstützung in der Fremdsprache bekommt. Dann nimmt der Protagonist eine Halbmaske, mit der er nicht sehen aber sprechen kann. Diese Maske hilft ihm, sich auf die Stimme der TrainerIn bzw. auf die eigene sprachliche

Produktion zu konzentrieren. Die TrainerIn übernimmt situativ ein weiteres Mal die entstandene Sequenz in der Fremdsprache und der Protagonist macht sich die vorgeschlagene Sequenz zu eigen, indem er versucht, was immer ihm von der Melodie und der Intonation her liegt, zu übernehmen. Die TrainerIn lässt die Sequenz sich neu entwickeln, indem sie berücksichtigt, was der Protagonist übernimmt, wie er es übernimmt und was er dabei auslässt. In der dritten Phase bekommt nun der Protagonist eine Halbmaske, mit der er sehen kann. Weiterhin unterstützt durch die TrainerIn entwickelt sich die sprachliche Sequenz des Protagonisten. Die TrainerIn orientiert sich dabei durch Empathie an Intonation, Atembewegung und Körperhaltung des Protagonisten.
Im weiteren Verlauf der Übungen finden dann sehr stringente und kohärente Schritte zur Förderung der Aufnahme- und Ausdrucksfähigkeit der TeilnehmerInnen in der fremden Sprache und in der Lerngruppe statt. Die hier beschriebene Doppelübung gilt als Grundform. Sie wurde in anderen Settings und Unterrichtssituationen in abgewandelter Form eingesetzt (z.B. sitzend auf Stuhl oder ohne Einsatz von Masken). Es bleibt die Grundhaltung der TrainerIn, sich auf ihre TeilnehmerInnen, soweit es geht, einzustellen.

1.2. Ein weiterer Ansatz: die Relationelle Dramaturgie

Geprägt einerseits durch die gemeinsame Aktionsforschung, durch die Erfahrung der praktischen Anwendung der PDL in der Zusammenarbeit mit Marie und Bernard Dufeu und andererseits durch die intensive Beschäftigung mit den Verfahren der Spiel-, Interaktions- und Theaterpädagogik, durch Fortbildung mit französischen Ansätzen der Theaterpädagogik, durch Ausbildung und Zusammenarbeit mit A. Boal und später mit J. Fox (vgl. Feldhendler 1983, [2]1992b) wandte ich mich ab 1981 verstärkt der Entwicklung einer *Relationellen Dramaturgie* zu. Als ganzheitliche Arbeitsweise im Fremdsprachenunterricht verbindet sie ebenfalls Psychodrama und Dramaturgie.
Psychodramatisch zu arbeiten bedeutet eine zwischenmenschliche Begegnung herbeizuführen, die authentisch und kongruent ist. Wenn psychodramatische Methoden im Fremdsprachenunterricht eingesetzt werden, bedeutet dies, dass Begegnung, also die Interaktion der TeilnehmerInnen (TN), ihre Beziehung zu sich selbst, zueinander und zum weiteren Umfeld, die Ausgangspunkte für Sprechanlässe bilden. Die Dynamik des Prozesses, innerhalb dessen die Fremdsprache erworben wird, basiert also nicht auf vorgegebenen Übungen aus Lehrbüchern, sondern aus der Situation im Hier und Jetzt und auf der Beziehungsebene zwischen den TN und dem Geschehen in der Lerngruppe. Dabei wird das Setting sowohl durch relationelle als auch dramaturgische Arbeitsformen getragen. *Relation* meint, in Beziehung setzen; *Relationelles* Lehren geht daher von den Situationen der Lernenden selbst aus. Als Interaktion ist es also auf die einzelnen TN und die Lerngruppe zentriert. Der Lernprozess ist an ei-

ner *relationellen Progression* orientiert (Ausdruckswünsche und -bedürfnisse von TN in einem bestimmten Kontext). Auch den linguistischen Anforderungen, die den Lernprozess begleiten, werden in diesen Arbeitsformen Rechnung getragen.
In der *Relationellen Dramaturgie* wurde auch das Psychodrama mit seinen Prinzipien und Strukturen umgesetzt. Zu den gängigen Instrumenten (Doppeln, Spiegel, Rollenwechsel, Rollentausch, innerer Monolog, Interviewtechniken etc.) und pädagogische Arbeitsformen (wie Skulpturen, Vignetten bzw. Rollenspiele) kamen auch Arbeitsformen aus der Tradition des Stegreiftheaters wie z.B. die lebende Zeitung und weitere Modelle aus dem Axiodrama bzw. Soziodrama zur Bearbeitung interkultureller Themen.

Der Begriff *Dramaturgie* ist hier von *Drama* abgeleitet. Es heißt im etymologischen Sinne *Handlung*. Demnach beinhaltet *Dramaturgie* sowohl die äußere Form der Handlung als auch die innere Struktur, die das Handlungsgeschehen beeinflusst und bestimmt. Die Dramaturgie ist die notwendige Form zur Bildung einer Stegreiflage und Stegreifeignung im Morenoschen Sinne. Die Dramaturgie bildet also das katalysierende Gerüst für die Handlung. Angewandt im Fremdsprachenunterricht bietet sie durch die Struktur der offenen Rahmenhandlungen vermehrte Anlässe zum sprachlichen Ausdruck. Sie fördert den Lernprozess, wobei verbaler und nichtverbaler Ausdruck in eine ganzheitliche Arbeitsform integriert sind. Dramaturgie wird hier als organisierendes Prinzip für die Stegreifarbeit und als Förderinstrument für den spontanen, kongruenten, authentischen und persönlichen Ausdruck aus dem Erleben verstanden. Vor allem die dramaturgischen Modelle und Prinzipien von Stanislawski, Souriau, Sheleen, Boal, Fox und die französische Tradition der *„Jeu et Expression dramatique"* (Ryngaert, Barret) haben die relationelle Dramaturgie mit beeinflusst.

2. Die Arbeitsstrukturen der relationellen Dramaturgie

Die relationelle Dramaturgie fördert also die Lernaktivität und die Kreativität von TeilnehmerInnen im Fremdsprachenunterricht. Dieses Verfahren kann in Gruppen unterschiedlicher Größe als Intensiv- und Extensivform eingesetzt werden:

- zur Unterstützung und als Begleitform in den ersten Stunden eines traditionellen Anfängerunterrichtes;
- als eigenständige Methode bei fortgeschrittenen TeilnehmerInnen.

Durch die handlungs- und erfahrungsorientierte Pädagogik erleben die TeilnehmerInnen in speziellen Aufwärm- und Interaktionsübungen, Phantasie -und Stegreifübungen einen intensiven und situationsgerechten Zugang zur Fremdsprache. Analog dem psychodramatischen Modell gliedert sich der Unterrichtsverlauf in der Regel in drei Phasen:

- Aufwärm- und Sensibilisierungsphase

- Bearbeitung- und Vertiefungsphase
- Integrations- und Abschlussphase.

2.1. Aufwärmungs- und Sensibilisierungsphase

Jede Unterrichtssequenz beginnt deshalb mit dieser Phase, weil der Einstieg in die Arbeit richtungsweisend für die spätere Qualität der Begegnung und des Austausches ist. Er bereitet den Boden für die weitere Lernatmosphäre der Gruppe und legt einen Grundstein für die Bereitschaft der Lernenden zur Öffnung, Vertrauensbildung und Zusammenarbeit. Die Übungen in dieser Phase sind vom Lehrer bzw. TrainerIn angeleitet und sehr strukturiert. Sie gehen oftmals vom Nichtverbalen aus und führen zum Verbalen hin. In dieser Phase werden häufig Arbeitsformen eingesetzt wie:
- Atem- und Entspannungsübungen,
- Visualisierungsübungen,
- Übungen zu Raum und Zeit,
- Rhythmusübungen,
- Bewegungs- und Interaktionsübungen.

Diese relationellen Übungen geben den TN die Möglichkeit, sich zu sammeln, „warm“ zu werden mit der fremden Sprache. Sie fördern erste Kontaktaufnahmen mit anderen TN und mit der gesamten Gruppe. Der strukturierte Aufbau der Übungen leitet zur gruppenzentrierten bzw. themenzentrierten Orientierung der Sprachvermittlung hin und sensibilisiert die TN für die weitere Bearbeitung.

2.2. Bearbeitungs- und Vertiefungsphase

Hier werden die Situationen und Themen aktiv umgesetzt. Die TN lernen paralinguistische Elemente in der Handlung zu beherrschen. Spontaneität und Wahrnehmung unterstützen die Kommunikation. Sprechen und Handeln als Mittel der Kommunikation geschehen in der Hier– und Jetzt-Situation. Der Ort des Szenischen beinhaltet einen schöpferischen Spannungsbereich und stellt somit einen „potentiellen Raum“ dar, in dem die sprachliche bzw. kulturelle Produktion stattfindet (vgl. Winnicott ^{5}1989, 116). Die Situationen spielen auf den Ebenen des Realen, Imaginären und Symbolischen. Durch verstärkte Implikation und durch Identifikation mit einer Rolle wird die Sprache in einem unmittelbaren Zusammenhang erlebt.
In dieser Phase werden Aktivitäten mit offenem Handlungsrahmen eingesetzt wie:
- dramaturgische und interaktionelle Übungen mit verschiedenen Mitteln als Übergangsobjekte wie Photos, Bilder, Postkarten, Zeichnungen, Gegenstände, Handpuppen, Einsatz von leeren Stühlen;
- dramaturgische und relationelle Bearbeitung von Texten (alle Textgattungen, Gedichte, Chansons, Zeitungsartikel, Kurzgeschichten, Märchen, Romane, Mythen);

- szenische Umsetzung zur Dynamisierung der Handlung, und zur Förderung Lernprozesse;
- psychodramatische Vignetten und Rollenspiele zur Vertiefung;
- elaborierte dramaturgische Formen wie z.B. Stegreiftheater, Bildertheater, Lebendiges Zeitungstheater, Playback Theater zur Darstellung alltäglicher Situationen oder als ethnographische Momentaufnahmen, Forumtheater als dialogisches Prinzip;
- soziodramatische Übungen (z.B., zur Behandlung kultureller, gesellschaftlicher Themen bzw. zur Förderung der interkulturellen Selbst- und Fremdwahrnehmung).

In dieser Phase werden auch mündliche und schriftliche Aktivitäten integriert. Wir bevorzugen relationelle Arbeitsformen in Verbindung mit Prinzipien des kreativen Schreibens.

2.3. Integrations- und Abschlussphase

Diese Phase dient zunächst dazu, den intermediären Raum des Szenischen zu verlassen. Es ist die Zeit, zurückzukehren zum realen Raum. Rollen werden durch symbolische Übungen abgelegt. Strukturierte Rollenrückmeldungen in der Fremdsprache können auch hier stattfinden. Je nach Situation wird das Prinzip des Sharings umgesetzt und erweitert. Das persönliche Mitteilen dient dazu, gemeinsame Erfahrungen und deren Resonanz zu verbinden. Metakommunikative Äußerungen in der Fremdsprache wie z.B. Formen der Rückmeldung (aus dem Erleben, zur Sitzung etc...) werden ebenfalls integriert. Diese Phase ist ebenfalls der Moment für eine vertiefte Aufarbeitung linguistischer Fragen (Grammatik, Semantik, Wortschatz etc.), die während des Verlaufs aufgetreten sind. Dies geschieht soweit möglich unter relationellen Gesichtspunkten, Die Arbeit zur Konzeptualisierung der Zielsprache und ihre Einsichtnahme soll durch heuristiche Verfahren und Gruppenarbeit nachvollziehbar werden.

3. Zur Veranschaulichung des relationellen und dramaturgischen Settings

3.1. Der Rollenwechsel in den Anfangsphasen eines Fremdsprachenunterrichts

Adressaten: Erwachsene – 18 TeilnehmerInnen
Niveau: Anfänger mit Vorkenntnissen / Stufe I
Ort: Universität – Kurse für HörerInnen aller Fachbereiche
Im Vorlesungsverzeichnis wurde der Kurs mit folgendem Titel angekündigt: Französisch durch Interaktion und Rollenspiel.
Es ist die zweite Sitzung (Dauer 90min) im Semester.

Wir fangen mit einer Entspannungsübung an. Die Anweisungen werden auf Deutsch und Französisch mitgeteilt. Die TN nehmen Kontakt mit sich selbst und mit der Fremdsprache auf. In diesem entspannten Zustand wird dann eine Visualisierungsübung eingeleitet, Die TN werden eingeladen, in eine andere Rolle zu schlüpfen. Sie wechseln ihre Staatsangehörigkeit und sollen nun Franzose oder Französin werden. Während dieser Phase werden die Einzelnen dazu angeleitet, sich diese Gestalt nach ihrer eigenen Phantasie vorzustellen und nach und nach sich aktiv mit dieser Person zu identifizieren. In der gezielten Anleitung werden so Geschlecht, Alter, Aussehen, Wohnort in Frankreich, Familienstand etc. präzisiert. Am Ende dieser Phantasieübung wird die Rückkehr aus der aktiven Entspannungsphase eingeleitet.
Nach dieser Phase folgt in der Fremdsprache eine strukturierte Vorstellung der Einzelnen in ihrer neuen Identität. Weitere Übungen dienen der Identifizierung bzw. der Verkörperung der neuen Rolle, Jeder stellt sich mit einer typischen Körperhaltung vor. Dann werden raum-zeitliche, soziometrische Übungen eingerichtet:

- Aufteilung nach Wohnort auf einer imaginären Landkarte Frankreichs
- Aufteilung nach Alter in einem Kreis (vom Jüngsten zum Ältesten)
- Aufteilung nach Geschlecht im Raum
- Aufteilung nach Familienstand und Beruf etc.
- Aufteilung nach weiteren Kriterien, Gemeinsamkeiten werden gesucht.

Danach werden Zweiergruppen gebildet, Eine gegenseitige Vorstellungsübung wird durchgeführt. Weitere Kurzinterviews führen dazu, die Rolle in der Fremdsprache zu festigen und zu vertiefen. In einer neuen Gruppenbildung werden dann zwei TN eingeladen, einen dritten in seiner neuen Identität zu interviewen und bei Bedarf sprachliche Hilfestellung zu leisten. Die LehrerIn bzw. TrainerIn geht von Gruppe zu Gruppe und gibt weitere Unterstützung.
Um diese Phase abzuschließen, stellen alle ihre neue Rolle vor. Diesmal aber steht jeder hinter dem eigenen Stuhl und stellt die eigene Rolle in der dritten Person vor. Es ist gleichzeitig die Möglichkeit, Abstand von der Rolle zu nehmen.
In der Integrationsphase findet eine Aufarbeitung der sprachlichen Schwierigkeiten statt, die während der Stunde aufgetreten sind. Übersichtstafeln zur Vermittlung von Grundstrukturen können gemeinsam angefertigt werden. Kleingruppenarbeit dient hier besserer Einsichtnahme. Gemeinsamkeiten zwischen den kreierten, verschiedenen Rollen werden schriftlich festgehalten. Die Studenten sollen dann für die nächste Sitzung ein Porträt ihrer jeweiligen neuen Gestalt schriftlich vorbereiten.

3.2. Das Lebendige Zeitungstheater bei fortgeschrittenen TeilnehmerInnen

Seit 1981 wurden die Methoden der *lebenden Zeitung* von J.L. Moreno und des *Zeitungstheaters* von A. Boal von mir in Verbindung gebracht, durch eigene Erfahrungen angereichert, erweitert und zum *Lebendigen Zeitungstheater* weiterentwickelt. Ich verwende diese Verfahren in der Sprachausbildung der StudentInnen (in der Regel mit Romanistik als Hauptfach) in Didaktikveranstaltungen für LehramtsstudentInnen an der J. W. Goethe-Universität und in Sprachen übergreifenden Fort- und Weiterbildungen für SprachlehrerInnen (vgl. Feldhendler 1989, 1991, 1988).

Die lebende Zeitung von J.L. Moreno

Moreno interessierte sich in den zwanziger Jahren besonders für das damalige Experimentaltheater. In seinem Stegreiftheater in Wien griff er auf ein Verfahren zurück, das bereits während der russischen Revolution häufig eingesetzt wurde. Er entwickelte diese Form in Amerika weiter:

> „In einem Artikel in der *New York Sun* (30. März 1931) fasste ein Reporter Morenos Idee der ‚lebenden Zeitung' zusammen: „Die Zuschauer im Guild Theater sehen jeden Sonntag eine ‚Wochenschau' aktueller Ereignisse, die vor ihren Augen auf die Bühne gebracht und ohne Proben gespielt werden. Es ist möglich, daß man am Samstagabend in der *Sun* die Meldung von einem Bankeinbruch liest, von einer öffentlichen Feier oder vom Tod eines Prominenten, und dann denselben Vorfall nur vierundzwanzig Stunden später auf der Bühne erlebt." (Yablonsky 1978, 182)

Der Reiz dieser Form lag für Moreno darin, geschriebene Informationen unmittelbar erlebbar zu machen und ins *Hier und Jetzt* zu transportieren. Sie gehörten dann zum Kontext und zum Alltag des angesprochenen Zuschauerkreises. Die bildlichen Darstellungen der Informationen geschahen aus dem Stegreif, *in locus nascendi* oder *in situ* und waren spontaner Ausdruck, zentriert auf die Gruppe der ZuschauerInnen und/oder auf ein Thema/Problem.

Moreno entwickelte über die Praxis der lebenden Zeitung hinaus auch soziodramatische Arbeitsformen. Hier werden soziale, gesellschaftliche, kulturelle und interkulturelle Themen in kollektiven Charakteren verdichtet, die als Rolle von Personen übernommen werden können. Diesen Weg verfolge ich auch in der Praxis des Lebendigen Zeitungstheaters, Zeitungsnachrichten führen zu soziodramatischen Themen.

Das Zeitungstheater von A. Boal

Augusto Boal (geb. 1931 in Rio de Janeiro) gilt als einer der bedeutendsten brasilianischen Theatermacher. 1976 musste er aus politischen Gründen Südamerika verlassen und kam nach Europa. 1978 ließ er sich in Paris nieder und gründete das CEDITADE (*Centre d'étude et de diffusion des techniques actives d'expression*). Zu diesem Zeitpunkt lernte ich ihn dort kennen, und arbeitete dann mit ihm in dem Pariser Zentrum zusammen.

Boal hat von 1956 bis 1971 in Lateinamerika neue Darstellungstechniken entwickelt, welche die Zuschauer aus ihrer passiven Haltung des Konsumenten befreien sollten und sie zu Handelnden machten, zu Protagonisten und Akteuren ihres eigenen Lebens. Es entstand ein politisches Theater: das *Theater der Unterdrückten* (vgl. Boal 1979).

Boals Konzept ist sehr stark von der Pädagogik der Unterdrückten (vgl. Freire 1973) geprägt worden, wovon er auch den Namen seiner Theaterform ableitete. Ziel der Pädagogik der Unterdrückten ist es, durch Einheit von Aktion und Reflexion, durch Bewusstmachung und durch befreiende Erziehung eine Veränderung der bestehenden Wirklichkeit zu erreichen.

Das Verständnis des Theaters der Unterdrückten beruht auf politischen, erzieherischen und lebendigen Ansätzen des Lernens. Wesentliche Formen sind, das Zeitungstheater, das Bildertheater, das Forumtheater, das Unsichtbare Theater und neuerdings das Legislative Theater. In allen Formen findet eine Auseinandersetzung mit Alltagsproblemen statt.

Zu Zeitungstheater äußert sich Boal folgenderweise:

> „Ziel des Zeitungstheaters ist es, die sogenannte „Objektivität" des Journalismus zu decouvrieren: *Richtig lesen lehren und lernen* ... Das Zeitungstheater stellt die Realität der Fakten wieder her, indem es die einzelne Meldung aus dem Zeitungskontext herauslöst, sie ohne verzerrende Vermittlung direkt vor den Zuschauer stellt. Es zeigt gewissermaßen die nackte Wahrheit. ... Jeder kann Zeitungstheater machen. So wie jeder seine Ideen in einer Versammlung darlegen kann, ohne die Kunst der Rhetorik zu beherrschen, so kann jeder, können wir alle uns der Ausdrucksmittel des Theaters bedienen, ohne professionelle Schauspieler zu sein. es geht nicht darum, ein Kunstwerk zu schaffen. Jeder kann Künstler sein, jeder Raum zum Theaterraum werden, jedes Thema ist ein Thema fürs Theater. Es gibt nichts, was sich nicht fürs Theater verwenden ließe, Zeitungsmeldungen so gut wie politische Reden, Werbeslogans, Schulbücher ..." (Boal 1979, 29 ff.)

Das Prinzip des *Lebendigen Zeitungstheaters* (LZT) besteht in einer aktiven Bearbeitung von Informationen und Meldungen aus Presse, Funk, Fernsehen und anderen Medien. Aktive Bearbeitung beinhaltet den Einsatz erlebnis- und erfahrungsorientierter Arbeitsformen. Über diese ganzheitliche Herangehensweise, durch Integration und Berücksichtigung von Körper, Affekt und Intellekt, werden Informationsgehalte aus Nachrichten greifbarer, sie werden durch die szenische Umsetzung sichtbarer, Alltagsrealitäten werden besser erfasst und bewusster wahrgenommen. Die TN werden durch diese handlungsorientierte Arbeitsform in der Fremdsprache anders motiviert:

- sie erfahren Lebenszusammenhänge aus Medien und setzen sich damit durch spielerische und aktive Aneignung auseinander;
- der ganzheitliche Aspekt des Lernens führt zu einer höheren Beteiligung der TN;
- der spontane Spielcharakter bezieht die TN stärker ein, da die Handlungsweise „in situ" entsteht statt vorgegeben zu sein;
- das Stegreifspiel und die spezifische Bearbeitungsform erleichtern den Zugang zu fernen, abstrakten Informationen;
- die Übernahme von Rollen und die damit verbundenen Identifikationsprozesse erlauben eine intensivere Beschäftigung mit dem zu behandelnden Stoff, indem sie äußere Realitäten mit eigenen, subjektiven Momenten verbinden.

Das folgende Beispiel entstammte ursprünglich aus einer Lehrveranstaltung an der J.W. Goethe-Universität aus einer sprachpraktischen Übung des Wintersemesters 1990/91. Ihr Titel lautete: „Atelier des Lebendigen Zeitungstheaters. Tagesnachrichten in Szene setzen". Die Veranstaltung fand in Französisch statt. Die TeilnehmerInnenInnen, 18 Romanistik-StudentInnen, befanden sich im Grundstudium (1.–4. Semester) und beherrschten die Grundstrukturen der französischen Sprache. Die Veranstaltungen fanden einmal wöchentlich statt (zwei Unterrichtsstunden).
Der Schwerpunkt dieser sprachpraktischen Übung lag auf der Behandlung gesellschaftlicher Themen, die durch das Vergrößerungsglas der dramaturgischen und relationellen Arbeit reflektiert und für den Sprachenunterricht nutzbar gemacht wurden. Zum Zeitpunkt der hier beschriebenen Veranstaltung stand das Thema „Deutsche Einheit" aufgrund seiner Aktualität bei den StudentInnen auf der Prioritätenliste der gewünschten Bearbeitungsthemen ganz oben (vgl. Feldhendler 1992a).

3.2.1. Aufwärmungs- und Sensibilisierungsphase

Zum Einstieg in die Thematik und zur Sensibilisierung der TN wählte ich eine Fotomontage aus dem französischen Wochenmagazin *„Le Point"* vom 1. Oktober 1990. (Das Bild stellte Bundeskanzler Kohl als schwangeren Mann dar – zwei Tage vor der Deutschen Einheit. Der Untertitel lautete: *„L'inquiétude française – Quelle Allemagne va naître?"* – Die französische Sorge – Was für ein Deutschland wird geboren?).
Die Schritte der Aufwärmphase:

- die Fotomontage wird gezeigt;
- der Titel wird vorgelesen;
- die TN assoziieren zu Bild und Titel; sie nennen ihre Einfälle im Französischen.

Beispiele (hier wurden die Beispiele ins Deutsche übersetzt):

- „Der Kopf des Kanzlers ist nicht im Einvernehmen mit dem Bauch."
- „Der Kanzler trägt schwer an seinem Bauch."
- „Sein Blick in die Zukunft ist besorgt."

Die TN schließen die Augen und bringen sich dann das gesehene Bild in Erinnerung. Durch die bildhafte Vorstellung in diesem ersten Schritt der Imagination können die TN die Fotomontage und ihre eigenen Phantasien in Zusammenhang bringen, Subjektive Phantasien und Gefühlszustände mischen sich mit dem objektiven und gleichzeitig surrealen Charakter der Bildinformation. Das Bild wird subjektiv besetzt. Die TN werden angeregt, sich mit diesem Stoff auseinanderzusetzen.
Die TN stehen auf und gehen durch den Raum. Nach und nach entwickeln sie eine Körperhaltung, die zu dem Bild aus ihrer Visualisierungsübung passt. Die TN stehen nun im Kreis und zeigen nacheinander die von ihnen entwickelten Körperhaltungen in der Rolle des Kanzlers Kohl, so dass jeder TN seine subjektive Vorstellung ausdrückt und den anderen zeigt.
Aus der jeweiligen Körperhaltung heraus assoziieren die TN einzelne Worte oder

auch Sätze. Sie versprachlichen dadurch die von ihnen entwickelten Bilder. Bei nicht ausreichendem Wortschatz wird über die Technik des Doppelns Unterstützung gegeben.
Die TN stellen darauf folgend noch einmal ihre Körperhaltungen und sprachlichen Assoziationen vor. Nacheinander übernehmen die anderen TN spiegelbildlich diese Körperhaltungen und verbalen Einfälle dazu. Durch diese Technik des Spiegelns werden die TN für die nachfolgende szenische Umsetzung angewärmt. Darüber hinaus erhält jeder TN, der sprachliche Unterstützung benötigt, auch eine Hilfestellung in der Fremdsprache.
Beispiel:

- „Ich habe eine schöne Karriere gemacht."
- „Das muss ich nun alles verdauen."
- „Ganz schön viel Arbeit und Kraft wird es kosten."
- „Überfordere ich mich nicht?"

3.2.2. Bearbeitungs- und Vertiefungsphase

In einer weiteren Spiegelübung zu zweit (A und B) bekommt A als Protagonist die Aufgabe, Körperhaltungen und sprachliche Einfälle in der Rolle des Kanzlers Kohl zu liefern. B ist sein Spiegel, d.h. Protagonist A und Spiegel B stehen sich gegenüber und B imitiert die Körperhaltungen und wiederholt die gedanklichen Einfälle von A. Der Protagonist exploriert in seinem inneren Monolog in einer Art Introspektion die übernommene Kanzlerrolle. Angeregt durch die Wiederholungen des Spiegels B kommt es zu neuen und weiteren Einfällen.
Die Spiegelübung wird verändert, Spiegel B gibt die körperlichen und verbalen Einfälle des Protagonisten als Verzerrspiegel in übertriebener Form wieder. Diese überzogene Wiedergabe der Körperhaltungen und verbalen Einfälle wirkt wie ein Vergrößerungsglas. In einem zweiten Durchgang wechseln A und B die Rollen.
Danach kommen die TN wieder im Kreis zusammen, um die entwickelten Bilder und Gedanken den anderen vorzustellen. Durch die dramaturgische Verdichtung und Verschiebung wird das Thema vertieft.
Beispiel:

- Kohl sieht seinen Bauch stolz an: „Es wird ein schönes Kind sein."
- Kohl will sich übergeben: „Mir ist schlecht."
- Kohl nach einem Telefon suchend: „Ich muss Gorbatschow anrufen."
- Kohl zu jemandem: „Schau mal, was ich gemacht habe."

Ausgehend von der vorangegangenen dramaturgischen Vertiefung wird nun die Idee eines Gesprächspartners entwickelt. Dabei arbeitet die Gruppe erneut in Zweiergruppen (C und D). C setzt seine Idee über eine Körperhaltung des Kanzlers Kohl um und spricht seine gedanklichen Assoziationen aus. D entwickelt spontan einen dazu passenden Gesprächspartner, übernimmt diese Rolle und reagiert aus dieser Rolle heraus. Auf der Basis der Technik des komplementären Bildes (Boal 1980) entsteht zunächst ein Bild dieser beiden Personen aus dem Stegreif. In der szenischen Improvisation wird ein Dialog entwickelt, der bei sprachlichen Schwierigkeiten wiederum durch die Technik des Doppelns unterstützt werden kann.

Beispiel:

Als komplementäre Partner zu Kanzler Kohl wurden gespielt, Gorbatschow / Mitterrand / Brandt / Hannelore Kohl / Junge Frau / Mantel der Geschichte / Psychiater / Alte Frau etc.

Es folgt das Beispiel eines Gesprächs zwischen Kohl (K) und junger Frau (F), ausgehend von der Körperhaltung, Kohl schaut seinen Bauch an.

K: „Ich habe Angst vor der Geburt."
F: „Sie brauchen keine Angst zu haben!"
K: „Hoffentlich wird es mir ähnlich sehen."
F: „Na, Sie haben Probleme!"
K: „Wissen Sie, ich mache mir solche Sorgen. Ich weiß nicht, ob ich an alles für die Geburt gedacht habe."
F: „Sie werden schon sehen!"

3.2.3 Abschlussphase

In der Nachbereitung, die wie die vorhergehenden Phasen in der Fremdsprache stattfindet, geben die Spielenden ein Rollen-Feedback, Sie teilen mit, was sie in den von ihnen übernommenen Rollen gefühlt und empfunden haben. Die jeweiligen ZuschauerInnen geben eine Rückmeldung über das, was sie im Spiel gesehen und ebenfalls, was sie dabei empfunden haben. Da sich aus dem Rollen-Feedback ein Thema ergibt, das die ganze Gruppe bewegt, nämlich die Unsicherheit über die Zeit nach der Geburt, folgt nun eine Übung, die an der psychodramatischen Technik der Zukunftsprojektion orientiert ist. Zunächst wird von der gesamten Gruppe der zu betrachtende Zeitpunkt der Zukunft festgelegt: „Wie wird Deutschland in fünf Jahren aussehen?"

Es folgt eine Phantasiereise in die Zukunft, bei der die TN mit geschlossenen Augen im Kreis sitzen. Die Anleitung der Phantasiereise führt zunächst durch die folgenden 5 Jahre, um dann in einen Film einzuleiten, der Deutschland in 5 Jahren heißt.

Der anschließende Austausch erfolgt zunächst in Zweiergruppen, dann in der Gesamtgruppe unter der Fragestellung, Welches Bild aus der Phantasiereise war am eindrucksvollsten?

Beispiele:

– „Siamesische Zwillinge – Der eine hindert den anderen. Viele Widersprüche"
– „DDR, Nicht geliebtes Kind der reichen europäischen Väter."
– „Vater und Sohn wandern auf der europäischen Landkarte."

3.2.4 Weiterbearbeitung des Themas

Die TN sind in der oben beschriebenen Situation vor allem mit ihrer eigenen zumeist ambivalenten Haltung und Einstellung zur Einheit Deutschlands beschäftigt. Um die damalige französische Position, die sich zur Deutschen Einheit sehr uneindeutig gab, näher zu beleuchten, wurden in der nächsten Sitzung konträre Positionen aus der französischen Presse bearbeitet.

Die didaktischen Vorüberlegungen waren besonders auf den historischen Aspekt des *„couple franco-allemand“* (des „deutsch-französischen Paares“, vgl. Menudier 1993) konzentriert. In deutschen Medien als „deutsch-französisches Gespann“ bezeichnet, wurde dieses Paar durch verschiedene Bilder von Staatsmännern dargestellt, die jeweils eine Momentaufnahme in der historischen Entwicklung der deutsch-französischen Beziehungen zeigten. An ihnen waren die *„Höhen und Tiefen einer Zweierbeziehung“* abzulesen und eine sozialpsychologische Betrachtung von Nationen bzw. der Entwicklung der Beziehungen zwischen ihnen unter dem Gesichtspunkt von Paardynamik abzuleiten (der Mikrokosmos als Spiegel des Makrokosmos).

Folgendes Bildmaterial wurde ausgewählt:

– *„Achtung, La France face à la grande Allemagne.“* (Achtung, Frankreich gegenüber Großdeutschland.) aus *„Le Figaro Magazine“* vom 29. Oktober 1990.
  In diesem Artikel stand die Warnung vor einer deutschen Übermacht in Europa und die damit verbundene Angst im Vordergrund. Dieses Titelfoto der Wochenendausgabe von *„Le Figaro“* ist so aufgenommen, dass Kohl überproportional im Vordergrund und Mitterrand im Hintergrund abgebildet ist. Am unteren Bildrand ist ein weiß gedruckter Schriftzug in deutscher Sprache (das Wort *„Achtung!“*), darunter in kleineren Schrifttypen weiß auf rotem Grund, „La France face à la grande Allemagne“ (Frankreich gegenüber Großdeutschland). Die Verwendung eines deutschen Wortes in einer französischen Zeitschrift enthält eine überdeutliche Botschaft: ein deutsches Wort, das alle Franzosen noch aus der Besatzungszeit verstehen, wird zur Warnung vor einer neuen deutschen Übermacht nach dem Fall der Berliner Mauer. Das Bild wurde einige Tage vor der Ausrufung der deutschen Einheit am 3. Oktober 1990 veröffentlicht und ist Ausdruck der Sorge um ein zukünftiges Gleichgewicht der Mächte.

– *„Les relations franco-allemandes. De la méfiance à la confiance“* (Die deutsch-französischen Beziehungen, vom Mißtrauen zum Vertrauen.) aus *„Le Monde dossiers et documents“* vom Januar 1988. Dieses Dossier zeigte die schwierige, aber als notwendig erachtete Annäherung zwischen Deutschen und Franzosen. Das Foto von Kohl und Mitterrand markiert einen Höhepunkt deutsch-französischer Versöhnung, Hand in Hand standen Mitterrand und Kohl in Verdun, im September 1984, und gedachten der Toten des ersten Weltkriegs. Das Dossier von *Le Monde* untersucht die positive Wendung in den deutsch-französischen Beziehungen der letzten 30 Jahre. Das Bild vermischt die räumlich-zeitlichen Ebenen. Die

Hier und Jetzt Situation ruft eine *Dort und Damals* Situation wach. Das hier beschriebene Bild erinnert an das ursprüngliche erste Gespann, De Gaulle und Adenauer.

Um die historische Dimension einer Imagologie, als Lehre von Selbst- und Fremdbildern zu verdeutlichen wurden weitere Bilder vorgestellt (Quelle, *Géopolitique Nr. 44*, Winter 1993/94). Das Foto von Adenauer und De Gaulle ist anlässlich des deutsch-französischen Freundschaftsvertrages bzw. Abkommens über Zusammenarbeit im Januar 1963 entstanden. Dieses Bild gilt als der Archetyp der anderen Bilder des deutsch-französischen Gespanns. Bei der genaueren Betrachtung wird deutlich, dass Adenauer und De Gaulle auch Hand in Hand standen, aber anders. Sie standen sich gegenüber, Hand in Hand als ein Zeichen von guter Distanz bzw. annehmbarer Nähe.

Das Foto illustriert einen Artikel von Robert Picht in der Zeitschrift *Géopolitique* über Deutschland und die geopolitische Lage 3 Jahre nach der Einheit. Der Titel des Artikels lautet, „*Pour une psychanalyse des relations franco-allemandes*“ (Für eine Psychoanalyse deutsch-französischer Beziehungen). Wir erfahren darin u.a. etwas über die Ambivalenzen im deutsch-französichen Gespann im Laufe der Geschichte.

In das Bild hineinzugehen bzw. die Rolle dieser beiden Saatsmänner zu übernehmen, ist eine sehr aufschlussreiche Übung für StudentInnen bzw. für Fortbildungs-TeilnehmerInnen. Analog des beschriebenen Verlaufs wurden die Bilder mit den Methoden des Lebendigen Zeitungstheaters bearbeitet.

Eine weitere Aktualiserung dieses Materials wäre die Bearbeitung des Themas der französischen Finanzhilfe im deutschen Wahlkampf 1993/94. Als Einstieg bietet sich dann die Schlagzeile aus der Zeitschrift „*Le Nouvel Observateur*“ (27. Januar 2000), „*Quand Mitterrand finançait Kohl!*“ (Als Mitterrand Kohl finanzierte!).

Die hier beschriebenen Bearbeitungsformen sind für interkulturelle Lernprozesse besonders geeignet. In ihnen ist eine weitere Dimension, die ich als Einübung in *Intersubjektivität* bezeichne. Sie umschreibt die aktive Beschäftigung mit der Selbst- und Fremdwahrnehmung der Lernenden bzw. TeilnehmerInnen von Fortbildungen durch die Darstellung der Selbst- und Fremdbilder in der interkulturellen Begegnung (vgl. Feldhendler 1990b, 1996, 1999b). Perspektiven und Standpunkte werden im eigentlichen und übertragenen Sinne gewechselt. Dies wird wortwörtlich in Raum und Zeit, im Rollentausch handelnd umgesetzt. Durch die psychodramatischen und dramaturgischen Mittel werden die verschiedenen Wahrnehmungsebenen und die unterschiedlichen Standpunkte hervorgehoben, so dass das interkulturelle Feld in seiner Komplexität erschlossen und die Dynamik des interkulturellen Prozesses erlebnis- und erfahrungsorientiert vermittelt werden kann.

Durch die Bewusstmachung und Erweiterung der Selbst- und Fremdwahrnehmung wird ein aktiver Zugang sowohl zu den Stereotypen, zu den Vorurteilen im Sinne von Fehlurteilen, wie auch zu den subjektiven Bildern, Vorstellungen und Erlebnissen möglich. Es entsteht ein gemeinsamer Austausch in der Zielsprache über die verbin-

denden Erfahrungen und die erlebten Begegnungen mit dem Anderen, mit dem Fremden. Dabei werden die Arbeitsformen Bildertheater (Boal 1980, 1989), Playback Theater (Fox 1996, Salas 1993), Soziodrama und Psychodrama im Dienste der szenischen Umsetzungen und Darstellungen in den Fremdsprachenunterricht integriert.
Durch die aktive Bearbeitung von Bildern, Texten und individuellen Erfahrungen findet eine interkulturelle Reise im Hier und Jetzt des Unterrichtsraumes statt. Im Verlauf ergibt sich eine Verlagerung der Schwerpunkte, von der Inter-kulturalität zur Intra-kulturalität. D.h. die Beschäftigung mit der Kultur der Anderen bringt Reflexionen über die eigenen Erfahrungen mit sich und lässt Fragen zu eigenen kulturellen Modellen bzw. zur eigenen Identität entstehen.

4. Notwendigkeit einer breit angelegten Aus- und Fortbildung

Wir empfehlen eine Grundausbildung in Psychodrama an den vom DFP (Deutscher Fachverband für Psychodrama) anerkannten Ausbildungsinstituten. Die PDL wird am Centre de Psychodramaturgie (Adresse: Rilkeallee 187, 55127 Mainz) von Marie und Bernard Dufeu in Blockveranstaltungen vermittelt. Die Relationelle Dramaturgie wurde in das Curriculum für LehramtskandidatInnen an der Universität in Frankfurt/Main integriert oder wird in Lehrerfortbildungsveranstaltungen in Bausteinen weiter vermittelt.
Die praktischen und theoretischen Grundlagen für den Einsatz psychodramatischer und dramaturgischer Verfahren im Fremdsprachenerwerb werden durch erfahrungs-, erlebnis- und handlungsorientierte Arbeitsformen vermittelt, so dass die Wirkungsweisen relationeller Verfahren für das eigene pädagogische Feld auch erfahren werden können. In den Aktions-, Integrations- und Reflexionsphasen wird die Übertragbarkeit auf die jeweiligen Unterrichtssituationen geprüft und erarbeitet. Begleitende Supervision wurde in die Fortbildungen integriert. Weitere Formen der Supervision zur Wahrnehmung und zum Verstehen von Interaktions- und Kommunikationsstrukturen im Sprachunterricht werden ebenfalls seit Jahren in der Lehrerfortbildung angeboten.

Literatur

Alexander, G.(1976), Eutonie. München, Kösel.
Aucher, M.L. (1977a), Les plans d'expression. Paris, Epi.
– (1977b), L'homme sonore. Paris, Epi.
Barret, G.(1989), Essai sur la pédagogie de la situation en expression dramatique et en éducation. Québec, Editions Recherches en expression.
Blatner, (1973), H.A. Acting-In. New York, Springer.
Boal, A. (1980), Stop! C'est magique. Paris, Hachette.

– (1979 und ²1989), Theater der Unterdrückten. Frankfurt, Suhrkamp.
– (1990), Méthode Boal de théâtre et de thérapie. Paris, Ramsay.
Caycedo, A. (1979), L'aventure de la sophrologie. Paris, Retz.
Deutsch-Französisches Kulturzentrum Essen (Hg.) (1988), Deutschland-Frankreich, Höhen und Tiefen einer Zweierbeziehung. Essen.
Dufeu, B.(1983), „Haben und Sein im Fremdsprachenunterricht." In: Prengel, A. (Hg.), Gestaltpädagogik. Weinheim, Beltz, 197-217.
- (1991), „Psychodrama, Dramaturgie oder Pädagogik, Die Psychodramaturgie". In: Batz, R., Bufe, W. (Hg.) Moderne Sprachlehrmethoden. Darmstadt, Wissenschaftliche Buchgesellschaft, Bd. 623, 372-387.
- (1992), Sur les chemins d'une pédagogie de l'Etre. Mainz, Editions Psychodramaturgie.
- (1993), Die Sprachpsychodramaturgie. In: Bosselmann R. et ali. (Hg). Variationen des Psychodramas. Meezen, Christa Limmer.
- (2000) Wege zu einer Pädagogik des Seins. Mainz, Editions Psychodramaturgie.
Dropsy, J.(1973), Vivre dans son corps. Paris, Epi.
Feldhendler, D. (1983), Expression dramaturgique. In: Le Français dans le Monde. Paris, 176, 45-51.
– (1988), Le théâtre journal vivant. In: Le Français dans le Monde. Paris, 220, 56-61.
– (1989), Das lebendige Zeitungstheater „ TeilnehmerInnenaktivierung im Fremdsprachenunterricht durch relationelle und dramaturgische Arbeitsformen. In: Addison, A. und Vogel, K. (Hg.), Gesprochene Fremdsprache. Bochum, AKS Verlag, 119-140.
– (1990a), Comment activer les participants d'un cours de langue? Expériences de formation. In: Zielsprache Französisch. München, 2, 94-102.
– (1990b), Dramaturgie et interculturel. In: Le Français dans le Monde. Paris, 234, 50-60.
– (1990c), Aus dem Leben gegriffen. Szenische Darstellung von Zeitungsnachrichten als Unterrichtseinheit. In, AZ-Journal Bd. 2. München, Goethe-Institut, 109-112.
– (1991), Das Leben in Szene setzen! Ansätze für eine fremdsprachliche Dramaturgie. In: Die Neueren Sprachen Bd. 2, 137-153.
– (1992a), Einsatz von dramaturgischen und psychodramatischen Lehr- und Lernformen in der Fremdsprachenausbildung. In: Jung, U. (Hg.), Praktische Handreichung für Fremdsprachenlehrer, Bayreuther Beiträge zur Glottodidaktik. Frankfurt/Main, Peter Lang, Bd. 2., 415-424.
– (²1992b), Psychodrama und Theater der Unterdrückten. Frankfurt, Wilfried Nold.
– (1996), Inszenierung interkultureller Selbst- und Fremdbilder in der Fremdsprachenausbildung. In: Ambos E. und Werner I. (Hg.) Interkulturelle Dimension der Fremdsprachenkompetenz. Bochum, AKS Verlag, 257-268.
– (1999a), La dramaturgie relationnelle. In: Le Français dans le Monde – Recherche et Application, 125-133.
– (1999b), Formation à la relation interculturelle par des approches psychodramatiques et dramaturgiques. C. Allemann-Ghionda (Hg.) In: Education et diversité socio-culturelle. Paris, L'Harmattan, 249-264.
Fox, J. (1991), Die inszenierte persönliche Geschichte im Playback Theater. In: Psychodrama Zeitschrift für Theorie und Praxis. Heft 1, 31-44.
– (1996), Renaissance einer alten Tradition. Köln, Inszenario Verlag
– (1999), (Hg. mit Dauber, H..) Playback Theater. Wo Geschichten sich begegnen. Bad Heilbrunn, Klinkardt.
Freire, P. (1973), Pädagogik der Unterdrückten. Hamburg.
Jousse, M. (1974), L'anthropologie du geste. Paris, Gallimard.
– (1975), La manducation de la parole. Paris, Gallimard. 1975.
Leutz, G.A.(1974), Psychodrama. Berlin, Springer.
Ménudier, H. (Hg.) (1993), Le couple franco-allemand en Europe. Paris, Université de la Sorbonne Nouvelle Paris III, Publications PIA.
Middendorf, I. (1984), Der erfahrbare Atem. Paderborn. Junfermann.
Moreno, J.L. (1923), Das Stegreiftheater. Potsdam, Gustav Kiepenheuer.
– (²1970), Das Stegreiftheater. Beacon N.Y.
– (1954), Die Grundlagen der Soziometrie. Köln-Opladen, Westdeutscher Verlag.

– (1959), Gruppenpsychotherapie und Psychodrama. Stuttgart, Georg Thieme.
– (1973), The Theater of Spontaneity, Beacon N.Y.
– ([4]1985), Psychodrama. Vol. I. . Beacon, Beacon House.
– ([2]1975), Psychodrama. Vol.II. Beacon, Beacon House.
– ([2]1975), Psychodrama. Vol.III. Beacon, Beacon House.
Ryngaert, J.P.(1985), Jouer, Représenter. Paris, Cedic.
– (1991), Le jeu dramatique. Brüssel, De Boeck.
Salas, I. (1993), Improvising Real life. Personal Story in Playback Theatre. Kendall, Hunt. Iowa.
Sheleen, L. (1987), Maske und Individuation. Paderborn. Junfermann.
Souriau, E. (1950), Les deux cent mille situations dramatiques. Paris, Flammarion.
Schützenberger, A.(1976), Einführung in das Rollenspiel. Stuttgart, Klett.
Sheleen, L. (1987), Maske und Individuation. Paderborn, Junferman.
Stanislawski, K.S. ([5]1988), Die Arbeit des Schauspielers an sich selbst. West Berlin, Verlag das europäische Buch, Bd. I und II.
Urbain, W. (1972), L'éxpression spontanée et son application à l'apprentissage des langues. Paris, CESDEL.
Winnicott, D.W.(1972), Vom Spiel zur Kreativität. Stuttgart, Klett-Cotta.
Yablonsky, L. (1978), Psychodrama. Stuttgart, Klett.

Thomas Wittinger

Psychodrama im Schulunterricht

Alle sind aufgeklärt, doch wer weiß Bescheid
Konstantin Wecker

„Psychodrama kann auch in der Schule angewendet werden." Dieser Satz ist oft von LehrerInnen zu hören, die sich zu PsychodramatikerInnen weitergebildet haben. Nicht zu Unrecht meinen sie damit in der Regel den Umgang mit Konflikten mit Vorgesetzten, KollegInnen, Klassen oder einzelnen SchülerInnen. Die über den Buchhandel zugänglichen Veröffentlichungen beschäftigen sich meistens mit dem Einsatz des Psychodramas in der Arbeit mit den LehrerInnen, sei es in der Fortbildung und Supervision oder zur Förderung der sozialen Kompetenz in der Klasse (z.B. Feinauer, E. 1992; Petzold/Schulwitz, 1978; Wallner, H./Aichinger, Alfons, 1995). Als Konzepte des Lehrens und Lernens von Fachwissen sind die Sprachpsychodramaturgie (B. Dufen 1993) und die relationelle Dramaturgie (>Feldhendler) zur Fremdsprachenvermittlung entwickelt und bekannt geworden. Darüber hinaus gibt es zwar schon einige Veröffentlichungen, von denen aber die meisten unter PsychodramatikerInnen kaum bekannt sind. Für ihr Auffinden ist man auf einen Austausch unter psychodramatisch arbeitenden LehrerInnen angewiesen. Die Literaturliste jedenfalls ist lang genug, um Roland Springers Behauptung, es läge kaum Literatur vor, zu widersprechen (Springer 1992). Sie alle setzen psychodramatische Methoden mit unterschiedlichen Akzenten ein. Manche messen eher dem einfühlenden Interview, andere den Skulpturen hohe Bedeutung bei und wieder andere verwenden mit Erfolg Befindlichkeitsrunden und setzen auf den Prozess, der ähnlich wie in der Weiterbildung in hohem Maße von den SchülerInnen mitbestimmt wird.

So gesehen sind die nachfolgenden Ausführungen *ein* Modell dafür, wie das psychodramatische Verfahren im Regelunterricht eines Gymnasiums eingesetzt werden kann. Meine Orientierung ist, wie alle anderen Ansätze auch, geprägt von meiner eigenen beruflichen Entwicklung und der Schulform, an der ich zur Zeit unterrichte. Ich betrachte deshalb die folgenden Ausführungen als Darstellung meines derzeitigen Standes der Reflexion und Einsatzversuche im Unterricht.

Kernpunkt meiner Auseinandersetzung war bisher, wie sich die Aufgabe des Lehrers, erlerntes Wissen abzufragen, zu kontrollieren und in der Notengebung u.U. zu sanktionieren, mit dem Interesse des Psychodramas nach Förderung von Empathie, Begegnung und Erweiterung des Rollenrepertoires vereinbaren lässt. Ein weiteres Interesse ist die Möglichkeit, „lebendiges Lernen" in dem Sinne zu ermöglichen, wie es zu meiner Person passt. Die Glaubwürdigkeit des pädagogischen Anliegens des Lehrers – unabhängig von seiner philosophischen Begründung und inhaltlichen Ausführung – steht und fällt letztlich mit der Stimmigkeit von Verfahren und Person und der Beziehung zwischen LehrerInnen und SchülerInnen.

1. Institutionelle Rahmenbedingungen

Der Schulunterricht unterliegt in apodiktischer Weise einigen Grundbedingungen. Sie werden hier nochmals in Erinnerung gerufen, weil sie den in der außerschulischen Bildung tätigen LeserInnen die Spielregeln der schulischen Arbeit im Format des Unterrichts verdeutlichen sollen. Sie beziehen sich alle auf die weiterführenden, allgemeinbildenden Schulen der Sekundarstufe I und II in Hessen. Der Lehrer hat nicht die Möglichkeit, gegen diese Vorgaben zu arbeiten, wollte er nicht ein Disziplinarverfahren riskieren. Diese Spielregeln bestimmen maßgeblich die Art und Weise des Einsatzes psychodramatischer Arrangements und Techniken. Z. B. hat das große Protagonistenspiel, das auch die biographischen Erfahrungen auf der Bühne inszeniert, hier keinen Platz. Dafür treten die kleinen Arrangements in den Vordergrund.

Teilnahmepflicht
Die Teilnahme am Unterricht in der Sek I ist nicht freiwillig, sondern es besteht Schulpflicht. Die SchülerInnen müssen am Unterricht – außer am Religionsunterricht oder an AGs – teilnehmen, unabhängig davon, ob ihnen der Lehrer, das Thema oder die Arbeitsmethode zusagt oder nicht. Die Teilnahmepflicht differenziert sich in der Sekundarstufe II dahingehend, dass die Jugendlichen grundsätzlich nach der zehnten Klasse die Art ihres Schulabschlusses wählen können. Es besteht aber Wahlpflicht. Die SchülerInnen begegnen der szenischen Arbeit anfangs reserviert, wenn sie in ihrem bisherigen Schulunterricht eher eine rezipierende Haltung eingenommen haben. Es ist deshalb gut und sinnvoll mit kleinen szenischen Arrangements, wie sie aus dem Darstellenden Spiel bekannt sind, anzufangen.

Das 45-Minuten-Stundenraster
Die Glocke zur Beendigung einer Stunde wirkt sehr diktatorisch. Das Spiel und die Auswertung müssen komplett in diesem zeitlichen Rahmen untergebracht werden. Die Anwärmung kann entweder in einer vorherigen Stunde oder auch in der Hausaufgabe geschehen. In einer Doppelstunde lässt sich die Zwischenpause leicht verschieben, so dass auch ein soziodramatisches Spiel inszeniert werden kann.

Lern- und Leistungskontrolle
Jede Form der Mitarbeit im Unterricht unterliegt einer Lern- und Leistungskontrolle. Im Oberstufenunterricht gilt dies in besonderem Maße, weil hier in jedem Fach

Klausuren geschrieben werden müssen. Die im Spiel gemachten Erfahrungen werden also immer auch mit Theorie z.B. in Form von Textarbeit untermauert und ergänzt ggf. sogar korrigiert. Die SchülerInnen der Oberstufe klagen dies u.U. ein. Der LehrerInnen bewertet die erbrachten Leistungen mit Noten.

2. Der Kontrakt

Der Unterschied zur Weiterbildung

Aufgrund des Konzepts der Weiterbildungsinstitute bilden PsychodramatikerInnen nach wie vor eher eine therapeutische bzw. beratende Identität aus. Im Unterricht leistet der PsychodramatikerInnen aber *keine* beratende Arbeit gar mit dem Ziel einer Aufarbeitung biographisch erlebter Traumata. Auch Konflikte innerhalb der Klasse und/oder der Klasse mit einzelnen Klassenkameraden bearbeitet er nur dann, wenn sie das Lernklima hemmen, d.h. der *ganzen* Gruppe „unter den Nägeln brennen". Er macht i. d. R. *nicht die individuellen und gruppenbezogenen Befindlichkeiten selbst* zum Thema. Hierzu hat er keinen Auftrag. Die aktuellen emotionalen Befindlichkeiten der SchülerInnen werden – wenn überhaupt – „nur" in Bezug auf das behandelte Thema angesprochen. Die Verführung, sich nicht darauf zu beschränken, ist manchmal ungeheuer groß. Oft wird implizit diejenige Arbeit als wirklich psychodramatische vorschnell abgewertet, die nicht die Befindlichkeiten, die damit verbundenen Themen der Jugendlichen bearbeitet und weniger häufig die Interessen der SchülerInnen z.B. durch ein „Blitzlicht" abfragt. Die je eigenen Gefühle unter thematischen Interessen der Jugendlichen sind nur in Bezug auf die Lernsituation, die Lernziele und die zu vermittelnden Stoffe für den Unterricht von Bedeutung.

Werden die persönlichen Themen der Jugendlichen besonders intensiv angerührt, sollte dem Jugendlichen in einem anderen institutionellen Rahmen weitere Hilfe angeboten werden. Manchmal genügt es auch, sorgsam darauf zu achten, dass der Spieler/die Spielerin wieder entrollt wird.

Der schulische Lehrauftrag

Auf übergeordneter Ebene hat der Lehrer und Psychodramatiker zumindest theoretisch auch den Auftrag zur Persönlichkeitsbildung der SchülerInnen. Dieser Auftrag ist wiederum – abgesehen von Klassenfahrten und anderen außerschulischen Veranstaltungen – an die Rahmenrichtlinien gebunden. Dort sind die Themen-, Stoff- und Lerninhalte und die damit verbundenen Grobziele des Lehrauftrags bei aller Gestaltungsfreiheit festgelegt. Ihnen folgt der Lehrer im Rahmen seines regulären Unterrichts. Der Auftrag hat gesetzlichen Charakter und verlangt unbedingte Einhaltung. Gerade hier erfährt das Psychodrama eine Modifikation durch das Format „Unterricht". Dem Lehrer geht es in erster Linie um Stoffvermittlung. Er geht also bei seiner Arbeit immer von der Frage aus, was er inhaltlich erreichen bzw. vermitteln will.

Der Psychodramatiker setzt zur Lernstoffvermittlung auch weiterhin traditionelle Unterrichtsmethoden ein. Als Grundinformation dienen sie z.B. der Erwärmung für ein Rollenspiel. Der Tafelanschrieb und der Hefteintrag stellen im Unterricht eine Form der Auswertung von Rollenspielen dar. Deshalb verlangt der Lehrer auch weiterhin Hefteinträge, Hausaufgaben und eine konzentrierte Mitarbeit.
In der psychodramatischen Arbeit aber werden die Wissens- und Persönlichkeitsbildung der SchülerInnen untrennbar miteinander verbunden. Der Lehrer bietet Arrangements an, in denen die SchülerInnen handelnd ihre tatsächlichen subjektiven Bezüge – also nicht nur die von ihm während seiner Planung am Schreibtisch angenommenen – zu dem Lehrstoff herstellen. Er arrangiert im Wesentlichen den Lernprozess. Aufgrund seiner jeweiligen didaktischen Überlegungen, Entscheidungen und der von ihm gesteckten Ziele entscheidet er, welche psychodramatischen Arrangements und Techniken er im Blick auf den Lernstoff und im Bezug auf den von ihm als sinnvoll erachteten Bezug der Gruppe zu dem Sachthema einsetzt. Er betrachtet den ganzen Unterrichtsraum als Bühne, deren Anordnung je nach Lernarrangement angepasst wird. In einem Soziodrama ist der ganze Klassenraum Spielfläche, in weniger komplexen Szenen ist die Bühne kleiner.
Der Lehrer behebt nicht mehr Defizite der SchülerInnen, sondern wird zum Leiter von Lernarrangements, in denen die SchülerInnen ihre zuschauende und rezipierende Haltung gegenüber dem Thema aufgeben. Aufgrund des Rollen- und des Identifikations-Feedbacks weiß der Psychodramatiker, in welcher Weise und in welchem Ausmaß eine Integration der Lehrinhalte geschehen ist. Er lässt die SchülerInnen ihr Spiel am Text überprüfen. So können sie auch aufgrund des Unterschiedes zwischen persönlichem Spiel und Textaussagen Sachinhalte lernen.
Das Thema gibt im Wesentlichen den roten Faden für die Arbeit vor. Der Psychodramatiker entscheidet letztlich, welche psychodramatischen oder anderen Arrangements er zur Vermittlung von Sachverhalten einsetzt. Sie dienen der Verdeutlichung und dem Interpretieren von Inhalten. Sie ermöglichen den SchülerInnen ganz eigene Lernwege zur Erschließung der Lerninhalte. Das szenische Verstehen ermöglicht eine wirkliche Integration der Unterrichtsthemen. Der Psychodramatiker arbeitet im Schulunterricht nicht psychodramatisch pur, sondern setzt auch Methoden aus anderen Bereichen der humanistischen Pädagogik ein (z.B. Imagination, Meditation, Körpertherapie, Gestaltarbeit u.v.m.). Manchmal legt das Thema ein anderes Verfahren als das Psychodrama nahe, auch traditionelle Unterrichtsverfahren.
Der Psychodramatiker stellt immer wieder den Bezug – evtl. korrigierend – zum vorgegebenen Thema her. Er ist der Arrangeur des Themas. So stellt er sicher, dass die Jugendlichen mit der Unterrichtsklingel emotional wieder so gefasst sind, dass sie gut in den nächsten Unterricht bzw. nach Hause gehen können. Schwierige Rollen müssen z. B. wieder entrollt werden.

3. Der Lehrer als Psychodramatiker

Die Begegnung von SchülerInnen und LehrerInnen im institutionellen Rahmen der Schule ist bestimmt von traditionellen Rollenerwartungen, die sich als Pole einander gegenüberstehen. Als Psychodramatiker versteht der Lehrer eine Tätigkeit als Beziehungsarbeit. Dies ist keineswegs selbstverständlich. (>Buer, Supervision) Mit dieser Haltung knüpft der Psychodramatiker an R. Winkel an. Er greift einerseits die Interdependenz der vier Kommunikationsaspekte auf (s.u.), versteht andererseits aber das SchülerInnenverhalten nicht als negative Störung. Die Beziehung wird als dialogische aufgefasst, ohne die bestehende Hierarchie zu leugnen. Eine ganzheitliche Sicht des Schülers, Nähe durch Einfühlung, Würdigung des Besonderen vor dem Allgemeinen sind auch Grundanliegen des Psychodramas. Hier trifft sich Morenos Philosophie der Begegnung mit – oft nicht weiter abgeklärten – Motiven, den LehrerInnenberuf zu ergreifen. Andererseits unterliegt diese Beziehung dem von außen an die Beziehung herangetragenen Auftrag, allgemeingültiges Fachwissen zu vermitteln. Der Lehrer hat diesen Auftrag meist innerlich akzeptiert. Demnach muss er zu den Jugendlichen Distanz wahren und die Beziehung zu formalen und gesellschaftlichen Anforderungen in Relation setzen.

Das Psychodrama erweitert das Rollenrepertoire des Lehrers in der Weise, dass er fähig wird, diese Balance zu bewältigen. Es ermöglicht ihm einen kreativen Umgang mit den institutionellen Vorgaben. Der Lehrer kann seine im Studium und im Laufe der beruflichen Tätigkeit erworbenen Ideale auch *tatsächlich* im Unterricht und Schulalltag umsetzen.

In der Notengebung steht dies in besonderem Maße zur Bewährung. Einerseits will der Psychodramatiker die Persönlichkeit und die Potentiale der SchülerInnen fördern, ein Lernen mit Leib, Seele und Geist ermöglichen. Dazu bietet er Lernarrangements an, die die SchülerInnen nach eigener Spontaneität und Kreativität nutzen können. Andererseits bleibt der Psychodramatiker immer auch der Lehrer. Deshalb stellt er immer wieder die Spielinhalte – evtl. korrigierend – in Relation zu den zu vermittelnden Sachverhalten. Diesen Prozess müssen die SchülerInnen lernend mitvollziehen. Des Weiteren muss er die Mitarbeit der SchülerInnen, deren Leistungen und Defizite benennen und in die Notengebung einfließen lassen. Defizite in „Nicht-Genutzte-Potentiale“ umzubenennen, wäre im Erleben der SchülerInnen ein Etikettenschwindel, wenn sie wegen dieser „Nicht-genutzten-Potentiale“ nicht versetzt werden. Zu Recht fühlten die SchülerInnen sich getäuscht. Trotzdem, der Psychodramatiker muss in der Schule Leistung bewerten und dies scheint im Gegensatz zu den in der Weiterbildung erworbenen humanistischen Idealen zu stehen.

Ich gehe so damit um, dass ich schon während des Unterrichts, also nicht erst bei der Notengebung, die Bewertungskriterien offen lege. Auch wenn dies für manche KollegInnen eine Selbstverständlichkeit sein mag, sei es hier noch einmal ausdrücklich genannt. Bei der Notengebung lasse ich die SchülerInnen zunächst eine schriftliche Selbsteinschätzung auf einem Fragebogen vornehmen. Dort frage ich

- nach ihrem Können. Die SchülerInnen machen bei der Notengebung nämlich meist die Erfahrung, dass scheinbar nur die Defizite eine Rolle spielen. Die Frage nach dem Können reduziert erheblich das meistens mit Noten verbundene Gefühl der Abwertung.
- nach ihren Schwächen
- welche Note bzw. wieviele Punkte sie sich aufgrund dessen geben würden
- woran sie vorrangig weiterarbeiten möchten.

Vor allem in Oberstufenkursen lasse ich dann die gesamte Punkteskala in einer Skala aufbauen. Dann ordnen sich alle SchülerInnen gleichzeitig ein. Ich tue das, weil ich die bestehende Konkurrenz offen legen und gegebenenfalls bearbeiten will.

4. Psychodrama im Kontext anderer didaktischer Unterrichtskonzepte

In der Pädagogik hat das Psychodrama seine Verbündeten. (>Buer) Gleiches gilt auch für die didaktische Grundlegung. Dazu gehören u.a. die kritisch-konstruktivistische Unterrichtsdidaktik (Klafki), die kritisch-kommunikative Didaktik nach R. Winkel, die so genannte „Berliner Schule", das Erfahrungslernen (Dewey 1998) und die handlungsorientierte Didaktik (Beckers 1984–86).

> An den Gymnasien hat faktisch die Wissensbildung Vorrang vor der Persönlichkeitsbildung. Hatte Petzold dies schon 1978 kritisiert, so hat sich diese Tradition mit erstaunlicher Resistenz gehalten. Noch 1991 beklagte Gudjons, der ja viele der seit den 70er Jahren pädagogischen Verbesserungen veröffentlicht hat: „Weit über die Hälfte aller im Unterricht registrierten Wörter werden vom Lehrer gesprochen, der etwa 50mal soviel redet, wie dies jedem seiner SchülerInnen möglich ist; [...] In 90 Prozent aller beobachteten Unterrichtsstunden dominiert bis auf den Tag eine einzige Methode: der Frontalunterricht." (H. Gudjons [1]1991)

Neben diesen Theorien wurden eine Reihe didaktischer Konzeptionen aus der Unterrichtspraxis heraus entwickelt. Dazu gehören die Entwicklung der Frei- und Wochenplanarbeit in der Grundschule, die sich auf Montessori und Freinet beruft, der Projektunterricht und ganze Projektwochen, vielerlei AG's, Erfahrungslernen in vielen Formen und auf der Basis verschiedener Verfahren der humanistischen Psychologie (Gudjons 1998, Dewey 1998, Burow 1993, Löhrner/Standhardt Hg. [3]1995). Praxisbeispiele wurden u.a. auch in der Zeitschrift Pädagogik veröffentlicht. Das Psychodrama ist eine davon. Hervorzuheben ist hier die subjektive Didaktik von E. Kösel, der sein Konzept konsequent an den subjektiven Lernmöglichkeiten und -erfahrungen der SchülerInnen aufbaut (Kösel [3]1997). Grundorientierung für seine Arbeit bietet ihm allerdings der radikale Konstruktivismus. Die Fülle der Konzepte kann hier allerdings nicht diskutiert werden.

Ich skizziere hier kurz die Kernanliegen Klafkis und Winkels, weil sie m.E. Grundorientierungen des LehrerInnenhandelns und seiner Ziele theoretisch konzeptionieren, die nach wie vor ihre Berechtigung haben. Ich verstehe sie beide als Verbündete des Psychodramas, weil auch das Psychodrama deren Kernanliegen im Unterricht verfolgt. Dies kommt m.E. in den von mir kursiv hervorgehobenen Begriffen deutlich zum Ausdruck. Klafki nennt fünf Komponenten zur Unterrichtsplanung. Demnach soll der Unterricht „den Lernenden Hilfen zur Entwicklung ihrer *Selbstbestimmungs-* und *Solidaritätsfähigkeit* deren eines Moment *Mitbestimmungsfähigkeit* ist, [...] geben." Dazu gehören u. a. unbedingt die „Fähigkeit zur Begründung und Reflexion, entwickelte Emotionalität und Handlungsfähigkeit, das heißt die Fähigkeit, auf die eigenen Beziehungen zur natürlichen und gesellschaftlichen Wirklichkeit im Sinne begründeter Zielsetzungen aktiv einzuwirken." Das Unterrichtsgeschehen wird als *„Interaktionsprozess"* in dem Sinne verstanden, dass die SchülerInnen „zunehmend selbständiger Erkenntnisse und Erkenntnisformen, Urteils-, Wertungs- und Handlungsfähigkeiten zur reflexiven und aktiven Auseinandersetzung mit ihrer historisch-gesellschaftlichen Wirklichkeit aneignen sollen." Mit dem Begriff „Interaktionsprozess" möchte Klafki darauf hinweisen, „daß *Unterricht* immer auch ein *sozialer Prozess* ist: In ihn gehen vermittelt über die mitgebrachten Biographien der LehrerInnen und der SchülerInnen, [...] unterschiedliche soziale Wahrnehmungen, Vorurteile, Handlungsweisen und Einstellungen ein, werden verstärkt oder unterdrückt oder verändert, führen zu Konflikten und Störungen, Kontakten und Kompromissen, Übertragungen oder Abwehrreaktionen." Deshalb muss soziales Lernen „im Sinne einer *demokratischen Sozialerziehung,* auch in die Zielbestimmungen des Unterrichts und damit in die Unterrichtsplanung einbezogen werden." „So verstandenes Lernen muss in seinem Kern *sinnhaftes, verstehendes und entdeckendes* bzw. *nachentdeckendes Lernen* sein, dem die nur reproduktive Übernahme von Kenntnissen und alles Trainieren, Üben, Wiederholen von Fertigkeiten eindeutig nachgeordnet oder besser: eingeordnet ist." (Klafki [10]1999, S.15–16)
Zu diesem Lernprozess gehört für Klafki „SchülerInnenorientierung" in dem Sinne, dass die SchülerInnen mit zunehmendem Alter an der Unterrichtsplanung und -gestaltung beteiligt werden. Nach Klafki gewinnt der Unterricht dadurch seine nötige Bedeutung für die Gegenwart. Damit ist die Vergegenwärtigung der je eigenen Lebenswelt der SchülerInnen gemeint, die zu berücksichtigen sei. Die Überlegungen zur Zukunftsbedeutung sollen unterscheiden zwischen der Perspektive der Lehrenden und der SchülerInnen. Als Letztes sollen die Themen, die zu verallgemeinernden Zusammenhänge, Beziehungen, Strukturen und Handlungsmöglichkeiten exemplarisch erarbeitet werden.
Rainer Winkel setzt mit seinem Konzept der kritisch-kommunikativen Didaktik einen anderen Akzent. Er beschreibt einen Vermittlungsaspekt, in dem es um die Medien, Unterrichtsmethoden usw. geht; den Inhaltsaspekt, in dem die Lehrinhalte dargestellt werden; den Beziehungsaspekt, der die Interaktionen zwischen LehrerInnen

und SchülerInnen und der SchülerInnen untereinander beschreibt und die verschiedenen Störfaktoren. Kritisch anzumerken ist, dass Winkel unter „Störfaktoren“ m.E. vor allem für den Lehrprozess kontraproduktive Handlungen der SchülerInnen versteht. Entscheidend ist, dass es Winkel um die Interdependenz der vier Aspekte geht, weil nur dann der Anspruch der „Schülerorientierung“ eingelöst werden könne.

Das Psychodrama bringt aufgrund der Philosophie Morenos ganz eigene Handlungsmöglichkeiten ein. Grundsätzlich ist von den anthropologischen, gesellschaftstheoretischen und ethischen Grundpositionen auszugehen, wie sie F. Buer verdeutlicht hat. (Buer ³1999, S. 234 f.) Die vom Lehrer angebotenen Arrangements stellen Rahmungen dar, die den SchülerInnen die Möglichkeit zu eigenen kreativen Lösungen eröffnen.(>Lammers) Hier wird das SchülerInnenhandeln nicht mehr als Störfaktor verstanden, sondern ist in deren kreativem Handeln gewünschter Bestandteil der Interaktion. Das Thema oder der Text geben den roten Faden des psychodramatischen Unterrichts vor. Darauf hin arrangiert der Lehrer seine Unterrichtsvorbereitung. Auf dieser Basis wählt er die Arrangements und Techniken aus, die er einsetzen will. Er greift im Unterricht auf das gesamte Repertoire zurück, das das Psychodrama ihm zur Verfügung stellt. Die Arrangements und Techniken beziehen sich nicht nur auf die Möglichkeiten, Unterrichtsinhalte lebendig zu vermitteln, sondern es entstehen dialogische Lehr-Lern-Beziehungen.

Im Unterricht ermöglicht der Aktionsraum, die Bühne den SchülerInnen kreativ und spontan den Unterrichtsinhalt im Rollenerleben zu erkunden, weiterzuentwickeln und Neues zu erproben.

Wer psychodramatische Arrangements im Unterricht mit dem Ziel der Lernstoffvermittlung einsetzt, gibt dem Handeln mindestens gleich große Berechtigung wie dem Reden, oder gar – mit Moreno (1972) – den Vorrang, weil Moreno die Interaktionen des Menschen zum zentralen Thema macht. Das Thema gibt im Wesentlichen den roten Faden für die Arbeit vor. Eine sehr wichtige Technik für den Lernprozess ist die Rollenübernahme von fremden Rollen aus der Vergangenheit, Gegenwart und Zukunft oder auch aus literarischen Texten. Das Rollenerleben ist die Ebene, auf der die SchülerInnen sich die Inhalte eines Themas oder eines Textes erschließen. Sie fühlen sich in diese Rollen ein, spüren den Gefühlen nach und erfahren die Beweggründe für das Handeln der Personen. Sie erleben in der übernommenen Rolle die Reaktionen von deren Mitmenschen und fühlen sich in der Rolle zu spontanem Handeln provoziert. Der einzelne Spieler erfährt das jeweilige soziale und kulturelle Atom der übernommenen Rolle. Im Rollenerleben und -ausagieren eignet sich der Spieler/die Spielerin den Lernstoff an. Das Lernen geschieht aus der Rolle heraus. Der Lernstoff wird den SchülerInnen durch ihr eigenes Handeln erfahrbar. Sie verlassen die beobachtende Außenansicht und erleben die Innenansicht. Der einzelne Schüler findet einen Punkt, der ihm wie eine Tür seinen ganzen Zugang zum Unterrichtsgegenstand eröffnet. So wird er neugierig auf eine weitere Beschäftigung mit dem Thema. Ge-

meint ist ein Einverleiben des Lernstoffes, die „Katharsis durch Integration“ (Moreno 1972). Der dadurch bewirkte Perspektivwechsel ermöglicht im Schutz einer fremden Rolle emotionales Erleben, fördert die Empathiefähigkeit und situationsangemessenes Handeln. Die SchülerInnen lernen, dass sie den Verlauf von Ereignissen durch Entscheidungen für eine bestimmte Handlung oder auch deren Unterlassen mit-bestimmen (vgl. Praxisbeispiel Hexenprozess). Die abschließende Reflexion des Erlebten und die Einordnung in und die Ergänzung durch die Sachinformationen werden untrennbar miteinander verbunden. Der einzelne Schüler erfährt seine Beziehung zum Lernstoff in der Interaktion mit der Lerngruppe. Gleichzeitig setzt er sich mit den Inhalten und Erfahrungen seiner MitspielerInnen auseinander. Er setzt also sein eigenes Lernen in einen Bezug zum Lernen der Gruppe. Er erfährt hier Bestätigung, Tiefung, Ergänzung und Korrektur. War die Unterrichtsplanung in den oben beschriebenen didaktischen Konzepten noch primär auf das Handeln des Lehrers ausgerichtet, so entwickeln die SchülerInnen im Psychodrama im Kontakt mit der vom Lehrer angebotenen Szene eigene kreative Lösungen. (vgl. zweite Aktionssoziometrie im Praxisbeispiel Reformation) Diesen gesamten Lernprozess (>Buer Abb 2) im Unterricht verstehe ich als „szenisch-dialogische Bildung“. (Diesen Begriff habe ich mit freundlicher Zustimmung von W. Mävers/Helmut Volk von Bialy übernommen.)
Auf dem Hintergrund ihrer Erfahrungen im Psychodrama fangen die SchülerInnen an, ihren Lernprozess oft mit Hilfe aktionssoziometrischer Arrangements selbst zu organisieren. („So lernen wir besser!“) Dies geht bis dahin, dass SchülerInnen ihr Referat als Protagonistenspiel präsentieren. Der Anspruch von Wissens- und Persönlichkeitsbildung der SchülerInnen, die Entwicklung ihrer Kreativität, die Ausbildung einer solidarischen Haltung und verantwortlichen Handelns im Rahmen des Unterrichts und die individuelle Integration von Sachwissen wird auch tatsächlich eingelöst.

5. Die Praxis

Die Entscheidung über die in den jeweiligen Phasen angewandten Arrangements und Techniken erfolgt einerseits im Hinblick auf die Inhalte, die der Lehrer vermitteln will und andererseits unter Berücksichtigung des schulischen Stundenrasters. Die Erwärmung geschieht in vielen Formen. Dies kann eine Gruppenarbeit zu einem Thema sein. Daran kann sich eine Aktionssoziometrie anschließen oder in einer Hausaufgabe werden Rollenbiographien für ein Gruppenspiel in der darauf folgenden Unterrichtsstunde erstellt. Eine weitere Möglichkeit ist z. B. ein auf ein Arbeitsblatt für alle SchülerInnen kopiertes Standbild, zu dem sie sich assoziativ äußern. In der Aktionsphase werden die SchülerInnen dazu aufgefordert, dieses Bild als Ausgangspunkt eines Rollenspiels zu nehmen, das jetzt gespielt werden soll. Vor allem bei Anfängern

von psychodramatischen Spielen weise ich darauf hin, dass es nach dem Spiel um eine Reflexion des Erlebens der jeweiligen Rolle gehen wird. Dieser Hinweis fördert erheblich die entsprechenden Aussagen in der Reflexionsphase.
Die Auswertung und Rückmeldung kann im Unterricht sehr unterschiedliche Ziele haben: Die Integration eines Themas im Lebenskontext der Studierenden, der emotionale Bezug zum Thema, aber auch die Verankerung des Gelernten, um es nicht zu vergessen. Die Auswertung erfolgt durch Rollen- und Identifikationsfeedbacks. Beispielsweise: Was habe ich, der Schüler und Mensch, in der gespielten Rolle erfahren? Die Frage kann auch gleich mit thematischen Bezügen verknüpft werden. Hier haben in einem zweiten Schritt auch nicht-psychodramatische Formen ihre Berechtigung. Die Ergebnisse können beispielsweise an der Tafel schriftlich festgehalten und von den SchülerInnen notiert werden. Manchmal werden notwendige Informationen ergänzt.
Die folgenden Darstellungen der Praxisbeispiele beziehen sich aufgrund meines eigenen Faches auf den Evangelischen Religionsunterricht. Vieles lässt sich leicht auf gesellschaftswissenschaftliche Fächer und den Literaturunterricht übertragen. Vorrangig werden die sogenannten kleinen Arrangements (Buer ^{3}1999, S. 243) inszeniert, also Standbilder, Soziales Atom, Vignetten, Rollenatom, etc. Hinzu kommt die ganze Palette der aktionssoziometrischen Arrangements. Es geht mir in den Praxisbeispielen um eine Darstellung von m.E. besonders geeigneten Arrangements und Techniken. Nach entsprechender Vorarbeit können auch Soziodramen als politische Bühne (>Geisler) und Stegreifspiele inszeniert werden. Sie benötigen aber den Rahmen einer Doppelstunde, sonst gerät entweder die Anwärmung zu knapp, so dass einzelne SpielerInnen nicht recht ins Spiel kommen, oder die Auswertung und Integration bleiben zu knapp und die Erfahrungen verpuffen. Das Protagonistenspiel tritt in den Hintergrund. Es kann z. B. als Arrangement für ein Referat eingesetzt werden.
Inzwischen habe ich mir einen Sack mit Hüten aller Art vom Flohmarkt zugelegt. Sie eignen sich gut, damit die Jugendlichen schneller Rollen übernehmen und sich einfühlen. Hinzu kommt ein Bündel mit Seilen verschiedener Länge und Farben.

5.1. Aktionssoziometrische Arrangements

In einer Klasse 8 wurde das Thema Reformation behandelt. In der ersten Stunde wurde mit einem fiktiven Interview mit Martin Luther gearbeitet. In diesem Interview berichtet der fiktive M. Luther über geistige, religiöse, wirtschaftliche und kulturelle Strömungen seiner Zeit. Dazu gehörten die Bedeutung des Buchdrucks durch Gutenberg, die zweite Entdeckung Amerikas, die Entdeckung des Seewegs nach Indien, die Bedeutung der Seidenstraße für den Handel, die Erwartung des unmittelbar bevorstehenden Weltendes, die Hexenverfolgungen, das Weltbild des Kopernikus und die Fugger. Es wird verdeutlicht, dass das 16. Jh. aufgrund der vielen Neuerungen und Entdeckungen als Neuzeit bezeichnet wurde, gleichzeitig aber Luther diese

Sichtweise ganz und gar nicht teilte. Zur Vertiefung und zum Sichtbar-Machen der verschiedenen Verknüpfungen und zur Verdeutlichung der Betrachtungsweise dieser Zeit aus dem Blickwinkel Europas bzw. Deutschlands wurde im ganzen Klassenraum mit Hilfe von Seilen eine Weltkarte markiert. Die SchülerInnen sollten dann die Rolle einer im Interview genannten Person oder einer von ihnen mit dem Thema assoziierten Person übernehmen und sich an einem für die Person passenden Ort positionieren. So waren Kolumbus auf dem Atlantik, Gutenberg in Mainz, Kaiser Karl V. vor seiner Krönung in Spanien und Luther in Wittenberg zu finden. Im Spiel können Inhalte und Aspekte sichtbar gemacht werden, wie es rein sprachlich der bearbeitete Text nicht hergibt. Erst im Spielaufbau bemerkte ein SchülerInnen: „Es knubbelt sich ja alles in Europa." Eine Spielerin übernahm die Rolle eines türkischen Kaufmanns in Indien, der sein Geschäft an der Küste hatte und von der Entdeckung des Seewegs durch Vasco da Gama profitierte. Die SchülerInnen können auch eigenes Vorwissen im Spiel integrieren. Ein Spieler übernahm z.B. die Rolle Leonardo da Vincis. In der Position des Doppelns ergänzte ich manchmal Informationen oder Interessenlagen der Person, z.B. Luthers Engagement für die Reformation. Dann forderte ich sie zu einem Stegreifspiel aus den Rollen heraus auf. Das Spiel ermöglichte, dass die SchülerInnen nicht am Text „kleben" blieben.
Im ersten Teil der Auswertung bat ich die SchülerInnen um thema-bezogene Rollenfeedbacks. Ich fragte sie in ihrer Rolle, ob für sie die Neuzeit begonnen hätte. Ich bat sie auch um Begründungen im Bezug auf ihr Handeln. Während Kolumbus, Gutenberg und Kopernikus dies durchaus bejahten und mit ihrer beruflichen Tätigkeit begründeten, war dies für Gläubige, die zu einer Reliquie pilgerten, und für Luther keineswegs der Fall. Der zweite Teil der Auswertung wurde als Hausaufgabe gestellt, nämlich die wesentlichen inhaltlichen Aspekte zu Holzschnitten zum Zeitgeschehen noch einmal aufzuschreiben.
Im weiteren Verlauf der Unterrichtseinheit ging es um den Ablasshandel. Als Spielgrundlage diente ein Gespräch zweier Bauern, die zu einer Ablasspredigt des Predigers Johann Tetzel gingen. Sie unterhielten sich über ihre eigenen Motive, einen Ablassbrief zu kaufen und die Gründe des Erzbischofs Albrecht von Mainz, Ablassbriefe zum Kauf anzubieten. Letzterem diente der Verkauf zur Finanzierung einer an sich verbotenen Ämterhäufung, in diesem Fall außer dem Erzbistum Magdeburg zusätzlich das Kurfürstentum Mainz. In den ersten Leseeindrücken äußerten die SchülerInnen ihr Unverständnis über diese Vorgänge („So ein Unsinn." Und: „Wie kann man sich nur so missbrauchen lassen.") Für eine genaueres und differenziertes Verständnis wurden die SchülerInnen gebeten, die Rolle von einer in der Geschichte genannten Person zu wählen und einzunehmen. Die Einfühlung wurde von mir durch Interview-Fragen unterstützt. Das Interview schloss ich jeweils mit der Aufforderung ab, die innere Haltung durch einen Kernsatz auszudrücken. Direkte Bezugspersonen wurden von dem SpielerInnen aus der Klasse ausgesucht. Ein Spieler tellte z.B. den Erzbischof dar, der sich einen Spieler für den Ablassprediger Tetzel wählte. Die Be-

ziehung zwischen beiden wurde durch eine äußere Haltung z.B. eine Geste dargestellt. Weitere Rollen wurden von den SchülerInnen frei gewählt. Auf meine Aufforderung folgte ein kurzes Stegreifspiel, das eine mögliche Fortsetzung der Erzählung darstellte. Die anfängliche Empörung wich einem Verständnis, das die SchülerInnen erkennen ließ, dass viele Menschen damals nicht wie wir heute den Ablass und die damit verbundenen Interessen grundsätzlich in Frage stellten. Schlimm war „nur" der Missbrauch, nicht der Ablass selbst.

Am Ende der Unterrichtseinheit sahen die SchülerInnen einen 16-Minuten-Film zu den Ursachen des Bauernkrieges und der Bedeutung der Reformatoren für diesen Konflikt.

> Der Film zeigte einerseits die Lebenssituation der Bauern und Grundherren und andererseits die Kirche als die dominierende ideologische Macht. Im zweiten Teil des Films wurde an konkreten Beispielen in Form von nachgestellten Szenen die Abhängigkeit der Bauern und ihre Ausbeutung durch die Grundherren illustriert. Die Lage der Bauern war so verzweifelt, dass sie sich zusammenschlossen und in den 12 Memminger Artikeln ihre sozialen Forderungen zusammenstellten. Als Maßstab für die Rechtmäßigkeit ihrer Forderungen beriefen sie sich auf die Bibel (Sola Scriptura). Sie wendeten damit ein Kernelement der lutherischen Reformation an. Der Konflikt war also nicht nur ein sozialer, sondern auch ein religiöser. Die Grundherren lehnten jedes Entgegenkommen ab und bezichtigten Luther der Anstiftung des Bauernprotestes. Dreh- und Angelpunkt der Aussagen des Films war das unterschiedliche Gefälle von Frömmigkeit und Macht und der unterschiedliche, ja gegensätzliche Gebrauch der Bibel.

Zur Bearbeitung wurde auf der Bühne mit einem Seil ein ambivalenzsoziometrisches Arrangement markiert, dessen eine Achse den Grad an Frömmigkeit, die andere Achse den Grad an Macht bezeichnete. Die SchülerInnen wurden aufgefordert, eine Rolle aus dem Film zu übernehmen, über den 0-Punkt den markierten Graph zu betreten und sich einen Platz zu suchen, der dem jeweiligen Grad an Macht als auch an Frömmigkeit der jeweiligen Rolle nach ihrer Einfühlung entsprach. Die Positionierung wurde kurz begründet. „Als ... stehe ich hier, weil..." Auch hier zeigte sich, dass das Arrangement einen Rahmen bot, den die SchülerInnen kreativ nutzten. Sie zeigten in den Rollen Sichtweisen, die der Film so nicht gezeigt hatte. So stellte sich eine sonst sehr stille Schülerin als verwitwete Bäuerin jenseits des Nullpunktes von Macht in den negativen Bereich, um das zusätzliche Ausgeliefertsein an die Macht der Männer zu verdeutlichen. Eine weitere Schülerin erspürte den häufigen Frontenwechsel, den Luther in diesem Konflikt vorgenommen hatte, ohne dass dies schon Thema des Unterrichts war. Ohne dass der Film dies gezeigt hatte, spürten die SchülerInnen die Dramatik des Konflikts. Sie waren durch das Arrangement und die Rollenübernahme zum spontanen Spiel angewärmt. Da, wie gezeigt, der unterschiedliche Gebrauch der Bibel den Konflikt vorantrieb, gab ich dem Spielwunsch diese Richtung, indem ich eine Bibel auf die Bühne legte. Die SpielerInnen sollten mit Hilfe der Bibel für ihre jeweiligen Interessen eintreten. Das Spiel ging hier über das Filmmaterial hinaus. In der Auswertung gaben die SchülerInnen Feedbacks zu ihrem Rollenerleben. Luther: „Ich war hin und hergerissen. Den Krieg fand ich schlimm, aber auch die Ausbeutung der Bauern. Ich freute mich über die Verwendung der Bibel. Aber diese Folgen wollte ich nicht." Ein Bauer: „Ich fühlte mich von Luther total im Stich gelassen. Ich war richtig sauer." Die verwitwete Bäuerin: „Zu meiner wirtschaftlichen Abhängigkeit kam meine Abhängigkeit von Männern hinzu. Egal wie der Streit ausging, an dieser Abhängigkeit würde sich nichts ändern."

5.2. Rollentausch

Die SchülerInnen eines Grundkurses Evangelische Religion Jg. 13 beschäftigten sich unter dem Kursthema „Glauben in der Postmoderne" mit eigenen und fremden Glaubenserfahrungen. Die Jugendlichen setzten sich zunächst in einen Kreis. In einer Imagination forderte ich sie auf, sich an eine Person zu erinnern, die ihnen in ihrer Religiosität im Moment besonders präsent war. Anschließend stellten sie diese Menschen, entweder durch Rollentausch oder indem sie sich hinter einen weiteren leeren Stuhl stellten, vor. Ergänzt wurde die Vorstellung durch Interviewfragen. Die SchülerInnen zeigten fremde Erfahrungen, fühlten sich in diese ein. Die Innenansicht ermöglichte einen hohen Respekt der SchülerInnen vor einer ihnen manchmal fremden Lebenshaltung, die sie in früheren Gesprächen eher befremdet oder die sie gar belächelt hatten.
Anschließend wurden die SchülerInnen – im Sinne Klafkis – in die Unterrichtsplanung mit einbezogen. Sie formulierten ihre Interessen und Fragen an Glaube und Religiosität und daraus resultierend eigene Themen für die weitere Bearbeitung. Hier brachte auch ich Vorschläge mit ein. Jedes Thema wurde auf ein Blatt geschrieben und auf den Boden gelegt. Die SchülerInnen gingen herum und überprüften ihre Interessenschwerpunkte. In der anschließenden Diskussion wurde die Reihenfolge der Themen für ein Halbjahresprogramm erarbeitet, das während des Semesters überprüft werden konnte.

5.3. Soziodrama

Die Gruppe

Ein Grundkurs Ev. Religion Jg. 12 hatte das Halbjahresthema: Der Umgang mit Macht und Gewalt in der Kirche. Für den Unterricht stand wöchentlich eine Doppelstunde von 90 Minuten zur Verfügung. Die Gruppe bestand aus 16 fast durchweg sehr interessierten Jugendlichen. Sie hatten nach einer ersten Erfahrung „Lust am Spiel" gewonnen. Dem Spiel vorausgegangen war eine Gruppenarbeit (1x christliche Judenverfolgung, 2x Hexenverfolgung), deren Arbeitsergebnisse in einem Gruppenspiel oder einem Diavortrag vorgestellt werden sollten. Die Kleingruppen suchten sich nach dieser Vorgabe ihre jeweiligen Mitglieder. Die Gruppe zum Thema „Judenverfolgung“ wollte einen Diavortrag erarbeiten. Die Gruppen zur „Hexenverfolgung“ wollten in einem gemeinsam arrangierten Soziodrama ihr Arbeitsergebnis vorstellen.

Anwärmung

Die Gruppenmitglieder haben dazu Rollen übernommen, die sie aufgrund der Gruppenarbeit für wesentlich erachteten. Ihr Spiel war der Anfangsimpuls, den die zuschauenden MitschülerInnen dann aufgreifen und mitspielen sollten. Das Ziel war also nicht nur eine szenische Vorstellung der Gruppenarbeit, sondern die MitschülerInnen sollten wesentliche Inhalte durch ihr eigenes Handeln miterleben.
Zur Anwärmung entwarfen die Gruppenmitglieder als Hausaufgabe jeweils „ihre“ Rollenkarte. Sie richteten in der Stunde eine Szene ein. Die weitere Spielfolge sollte sich aus den Rollen ergeben. Ich hatte sie darauf hingewiesen, dass ohne ihre Hausaufgabe das Spiel nicht möglich sein würde.

Ziele

Die Gruppenmitglieder sollten die zeitgenössischen Menschen durch das Erleben besser verstehen und dadurch die Arbeitsergebnisse vertiefen und verinnerlichen. Die zuschauenden SchülerInnen sollten durch das spontane Mitspielen miterleben und dadurch auch selbst erlernen.

Die Geschichte

Zu Beginn des Spiels haben die SpielerInnen die lokale Szenerie (Wohnhäuser, Gericht, Marktplatz) eingerichtet. Anschließend stellten sich die SpielerInnen in ihren Rollen kurz vor. Aus den Rollen entwickelte sich die folgende Handlung:

> Das Ehepaar Friedrich hat nach der Behandlung einer Krankheit durch die Kräuterfrau (Hilda) des Ortes ihr einziges Kind verloren. Sie denunzieren sie beim Ortsrichter. Er nimmt diese Anzeige als willkommenen Anlass, die Kräuterfrau, die alleine etwas außerhalb des Ortes lebt, verhaften zu lassen. Zwei Soldaten (aus dem Publikum!) erfüllen sofort den Auftrag. Die Ehefrau des Richters, die mit Hilda befreundet ist, erlebt die Verhaftung mit. Sie versucht bei ihrem Ehemann hinter verschlossener Tür für Hilda zu intervenieren – ohne Erfolg. Nach sehr kurzer Befragung, die öffentlich auf dem Markt stattfindet (alle Zuschauer steigen als Dorfbewohner in das Spiel ein), wird Hilda verurteilt. Das Verhör wird von Pater Dietrich protokolliert. Er arbeitet gleichzeitig als Ortspfarrer und ist Angehöriger des Dominikanerordens. Ihm geht der Prozess zu schnell, weil das Geständnis und die Preisgabe potentieller Mitschuldiger fehlt. Er verlangt zumindest eine „peinliche Befragung“ der Ehefrau des Richters, weil sie eine Freundin der Verurteilten ist und darüber hinaus kleinwüchsig und noch immer kinderlos. Zur Durchsetzung seines Anliegens ruft er seinen Abt zu Hilfe. Nach dessen Zusage trifft Pater Dietrich die Vorbereitungen für das anstehende Verhör, z.B. lässt er

den Dorfschmied die Folterwerkzeuge herrichten, „wie es einem gläubigen Mann geziemt". Den Richter packt das blanke Entsetzen, weil er seine Frau liebt und plötzlich merkt, dass die Prozessstruktur sich auch gegen ihn selbst wenden kann. Diese Angst und dieses Entsetzen ergreift fast alle und liegt „in der Luft".

In der Auswertung bitte ich um Rollenfeedbacks unter der Fragestellung: Was habe ich in der Rolle über die Verfolgung von Hexen erfahren? Einige Beispiele: Ein Dorfbewohner: „Ich habe als Dorfbewohner die Rechtmäßigkeit des Prozesses nicht in Frage gestellt. Eine Hexe musste verbrannt werden." Der Richter: „Ich habe als Richter meine Arbeit gemacht. Dass meine Frau zum Opfer werden könnte, kam mir nicht in den Sinn. Als der Mönch aktiv wurde, hatte ich alle Hände voll zu tun, nicht selbst zum Opfer zu werden." Der Mönch: „Ich bin für den rechten Glauben eingetreten. Dass meinem Engagement eine Frau zum Opfer fiel, war nicht zu vermeiden. Mein Engagement rechtfertigte das." Hatten die SchülerInnen das Thema – so schrecklich es auch war – in der Gruppenphase noch mit einem gewissen Abstand beobachten und erarbeiten können, so ging die Distanz immer mehr verloren. Die SchülerInnen erschraken z.B. sehr darüber, dass ihnen zu keinem Zeitpunkt die Idee kam, den Prozess in Frage zu stellen oder gar Widerstand zu leisten. So war auch das Bedürfnis nach Hintergrundinformation zum Thema groß. Die Gruppe hatte sehr interessierte Zuhörer. Es schloss sich eine längere Diskussion darüber an, ob dies oder Ähnliches auch heute wieder möglich wäre. Vollmundige Bekenntnisse zum Widerstand waren nicht zu hören. Vielmehr verstanden die SchülerInnen, dass nur ein organisiertes Vorgehen wie z.B. das der Attentäter gegen Hitler vom 20. Juli 1944 die *Chance* hatte, ein solches Verbrechen zu verhindern.

6. Ausblick

Der Artikel zeigte, dass das Psychodrama ein sehr gut geeignetes Verfahren zur Fachvermittlung im Schulunterricht ist. Die Begrenzung durch das 45-Minuten-Raster rückt die kleinen Arrangements wieder in den Vordergrund der psychodramatischen Arbeit. Die Arrangements bieten Rahmungen an, die die SchülerInnen für eigene Sichtweisen, Interpretationen und situationsangemessene Handlungen nutzen können. Das Psychodrama führt zu einer deutlichen Differenzierung des Urteils der SchülerInnen über Themen, Handlungen, Motive von Personen in Konfliktsituationen. Die psychodramatischen Inszenierungen ermöglichen den SchülerInnen, eigene Arbeitsergebnisse der Klasse in Handlungen zu präsentieren, die die MitschülerInnen in diese Handlung und damit in den Lernfortschritt mit einbeziehen.

Trotzdem steckt die Konzeptionierung eines psychodramatischen Unterrichts m.E. noch in den Anfängen. Ein Ansatz ist der von E. Kösel. Er versteht das Psychodrama als eine Findungstheorie seiner subjektiven Didaktik, die eine „Modellierung der Lernwelten" (1993) der SchülerInnen ermöglichen soll. In der Umsetzung aber unterscheidet sich meine Praxis m.E. nicht so sehr von seiner. Mit gleichem Recht ist sicherlich auch die Relationelle Dramaturgie mit Modifikationen anwendbar. Dies muss aber noch erarbeitet werden. Es kann auch nur von Vorteil sein, wenn sich die an der Schule tätigen PsychodramatikerInnen an der Theoriearbeit des Arbeitskreises Pädagogisches Rollenspiel e.V. beteiligen. Ich warte mit Interesse auf eine Veröffentlichung der dortigen Überlegungen zu einer szenisch-dialogischen Bildung.

Literatur

Aichinger, Alfons (1995): Der Gewalt begegnen – Psychodrama mit Schulklassen. In: Psychodrama 2/ 1995, 189–208. Köln: inSzenario-Verlag.

Buer, Ferdinand ([2]1999): Morenos Therapeutische Philosophie. Opladen: Leske+Budrich.

Dufeu, Bernard (1933): Die Sprachpsychdramaturgie – ein Beitrag zur Psychodramapädagogoik. In: Bosselmann et al. (Hg.) (1993) Variationen des Psychodramas, 122-134. Meezen: Verlag Christa Limmer.

Feinauer, E. (1992): Wenn Saurier, Batman und Weisskopfseeadler Schule machen. Psychodrama Gruppenspiele in der Schule für Erziehungshilfe. In: Psychodrama, 1/1992. 31–50. Köln: inScenario Verlag.

Freudenreich, D./Sperth, F. ([3]1993): Stundenblätter – Rollenspiele im Literaturunterricht. Stuttgart: Klett-Verlag.

- (1979): Das Planspiel in der sozialen und pädagogischen Praxis. Beispiele für den Umgang mit Organisationen, Gruppen und Personen. München.

Geiss-Kuchenbecker, Barbara (1993): Ich spiele – also lerne ich. In: Bosselmann et al. (Hg.): Variationen des Psychodramas Moreno, 86–101. Meezen: Verlag Christa Limmer.

Gudjons, Herbert (Hg.) ([10]1999): Didaktische Theorien Hamburg: Bergmann + Helbig.

Hale, Ann (1994): Soziometrische Zyklen. In: Psychodrama 7. Jg. 2/94, 179–186. Köln: inSzenario-Verlag.

Heinzelmann, Irene et al. (1995): Psychodrama im Unterricht. In: Pädagogik 11/1995, 17–21. Weinheim: Julius Beltz GmbH.

Kösel, Edmund ([3]1997): Die Modellierung von Lernwelten. Elztal-Dallau: Verlag Lerb.

Kummer, Irene (1986): Beratung und Therapie bei Jugendlichen. München. Kösel-Verlag.

Lüffe-Leonhardt, Eva/Wertz Peter (1993): Psychodrama in der Erwachsenenbildung. In: Bosselmann et al. (Hg.) (1993) Variationen des Psychodramas, 77–85. Meezen: Verlag Christa Limmer.

Moreno, J.L. (1989): Psychodrama und Soziometrie. Köln: Edition Humanistische Psychologie.

Petzold, Hilarion/Schulwitz ([4]1993): Psychodrama in der Arbeit mit Schulkindern: In: Petzold, Hilarion. Angewandtes Psychodrama in Therapie, Pädagogik und Theater. 394 – 413. Paderborn: Junfermann

Psychodrama 2/94, Zeitschrift für Theorie und Praxis von Psychodrama, Soziometrie und Rollenspiel. Köln: inScenario-Verlag.

Roesinger, C. (1995): Der Einsatz von Methoden des Psychodramas in der Grundschule. Ort: Verlag: Vgl. dazu Pädagogik 11/95, siehe Anlage.

Springer, R. (1992): Moreno und die Pädagogik. Zum gegenwärtigen Entwicklungsstand der „Psychodrama-Pädagogik" in Deutschland. In: Psychodrama 5, 1992, S. 5-14. Köln: inSzenario-Verlag.

Wallner, H. (1995) Psychodrama im Fremdsprachenunterricht. In: Buer, F. (Hg.) (1994) Jahrbuch für Psychodrama, psychosoziale Praxis & Gesellschaftspolitik, 45–65. Opladen: Leske + Budrich.

Zeintlinger-Hochreiter, K. (1996): Kompendium der Psychodrama-Therapie, Analyse, Präzisierung und Reformulierung der Aussagen zur psychodramatischen Therapie nach J.L.Moreno. Köln: inSzenario-Verlag.

Thomas Rimmasch

Konzeption und Design einer Schulleitungsfortbildung – Alkoholmissbrauch am Arbeitsplatz Schule

Der Artikel zeigt in Form eines Auszugs die Konzeption und das Design einer Schulleitungsfortbildung zu dem Thema „Alkoholmissbrauch am Arbeitsplatz Schule". Hervorgehoben skizziere ich die Verbindung zu dem „im Hintergrund der Fortbildung mitlaufenden psychodramatischen Verfahren", das die Konzeption, Didaktik und Methodik der Veranstaltungen beeinflusste und formte, das Leitungsverhalten der Moderatoren mit bestimmte.
Dieses Fortbildungsdesign wird seit 1995 mit Schulleitungen aller Schulformen im Auftrag verschiedener Bezirksregierungen und Schulämter in Nordrhein-Westfalen durchgeführt. Die vorliegenden Aussagen basieren auf diesen Erfahrungen sowie auf den Abschlussevaluationen der Fortbildungen.
Das vorgegebene Ziel der Schulleitungsfortbildung lautet, Schulleitungsmitgliedern die Möglichkeit zu geben, ihr Handlungsrepertoire im Umgang mit alkoholauffälligen Kollegen zu erweitern.
Sowohl der Umgang mit Alkoholkonsum an der Schule als auch Präventionen zum Alkoholmissbrauch und zur Alkoholabhängigkeit sowie Interventionen bei Alkoholauffälligkeiten setzen voraus, dass eine Schulleitung sich in den vielfältigen Situationen des Berufsalltags personen-, situations- und institutionsangemessen zu verhalten versteht.
Damit die Schulleitungsfortbildung auf dieses Leitungshandeln adäquat vorbereitet, muss sie über eine bloße Stoffvermittlung in Form von Daten und Fakten zum Umgang mit Alkohol und Alkoholmissbrauch hinausgehen.
Die Fortbildung muss zum einen an die Situationen anknüpfen, die die Teilnehmer aus ihren Schulen im Zusammenhang mit Alkohol berichten, zum anderen müssen die Wechselwirkungen und gegenseitigen Beeinflussungen dieser Interaktionen zwischen Schulleitung und Kollegium betrachtet werden. Ebenso sind die Schulkultur und die institutionellen Rahmenbedingungen, wie z.B. die Schulform einer Schule zu thematisieren, da sie beeinflussend auf präventive oder intervenierende Maßnahmen wirken.
Zur Umsetzung der thematischen Bedingungen in eine Fortbildungskonzeption und in eine entsprechende Fortbildungsstruktur bietet sich das psychodramatische Verfahren deshalb an, weil es den Protagonisten – hier als Teilnehmer benannt – immer im Bezug zu dem ihn umgebenden sozialen Umfeld sieht, in seiner Beziehung zu an-

deren Personen, in seine Eingebundenheit in eine soziale Rahmung (vgl. Moreno, J.L. 1974, S.5).
Zudem spricht die pragmatische Tradition des Psychodramas (vgl. Buer, F. 1999, S. 62ff) den teilnehmenden Schulleitungen die Beurteilung der Brauchbarkeit des Gelernten zu, das heißt der Teilnehmer entscheidet eigenständig, welches Wissen und welche Handlungs- bzw. Gesprächsformen er für seine spezielle Situation benötigt. Der Teilnehmer wird dazu als Experte seiner selbst und als Sachverständiger seiner Situation vor Ort in die Fortbildung eingebunden.
Diese psychodramatischen Ausgangsbedingungen spiegeln sich sowohl in den fortbildungsdidaktischen Leitlinien (vgl. Pkt.2) als auch in den Methoden der Fortbildung (vgl. Pkt.3) wider.

Zusammenfassung der durch den Auftraggeber sowie durch die Teilnehmerschaft vorgegebenen und zu berücksichtigenden organisatorischen und thematischen Rahmenbedingungen der Schulleitungsfortbildung:

- Das Fortbildungsdesign bezieht sich auf eine Fortbildungszeit von insgesamt vier Tagen. Dem Einführungstag folgen mit einer Woche Abstand zeitlich zusammenhängend zwei weitere Fortbildungstage. Die ersten drei Tage dienen der Schulung, der vierte Tag ist als Rückkopplungsveranstaltung entworfen und gibt Gelegenheit, sowohl die Umsetzbarkeit der auf der Fortbildung erarbeiteten Vorgehensweisen als auch die in den Schulen stattgefundenen Aktivitäten zu evaluieren.
- Die Teilnahme an der Fortbildung ist freiwillig.
- Die Interessenslage der Schulleitungen ist uneinheitlich. Die Ansprüche und Bedürfnisse umfassen alle denkbaren Graduierungsstufen zwischen den Extrempunkten: „Ich wünsche die Fortbildung, um mich grundsätzlich auf schwierige Leitungssituationen vorzubereiten" und „Ich brauche schnellste Hilfe in Form von Vorgehensrezepten, weil ein aktuell eskalierender Alkoholmissbrauch im Kollegium vorliegt". Entsprechend weit gestreut ist das Interesse an der Art der Informationen.
- Das vorgegebene Fortbildungsziel „Erweiterung des Handlungsrepertoires" verlangt zum einen sachbezogene Inhalte zum Umgang mit Alkohol zu vermitteln, zum anderen Situationen zu schaffen, durch die die Schulleitungen ihr Rollen- und Leitungsverhalten reflektieren bzw. erweitern können. Die Leitungserfahrung der Schulleitungen differiert sowohl auf Grund der Dienstjahre als auch durch die Zugehörigkeit zu unterschiedlichen Schulformen. So unterscheiden sich die Schulformen z.B. in der Kollegiumsgröße, in der Größe des Leitungsteams, in der Altersstruktur der Schülergruppe, etc.. Eine Erweiterung des Handlungsrepertoires der Schulleitung ist dabei gleichermaßen vom Thema als auch von der Person des Teilnehmers sowie von der spezifischen Situation an seiner Schule abhängig und wird deshalb in der Fortbildung personen- bzw. fallbezogen erarbeitet.

Ausgehend von den Rahmenbedingungen werden

1. die für das Schulfeld relevanten Bezugsgrößen zum Umgang mit Alkoholmissbrauch recherchiert sowie die daraus abzuleitenden Präventions- und Interventionsaufgaben einer Schulleitung benannt,
2. fortbildungsdidaktische Leitlinien sowie Informations- und Handlungsfelder aufgestellt,
3. die Methoden zur Umsetzung bestimmt.

1. Bezugsgrößen und Thesen zum Umgang mit Alkoholmissbrauch in der Schule

Da für das Schulfeld keine eigenen empirischen Daten vorliegen, werden diese Bezugsgrößen aus dem außerschulischen Bereich übernommen. Betriebliche Unternehmen und Verwaltungen rechnen mit 5% alkoholkranken Beschäftigten und weiteren 10% alkoholgefährdeten.

Diese Angaben sind auf den Arbeitsplatz Schule übertragbar (vgl. Rimmasch, T. 1997, S.3f).

Entscheidende Einflussgrößen für Prävention und Krisenbewältigung sind das schulische Betriebsklima sowie der soziale Kontakt untereinander. Der unmittelbare Umgang in den bereits bestehenden sozialen Bindungen des Kollegiums eröffnet präventive Handlungsmöglichkeiten. Die Möglichkeit und Chance, einen Alkoholgefährdeten mit seiner Sucht am Arbeitsplatz zu konfrontieren, ist damit relativ hoch.

(Die folgende Verwendung des generischen Maskulinum z.B. „der alkoholgefährdete Kollege" – ebenso wie die Bezeichnungsform genusneutraler Formulierungen schließt grundsätzlich beide Geschlechter ein – weist jedoch zugleich daraufhin, dass der Anteil der Männer sowohl beim nationalen Alkoholverbrauch als auch bei der Abhängigkeit von Alkohol höher liegt als der der Frauen.)

Es gehört zur Krankheitssymptomatik, dass das Umfeld oftmals in bester Absicht einem alkoholgefährdeten bzw. alkoholabhängigen Kollege zu helfen, dessen Alkoholprobleme verharmlost oder „übersieht". Diese Fehlreaktionen werden als Co-Alkoholismus bezeichnet und führen dazu, dass der Gefährdete sein Trinkverhalten beibehalten kann.

Ziele und Absichten von Interventionen

Der durch das Nichtansprechen entstandene Schonraum, den der alkoholauffällige Kollege für seinen Alkoholmissbrauch nutzt, wird durch gezielte Interventionen systematisch eingeengt.

Da der Alkoholabhängige bezogen auf die Erfassung seines Zustandes eine „Realitätsvermeidung" aufbaut, soll durch konfrontierende Gespräche, die die Schulleitung führt, dem Kollegen die Möglichkeit gegeben werden, seine Selbstwahrnehmung durch ergänzende Wahrnehmungen, die sachlich und nachvollziehbar dargelegt wer-

den, zu korrigieren. Der Betroffene soll sich in seinem Problem erkannt fühlen. Durch eine Abfolge von Gesprächen soll er zu einer Einsicht in seine Krankheit finden und in selbstgesteuerter Entscheidung zu dem Entschluss kommen, wieder die Verantwortung für sich selbst zu übernehmen, indem er professionelle Hilfen, wie Beratungsstellen, Selbsthilfegruppen oder Suchtkliniken aufsucht.
Dieses geplante und gezielte Intervenieren verlangt die Gleichzeitigkeit:
- von Konfrontation auf der Basis von Respekt und Wertschätzung,
- von Beratung,
- sowie die Weitergabe helfender Informationen.

Das planmäßige Vorgehen in den „Schrittfolgen einer abgestuften Intervention" hat sich nachweislich bewährt (vgl. Fuchs, R.; Petschler, T. 1998, S.53; Rimmasch, T. 2000, S. 13ff).

Mögliche Reaktionen betroffener Kollegen
Das Ansprechen stellt für den Alkoholkranken nicht nur eine äußere Konfrontation, sondern auch eine innere Herausforderung dar. Entsprechend dem Krankheitsbild wird der Angesprochene bemüht sein, seinen Schonraum, in dem sein Alkoholkonsum stattfindet, zu erhalten. Die Interventionen bringen sein Abwehrverhalten hervor.

Die Rolle und Position der Schulleitung
Zeigen Mitarbeiter im Dienst Auffälligkeiten, die auf das Trinken von Alkohol zurückzuführen sind, verlangt sowohl die Fürsorgepflicht gegenüber dem Alkoholgefährdeten, als auch gegenüber den übrigen Kollegen sowie der Schülerschaft ein Einschreiten der Leitung.
Die auf der Fortbildung vertretenen Interventionskriterien sind darauf ausgerichtet, die Schulleitungen zu einem frühen Eingreifen bei Auffälligkeiten und zu einer Gesprächsbereitschaft auch bei unsicherem Hintergrund zu ermutigen – im Gegensatz zu einer langfristigen Suche nach Beweisen für eine Alkoholismuserkrankung, die als Nachteil beinhaltet, viel „Zeit zu kosten". In diesem Zusammenhang auftretende Rechtsfragen werden am 3. Fortbildungstag in der „Expertenbefragung" geklärt (vgl. Pkt.2, Informations – und Handlungsfelder).
Die Schulleitung ist, im Gegensatz zu den Kollegen, auf Grund ihrer institutionellen Rollenzuschreibung, mit der positionalen Macht ausgestattet, Verhaltensänderungen einzufordern. Sie kann auf den Betroffenen mit dem konstruktiven Druck abgestufter Interventionen (vgl. Rimmasch, T. 2000, S. 11ff) reagieren, mit dem Ziel, dass dieser die Hilfen professioneller Suchtberatungen in Anspruch nimmt.
Zudem beeinflusst die Schulleitung über die Art ihrer Leitungsausübung das schulische Betriebsklima und die Sozialkultur des Kollegiums. Über sie läuft die erforderliche soziale Aktivierung und Einbindung eines Kollegiums für eine Suchtprävention. Die notwendige Akzeptanz und Konsensbildung für Präventionsmaßnahmen wird

entscheidend von ihrer interaktionellen Präsenz und kommunikativen Fähigkeit beeinflusst. Sie überzeugt, prägt, führt und lenkt durch ihr Geschick zum pädagogischen Management (vgl. Schreyögg, G. 1996, S. 426-459; 512-529), mittels einer aktiven und wertschätzenden Beziehungsgestaltung, durch das Geschick zum direkten Ansprechen, durch eine klare und verbindliche Kommunikation der eigenen Vorstellungen, Wünsche, Ideen, sowie durch die Zivilcourage, konflikthafte Inhalte auch wiederholt im Kollegium zu diskutieren.

Das Kollegium orientiert dabei sein Verhalten immer auch am „sozialen Modell" der Schulleitung. Werte, die eine Leitung subtil und unbewusst kommuniziert, werden genauso wahrgenommen wie mit Sorgfalt und Genauigkeit vorgelebte Handlungen.

Das Risiko des Ansprechens

Für Schulleitungen wirkt es oftmals befremdlich, den Umgang mit Alkohol im Kollegium besonders zu benennen, während außerhalb der Schule Spirituosen, Bier und Wein gesellschaftlich legitimiert sind und eher mit Freizeit, Entspannung und Geselligkeit als mit Sucht und Krankheit gleichgesetzt werden.

Zudem ist das Erkennen von alkoholkranken Kollegen im Berufsalltag schwer, da ein Wahrnehmen an die Zeiten der Berufstätigkeit gebunden ist.

Überdies gibt es keine Matrix zur eindeutigen Identifizierung eines Alkoholkranken, da es nicht *die* Suchtpersönlichkeit gibt. Nur wenn mehrerer Faktoren über eine längere Zeit auftreten, ist das als Indiz für eine beginnende oder eingetretene Alkoholabhängigkeit zu werten.

Aus der Sicht einer Leitung erhöhen diese Umstände bei einem Ansprechen das Risiko „daneben liegen zu können" und machen es schwer, interaktionell tätig zu werden.

Zusätzliche Erschwernisse ergeben sich beim interaktionellen Umgang mit Alkoholmissbrauch. Die notwendigen konfrontierenden Interaktionen gegenüber dem auffälligen Kollegen, besonders die „Problemgespräche über Alkohol" (Rimmasch, T. 1997, S. 15ff) stellen einen auffallenden Gegensatz zu den sonst im Schulfeld üblichen Begegnungen dar. Innerhalb der Schule handeln Schulleitungen auf Grund der administrativen Vorgaben in der Doppelfunktion Vorgesetzter/Kollege. In einem Problemgespräch über Alkohol wirken sie auf Kollegen konfrontativ, sie „gehen sie an", decken etwas auf und verhalten sich damit scheinbar „unkollegial". Schulleitungen hegen oftmals die Befürchtung sich durch Kritik und ihr Verlangen nach Änderung bei Kollegen „unbeliebt zu machen". Mit dem Verzicht auf eine direkte Beanstandung hofft eine Schulleitung sich vor dieser Erfahrung zu bewahren und verhält sich damit co-alkoholistisch.

2. Fortbildungsdidaktische Leitlinien

Die fortbildungsdidaktischen Leitlinien verknüpfen die themen- und teilnehmerspezifischen Merkmale sowie das Fortbildungsziel so,

- dass Informations- und Handlungsfelder präzisiert,
- Vermittlungs- und Vorgehensweisen in der Fortbildung sichtbar und die
- Anforderungen an die Moderatoren bzw. die Mitwirkungsmöglichkeiten der Teilnehmer benannt werden können.

Als Leitlinien werden eine Prozess-, Handlungs- und Transferorientierung festgelegt. Die Informations- und Handlungsfelder werden je nach Teilnehmerbedarf erschlossen. Sie können als in sich geschlossene Einheit erarbeitet werden oder in Form von Teilaspekten die Fortbildung durchziehen.

Überblick zu den Informations- und Handlungsfeldern

Informations- und Handlungsfeld	*Inhalt*
Genuss- und Suchtmittel Alkohol	Bezugsdaten zum Alkohol und zum Alkoholismus, zum Erkennen der Krankheitsdynamik. Thesen zum Umgang mit Alkoholmissbrauch.
Institutionelle Umfeldklärung	Das Erkennen von Wert- und Normhaltungen im Kollegium, von co-alkoholistischem Verhalten in der eigenen Schule. Möglichkeit der Prävention anhand der Aspekte: „Weitergabe von Sachinformationen Alkohol“, „Wahrnehmung des schulischen Betriebsklimas“, „Entwicklung und Ausbau sozialer Kontakte zwischen Schulleitung und Kollegium“.
Selbstklärung in der Schulleitungsrolle	Das Erkennen von Wert- und Normhaltungen im eigenen Handeln als Schulleitung und der Bezug zu den Erwartungen des Umfeldes.
Konfliktmanagement	Das Erkennen der Einflussgrößen „interaktionelle und kommunikative Präsenz“ als Kompetenzen der Schulleitung, um konfliktlösend und präventiv handeln zu können.
Gesprächsführung	Kennenlernen und Anwenden der Grundzüge und Leitlinien von Konfrontationsgesprächen sowie der Ablaufstruktur eines Problemgesprächs über Alkoholmissbrauch.
Expertenbefragung	Den eigenen Standpunkt weiter entwickeln, aufgrund der Befragung von – ehemaligen Alkoholikern, die wieder als Lehrer aktiv im Schuldienst tätig sind, – betrieblichen Suchtkrankenhelfern, – für Personalangelegenheiten zuständigen Juristen der Bezirksregierung.

Informations- und Handlungsfeld	*Inhalt*
Umsetzung der Sachinformation über Alkohol in: – inhaltlich begründete, – institutions-, situations- und personen-angemessene, – persönlich konsistente Gesprächshandlungen	Eigenes Ausführen und Trainieren verschiedener Parts eines Problemgesprächs.

Prozess-, Handlungs- und Transferorientierung

Die Teilnehmer sind an der Organisation ihres Lernprozesses mit beteiligt. Die Moderatoren orientieren ihre Informationseingaben an den zuvor von den Teilnehmern erfragten Themenwünschen. Sie erkunden dazu die Bereitschaft der Schulleitungen an einer aktiven Mitarbeit bzw. wecken durch Mitteilungen vor der Veranstaltung und durch die Anwärmung zu Beginn des Seminares das Interesse daran.

Durch mündliche Zwischenevaluationen erhalten die Teilnehmer die Möglichkeit, den Fortbildungsablauf zu beeinflussen. Gemeinsam wird der Seminarablauf aktuell in der Seminarsituation rollierend festgelegt. Die Wahl der zu bearbeitenden Themenbereiche erfolgt aus der Reflexion des aktuellen Seminarprozesses auf das Fortbildungsziel hin sowie auf Grund der Sachfragen und Bedürfnisse der teilnehmenden Schulleitungen in der augenblicklichen Seminarsituation.

Dieses Vorgehen schafft im Seminar neben der direkten Einbindung der Teilnehmer und ihrer beruflichen Alltagserfahrungen auch eine Metaebene, auf der die gerade stattgefundene Seminarhandlung reflektiert wird. Zugleich wird damit die Aufmerksamkeit auf die Wahrnehmung von Prozessabläufen gelenkt; eine Fähigkeit, die im Umgang mit Suchtphänomenen im Kollegium erforderlich ist.

Wann immer es das Thema und die Bereitschaft der Teilnehmer zulässt, werden Lernformen gewählt, die es ermöglichen, direkt und selbsthandelnd Erfahrungen zu gewinnen. Introspektives und Modelllernen werden dabei miteinander verbunden. Dazu werden die aus dem Psychodrama bekannten Arrangements, Darstellungsformen und Techniken eingesetzt (vgl. Rimmasch, T. 1995, S. 148-159).

Lernprozesse wie der Transfer von Fachinformationen über Alkohol in adäquates interaktionelles Handeln laufen hochgradig individuell ab. Eine spätere Umsetzung im Schulfeld kann nur dann erfolgen, wenn in der Fortbildung die spezifische Berufssituation der Schulleitungen sowie die schon vorhandenen persönlichen Handlungskonzepte der Teilnehmer berücksichtigt werden.

Zudem bedürfen die Handlungsabsichten, die in der Fortbildung eingeleitet wurden, einer administrativen Unterstützungsstruktur, um von den Schulleitungen professionell an der eigenen Schule umgesetzt zu werden. Umsetzungsprobleme sind deshalb sowohl auf der personellen und institutionellen als auch auf der behördlichen Ebene zu untersuchen (vgl. Rimmasch, T.; Schaefer, H. 1999, S. 43f).

Sowohl die Fachinformationen aus dem Themenfeld Alkohol als auch die zum Interaktionshandeln und zur Gesprächsführung werden immer im direkten Bezug zu den, von den Teilnehmern angeführten Problembeschreibungen aus dem Schulbereich vermittelt.
Lernen wird als individueller Prozess der Auseinandersetzung mit der spezifischen Situation an der eigenen Schule, auf der Grundlage bereits erworbener Handlungsstrukturen gesehen. Die Fortbildung gibt nicht nur die Gelegenheit, neue Handlungsstrukturen zu erwerben, sondern bereits erworbene durch handelndes Erfahren zu reflektieren. Erweisen sich die erkannten Verhaltensweisen und Handlungen als unwirksam oder unpassend, können sie durch das Experimentieren in weiteren Handlungssituationen, in Form eines „Probehandelns" (vgl. Pkt. 3.2) berufsfeldangemessen modifiziert werden.
Die vorhandenen Handlungsstrukturen dienen dabei als Anknüpfung für die neu zu erlernenden Fähigkeiten (vgl. Groeben, N. u.a. 1988, S.292-310).
Ein persönlich konsistentes Handlungsrepertoire kann dann entwickelt werden, wenn zu der Kenntnis von Handlungs- und Gesprächsstrukturen, die Reflexion der persönlichen Handlungs- und Gesprächseinstellungen sowie eine Differenzierung der eigenen Wahrnehmung von Handlungs- und Gesprächssituationen hinzu kommen (vgl. Rimmasch, T. 1998, S. 1-20). Somit hat bei der Entwicklung von Handlungs- und Gesprächsfertigkeiten die Entdeckung der bisherigen inneren Handlungs- bzw. Gesprächsmuster Vorrang vor Fertigkeitsübungen.
Aufbauend auf der Reflexion der persönlichen Handlungs- und Gesprächs-Mentalität und ergänzt durch Daten und Fakten zum Umgang mit Alkohol und Alkoholabhängigkeit können Schulleitungen eine eigene, der Institution, der Situation und der Person angemessene Handlungs- und Gesprächs-Einstellung hervorbringen (vgl. Rimmasch, T. 1998, S. 18f). Diese persönliche Fertigkeit und Fähigkeit bringen sie dann mit in den Arbeitsalltag ein und entwickeln sie durch häufigeres Anwenden sowie durch Trainings und berufsbegleitende Supervision zur Professionalität (vgl. Rimmasch, T.; Lesniak, K. 1996, S.372-382; Rimmasch, T. 1999a, S.1-24; Rimmasch, T. 1996, S.15-23).

Der Seminarkontrakt
Das Seminargeschehen ist so angelegt, dass es selbst als Modell für Handlungs- und Gesprächsinitiierung sowie zur Reflexion momentaner Handlungsprozesse dient.
Dies ist nur zu praktizieren, wenn sich die Moderation durchgehend und unvoreingenommen auf die Sichtweisen, die phänomenale Welt, die je individuelle Art des Wahrnehmens, Denkens und Handelns der Teilnehmer einlässt. Dies bedeutet für die beiden im Team arbeitenden Moderatoren, dass sie ihr Vorgehen in der Fortbildung und ihre persönlichen Sichtweisen transparent und plausibel darlegen, sie äußern, als eigene deklarieren und begründen.
Es ist für die Seminarbeteiligten hilfreich, diese Vorgehensweise in Form eines Semi-

narkontraktes anzukündigen und damit den Rahmen zu schaffen, durch den das Umgehen miteinander sowie die Teilnehmermitwirkung geklärt werden. Die Moderatoren betonen deshalb z.B.:

- den Selbstentscheidungsstatus jedes Teilnehmers. Die Moderatoren respektieren jeden Teilnehmer als Person, die für sich grundsätzlich selbst entscheidet, inwieweit sie aktiv am Seminargeschehen teilnimmt, Themenaspekte mit erörtert, sich an Trainings beteiligt. Somit haben die Fragen, Übungen und Hinweise der Moderatoren prinzipiell Einladungscharakter, und jeder Teilnehmer beschließt jederzeit für sich selbst, ob er einer „Einladung" folgen möchte oder nicht;
- den Expertenstatus. Alle Personen gelten als berufserfahrene Experten, die zusammengekommen sind, um innerhalb der vorgegebenen Fortbildungsstruktur ein gemeinsames Ziel zu erreichen, die gewählte Aufgabe zu bewältigen und Resultate zu erarbeiten. Die Teilnehmer als Experten ihrer Situation vor Ort tun dies, indem sie ihre Erfahrungsberichte und Fallschilderungen aus dem Schulfeld einbringen und durch die Reflexionen im Seminar ihre Erkenntnisse zur Verfügung stellen.

  Die Moderatoren bringen ihr themenbezogenes und didaktisch-methodisches Wissen in die Fortbildungen und schaffen Lernsituationen, durch die das Know-how der Gesamtgruppe optimal ausgetauscht werden kann.

3. Methoden der Fortbildung

Neben klassischen Moderationsmethoden werden Arrangements und Techniken des Verfahrens Psychodrama gewählt.

3.1 Die Aktionssoziometrie

Sie wird als Anwärmung zu Beginn der Fortbildung eingesetzt. Den Teilnehmern wird sie unter dem Namen „lebendige Statistik" vorgestellt. Sie dient dazu

- die Gruppenkohäsion zu fördern und
- soziale Informationen auszutauschen, die die Teilnehmer wechselseitig sowie von den Moderatoren benötigen, um sich ein „erstes Bild" voneinander machen zu können,
- den Teilnehmern zu verdeutlichen, dass jeder Einzelne mit seinem Wissen und seinen Erfahrungen als Experte seiner Berufssituation zu dem Gesamtexpertenwissen der Gruppe beiträgt. Die Aufgabe der Moderatoren ist es, dieses Gruppenwissen sowie ihr eigenes Expertenwissen in einen gemeinsamen Austausch zu bringen.

Die Teilnehmer und die Moderatoren stellen sich zu vorgegebenen Merkmalen, wie z.B. Schulort, Schulformen, Kollegiumsgröße, Anzahl der Berufsjahre usw. im Seminarraum zusammen. Durch den Wechsel der Kriterien lernt jeder Teilnehmer in kurzer Zeit andere Teilnehmer kennen, die sich mit ihm hinsichtlich des Kriteriums in einer ähnlichen beruflichen Lage befinden wie er selbst. Dies erleichtert es sich in der neuen Gruppe zu orientieren und miteinander vertraut zu werden. Die leichte, ungezwungene Art des Austauschs führt zu einer gelösten und entspannten Atmosphäre, so dass Teilnehmer schon in der Anfangsphase des Seminars ungehemmter und freier über ihren Umgang mit Alkoholismusfällen an der eigenen Schule berichten.

3.2 Das Stellen von Berufsszenen

Die Methode „Berufsszene" wird eingesetzt, um die Wechselwirkung und Interdependenz von co-alkoholistischem Verhalten und berufsfeldangemessener offener Kommunikation im Kollegium zu erkennen.
Den Ausgangspunkt für Berufsszenen bilden Fallschilderungen der Schulleitungen. Oftmals korrespondiert die starke Zurückhaltung einer Schulleitung, einen Kollegen anzusprechen, mit einem entsprechend co-alkoholistischem Verhalten im Kollegium. Um dieses Verhalten und das momentane Handeln der Leitung sichtbar zu machen, wird auf Grund der Angaben einer teilnehmenden Schulleitung, die gruppenspezifische Konfigurationen ihres Kollegiums, in Bezug zu der Frage nach dem Umgang mit einem auffälligen Kollegen nachgebildet.

Der Aufbau und Ablauf des Stellens von Berufsszenen
Begleitet durch den Moderator gruppiert die falleinbringende Schulleitung das Kollegium ihrer Schule im Seminarraum, indem andere Teilnehmer stellvertretend Positionen und Aussagen von Kollegen darstellen.
Als erstes weist sie einem Seminarteilnehmer, der sich bereiterklärt hat, den alkoholauffälligen Kollegen darzustellen, einen Platz zu. Die Position kann durch eine charakteristische Handgeste oder Körperhaltung, die das Befinden des Betroffenen zum Ausdruck bringt, erweitert werden. Ausgehend von der eigenen Wahrnehmung ordnet die Schulleitung andere einzelne Kollegen oder Kollegengruppen in einem geschätzten Verhältnis von Distanz und Nähe dem auffälligen Kollegen zu. Den zuletzt Gruppierten gibt sie gehörte oder vermutete Äußerungen und Sätze mit, z.B.: „Wir würden gerne helfen, aber wir wissen nicht wie"; „Das darf nicht öffentlich werden, wir regeln es intern"; „Ich habe keine Probleme mit dem Kollegen"; „Ich übernehme für den Säufer keine Vertretung mehr!", „Ich habe damit nichts zu tun, ich mache hier nur meinen Job!" etc. Die Szene beginnt, indem die Teilnehmer, die ihnen vorgegebenen Redewendungen laut sprechen. Die Schulleitung kann die Berufsszene auf sich wirken lassen, indem sie – je nach Wahl – die Position des auffälligen Kollegen einnimmt oder wie ein „nichtbeteiligter Beobachter" aus dem Bild heraustritt und das Geschehen von außen betrachtet.
Durch die Szene werden anhand der Wahrnehmung der falleinbringenden Schullei-

tung marginale Stellungen und Personengruppen, die sich co-alkoholistisch verhalten, sichtbar. Häufig wird visuell deutlich, dass viel um die alkoholauffällige Person herum gehandelt und diskutiert wird, während diese selbst das Geschehen ungestört in ihrem Suchtverhalten betrachten kann.
Im Anschluss an die Darstellung der Berufsszene, tauschen sich, um das Geschehen zu reflektieren, sowohl die in der Szene handelnden Teilnehmer als auch die von außen beobachtenden Schulleitungen und Moderatoren miteinander aus.
Die Reflexionen werden auf Anfrage oder, wo es geboten erscheint, durch die Moderatoren oder auf deren Frage hin von Kursteilnehmern durch Erfahrungen und Sachinformationen aus dem Themenfeld Alkoholmissbrauch ergänzt.
Will sich die falleinbringende Schulleitung einen Überblick über ihre möglichen Handlungsschritte verschaffen, wird die Berufsszene weiter „sondiert".
Die vorhandenen Positionen werden modifiziert, indem die Schulleitung den mitwirkenden Teilnehmern Kollegenwünsche, -aufträge und/oder Bemerkungen zuweist, die sich an ihre Funktion als Leitung richten, z.B. „Ich möchte, dass Sie als Schulleitung das regeln!", „Sie sollten hier mal ein klares Wort reden!", „Nehmen sie sich mehr Zeit für das Kollegium!"; usw.. Die falleinbringende Schulleitung nimmt dann einen eigenen, nach dem Kriterium von Distanz und Nähe zu den anderen Kollegen gewählten Platz in der Berufsszene ein. Die mitwirkenden Teilnehmer sprechen die ihnen zuvor vorgegebenen Aussagen. Die Schulleitung hört sich diese an und lässt sie auf sich wirken. Der Moderator unterstützt den Prozess, indem er z.B. nachfragt,

- ob diese Situation in dieser Darstellung der Realität in der Schule entspricht,
- was sie in ihrer Rolle als Schulleitung empfindet, nachdem sie die Sätze gehört hat,
- was sie als Person jetzt machen möchte bzw. was sie als Schulleitung meint machen zu müssen,
- welche Handlungsabfolgen sie sieht.

Bei diesem methodischen Vorgehen „konfrontiert" sich die falleinbringende Schulleitung quasi selbst mit den von ihr vermuteten oder den ihr bekannten Ansprüchen an ihr Leitungshandeln.
Weniger gefühlsdirekt und eher kognitiv wirkt die Gegenüberstellung, wenn der Platz der falleinbringenden Schulleitung innerhalb der Szene von einem anderen Teilnehmer eingenommen wird. Die falleinbringende Schulleitung tritt an den Rand des Geschehens und beobachtet die ablaufende Situation von außen (Technik des „Spiegelns"). Der Moderator interviewt während der Betrachtung die falleinbringende Schulleitung, „Was sehen Sie, was passiert da?", „Können Sie der Schulleitung in der Berufsszene einen Hinweis geben, was Sie tun soll?" ...
Diese Form von Selbst-Reflexion kann dann Anlass dafür sein, das ursprüngliche Handeln in Frage zu stellen und nach Alternativen zu suchen. Der mögliche Erfolg von Handlungsalternativen wiederum kann in Form eines „Probehandelns" verifiziert werden.

Im Probehandeln wird die Szene im Rahmen der gewonnenen Einsichten neu geordnet und gruppiert, um (in Ergänzung zu einer ausschließlich gedanklichen Spekulation) die Wirkungen, Dynamiken und Erfolgsaussichten von Interventionen realitätsangemessen abzuschätzen.

Wirkungen des Stellens der Berufsszene

Die Berufsszene ermöglicht es, die Meinungen und Verhaltensweisen eines Kollegiums, die einen fließenden und einem dauernden Wandel unterworfenen Prozess darstellen, als ein momentanes Stand-Bild zu fixieren. Die Situation von vor Ort wird „eingefroren", um sie abseits der Schnelligkeit des Alltagsablaufes und des Handlungsdruckes betrachten und diagnostizieren zu können. Die Muster der Interaktionen, die Konstellationen von Meinungen und Verhaltensweisen, die Anordnung von Interessensgruppen und Marginalstellungen in einem Kollegium werden sichtbar, so dass Wirkungszusammenhänge deutlich und verstehbar werden. Das Gewahrwerden der komplexen Zusammenhänge gibt den Anreiz, die Konstellation nach Alternativen zu erkunden, d.h. mit der Szene zu experimentieren, Positionen zu verändern, Interaktionen neu zu formulieren.

Die modifizierte Betrachtungsweise der Szene regt die soziale Wahrnehmung an, die Bereitschaft zur Selbstreflexion, das Hinterfragen der eigenen Vorannahmen ebenso wie die Fähigkeit, die Handlungsmotive der Kollegen zu verstehen. Damit können veränderte Akzente bei der Bewertung der Situation von vor Ort gesetzt und bisher nicht gedachte Möglichkeiten einer Veränderung mit in zukünftige Handlungsüberlegungen einbezogen werden. So dient die Szene als Orientierungshilfe, auf Grund derer in der eigenen Schule gezielte Interventionen eingeleitet werden können.

Das In-Szene-Setzen eröffnet den Schulleitungen als neue Reflexionsebene die Dimension des Raumes. Im Gegensatz zur gewohnten verbalen Darlegung hat die präsentative Darstellungsform die Vorteile, dass

- das „szenische Verstehen" der Teilnehmer geschult wird, das Erkennen der Interdependenz der gezeigten Interaktionsmuster als ein Ausdruck der sie hervorbringenden spezifischen Schulkultur,
- die verschiedenen, zeitgleich wirkenden Ebenen, wie z.B. der gerade ausgesprochene Satz und die gleichzeitig im Inneren stattfindenden Gedankengänge in ihrem Zusammenwirken dargestellt werden können, ohne dass dadurch der Blick auf die Gesamtsituation verloren geht,
- dass die Teilnehmer in ihrem Agieren, die Interaktionen und Konflikte körperlich erleben, obwohl weder die Zeit, noch die Lokalität und die anderen Mitdarsteller eine reale Verbindung zu der tatsächlichen Situation vor Ort haben. Diese Besonderheit des zugleich Realen und Imaginären geht über eine rationale Exploration hinaus und schafft ein sinnliches Erleben der Situation, ein Erinnern und Gewahrwerden. Dadurch werden die Teilnehmer auch auf ihre im Berufsalltag

„automatisiert“ ablaufenden persönlichen Handlungsmuster aufmerksam und können sie mit kognitiver Reflexion verbinden, um alternative Vorgehensweisen zu überlegen.

Die Einzelfalldarstellungen, in der eine Schulleitung ihren Fall ausführt, ihre Szene arrangiert, ihre Situation exploriert, bedeuten gleichwohl auch für die anderen Teilnehmer einen Erkenntnisgewinn. Indem Strukturen erkannt und mit eigenem Handeln verglichen werden, sind Einblicke möglich, die auch für den nur zuschauenden Teilnehmer neue Einsichten und Zugehensweisen eröffnen.

3.3 Die Gesprächssimulation

Gebunden an einen konkreten Fall wird gemeinsam mit allen Teilnehmern die Struktur und der Ablauf eines aufdeckenden, konfrontierenden und helfenden Gesprächs in den spezifischen Rahmenbedingungen einer Schule erarbeitet.

Voraussetzungen zur Führung von Problemgesprächen über Alkohol sind

- die persönliche Entscheidung ein Gespräch führen zu wollen,
- das Wissen über die Wirkung von kommunikativem Handeln,
- die Entwicklung der eigenen Gesprächsfertigkeit durch die Anwendung, Selbsterfahrung sowie Reflexion von Problemgesprächssituationen.

Die Einleitung einer Entscheidungsfindung für ein Problemgespräch

Im Vorfeld zu einem Problemgespräch steht die Entscheidung, ein Gespräch führen zu wollen. Häufig stellen sich teilnehmende Schulleitungen die Frage: „Reichen die von mir bei einem Kollegen wahrgenommenen Auffälligkeiten und Unregelmäßigkeiten aus, um ihn daraufhin anzusprechen?“

Um sowohl den einzelnen Teilnehmer bei seiner Entscheidungsfindung zu unterstützen und seine Wahrnehmung zu konkretisieren, als auch um die Frage dem Plenum zugänglich zu machen, werden die beschriebenen Auffälligkeiten und Irregularitäten zusätzlich zur verbalen Äußerung in Form einer „Aufstellung“ dargestellt. Ein Teilnehmer, der sich nicht sicher ist, ob er einen Kollegen ansprechen soll, wird gebeten, die von ihm wahrgenommenen auffälligen Verhaltenssituationen zu schildern. Im Anschluss an die Schilderung stellen sich andere Teilnehmer – stellvertretend für jeweils ein genanntes Ereignis – zu einer Reihe im Raum auf. So stehen z.B. in einer Linie hintereinander „das Riechen einer Alkoholfahne“, „der wankende Gang über den Hausflur“, „das stark hektische Verhalten, als mit dem Kollegen über Schülerbeschwerden zu seinem ‚merkwürdigen Unterrichtsverhalten‘ gesprochen wurde“, „das Absondern in den Pausen von anderen Kollegiumsmitgliedern“, „der mehrfach beobachtete Besuch eines Kioskes direkt nach Unterrichtsende“, „die häufigen Kurzfehlzeiten“, „die unglaubhaften Entschuldigungen“, „die Andeutungen eines Elternvertreter, der den Kollegen aus seiner Nachbarschaft kennt“ u.v.m.

Die Darstellungsform verschafft einen plastischen Überblick über die Anzahl und die

Art der geschilderten Ereignisse. Im Plenum kann nun die Meinung der anderen Teilnehmer eingeholt werden:
- Welche der Ereignisse stellen Fakten dar?
- Welche beruhen auf Vermutungen?
- Wie würden andere Schulleitungen in diesem Fall handeln? Anhand welcher Kriterien entscheiden sie sich zu dieser oder jener Handlung?
- Zu welchen Punkten sollte der Kollege angesprochen werden? ...

Der Ablauf einer Gesprächssimulation
Nach einer auf die wesentlichen Merkmale beschränkten Fallschilderung, durch die alle Anwesenden eine Vorstellung von der Problemsituation gewinnen können, wird die stattgefundene oder zukünftige Gesprächssituation dargestellt. Die falleinbringende Schulleitung legt ihre Zielsetzung und Vorgehensweise dar und beginnt mit der Gesprächseröffnung. Realitätsbezogen beeinflussen sowohl institutionelle Besonderheiten als auch innerliche, bei den Gesprächsbeteiligten ablaufende Vorgänge den Gesprächsverlauf. Dieser Einfluss auf die Gesprächssituation lässt sich aufzeigen und die Gesprächsführung dementsprechend darauf abstimmen.
Dazu werden während der Simulation Handlungstechniken eingesetzt, wie das im Folgenden beschriebene „Zur-Seite-Sprechen" und der „Rollentausch".
Beim „Zur-Seite-Sprechen" stoppt der Falleinbringer die Simulation an für ihn schwierigen, heiklen Stellen. Er unterbricht den Gesprächsablauf, „steigt aus" und spricht in Form eines Monologs, begleitet durch die Moderatoren, seine Gedanken, Empfindungen und Beobachtungen aus.
Sodann wird das interaktionelle Geschehen gemeinsam reflektiert:
- „An welcher Stelle habe ich meinen Gesprächsvorsatz verloren?"
- „Bin ich auf das von mir gesetzte Gesprächsziel zugesteuert?"
- „Wodurch habe ich mich aus dem Konzept bringen lassen?"
- „Ich konnte gar nicht mehr ruhig reden vor Ärger, was soll ich machen?" ...

Ebenso kann auch der Moderator den Gesprächsablauf unterbrechen, um „neuralgische" Punkte in der Struktur des Problemgesprächs für die Teilnehmer kenntlich zu machen und anzusprechen.
Beim „Rollentausch" wechselt die Schulleitung in die Rolle des zu konfrontierenden Kollegen. Ein Teilnehmer, der bisher zuhörte und beobachtete, tauscht mit der Position der Schulleitung und führt die letzte Sequenz noch einmal vor, so dass die bisher gesprächsführende Schulleitung – jetzt in der Rolle des alkoholauffälligen Kollegen – sich quasi selbst gegenübersitzt und zuhören kann.
Durch die Handlungstechnik des Rollentauschs lässt sich
- die Identität mit der eigenen Rolle für eine Zeit unterbrechen,
- die Reaktion und das Gefühl des konfrontierten Kollegen nachvollziehen,
- das eigene Verhalten quasi als „Betrachtungsgegenstand" wahrnehmen und selbst beurteilen.

Diese Form des Sich-selbst-Wahrnehmens ist eine für Schulleitungen ungewöhnliche, direkte Rückmeldung über die Wirkung des persönlichen kommunikativen und konfrontativen Vorgehens. Sie bedarf keiner externen Interpretation oder Deutung, sondern erfährt durch das unmittelbare eigene Erleben ihre individuelle Entschlüsselung.
Eine weitere methodische Variation (vgl. das Probehandeln im Forumtheater) ermöglicht es, beobachtende Teilnehmer direkt mit ihren Wahrnehmungen, Erfahrungen und Ideen in die Gesprächssimulation einzubinden:
Die Simulation läuft wie oben beschrieben und wird an einer prekären Stelle gestoppt. Der Falleinbringer wird gefragt, ob er es erlaubt, dass andere Teilnehmer ihre Vorstellung äußern und ausprobieren. Stimmt er zu, wird es den Beobachtern ermöglicht, ihre Impulse zu nennen und auch in der Handlung zu überprüfen (vgl. „Probehandeln" im Abschnitt „Berufsszenen stellen"). Sie nehmen den Platz des Falleinbringers ein und agieren auf Grund ihres Handlungskonzeptes in der Simulation. Der erste Falleinbringer nimmt derweil die Position eines zuhörenden und beobachtenden Teilnehmers ein.
Der „Wechsel" aus dem Zentrum des Geschehens, aus der Aktivität heraus in die rezeptive Beobachterposition ermöglicht es, Abstand zu gewinnen, die Gedanken zu sammeln, neue Ideen zu entwickeln. Die Beobachtung des anderen Teilnehmers, der am selben Fall handelt, relativiert den Maßstab des eigenen Verhaltens. Individuelle Verhaltensdispositionen werden schneller erkannt. Das Repertoire für eine alternative Handlungsmöglichkeit wird nachvollziehbar.
Die übrigen Gruppenmitglieder werden in das Probehandeln mit einbezogen und können ihre Sichtweisen und Handlungsvorstellungen überprüfen.

Die Wirkungen von Gesprächssimulationen
Die Seminaratmosphäre in diesen Phasen zeichnet sich durch konzentrierte und gespannte Aufmerksamkeit aus. Unterbrochen wird die Spannung durch Äußerungen des Mitgefühls und der Anteilnahme, wenn ein Falleinbringer im Gespräch „festhängt" und anderen Teilnehmern derweil Ideen zur Weiterführung der Handlung durch den Kopf gehen.
In der Simulation findet direktes Lernen an der eigenen Handlung statt, subjektives Erfahren wie „es sich anfühlt" im Problemgespräch zu konfrontieren oder konfrontiert zu werden. Dieses individuelle Erkennen schafft die Voraussetzung, das vorhandene Wissens- und Handlungsrepertoire über Alkohol und Gesprächsführung mit neuen Informationen gezielt zu verknüpfen. Die Gesprächssimulation bietet die Gelegenheit, mit neuen Denk- und Verhaltensweisen zu experimentieren und eigene Gestaltungsmöglichkeiten zu erkunden, die sowohl dem Anspruch professioneller beruflicher Gesprächsführung genügen als auch dem individuellen Leitungsstil des Teilnehmers entsprechen.
Das gegenwärtige Erleben in der Simulation setzt Impulse zur Andersgestaltung des

eigenen Verhaltens und/oder zur Neuorganisation der institutionalen Kommunikationsstrukturen vor Ort in der Schule (vgl. Rimmasch, T. 1999b, S.1-22).
Es wird möglich, neue Gesprächsstrukturen zu entwickeln und schrittweise in die individuelle, interaktionelle Handlungssteuerung zu integrieren.

4. Fazit und Ausblick

Der adäquate Umgang mit Alkohol sowie der präventive mit Alkoholmissbrauch am Arbeitsplatz erfordern als ersten Schritt die Fähigkeit zum Wahrnehmen und Erkennen einer Auffälligkeit. Die eigene, vermeintlich „objektive" Wahrnehmung einer Schulleitung weist oftmals dadurch einen „blinden Fleck" auf, dass die Schulleitung selbst Teil der sie umgebenden schulischen Organisationskultur ist (vgl. Schreyögg, G. 1996, S. 426ff; Rimmasch, T. 1997, S. 7ff.). Die Wahrnehmung der Institutionsverhältnisse sowie der eigenen Handlungsweisen setzt zumindest zeitweilig einen Rollenwechsel in die Metaposition eines quasi „externen Beobachters" voraus. Dieser Perspektivenwechsel wird durch die Fortbildung unterstützt. Die Schulleitungen erhalten zusätzlich zu den Sachinformationen zum Alkoholmissbrauch vielfältige Möglichkeiten, verschiedene Sichtweisen rekursiv aufeinander zu beziehen, durch:

- den kollegialen Austausch der teilnehmenden Leitungen über ihre Institutionen,
- den Abgleich der eigenen Sichtweisen mit denen der Fortbildungsgruppe und der Moderatoren,
- die Selbsterfahrung und -erkenntnis in den Berufsszenen und Gesprächssimulationen.

Als weiteren Schritt zum Umgang mit Alkoholmissbrauch muss das von der Schulleitung Erkannte als neue Handlungs- und Verhaltensform strukturiert und mit vorhandenen Ressourcen, sowohl den eigenen als auch den der Schule verknüpft werden. Der Beginn dieses Prozesses wird auf der Fortbildung eingeleitet, indem, wie in den Abschnitten „Berufsszenen stellen" und „Gesprächssimulationen" beschrieben, neue Handlungsideen im Rahmen eines Probehandelns überprüft werden können.
Um die neuen Ideen, Handlungs- und Verhaltensformen als Präventions- und Interventionsmaßnahmen in der schulischen Organisationskultur zu etablieren, muss eine Schulleitung in den Kontakt zum Kollegium bzw. zum betroffenen Kollegen gehen und ihre Beobachtungen und Erwartungen direkt und offen ansprechen. Da dieses Handeln möglicherweise im Widerspruch zu dem bisher üblichen Verhalten in der eigenen Schule steht, ist von einer Schulleitung „Mut zum eigenen Standpunkt" gefordert.
Die Fortbildung bietet sich hier als „Modell" an. In den Veranstaltungen wird Raum gegeben für das Ansprechen des „Tabu-Themas Alkohol", für das Aussprechen von Befürchtungen und Ängsten, für den Kontakt mit anderen Sichtweisen und persön-

lichen Vorstellungen, für den Dialog, innerhalb des vorgegebenen themen- und berufsfeldbezogenen Rahmens.

Eine Orientierung dazu bietet das Handeln und Kommunizieren der Moderatoren. Sie schaffen die Rahmenbedingungen für ein konstruktives Miteinanderumgehen und für eine lernfreundliche Atmosphäre, z.B. durch den Seminarkontrakt und die Aktionssoziometrie. Sie binden die Teilnehmer in eine Seminarkultur ein, für die sie selbst als Person stehen und Standpunkt beziehen. Sie setzen in Abstimmung mit den Teilnehmern Regeln und achten darauf, dass sie auch eingehalten werden. Sie stellen durch die aktuellen Situationen in der Fortbildung immer wieder den Transfer zum Thema Alkoholmissbrauch und co-alkoholistischen Verhalten her. Sie zeigen zum einen Verständnis für die in den Fällen geschilderten Sichtweisen und Handlungen der Schulleitungen, zum anderen regen sie die Teilnehmer an, ihre Verhaltensweisen zu reflektieren. Durch die Erläuterungen ihrer fortbildungsbezogenen Handlungen, die die Ziele und die Plausibilität ihrer Maßnahmen erklären, wächst im Plenum damit zugleich auch das Verstehen um die Notwendigkeit eines Ansprechens im Umgang mit Alkoholmissbrauch, so dass die Bereitschaft eigenverantwortlich und zielgerichtet in diese Richtung zu handeln zunimmt.

Die Arbeit mit psychodramatischen Techniken, wie sie beim „Stellen von Berufsszenen“ und in den „Gesprächsimulationen“ verwandt werden, bewirken bei den Teilnehmern, dass sie sich ihrer sozialen Erfahrungen sowie der situativen Spezifika ihrer Handlungen gewahr werden. Dadurch können – für den Einzelnen selbst manchmal völlig überraschend – bis dahin kontrollierte oder rationalisierte Gefühle neu aktualisiert werden.

Die Moderatoren sollten aus diesem Grund ausreichende Erfahrungen im Umgang mit diesem Methodenrepertoire und mit den damit auszulösenden psychischen und gruppendynamischen Prozessen besitzen.

Die Fortbildungskonzeption erfordert als Hintergrundarbeit der Moderatoren vor dem Beginn der Fortbildung:

- eine umsichtige Vorbereitung, sorgfältige Recherche, durchdachte Planung, klare Strukturierung der Inhalte und Vorgehensweisen. Diese Basis ermöglicht in den Veranstaltungen die Offenheit des Psychodramatikers die vorgedachte Planung „fallen zu lassen“ und die momentanen Teilnehmerbedürfnisse zu sehen und zu begleiten.

Während der Fortbildung ist es notwendig:

- eine dem Thema und den Teilnehmern angemessene „Fach-Sprache“ zu wählen. Da das im Hintergrund mitlaufende psychodramatische Verfahren selbst nicht Gegenstand der Veranstaltung ist, ist es zu überlegen, welche Benennungen für die eingesetzten Methoden gewählt werden. Wird von „Psychodrama“, „psychodramatischen Vignetten“ oder von „Aktionssoziometrie“ gesprochen, kann dies unbeabsichtigt an dieser Stelle zu einer Diskussion über die Relevanz der Methoden führen und von dem eigentlichen Thema abhalten;

- nicht dogmatisch der klassischen Strukturierung einer psychodramatischen Methodik nachzukommen, sondern selbststeuernd, kreativ, schöpferisch – eben psychodramatisch – der Situation und der eigenen geschulten Intuition folgend dem Teilnehmer zu begegnen, um gemeinsam mit ihm, die ihm entsprechende Form des Lernens zu entwickeln.

Literatur

Buer, F. 1999: Lehrbuch der Supervision. Münster

Fuchs, R.; Petschler, T. 1998: Betriebswirtschaftliche Kosten durch Alkoholmissbrauch und Alkoholabhängigkeit. In: Fuchs, R.; Rainer, L.; Rummel, M. (Hg.): Betriebliche Suchtprävention, S.51-76. Göttingen, Bern, Toronto, Seattle

Groeben, N.; Wahl, D.; Schlee, J.; Scheele, B. 1988: Forschungsprogramm Subjektive Theorien. Eine Einführung in die Psychologie des reflexiven Subjekts. Tübingen

Moreno, J.L. 1974: Die Grundlagen der Soziometrie. Wege zur Neuordnung der Gesellschaft. Opladen

Rimmasch, T. 1995: Das Psychodrama – mehr als nur eine Methode in der Gruppenarbeit. In: Pädagogisches Forum, Zeitschrift für schulische Modelle, soziale Probleme und pädagogische Forschung.

Rimmasch, T. 1996: Berufsbegleitende Praxisberatung in der Lehrerfortbildung zur Ausbildung von Handlungskompetenz. In: LAG-Info. Kulturarbeit an Schulen. Zeitschrift der LandesArbeitsGemeinschaft Jugendarbeit an berufsbildenden Schulen NRW. Heft Nr. 1.

Rimmasch, T. 1997: Alkoholmißbrauch – Interaktion und Gesprächsführung. Hinweise zur Prävention und Führung eines Problemgespräches. In: Buchen, H., Horster, L., Rolff, H.-G. (Hg.): Schulleitung und Schulentwicklung. Erfahrungen, Konzepte, Strategien. 15. Ergänzung der Losebl.-Ausg., Kap. K 6.5, S.1-23. Berlin

Rimmasch, T. 1998: Erfolgreiche Gespräche. Grundlegende Fertigkeiten zur Führung von Gesprächen. In: Buchen, H., Horster, L., Rolff, H.-G. (Hg.): Schulleitung und Schulentwicklung. Erfahrungen, Konzepte, Strategien. 19. Ergänzung der Losebl.-Ausg., Kap. D 2.3. Berlin, S. 1–29

Rimmasch, T. 1999a: Problemlösungen durch kollegiale Beratung. Eine Form gegenseitiger beruflicher Beratung in einer selbstgeleiteten Gruppe von Schulleitungskollegen. In: Pantel, G. (Hg.): Neue Praxis der Schulleitung. 48. Ergänzung der Losebl.-Ausg., Kap. G 10.11. Berlin, S. 1–24

Rimmasch, T. 1999b: Schulische Gesundheitszirkel. Gesundheitsförderung durch Aussprache über das Befinden am Arbeitsplatz. In: Buchen, H., Horster, L., Rolff, H.-G. (Hg.): Schulleitung und Schulentwicklung. Erfahrungen, Konzepte, Strategien. 25. Ergänzung der Losebl.-Ausg., Kap. C 2.4. Berlin, S. 1–24

Rimmasch, T. 2000: Alkohol am Arbeitsplatz Schule. Alkoholkrankheit erkennen und richtig damit umgehen lernen. In: Pantel, G. (Hg.): Neue Praxis der Schulleitung. 50. Ergänzung der Losebl.-Ausg., Kap. G 5.1, S.1-22. Berlin

Rimmasch, T.; Lesniak, K. 1996: Optimierung des Leitungsverhaltens – psychodramatische Supervision für Schulleitungen, LehrerInnen und ErzieherInnen. In: Brenn, H.; Mussak, K.; Prantner, N.; Rieder, A.: Brücken bauen in einem gemeinsamen Europa. 12. Europäisches Symposium. Stams/Tirol, S. 372–382

Rimmasch, T.; Schaefer, H. 1999: Alkoholmissbrauch am Arbeitsplatz Schule. Eine Schulleitungsfortbildung und ihre weitere Umsetzung. In: SchulVerwaltung, Zeitschrift für Schulleitung, Schulaufsicht und Schulkultur. Ausgabe NRW, 10. Jahrgang, Nr. 2.

Schreyögg, G. 1996: Organisation. Grundlagen moderner Organisationsgestaltung. Wiesbaden

Beatrix Wildt

Wie psychodramatisch verfahren an der Universität? Mit Praxisbeispielen aus der LehrerInnenausbildung.

1. Psychodrama zwischen Prinzip und Pragmatik: Einwände

Wer im Rahmen wissenschaftlicher LehrerInnenausbildung an der Universität psychodramatisch arbeiten will, sieht sich zunächst mit Einwänden aus beiden Richtungen: Wissenschaft und Psychodrama konfrontiert und muss sich zugleich mit einer dritten Auffassung und Praxis auseinandersetzen, die sich um Einwände der einen oder anderen Seite offenbar nicht schert.

Der erste Einwand kommt von universitärer Seite. Er richtet sich nicht speziell auf das Psychodrama als Verfahren im Kontext wissenschaftlicher Lehre, sondern er diskriminiert grundsätzlich persönliche Erfahrungen und Gefühlsäußerungen, individuelle Wirklichkeitsdeutungen und subjektive Wahrheiten im Kontext wissenschaftlichen Lehrens und Studierens. Lehren und Studieren sollen die Kriterien wissenschaftlicher Rationalität und Objektivität erfüllen, von den Personen wird Sachlichkeit und emotionale Distanz erwartet. Biografisches und Gefühle, sofern sie nicht „Objekt" wissenschaftlicher Forschung sind, werden zur „Privatsache" erklärt. Wer sich im „falschen" Kontext, sprich: Lehrkontext, dazu äußert, wird nicht selten mit dem Stigma der Therapiebedürftigkeit belegt. Sofern sich Gefühlsäußerungen und Beziehungs"ideen" auf den beruflichen Kontext (Beispiel: Schule) und dort gemachte Erfahrungen beziehen, wird neuerdings auf Supervision als Möglichkeit der „Aufarbeitung von Erfahrungen" verwiesen (vgl. Helsper 2000). Auch wird die Hoffnung geäußert, SupervisorInnen würden als „Lehr"beauftragte an der Universität (der versteckte Widerspruch wird offenbar nicht erkannt), Studierenden in einem „freiwilligen Studienangebot helfen", ihre – möglicherweise – falsche Studien- und Berufsentscheidung zu überprüfen und vielleicht zu revidieren.

Die andere Auffassung wird von den PsychodramatikerInnen vertreten, die sich weit weg von Wissenschaft und wissenschaftlicher Theorie sehen und sich damit direkt auf Moreno selbst berufen bzw. glauben berufen zu können (vgl. dagegen Buer 1999). Hier wird Psychodrama als eine Philosophie und ein Verfahren gesehen, dass dem „rationalen Komplex" Wissenschaft und der abstrakten Form ihrer Welterkenntnis entgegen gesetzt erscheint. Theorie und (Wissenschafts-)Sprache werden zum Synonym für „Konserve", „Verkopfung", „Gefühlsabspaltung" und „Abwehr". In dieser Perspektive verdichten sich theoretisches Denken, Wissenschaftssprache und das

Streben nach Objektivität und Sachlichkeit zu einer Art „Symptomkomplex“, der geradezu nach therapeutischer Intervention zu rufen scheint. Eine Stigmatisierung erfolgt also auch hier – nur aus einer anderen Richtung. Dennoch geht man – widerspruchsvoll – davon aus, dass Psychodrama an der Universität in zugestandenen Nischen als Gruppenverfahren für Selbsterfahrungen (von PsychodramatikerInnen) „angeboten“ werden kann. Dass das allerdings genau von denen wahrgenommen wird, die es dieser Auffassung zufolge nötig hätten, mag bezweifelt werden.

Die dritte Position ist die des Methodikers, der alles nutzt, was nützt. Er sammelt Methoden, die mit Experimentierfreude scheinbar in jedem „Beziehungskontext“ eingesetzt werden können. Hier stehen Methodenkreation und Methodenanwendung im Mittelpunkt, ohne dass ein wissenschaftlicher oder psychodramatischer Denkansatz notwendig erscheint. Im praktischen Tun soll sich die Nützlichkeit einzelner Methoden erweisen – oder auch nicht. Es wird offenbar vorausgesetzt bzw. suggeriert, dass entsprechende Methodeninventare ohne spezielle (professionelle) Verfahrenskenntnisse eingesetzt werden können. Wem das Ganze nicht gefällt (als Klient), steigt – ganz pragmatisch – aus. Die hier implizierte Etikettierung von BedenkenträgerInnen als Methodenmuffeln erscheint vergleichsweise harmlos, die möglichen Wirkungen eines solchen Methodenverständnisses bzw. eine entsprechende Praxis sind es möglicherweise nicht. Wenn sich Professionelle, die unter Wahrung bestimmter berufsethischer Standards und Kontrollen ausgebildet sind, in Kenntnis nicht nur bestimmter Verfahren und Techniken, sondern auch ihrer möglichen Wirkungen und Bedeutungen innerhalb verschiedener (widerspruchvoller) institutioneller Rahmungen, durch Methoden und methodische Hinweise kritisch anregen lassen, ist gegen Methodeninventare (vgl. Scheller 1998) nichts einzuwenden. Problematisch ist es, wenn Methoden einer Reichweite von Psychodrama (das gilt auch für andere Verfahren und Methoden entsprechender Bedeutung), unter unklaren oder ungeklärten und unreflektierten institutionellen Rahmungen in die Hand von nur „Interessierten“ gegeben werden, die nicht abschätzen können, welche Verantwortung sie übernehmen müssen.

Im Folgenden kommt es mir darauf an, zu verdeutlichen, dass wissenschaftliches und psychodramatisches Denken sehr wohl eine fruchtbare Beziehung eingehen können und dass vor diesem Hintergrund methodisch kreativ gearbeitet werden kann.

2. Zur Klärung von Voraussetzungen

Dazu gehört zunächst der Versuch, psychodramatisches und wissenschaftliches Denken und Handeln als „zwei Seiten einer Medaille“ zu sehen, nämlich als Bestandteile des gesellschaftlichen Modernisierungsprozesses, auf die beide – Psychodrama und Wissenschaft – nicht nur Antworten finden, sondern für den sie spezifische Leistungen erbringen (können). Während das Rationalitätsparadigma der Wissenschaften

sich offenbar für den gesellschaftlichen Fortschritt als außerordentlich dynamisierend erwiesen hat, kann Psychodrama als ein Versuch betrachtet werden, in Anbetracht der negativen Begleiterscheinungen des ambivalenten gesellschaftlichen Fortschritts, zu einer Humanisierung menschlicher Beziehungen beizutragen.
Ich will im vorliegenden Beitrag versuchen, die verschiedenen Seiten – Wissenschaft und Psychodrama – zusammenzubringen, und zeigen, dass unter Berücksichtigung ihrer jeweils spezifischen Anliegen eine „fruchtbare" Beziehung entstehen kann.
Zunächst werde ich darstellen, was der Begriff Modernität meint, und den Bezug zu den Begriffen Fortschritt und Wandel herausarbeiten. Danach will ich versuchen, Morenos Ansatz zu verdeutlichen. Anschließend beschäftige ich mich mit dem „rationalen Komplex" von Wissenschaft und der Bedeutung des (wissenschaftlichen) Habitus. Dabei wird deutlich, dass der Habitus mehr ist als ein bestimmtes Sozialisationsergebnis. Bezogen auf das Anliegen wissenschaftlicher Ausbildung (als Sozialisationsprozess) ist die Frage nach geeigneten Formen der Thematisierung habitualisierter bzw. habitualisierbarer Handlungsmuster für professionelle Berufe, exemplarisch für den LehrerInnenberuf zu stellen. Diese Überlegungen werden ergänzt durch Hinweise auf Theorien der Identitätsentwicklung und der Entwicklung des (kognitiven) Selbst. Diese können ebenfalls Bezugspunkte psychodramatischer (Selbst-)Thematisierung werden.
Konkret geht es um Fragen nach Einsatzmöglichkeiten von Psychodrama in der universitären LehrerInnenausbildung. Denn das Psychodrama kann durchaus als eine wirksame Form bzw. als ein Verfahren der Selbst-Thematisierung und zur Unterstützung der Bildung des (professionellen) Selbst angesehen werden. Dabei werden institutionelle Bedingungen professioneller Berufsarbeit skizziert und daran die heuristische Bedeutung einer Unterscheidung zwischen institutionell vorgegebenen Formaten und speziellen Verfahren wie dem Psychodrama deutlich gemacht. An Beispielen aus der Ausbildungspraxis an der Universität bzw. in der universitären LehrerInnenausbildung werden schließlich verschiedene Möglichkeiten psychodramatischer Arbeit vorgestellt.

3. Modernität, der Fortschrittsmythos und die psychodramatische Wende

Zunächst ist festzustellen, dass Modernität und Wissenschaft zusammen gesehen werden (vgl. Kaufmann 1989). Der Begriff „Modernität" (lat. modernus: gegenwärtig) wird als Kategorie zu Bezeichnung bestimmter Merkmale neuzeitlicher Gesellschaftsentwicklung verwendet. Er steht in enger Beziehung zum Konzept des Fortschritts und des (gesellschaftlichen) Wandels. Die Begriffe Fortschritt und Wandel bilden, wie der Begriff der Modernität ein „verzeitlichtes" Bewusstsein ab, nämlich zunächst die Vorstellung, dass sich das Gegenwärtige vom Vergangenen und Zukünftigen unterscheidet. Dabei unterstellt das Fortschrittskonzept, dass das Gegenwärtige

„besser“ als das Vergangene und das Zukünftige besser als das Gegenwärtige ist. Der Begriff des Wandels ist zugleich mit der Idee der Relativität (auch des Neuen) verknüpft. Das heißt, alles erscheint prinzipiell änderbar und auch das Gegenwärtige gewinnt den Charakter des Vorläufigen, zugleich aber auch – mit den Fortschrittsgedanken ganz vereinbar – eine gewisse „Perfektibilität“. Das moderne, verzeitlichte Bewusstsein rechnet selbst mit der Vorläufigkeit seiner Ordnungsmuster und Wirklichkeitskonstruktionen. Es muss sich zudem selbst-reflexiv seiner Identität versichern (siehe dazu weiter unten).

Im Zusammenhang mit Wissenschaft und wissenschaftlicher Rationalität (Vernunft und Aufklärung) ist Fortschritt das Projekt einer universalisierbaren Vernunft, durch die allein eine Verbesserung aller gesellschaftlichen und individuellen Verhältnisse erreicht werden kann. Diese Vorstellung wird „bestätigt“ durch wissenschaftliche, „bahnbrechende“ Entdeckungen und Entwicklungen vor allem im naturwissenschaftlich-technischen und ingenieurwissenschaftlichen Bereich. Dabei hat sich das Rationalitätsparadigma der Wissenschaften konstituiert mit weit reichenden Folgen für die oben angedeutete Konzeptualisierung von Forschung und Lehre nicht nur im Bereich von Naturwissenschaften und Technik. Das Konzept von Modernität als einer „Kategorie der Bewegung“, die Vorstellung einer permanenten Anpassung von Wirklichkeits -und Selbst-Deutungen, sowie die Idee der Revision und Revidierbarkeit aller Verhältnisse (zum Besseren) ist mit dem Denken Morenos (vgl. Buer 1999) durchaus kompatibel. Auf der anderen Seite hat die Rationalisierung aller Lebensbereiche im Sinne bestimmter Zwecke, die Vereinseitigung des Fortschrittsdenkens in Richtung ökonomischen Zugewinns, die Entfremdung und Vereinzelung des Menschen befördert.

Dieser Entwicklung setzt Moreno – in Anlehnung an Buber (vgl. Buber 1962;1963) – seine Vorstellung von „Begegnung“ und die Utopie einer „therapeutischen Weltordnung“ (vgl. Lentz 1986; Buer 1991) entgegen. Beides knüpft an „große“ utopische Entwürfe der Menschheitsentwicklung an. Mit dem Psychodrama konnte Moreno den Vereinseitigungen und Leiden des modernen Menschen an der Kälte einer „zweckrationalen Vernunft“, an den Ausbrüchen einer scheinbar unkontrollierbaren „Irrationalität“, einer praktischen „Inhumanität“ und Entfremdung – praktisch – entgegenwirken. Mit einer durchaus in romantischer Tradition stehenden Verbindung von „Therapie“ und „Kunst“, in einer die engen Grenzen ihrer beruflichen Einbindung (zunächst) sprengenden Form (vgl. dazu Kaufmann 1989) hat Moreno ein spezifisches – eben das psychodramatische – Verfahren entwickelt, mit dem er die so offenkundig negativen Begleiterscheinungen gesellschaftlicher (Modernisierungs-) Prozesse „heilen“ will. Dabei gerät die „Universalität“ (Kosmos) seines Anspruchs zum Kontrapunkt einer allgemeinen Idee von (Zweck-)Rationalität, die selbst den schlimmsten Prozessen (un)-menschlichen Vernichtungshandelns noch innezuwohnen scheint.

Mit dem Psychodrama holt Moreno – offensichtlich nicht nur dem Anspruch nach

– das Ausgegrenzte, das noch Grenzenlose, das Andere, das nur oder auch kaum noch Private, das Gefühlte, das noch nicht oder kaum Geformte, das Fließende, das „Chaotische“ und Spontane, das nicht Gesetzmäßige, das Zufällige, nicht Geregelte, das „Kreative“ und Lebendige, (noch) Unkonservierte ein. Indem Menschen psychodramatisch in eine „Stegreiflage“ gebracht werden, werden entsprechende „Ressourcen“ (wieder) zugänglich und im Sinne sozialer Gestaltungs- und Beziehungsfähigkeit verfügbar. Mit anderen Worten, Psychodrama will „Spontaneität“ und „Kreativität“ im Sinne individueller Entwicklung und eines „menschlichen“ Fortschritts fördern. „Konserven“, die diese Entwicklung behindern, sollen „aufgelöst“ und durch bessere ersetzt werden (vgl. Lentz 1986; Zeintlinger-Hochreiter 1996).

4. Kreativität und Spontaneität lernen und nutzen

Darin liegt auch heute noch Morenos Aktualität. Denn mit der Betonung von Spontaneität und Kreativität greift er für die Modernisierungsdiskussion wichtige Aspekte heraus. Durch die weit reichende Verdinglichung und Verregelung, Funktionalisierung und Institutionalisierung gesellschaftlicher Zwecke und Beziehungen werden Spontaneität und Kreativität der Einzelnen und damit ihre individuelle Entwicklung, zugleich aber auch soziale Innovationen behindert. Spontaneität und Kreativität müssen also im Interesse „humaner“ sozialer Entwicklungs- und Wandlungsprozesse mobilisiert und „freigesetzt“ werden. In diesem Zusammenhang sollte der Hinweis auf aktuelle Diskussionen um schulische Innovationen und Lehrerhandeln erlaubt sein, die sich ausdrücklich auf Kreativität und Spontaneität beziehen und darauf, wie diese entwickelt werden können. Dabei wird auch die Notwendigkeit betont, Verfahren an „humanen“ Zielen zu orientieren bzw. Verfahren zu verwenden, die den nur zweckrationalen Zielsetzungen von Innovationen und Reformen „widerständig“ bleiben sollen bzw. auch können (vgl. Klein 1997).
Nun braucht gesellschaftlicher Wandel sicher Innovationen, die ihrerseits zunächst durch engagierte, kreative und spontane Einzelne in Gang gebracht werden müssen, aber es braucht dazu auch institutionalisierte (auf Dauer gestellte) Strukturen, die genutzt und zugleich (neu) erzeugt werden müssen. Diesen Prozess der spontanen und kreativen Umstrukturierung und Neubildung – im Sprachgebrauch Morenos „Konserven“ – von Personen und Institutionen ist durchaus mit Morenos Denkansatz vereinbar, auch wenn sein Konzept in dieser Hinsicht theoretisch wenig elaboriert und entsprechend entwicklungsbedürftig erscheint.
Dass allerdings unter den gegebenen gesellschaftlichen Bedingungen Innovationen und Entwicklungen nicht nur bzw. nicht einmal in erster Linie gemessen werden am allgemeinen Zuwachs von Humanität und dem Grad individuellen Wohlbefindens, sondern unter Bedingungen gesellschaftlicher Ungleichheit weitgehend am Erhalt des gesellschaftlichen „Status quo“ von Hierarchie und Machtverteilung, der – un-

gleichen – Möglichkeiten des Zugangs zu prinzipiell knappen Ressourcen individueller und gesellschaftlicher Bedürfnisbefriedigung, spricht keineswegs gegen das Humanisierungsanliegen Morenos. Wohl lässt sich die Frage stellen, wie realistisch seine weit reichenden Vorstellungen sind. Vielleicht braucht aber auch die immer defizitäre und unsichere (professionelle) Praxis allgemeine Wertideen und Utopien, um Probleme und Widersprüche dieser Tätigkeit balancieren und aushalten zu können. Wichtig erscheint mir die Fähigkeit, mit einer Utopie vor Augen, RealistIn bleiben zu können. Zweifellos war Moreno auch Realist. Auf jeden Fall sind mit dem Psychodrama institutionalisierte Zwecksetzungen und individuelle Sinn- und Wertorientierungen in Ausbildung und Beruf befragbar, werden Widersprüche institutionellen Handelns für die Betroffenen sichtbar, können individuelle „Blockierungen" von Spontaneität und Kreativität aufgelöst und individuelle Handlungsressourcen zugänglich gemacht werden.
Im Folgenden soll untersucht werden, wie in der wissenschaftlichen (LehrerInnen-) Ausbildung diesen widerspruchsvollen Handlungsbedingungen zwischen Rationalität und Spontaneität, zwischen Kreativität und Instrumentalisierung, zwischen Institutionalisierung und Individualität Rechnung getragen bzw. diese mit der Thematisierung des „Habitus" sichtbar und dem „professionellen Selbst" individuell verfügbar gemacht werden können.

5. Habitus, Selbst-Thematisierung und das professionelle Selbst

Zunächst einmal ist die Forderung einer Bindung von Lehren und Studieren an kognitive Rationalität, Intersubjektivität und methodologische Reflexion in der Wissenschaft selbstverständlich. So zu denken und zu handeln gehört zum wissenschaftlichen „Habitus" (Bourdieu 1973; 1974, 1976; Portele/Huber 1983). Das Problem bzw. die Frage ist also, wie zukünftige (Schul)PädagogInnen einen wissenschaftlich fundierten, aber berufsbezogenen, das heißt einen professionellen (vgl. Combe/ Helsper, u.a.1997) Habitus erwerben (können). Bourdieu versteht unter Habitus nicht gedachte, unbewusste, körperlich eingeschriebene, klassifikatorische Schemata, die handelnd erworben werden und die ihrerseits nicht bewusste Handlungen bzw. sich vollziehende Handlungen steuern. Lash interpretiert diese „klassifikatorischen Schemata" in Anschluss an Bourdieu als nicht nur kognitive, sondern leibgewordene und unbewusste Orientierungen und Gewohnheiten, Routinen und lebensgeschichtliche Praktiken.Offenbar ist der Habitus nicht nur Sozialisationsergebnis, er steuert auch bestimmte Sozialisations- und Lernprozesse (vgl. Lash 1996; Portele/Huber 1983).
Mir erscheint es sinnvoll, die Konzeption des Habitus und die Vorstellungen über den Habitus-Erwerb im Sozialisationsprozess aufzugreifen und mit psychodramatischen Vorstellungen von spontaner und kreativer (Selbst-)Entwicklung zu verbinden.

Möglicherweise ist über die (Selbst-)Thematisierung dessen, was (den) Habitus ausmacht, ein anderer „Blick“ auf die spezifischen Bedingungen beruflichen Handelns möglich. Das heißt, möglicherweise ist der habitualisierte wissenschaftliche Blick individuell durch andere Perspektiven und Erfahrungen zu ergänzen, zu korrigieren und zu bereichern, die sonst vielleicht als „blinde Flecken“ auf einer inneren Landkarte das Ungewußte und Ungedachte nur erahnen lassen. Kurz gesagt, es liegt nahe, am Habitus psychodramatisch zu arbeiten, um pädagogische Professionalität – bewusst – zu entwickeln.

Für die Entwicklung eines solcherart (professionellen) Selbst (vgl. Paulus 1994) bzw. von (beruflicher) Identität können verschiedene Formen (nicht allein psychodramatische) der Selbst-Thematisierung sinnvoll sein. Im Kontext professionstheoretischer Überlegungen stellt sich besonders die Frage nach der Ersetzung externer durch Mechanismen interner Kontrolle im Sinne einer reflexiv vermittelten, berufsethisch konfigurierten Selbst-Kontrolle. Diese ermöglicht den Professionellen vor allem die Balancierung unterschiedlicher institutioneller, gesellschaftlicher und individueller Anforderungen und Widersprüche (siehe dazu unten), die das professionelle Handeln bestimmen. Verschiedene Theorien der Entwicklung des Selbst als Ergebnis sozialer Interaktionen greifen auf die Arbeiten von G.H.Mead zurück bzw. sind durch diese angeregt worden (vgl. Hahn/Kapp1987). Sie spielen – auch wenn sich Moreno von Mead absetzt – in der Erklärung dessen, was das Psychodrama bewirkt und bewirken soll, offenbar eine zentrale Rolle (vgl. Buer 1999).

Mead hat darauf verwiesen, dass den Individuen das Bewusstsein personaler Identität durch die Gruppe vermittelt wird, in der sie leben. Dieser Prozess der Selbst-Werdung ist an Fähigkeiten des Menschen gebunden, sich „mit den Augen des anderen“ zu sehen. Das heißt, das Individuum versetzt sich imaginativ in die „Rolle“ des anderen. Zu fragen ist allerdings, ob es sich dabei um eine rein kognitive, eine ästhetische oder eine habitualisierte Tätigkeit handelt .Mit dem Perspektivenwechsel entsteht nach Mead eine Art „Objektivation“ des eigenen Ich im Sinne eines Selbst als Beziehung auch des anderen zu mir. Dabei werden die eigenen Handlungen nicht nur von außen angeschaut, als Auslöser für „fremde“ Empfindungen und Reaktionen. Im Rollen- und Perspektivenwechsel sind die damit verbundenen aktuellen, erinnerten und in die Zukunft projizierten Handlungen und Wahrnehmungen, Empfindungen, Gefühle und Gedanken unmittelbar „vorhanden“ und in ihrer wechselseitigen Bezogenheit und „Verschränkung“ reflexiv verstehbar (vgl. Mead 1938; Joas 1980/85; Hahn 1987). Perspektivendifferenzierung und -koordination werden vor allem durch das Element der Selbst-Reflexivität – als ausdrücklicher Wendung zum Selbst – möglich. Obwohl Moreno im Unterschied zu Mead betont, das das Psychodrama vor allem vor-sprachlich operiere, kann doch festgestellt werden, dass psychodramatisches „Begreifen“ nicht einfach „sprachlos“ und ohne kognitive Beteiligung erfolgt.

Denkbar ist, dass im Rahmen der Thematisierung von gelebten (im Sinne von vergangenen und gegenwärtigen) Beziehungen mit unterschiedlichen Thematisierungs-

formen unterschiedliche Wirklichkeitskonstruktionen vorgenommen und sichtbar gemacht werden können. Auch erwirbt und begründet das Individuum seine (berufliche bzw. professionelle) Identität, Selbstbehauptung und -kontrolle offenbar nicht nur durch Habitualisierung, sondern auch, indem es in der reflexiven und selbst-reflexiven Verknüpfung verschiedener Perspektiven und Wirklichkeitsauffassungen lernt. Das heißt, es sollten verschiedene theoretische und praktische Möglichkeiten der Selbst-Thematisierung und Thematisierung von Wirklichkeitsauffassungen in Betracht gezogen werden.Eine begrifflich genauere und differenzierte Unterscheidung zwischen verschiedenen Reflexionsweisen und Gegenständen, auch eine Unterscheidung zwischen Selbst-Reflexion (vgl. auch Kapp 1983) Reflexion und Selbsterfahrung, die ihrerseits häufig als „kleine Therapie" missverstanden wird (vgl. Hierdeis 1997, Petersheim 1992), ist daher dringend geboten.
Die Frage ist nun, wie professionelles pädagogisches Handeln beschaffen ist, auf das im vorangegangenen Text wiederholt Bezug genommen wurde, welche Bedingungen für die Entwicklung und Reflexion des professionellen Selbst bedeutsam sind und welche Anforderungen an professionelles Handeln gestellt werden (müssen).

6. Professionelles Handeln in unterschiedlichen Formaten

Zunächst erscheint es wesentlich für professionelles Handeln, dass es bezogen ist auf allgemeine Wertkonzepte wie Gesundheit, Bildung, Wahrheit, Gerechtigkeit, Sicherheit oder Demokratie, usf. Diesen Werten sind bestimmte gesellschaftliche institutionalisierte Teilbereiche (Bildungsbereich, Wissenschaftsbereich, etc) zugeordnet. Das heißt, die Verständigung auf allgemeine Werte (bzw. Werthierarchien) hat auch die Funktion, verschiedene institutionelle Handlungsbereiche ein- und voneinander abzugrenzen und die Verfügung über gesellschaftliche Ressourcen institutionell zu binden bzw. dieses zu legitimieren. Im institutionellen Kontext dominieren jeweils bestimmte Professionen, die von der Zuweisung der Ressourcen besonders profitieren. Professionsmacht bestimmt mit wie hoch dieser Anteil ist. Insofern haben Professionen bzw. Professionelle auch Eigeninteressen, die mit dem erklärten Wertbezug zunächst nichts zu tun haben (vgl.Combe/Helsper u.a. 1996; Daheim 1992).
Zentrale Wertbezüge, professionelle Zuständigkeiten und Kompetenzzuschreibungen bestimmen nicht nur die Leistungserwartungen und das Rollenverständnis derer, die im institutionellen Rahmen professionelle Tätigkeiten ausüben, sondern auch die Erwartungen und das Verständnis der AbnehmerInnen entsprechender Leistungen. Das sind nicht nur die (unmittelbaren) KlientInnen. Beispielsweise sind das für LehrerInnen nicht nur die SchülerInnen, mittelbar sind es die AbnehmerInnen einer mehr oder weniger (schulisch) qualifizierten Arbeitskraft. Im institutionellen Rahmen werden diese unterschiedlichen Interessen machtförmig-hierarchisch und unter Bedin-

gungen gesellschaftlicher Ungleichheit und Unsicherheitsbedingungen umgesetzt (vgl. Beck/Giddens /Lash 1996).
Vor diesem Hintergrund werden die Selektions- und Allokationsfunktion von Schule, die Art des Klientenmandates (siehe oben) zusätzlich problematisch. Verschiedene Theoretiker heben besonders die daraus resultierenden Dilemmata professionellen Handeln hervor (vgl. Helsper 1997; Oevermann 1981; 1997; Schütze 1992;94). Antinomische Strukturen und Dilemmata können durch professionelles Handeln nicht aufgehoben, sondern nur reflektierend und selbst-reflexiv gehandhabt werden. Das heißt, professionelles Handeln soll dazu beitragen, diese Widersprüche im Interesse der Einzelnen und der Gesellschaft zu „balancieren" und darüber wichtige soziale Integrationsleistungen erbringen. Dabei entsprechen die Adressaten bzw. müssen die Adressaten (zunächst) weder den institutionell vorgegebenen Wertsetzungen noch den institutionellen Zwecken entsprechen oder beides (in vollem Umfang) akzeptieren. Gleichzeitig ist professionelles Handeln zum Scheitern verurteilt, wenn es nicht gelingt, die Zustimmung der unmittelbaren Klienten zu erhalten und deren Mitarbeit zu sichern. Deshalb wird der Frage der Bündnismöglichkeiten mit den unmittelbaren Klienten besondere Aufmerksamkeit zuteil. Nicht zuletzt darin liegen die Möglichkeiten und Chancen, Widersprüche und Dilemmata zu balancieren.
Die Bündnisfrage ist jedoch nicht identisch mit dem institutionell vorgegebenen Kontrakt (vgl. Buer 1999), ihre Handhabung setzt eine Unterscheidung von Format und Verfahren voraus. Formate (z.B. Weiterbildung, Unterricht, Lehre, Beratung, Supervision) können als der „operative" Teil von Institutionen (s.o.) verstanden werden, der durch verschiedene Verfahren ausgefüllt wird. Das heißt, die institutionellen Funktionen finden ihren normierten und regelhaften Ausdruck in Formaten, innerhalb derer flexibel verschiedene Verfahren eingesetzt werden können und deren Handhabung (das bezieht sich auf Formate wie Verfahren) Professionellen überantwortet wird. Die besonderen Anforderungen an diese professionelle Tätigkeit sind: wissenschaftliche Begründungsfähigkeit, berufsethische Verantwortung, autonome Kontrolle der beruflichen Standards, Unabhängigkeit und Rechenschaftslegung, Reflexivität, Selbst-Distanz und Abgrenzungsfähigkeiten (vgl. Combe/Helsper 1997).
Psychodrama wird demnach nicht als Format, sondern als Verfahren angesehen. Das heißt, es muss gezeigt werden, wie tragfähig Psychodrama als Verfahren unter verschiedenen institutionellen Rahmenbedingungen bzw. in unterschiedlichen Formaten ist. Hier werden entsprechende Möglichkeiten und Erfahrungen mit Psychodrama als Verfahren im Lehr-Format vorgestellt.

7. Psychodrama an der Schnittstelle zur (Berufs-)Praxis

Natürlich sind Professionelle, sprich: Lehrkräfte, damit sie diese anspruchvolle integrative Dienstleistungsarbeit für Individuum und Gesellschaft ausüben können, wissenschaftlich fundiert auszubilden, sind die differenten Wissens- und Handlungssphären beruflicher Praxis bzw. praktische Erfahrungen und wissenschaftliche Theorie aufeinander zu beziehen.

Besonders geeignet dafür erscheinen im Studium praxisbezogene Veranstaltungen als „Schnittstellen" zwischen Theorie und Praxis. Praxisbezogene Veranstaltungen verbinden auf unterschiedliche Weise fachliche, fachdidaktische und erziehungswissenschaftliche Studienanteile und sind verschiedenen Phasen des Lehramtsstudiums zugeordnet. Dabei muss die unterschiedliche Gewichtung des Fächerstudiums, der erziehungswissenschaftlichen und didaktischen Anteile in den Studiengängen für verschiedene Lehrämter, beispielsweise für Gymnasium oder Primarstufe, berücksichtigt werden. Entsprechend unterschiedlich wird die Bedeutung praxisbezogener Veranstaltungen eingeschätzt, gewinnen sie Bedeutung für die Entwicklung einer individuellen Studien- (und Berufs-)Perspektive.

Das heißt, mit den praxisbezogenen Veranstaltungen wird die Erwartung verknüpft, dass sie den Studierenden Erfahrungen ermöglichen, die reflexiv und selbst-reflexiv aufgearbeitet und zu studienleitenden Erkenntnis- und Handlungsperspektiven entwickelt werden können (vgl. Dick 1994; Wildt 2000). Dass in der Wahrnehmung der Studierenden Berufs- und Studienpraxis von ihrer allgemeinen Lebenspraxis nicht zu trennen ist (vgl. entsprechend Petersheim 1993), ist in der psychodramatischen Arbeit zu berücksichtigen und muss auch (hochschul-) didaktisch reflektiert werden.

In den verschiedenen Typen von Praxisseminaren ging bzw. geht es um die hochschuldidaktische Gestaltung von Lern-Situationen im Lehr-Format, in denen psychodramatisch gearbeitet werden kann. Das heißt, es geht nicht um eine psychodramatische Hochschuldidaktik, wohl aber um die Entwicklung der pädagogischen Seite des Psychodramas im Rahmen einer hochschuldidaktischen Konzeption, die Theorie, Praxis und Personaspekte zu integrieren beabsichtigt (vgl. Huber 1983; Wildt 1994). In diesem Kontext gemachte (Selbst-)Erfahrungen und (Selbst-)Erkenntnisse, gewinnen auf der Grundlage unterschiedlicher (Selbst-)Thematisierungs- und Reflexionsweisen nicht nur erkenntnis- und handlungsleitende Funktionen für das nachfolgende Studieren, sondern diese Art der Aneignung von Wissen, der Thematisierung individueller Wirklichkeitskonstruktion, die selbst-reflexive Aneignung von Sinn- und Handlungsperspektiven werden Bestandteil des zu erwerbenden professionellen Habitus.

Im Folgenden sollen Seminare unterschiedlichen Typs in Varianten dargestellt werden. Ich greife dabei auf eigene Lehr-Erfahrungen mit und ohne Psychodrama zurück (vgl. auch Wildt&Wildt 1997; Wildt 2000).

8. Beispiele aus der universitären LehrerInnenausbildung

Dabei sind grundsätzlich zwei Typen von Veranstaltungen zu unterscheiden: Seminare mit Praxisbezug, die organisatorisch nicht mit einem unmittelbaren Aufenthalt in der Praxis verbunden sind und so genannte Schulpraktische Studien, die das Studieren an zwei Orten, nämlich Universität und Schule bzw. im Schul(um)feld in einem Seminarzusammenhang ermöglichen. Schulpraktische Studien können beispielsweise in Projektseminaren mit integrierten Praxisphasen stattfinden. Häufig werden sie auch als Sequenz von Seminar und Praxisphase organisiert. Praxisbegegnung kann dabei im Rahmen von Unterrichtshospitationen, als Erkundung im Praxisfeld oder als Exkursion stattfinden. Auch Seminare mit Werkstattcharakter oder fallorientierte Seminare können mit einem zusätzlichen Aufenthalt in der Praxis verknüpft sein. Die beiden letzten Seminartypen kommen aber auch ohne diese unmittelbar organisatorische Verknüpfung mit Praxisphasen aus und werden deshalb dem anderen Seminartyp zugeordnet.

Seminare mit direkter Anbindung an Praxis

Hier soll zunächst der Typ „Projektseminar" vorgestellt und ein „idealtypischer" Projektverlauf skizziert werden, in den Erfahrungen mit einer Reihe von Projekt- und anderen Seminaren einfließen. An diesem Beispiel werden verschiedene Praxisorganisationstypen (Erkundung, Exkursion, Unterrichtsversuch, Fall-Beratung und Werkstatt) in einem Projekt gezeigt und zugleich die Vielschichtigkeit praxisbezogener hochschuldidaktischer Arbeit (mit Psychodrama) entfaltet. Anschließend werden – wie mit einem Zoom – einzelne der Praxistypen herausgehoben und zugleich verschiedene Aspekte der Arbeit exemplifiziert, die in der Darstellung des Projektzusammenhangs ausgeblendet worden sind, um die ohnehin vorhandene Komplexität der Darstellung nicht noch weiter zu erhöhen.
Im Text werden einige psychodramarelevante Elemente hervorgehoben, die im darauf folgenden Abschnitt unter dem Stichwort „Psychodramatisches" veranschaulicht werden (sollen).

Erstes Beispiel: Projektseminar

Zunächst werden *sechs Phasen* der Projektarbeit unterschieden, die verschiedene Arbeitsschritte zeitlich und organisatorisch gliedern. Als Zeitrahmen werden zwei Semester, das sind rund dreißig Sitzungen und neunzig Zeitstunden, zugrundegelegt (ohne Gruppenarbeit und Beratungszeit).
Die Didaktik des Projektes bzw. des Projektansatzes zielt darauf, die verschiedenen Arten des Lehrens und Lernens in den einzelnen Phasen zu verbinden und in einen lernlogischen Zusammenhang zu bringen. In allen Phasen werden die Elemente des

„hochschuldidaktischen Dreiecks“: Theorie, Praxis und Person in Zusammenhang gebracht. Psychodramatische Arbeit ist in diesen didaktischen Zusammenhang eingelassen und geht vielfältige Verbindungen ein. Darin liegt im Übrigen ein besonderes Leistungsmerkmal des Psychodramas, nämlich vielfältige Verbindungen mit anderen Verfahren und Methoden eingehen zu können.

In der ersten Phase des Projektes (ca. vier Sitzungen) geht es um das erste Kennenlernen der TeilnehmerInnen und die Etablierung des Arbeitsbündnisses, um die Sensibilisierung für das Seminarthema, eine vorläufige Auffächerung des thematischen Feldes, die Projektierung von Arbeitsvorhaben für die Projektzeit und die Vorbereitung des ersten Praxiskontaktes. Dabei kann auf ein Arsenal verschiedener Visualisierungs-, Moderations- und Entscheidungstechniken zurückgegriffen werden. Das Seminarthema wird zunächst im Spiegel mitgebrachter Alltagserfahrungen und subjektiver Deutungen entfaltet. Wissenschaftliche Texte werden „sparsam“ als Anregung für die Diskussion eingesetzt. Die Funktionen der Gruppe und der Leitung werden geklärt. Dabei werden verschiedene Möglichkeiten des Partnergespräches und der Gruppendiskussion, Interviews, Möglichkeiten der *Arbeit mit Symbolen und Metaphern, Wahrnehmungs- und Imaginationsübungen, Skulpturenarbeit, Standbilder, Rollenspiele (Vignetten), Soziometrie*, verschiedene *Formen des Feed-backs, usf. genutzt. Im Übrigen kann der Einstieg in ein Projekt auch über ein komplexes Verfahren wie die „Zukunftswerkstatt“ erfolgen (siehe dazu unten). Damit wird das Seminar zu einem Ort, an dem experimentell-szenisch, dialogisch, diskursiv* und *(selbst-)reflexiv* gearbeitet werden kann.

In der zweiten Phase (fünf bis sechs Sitzungen) geht es um die thematische Sondierung und Vorbereitung der Erkundung, einschließlich der Unterrichtshospitation. Es geht jetzt um eine wissenschaftliche Vertiefung der exponierten Themenkomplexe. Dazu werden wissenschaftliche Texte herangezogen, die der Klärung zentraler Begriffe und einer systematisch-theoretischen Einordnung dienen. Es werden empirische Untersuchungen bzw. deren Ergebnisse zum Thema, sowie *schriftliche (eigene und fremde) Erfahrungsberichte* herangezogen. Sie enthalten Anregungen für die Erkundung und Hospitation. Die Erkundungen erfolgen über *Beobachtungen, Befragungen, Interviews und Fragebogen*, über Fotodokumentation und Filme. Ziele und Art der Auswertung sowie die mögliche Präsentation der Ergebnisse als Text, Bilddokumentation, Film oder Szene werden (vorläufig) festgelegt. In dieser Phase steht die *Eigenaktivität der Studierenden*, die jetzt *Arbeitsgruppen* gebildet haben, im Vordergrund. Die Seminarleitung moderiert den Prozess, gibt Anregungen und sichert die Außenkontakte der Studierenden ab. Im Rahmen dieser Projektphase erscheint psychodramatische Arbeit weniger sinnvoll. In einem einzelnen Praxisseminar kann in Vorbereitung der Hospitation sehr wohl psychodramatisch, auch fallbezogen gearbeitet werden.

Die dritte Phase (ca. fünf Sitzungen) ist die Phase der Erkundung und Auswertung. Die Erkundung kann sich auf eine oder mehrere Schulen erstrecken. Die Präsentation der Ergebnisse erfolgt als pädagogischer Selbst-Versuch mit didaktisch-methodischen und psychodramatischen Mitteln und wird entsprechend reflektiert. Das heißt, mündlich mitgeteilte Beobachtungen, Protokolle, Tagebuchnotizen und Erzählungen zu prägnanten *Ereignissen und Situationen* können *„in Szene gesetzt"* werden: als *Standbilder* und *Statuen*, als *Szene mit Rolleninterview*, *Rollenwechsel* und *Rollentausch*, *Rollenfeedback* und *Sharing*. Darüber kann der individuelle Zugang zur schulischen Situation, zu eigenen Vorstellungen von Schul- und Unterricht, zu verinnerlichten (auch abgelehnten) LehrerInnen- und SchülerInnenbilder sichtbar und im lebensweltlichen und biografischen Kontext thematisiert, reflektierend und selbst-reflexiv zugänglich zu machen. Die dritte Phase endet mit einer semesterbezogenen mündlichen, schriftlichen und/oder szenischen Auswertung und einem *Zwischen-Feedback* für Gruppe und Leitung. Außerdem werden wichtige Planungsschritte und Absprachen für das nächste Semester gemacht und endgültige Absprachen über Leistungsnachweise wie Hausarbeiten, Referate und Berichte getroffen.

Der Beginn des zweiten Semesters ist als *vierte Phase des Projektes* zu verdeutlichen. Sie wird nach Möglichkeit als Blockveranstaltung und Exkursion außerhalb der Lern-Orte Schule und Hochschule durchgeführt. Es geht nun um die endgültige Zusammensetzung der Arbeitsteams und Konkretisierung der einzelnen Unterrichtsvorhaben. Dabei bietet es sich an, dass die Studierenden kleinere Arbeitssequenzen (auch Unterrichtsstunden) selbst gestalten und leiten. Im Seminar können Unterrichtvorschläge vorgetragen, diskutiert und „probeweise" umgesetzt, *gemeinsam Unterricht inszeniert* werden. Die besondere Situation außerhalb des üblichen Hochschul-Settings kommt einer entsprechenden *Experimentierhaltung* entgegen. Hier kann bzw. sollte *mit allen Sinnen* gelernt werden. Dadurch wächst der Mut, *ganzheitliche, erfahrungs- und lebensweltbezogene Unterrichtskonzepte* umzusetzen, wie zahlreiche Unterrichtsprojekte der Studierenden zeigen. Es können *Wahrnehmungs- und Körperübungen, Sprechübungen und Übungen mit der Stimme, Imaginationsübungen, Fantasiereisen, Rollenimprovisationen, szenische Interpretationen von Texten und Bildern* stattfinden (die nicht ohne Grund so häufig als Techniken für die „Anwärmung" zur psychodramatischen Bühnenarbeit verwendet werden). In dieser Phase muss der Kontakt bzw. die Zusammenarbeit mit der Schule bzw. mit den MentorInnen, die als verantwortliche Lehrkräfte an den Schulen die Studierenden unterstützen und die eigenen Klassen bzw. Kurse für Unterrichtsversuche zur Verfügung stellen, intensiviert werden. Die *Bündnisfrage* mit den kooperierenden Lehrkräften und den Studierenden muss geklärt sein bzw. werden.

In der fünften Phase (mit einem Zeitrahmen von fünf bis sechs Sitzungen) geht es um die Realisation der Unterrichtsversuche in der Schule. Nach der Hospitation, die bei den Unterrichtsversuchen der Studierenden vorgeschrieben ist, wird eine *(psychodramatische) Fall-Beratung* im Gruppensetting angeboten (siehe dazu im nächsten Praxisbeispiel). Im Rahmen des vorliegenden didaktischen Konzeptes, wie auch *im Sinne eines psychodramatischen Supervisionskonzeptes* ist eine Nachbesprechung von

Unterricht im Sinne einer Fehleranalyse und allgemeinen Bewertung der Leistung der PrüfungskandidatInnen, die im allgemeinen schulischen Sprachgebrauch als Beratung bezeichnet wird (vgl. Bessoth 1994), durch Lehrkräfte zu verhindern. Es geht darum, durch Reflexion der Praxiserfahrungen Perspektiven für einen individuell angemessenen Studiengang, das heißt für einen eigenen, nicht nur den „pflichtgemäßen" Weg durch das Studium zu entwickeln. Das kann die Überprüfung der eigenen Studienentscheidung enthalten.
Die *letzte Phase,* möglichst im Block (von drei bis vier Sitzungen), ist als allgemeine Auswertungsphase konzipiert. Das heißt, es findet nur eine kurze sachbezogene Auswertung des Unterrichtsversuches bzw. der wichtigen Sachaspekte des Unterrichts statt. Danach erfolgt eine *szenische Auswertung* der beiden Semester *als Gang durch die Zeit* unter der Verdeutlichung wichtiger *Ereignisse und Erfahrungen* durch *„Symbole", Gesten, Haltung, Satz.* Danach erst kann eine angemessene psychodramatische *Verabschiedung* erfolgen. Eine Variante (vor allem wenn die Beratungssphase zu kurz gekommen ist) wäre die Durchführung einer so genannten Schreibwerkstatt (siehe Seminare mit Werkstatt-Charakter unten), in der die Erfahrungen der Teilnehmerinnen aus Tagebüchern, Lernberichten und über alle möglichen *Formen kreativen (vor allem szenisch-bildhaften) Schreibens* belebt, „auf den Begriff gebracht" und *„in Szene gesetzt"* werden können. Dabei können verschiedene Möglichkeiten genutzt werden, vom *Standbild* und *Statuenbau,* über *szenische Improvisationen* bis zu *psychodramatischen Vignetten.* Der in der Lehrerausbildungsordnung geforderte *„Bericht"* musste bzw. sollte dieser kreativen und psychodramatischen Form der Aufarbeitung von Projekterfahrungen Rechnung tragen. Wichtig ist, dass dieser Bericht bislang *ohne Note* (aber mit schriftlichem Kommentar/einer „Antwort") zurückgegeben werden konnte.

Zweites Beispiel: Fallberatung

Fallbezogene Beratung kann verschiedene Formen der Praxisstudien begleiten und wird im Gruppensetting durchgeführt. Hier soll der *Ablauf einer Beratung* idealtypisch bzw. als Normalform zusammengefasst und dargestellt werden. Wichtig ist, dass die Gruppen Ablauf und Verfahrensregeln durchschauen können. Günstig ist, wenn in der vorangegangenen Seminararbeit personorientiert gearbeitet wurde, verschiedene Formen des Rollenspiels erprobt und psychodramatische Techniken bereits eingeführt wurden.
Verfahrenstechnisch geht es *im ersten Schritt* der Beratung darum, dass Problemfeld zu sichten, die Gruppe bzw. die Einzelnen in die gemeinsame Fallarbeit einzustimmen und für die Arbeit zu erwärmen. Diese Phase wird deshalb *Anwärmphase* genannt. *Der zweite Schritt* bezieht sich auf die *Fallauswahl.* Dabei stellen die Einzelnen ihre Fälle *mit einem Thema* vor. Indem der Fall mit einem „Thema" versehen wird, wird der Bezug zwischen Fall und Fallerzählerin deutlich. Es wird der Fall bear-

beitet, auf dessen Thema sich die Gruppe einigt. Dabei kann *soziometrisch verfahren* werden. *Der dritte Schritt* besteht in der *Fallerzählung*, in der die ProtagonistInnen ihre – erklärtermaßen – subjektive Sicht auf „den Fall" darlegen. Diese Darstellung kann von verschiedenen Formen der Visualisierung und Konkretisierung begleitet sein. Nachfragen sind zulässig, aber es ist darauf zu achten, dass nicht Meinungen und Interpretationen mit den Fragen „transportiert" werden. Der Protagonist kann daraufhin die Erzählung komplettieren. I*m vierten Schritt* findet eine *szenische Vertiefung* statt, in der *(auch) mit den Mitteln des Psychodramas* gearbeitet werden kann. Anschließend, *im fünften Schritt,* erfolgen Rollenfeedback und Sharing. Es werden unter Umständen in einem *sechsten Schritt* mit Unterstützung der Gruppe Alternativen und Lösungsvorschläge entwickelt und gegebenenfalls durchgespielt. Statt einer speziellen Lösung, aber auch in Ergänzung dazu bietet sich im Rahmen Schulpraktischer Studien eine didaktisch-methodische Verallgemeinerung, die Formulierung einer zu überprüfenden „Handlungsregel" oder einer „Untersuchungshypothese" an.
Unter Umständen bietet sich folgende *Variation* (nach Fox 1996) an. In dieser Variante wird eine *Geschichte vom Fallerzähler/Protagonisten* vorgetragen. Der *Protagonist nimmt nicht aktiv am Spiel teil,* sondern sitzt mit dem Leiter am Rand der Bühne. Der Leiter hilft ihm, aus der Geschichte mehrere Szenen bzw. eine *Szenenabfolge* zu machen. Aber der Geschichtenerzähler macht daraus die Regieanweisung für beteiligte Personen, Handlung, Requisiten, eventuell musikalische Begleitung. Er sucht auch die SpielerInnen aus. Diese können auch auf Wunsch mitspielen und die Szene weitgehend *improvisieren.* Einzelne Szenen können mehrfach gespielt werden, bis der Geschichtenerzähler/Protagonist mit dem Ergebnis „zufrieden" ist. Es gibt ein *Rollen- und ein Zuschauerfeedback.* Lösungsvorschläge können (szenisch) überprüft und – wenn möglich – verallgemeinernde Regeln aufgestellt werden. Dazu werden scheinbar allgemein gültige Normen hinterfragt und das Allgemeine im Besonderen, das eigene beim Anderen deutlich (vgl. auch Fatke 1997).

Drittes Beispiel: Hospitationen

Hier sind Seminare gemeint, die der Vorbereitung, der Durchführung und der Auswertung von Unterrichtshospitationen dienen. Dabei geht es zunächst um methodologische Aspekte und ihre Klärung. Das heißt, es muss zunächst das Problem der Erschließung von Wirklichkeit (Unterricht) durch eine selektive Wahrnehmung (bezogen auf die Hospitation) bearbeitet werden und deutlich gemacht werden, warum sich die beobachtende Wahrnehmung auch auf affektiv-emotionale Aspekte des Unterrichtsgeschehens bzw. der Personen und ihre Interaktionen beziehen muss, die eigenen „Verstrickungen" mit dem Geschehen spürbar und reflektiert werden sollen.
Dabei muss die allgemeine Annahme, BeobachterInnen (bei einer Hospitation) wären bzw. müssten möglichst „unbeteiligt" , „sachlich", „affektneutral" und „objektiv" bleiben, problematisiert und der (gewöhnlich unbewusste) *Einfluss lebensgeschichtli-*

cher Erfahrungen, der aktueller Interessen und Rollenperspektiven, u.a. deutlich gemacht werden. Ferner muss verstehbar sein, warum diese Einflüsse *im Wahrnehmungs- bzw. Beobachtungsprozess bewusst gemacht* werden sollen bzw. eine entsprechende Sensibilität für zukünftiges LehrerInnenhandeln sinnvoll ist. Wenn deutlich ist, dass „Beobachtungen“ nicht die „Wirklichkeit“ des Unterrichtsgeschehens und der Schule erfassen, sondern die eigene Perspektive auf die Wirklichkeit „abbilden“, kann (Selbst)Reflexion auf die individuellen Bedingungen der Wirklichkeitskonstruktion (dazu gehört auch die Konstruktion von Fällen) vereinbart werden.
In Vorbereitung einer Hospitation können Beobachtungspunkte aus vorgängiger (fremder) Unterrichtsbeobachtung und -interpretation herangezogen (siehe unter Beispiel: Projektseminar) und durch Ideen aus der *Bearbeitung und Reflexion eigener Unterrichts- und Schulerfahrungen* ergänzt werden. Auf der Grundlage von Unterrichtsprotokollen, schriftlichen Lernberichten und Lerntagebüchern werden nach der Hospitation schriftliche wie mündliche *Fallberichte* verfasst, die sich auf bestimmte Unterrichtsepisoden beziehen und diese möglichst detailliert wiedergeben (sollen). Um die *fallbezogene und (selbst)reflexive Arbeit* im Seminar zu unterstützen, soll diese Darstellung szenisch-narrative Elemente enthalten. Befindlichkeiten bei der Beobachtung und dem Verfassen verschiedener Texte werden reflektierend berücksichtigt und erste subjektive Deutungen versucht. In der anschließenden *psychodramatischen Bearbeitung von themenbezogenen Fällen* (sprich: Fallerzählungen) bzw. von fallbezogenen Themenstellungen wird die Selbst-Wahrnehmung und Selbst-Reflexion intensiviert und darüber schließlich eine selbst-bewusste Wahrnehmung der Praxis(Fälle) unterstützt. Daraus kann eine *Arbeit am professionellen Habitus* entwickelt werden.

Viertes Beispiel: Exkursion

Lernen findet nicht nur am Lern-Ort Hochschule oder Schule statt, sondern auch außerhalb und bleibt dennoch Bestandteil des Lehr-Formates. Exkursionen sind solche Lernsettings. Hier geht es um das Beispiel einer Exkursion, die Studierende während des folgenden Unterrichtsversuches mit den Schülerinnen und Schülern unternommen haben. Exkursion und Ort können wie *ein „Spiegel“* betrachtet werden, in dem *Bedingungen und Prozesse von Unterricht und Seminar sichtbar* werden. Mit der Trennung bzw. dem Abstand von Hochschule und Schule ist der Vorteil verbunden, dass die üblichen *Erwartungen an Unterricht, Lehren und Lernen* ein Stück zurücktreten und die Bereitschaft steigt, (in einem anderen Rahmen) Neues auszuprobieren, Anderes und anders zu lernen. Unter ganz anderen Umständen wird deutlich, wie die *Einflüsse* von schulischen und universitären Umgebungsbedingungen, von baulichen Gegebenheiten, von Raum- und Zeitgestaltung auf die Entwicklung von Lernverläufen, von Beziehungen, den Lernerfolg und das Wohlbefinden der Einzelnen ist.
Dass in diesem Rahmen eine *Vielfalt von Verfahren und Methoden* erprobt und übernommen wurden, durch die alle „Sinne“ angesprochen, Empfindungen, Gefühle und

Befindlichkeiten wahrgenommen und beachtet, Beziehungen berücksichtigt und entwickelt werden, macht den *Zugang zu psychodramatischer Arbeit*, zum Psychodrama leicht. Mit anderen Worten, es kommt nicht nur darauf an, eine sinn(en)- und lernfreundlichere Umgebung aufzusuchen, sondern auch entsprechende Lernanlässe und die Möglichkeiten zu schaffen, an kleinen Dingen und Ereignissen den psychodramatischen Zugang zur Wirklichkeit als einen produktiven Weg des Lernens und der Erfahrungsgewinnung zu entdecken.

Seminare ohne organisatorische Anbindung an Praxis

Während im Rahmen schulpraktischer Studien ein direkter Kontakt zu einer „gemeinsamen" Praxissituation vorhanden bzw. herzustellen ist und dieser ein wesentlicher Bezugspunkt für die vorbereitende, begleitende und auszuwertende Arbeit darstellt, werden im folgenden Seminare vorgestellt, in denen zwar Praxiserfahrungen der Teilnehmenden (Studierenden) thematisch sind, aber nicht aus den seminarunmittelbaren Praxiskontakten stammen. Dennoch können die hier verfolgten Absichten und Arbeitsformen auch im Rahmen Schulpraktischer Studien (s.o.) verfolgt werden.

Erstes Beispiel: Zukunftswerkstatt.
Mit der Zukunftwerkstatt wird ein relativ *komplexes Verfahren*, dass ursprünglich (vgl. Jungk /Müllert 1993) nicht institutionalisierten oder institutionalisierbaren Bürgerinteressen zum Durchbruch und zum Erfolg verhelfen wollte und das inzwischen durchaus im Rahmen institutioneller (schulischer) Entwicklungsprozesse gängig ist, hier in didaktischer Absicht verwendet. In der Zukunftswerkstatt wird *in einem Dreier-Schritt* verfahren: Zunächst wird *Kritik* geäußert, dann werden *neue Ideen* (Utopien) entwickelt und schließlich an deren *Umsetzung* gearbeitet. Das heißt, *Spontaneität und Kreativität*, aber auch mitgebrachte *nützliche „Konserven"* sind erwünscht. Sie werden nicht als Defizite, sondern als Ressourcen betrachtet und spielen bei der Umsetzung von neuen Ideen eine wichtige Rolle. Die (didaktische) Zukunftswerkstatt verbindet individuelle Vorstellungen von Schule und LehrerInnentätigkeit mit Perspektiven auf Innovationsmöglichkeiten in Schule und Unterricht. Wenn die Zukunftwerkstatt mit psychodramatischen „Elementen" ausgestattet wird, tritt neben dem *„Zukunftsinn"* auch der *„Eigensinn"* bestimmter Konzepte und Projekt-Ideen stärker hervor. Das heißt, mit der Zukunftswerkstatt werden nicht nur utopische Entwürfe als machbar erkannt, gewissermaßen auf die Zukunftsprobe gestellt, sondern „alte" (konservierte) Schul- und LehrerInnenbilder angestoßen und mit Ideen von „Selbst-Entwicklung" in Verbindung gebracht.

Zweites Beispiel: Biografiebezogenes Fall-Seminar
Es gibt verschiedene Möglichkeiten, *Wirklichkeit als Fall* zu rekonstruieren. Beispielsweise können fremde Texte über Schulpraxis als Fälle rekonstruiert werden, indem sie

(wissenschaftlich) theoretisch deutend als singuläre, exemplarische Ereignisse verstanden und bearbeitet werden. Dabei kann mit dieser Art der Wirklichkeitskonstruktion als Fall der Einstieg in eine themenzentrierte Theoriearbeit beabsichtigt sein. Es kann auch der Versuch einer theoretisch begründeten Alternative unternommen, ein zweiter Fall konstruiert werden. Selbstverständlich können dabei eigene Erfahrungen zum normativen Bestimmungsgrund für die theoretische Suche nach praktischen Alternativen werden. Dieser kann im gedachten Zusammenhang zwar meta-theoretisch, aber nicht selbstreflexiv thematisiert werden (vgl. Beck u.a. 2000; Ohlhaver/ Wernet 1999). Eine solche Art der Fallbearbeitung ist hier nicht gemeint.
Es geht vielmehr um *eigene (Handlungs)Erfahrungen* im Praxisfeld (Schule und Unterricht) und Informationen zu einem „Fall", die aus eigener Beobachtung und Anschauung stammen, im Rahmen einer Fall-Erzählung vorgetragen, über ein Thema als Bestandteil eigener Wirklichkeitskonstruktion kenntlich gemacht und mit psychodramatischen Mitteln bearbeitet werden. Dabei ist bzw. wird die *Thematisierung von Lebenserfahrungen als Biografie (vgl. Schulze 1997; Lutz, u.a. 1997) die Folie für eine Reflexion über das signifikante Selbst und den Anderen, die in der psychodramatischen Fall-Inszenierung sichtbar werden. Diese Form der Fallarbeit braucht allerdings zur Begründung einen theoretischen Bezug bzw. Kontext. Theoriebezüge* sind beispielsweise in Begriffshorizonten von Biografie und Fall, Identität und Rolle, Psychodrama und Selbst-Reflexion zu entfalten.

Drittes Beispiel: Beratungspraxis

Hier ist Beratung als Format das Thema des praxisbezogenen Seminars. Eine praxisbezogene Einführung ist auf die *Gestaltung von Beratung als Format mit einem Verfahren, hier Psychodrama,* angewiesen. Das heißt, unter den formativen Bedingungen von Hochschullehre ist unter genau zu begründeten Zielsetzungen, also didaktisch, ein bestimmter *methodischer Gang vorgegeben,* in dem demonstrative, selbst-experimentelle, übende und diskursive, theoretische und selbst-reflexive, dialogische und meta-logische Lernanreize gegeben sind bzw. entsprechendeProzesse ablaufen. Das heißt, Beratung mit *Psychodrama* wird *schrittweise* ausprobiert, demonstriert, diskutiert, reflektiert und begründet. Dabei wissen alle Beteiligten, es findet zunächst Lehre und nicht Beratung statt, auch wenn „Beratung" stattfindet. Und damit die Balance in dieser *„Als-ob-Situation unter Ernstbedingungen"* verantwortlich gehalten werden kann, muss der Bündnisfrage besondere Aufmerksamkeit zukommen. Diese für alle Beteiligten bewusst zu halten ist im Übrigen eine ganz praktische Begleiterscheinung des Seminars und Bestandteil professioneller Lernprozesse.

Viertes Beispiel: Psychodrama-Seminar

Praxis ist hier in einem doppelten Sinne gemeint, einmal als *Verfahren „Psychodrama"*, zum anderen als *Lebenspraxis der Studierenden* bzw. SeminarteilnehmerInnen einschließlich ihrer Studien- und Berufspraxis(perspektiven). Dass ein praxisbezoge-

nes Seminar im Kontext des Lehrformates ein theoretisches Fundament aufweisen bzw. entsprechende Bezüge herstellen muss, versteht sich (fast) von selbst. Wie diese Aspekte hochschuldidaktisch und psychodramatisch in Beziehung gesetzt werden, wird entschieden und verantwortet mit Blick auf die besonderen Bedingungen des Verhältnisses von Format und Verfahren. Dieses kann bzw. sollte nicht nur unter Bündnisgesichtspunkten mit den Studierenden besprochen werden. Mit der *Thematisierung des Verhältnisses von Format und Verfahren* werden allgemeine und individuelle professionsbezogene Perspektiven entwickelt. Die Einbettung psychodramatischer Arbeit in den Kontext wissenschaftlichen Lehrens und Studierens hebt den (prozessualen) Ausbildungscharakter des Geschehens hervor und ermöglicht die Perspektive einer weitergehenden psychodramatischen Ausbildung mit einer für professionelle Arbeit notwendigen *Selbst-Erfahrung*. Die Arbeit kann in Anlehnung an bestimmte allgemeine Ausbildungskonzepte für Psychodrama erfolgen und setzt ein entsprechendes Leitungsmodell voraus.
Im Rahmen dieses zumeist freiwilligen, nicht mehr scheinbedürftigen Studierens am Ende des Studiums werden der Studienabschluss und *die beruflichen Perspektiven* dominant als Interessen an Klausurthemen, als Ideen für Diplom- und Staatexamensarbeiten und auch als Vorstellungen von Dissertationsvorhaben. Es ist richtig, während des laufenden Seminars keine Prüfungsverpflichtungen einzugehen. Anschließend kann auf der Grundlage eines gewachsenen Vertrauens durchaus eine Unterstützung für bestimmte theorie- und empiriegeleitete Vorhaben erfolgen und recht fruchtbar sein. Studierende beschreiben Veranstaltungen dieser Art im übrigen – im Vergleich mit anderen Studienerfahrungen – als besonders eindruckvoll und persönlich bedeutsam. Damit bestätigen sie indirekt die eingangs beschriebene (überwiegende) Distanz der Universität gegenüber subjektiven und personrelevanten, ästhetischen und emotionalen, biografischen und lebensweltlichen Erfahrungen und Wissensbeständen, und das Fehlen einer Didaktik, die Fragen nach dem (persönlichen) Sinn des Lernens und nach der Bedeutung des Gelernten für die (berufliche) Zukunft der Einzelnen fragt.

9. Psychodramatisches

Die kleine Auswahl von Beispielen soll zeigen, was mit den oben genannten Stichwörtern wie „Anwärmübung", „Vignette", soziometrische Übung, Arbeit mit Symbolen und Metaphern, etc. in konkreten Lehr-Lern-Situationen gemeint ist. Dabei sollte deutlich geworden sein, dass es keinen Schematismus bei der Anwendung von Methoden und im methodischen Ablauf geben kann. Die folgenden Beispiele sind den jeweiligen Seminarthemen, Inhalten, Zielen, Fragestellungen, Gruppensituationen, etc. eingepasst und sollen nicht mehr als *didaktisch und psychodramatisch „zu denken geben*".

Einstiege:
„Mein Name ist ...". In einer Vorstellungsrunde den eigenen Namen mit einem „pädagogischen Zusatz" versehen wie „Britta bildsam", „Felix fleißig", etc., dazu Geste. Danach Rückmeldungen und Gespräche darüber, was den Teilnehmenden diese Begriffe bedeuten. Kennenlernen und Annäherung an das Themenfeld.
„Ich möchte wissen...!" Durch Zuordnung (räumlich und mit Haltung, Geste, Satz) Verhältnis von Nähe und Entfernung zum Thema der Veranstaltung (schon etwas darüber wissen und davon kennen), Nähe und Entfernung zum Fachlichen/Pädagogischen, zu Theorie/Praxis, Lehrer/Schülerrolle, etc. ausdrücken und den soziometrischen Ort gegenüber den übrigen Seminarteilnehmern markieren bzw. feststellen. Themen: siehe oben, auch Beziehungsthemen.
„Ideen-Bank" (oder Bazar). Herstellung durch stichwortartig gesammelte und aufgeschriebene Ideen zu einem Problem/einem Thema. Diese Ideen präsentieren, etwa sinnbildlich und szenisch auf eine „lange (oder kurze) Bank" schieben oder im Bazar anpreisen. Themen: Kritik, Zukunft, Ideen, auch Umgehen mit eigenen und fremden Ressourcen.

Aus späteren Anfangs- und mittleren Phasen:
„Aus der Zukunft sehen". Treffen von zwei oder drei TeilnehmerInnen Jahre (fünf, sieben, zehn) später, die (berufs)biografisch zurückblicken: Was ist mit mir passiert? Situation/Szene und Rollenspiel. Themen: Rolle, LehrerInnenbilder, Berufsethos, Zukunftserwartungen, „Erwachsenwerden", Ablösungen.
„Einen Lehrer/eine Lehrerin bauen" (auch eine SchülerIn, eine StudentIn, eine HochschullehrerIn). In der Kleingruppe oder im Plenum, mit zuvor erläuterten „Symbolen" ausstatten, dazu Haltung, Geste, Satz auf der Bühne. Themen: Rollen-Identifikation und Perspektiven, Selbst-Ideale und verinnerlichte LehrerInnenbilder.
„Metaphern". Pädagogisch bedeutsame Begriffsmarken wie „offene Schule", „pädagogischer Eros", Pädagogischer Takt" , „vom Kinde ausgehen", „Schule in Bewegung") als Standbild „verlebendigen" (durch Veränderungen von Mimik, Gestik, Haltung, durch Wörter/Sätze, Silben, Töne, Geräusche, Stammeln). Themen: Persönliche Bedeutungen und Wirklichkeitskonstruktionen, Sinnhorizonte und persönliche „Wahrheiten" und Lebensthemen, Konflikte.
Aus mittleren und Vertiefungsphasen:
„Lehrersein dagegen sehr!" LehrerInnenbilder (Zeichnungen), Pädagogen-Karikaturen, Beschreibungen in (Spott-) Gedichte, Geschichten auf der Bühne in Szene setzen (Standbilder lebendig werden lassen). Themen: berufliche Anforderungen („Idealbilder", „Tugendkataloge") und (erlebte) Widersprüche und Dilemmata (Karikaturen), eigene Berufsperspektiven und Identifikationen, Autonomie und Abhängigkeitsbedürfnisse, Umgang mit Autorität und Macht („Habitus").
„Schul-Räume". Auf der Psychodrama-Bühne Schulräume (Raucher-Ecke, Klassen-Zimmer, Schul-Hof, Klo, Theater-Bühne; Lehrer-Zimmer, etc) kennzeichnen, betre-

ten, dort Platz einnehmen; dann Haltung, Geste, Satz. Es können daraus Rollenspiele und psychodramatische Vignetten (Szenen/Inszenierungen) entstehen. Visualisierung (auch bildnerische Gestaltungen) „innerer Räume" und „Schul-Landkarten" verdeutlichen die subjektive und soziale Konstruktion von Raum. Themen: Rollen und Beziehungen, (räumliche) Konflikt-Zonen, Grenzen und Grenzverletzungen/Übergriffe.
„Den alten Schulweg gehen…" Auf dem Weg erinnernd verweilen, alte und neue Bekannte treffen): auf der Bühne psychodramatisch arbeiten (Vignetten). Es können sich daraus auch protagonistenzentrierte Bühnenspiele ergeben. Themen: (Pädagogische) Beziehungen und Konflikte, Kindsein und Erwachsenwerden, zahlreiche (Lebens)Themen

Soziometrische Arrangements:
„Standpunkte". Auf einer Positionsskala Stand-Punkt einnehmen lassen und aus der Rolle eines bestimmten Didaktikers/Schul-Praktikers/Schülers etc zu einem Problem (durch Geste, Haltung, Mimik und Satz) Stellung nehmen. Anschließend Rollen- und Beobachter-Feedback. „Inhaltliche" Positionen, Meinungen und Beziehungen im Seminar diskursiv bearbeiten. Themen: Verschiedene Meinungen im Seminar. Persönliche Bedeutungen und Sinnperspektiven.
„Klassenreise". Ein Unternehmen mit Bus, Bahn oder Schiff. „Passende" Rollen übernehmen oder (gegenseitig) übertragen, entwickelt und ausprobiert. Die RollenspielerInnen können in verschiedenen Situationen in Beziehung treten, Rollen gewechselt oder Tauschen. Themen: Umgehen mit verfügbaren Möglichkeiten und Ressourcen, Rollenkonstellationen und Arbeitsperspektiven im Seminar. Eigene Themen finden.
„Ein neues Schulhaus bauen" und darin einen „passenden" Platz einnehmen (Haltung, Geste, Satz; Spielszenen entwickeln) Themen: Beziehungen im Seminar, Schulpraktische Erfahrungen und persönliche Themen.

Auswertung:
„Stimmen von der Inneren Bühne". Sie erheben sich (im Inneren der TeilnehmerInnen) für andere zunächst „unhörbar" (beispielsweise zum eigenen Unterrichtsversuch) und sagen bestimmte Wörter oder Sätze. Sie erhalten einen Namen und einen Platz auf der inneren und (zunächst als Standbild) der äußeren Bühne. Die Protagonistin nimmt dabei einen Platz ein und arrangiert die „Stimmen", lässt Protagonistin und Stimmen in Beziehung treten. Themen: Umgehen mit Rollen- und Leistungserwartungen; Kontrolle, Unsicherheit, Ängsten, Macht – und Ohnmachtsgefühlen, etc.
„LehrerInnenbilder rahmen". Bilder und Rahmen werden mit verschiedenen Materialien (Requisiten) gestaltet und schließlich szenisch „in Beziehung" gebracht. Themen: Selbst-Entwicklungen und Perspektiven (auch) mit Widersprüchen, Brüchen, Konfliktlinien, Schutzmaßnahmen, Einordnung von Erfahrungen/Problemstellungen.

„Lerntagebücher illustrieren". In Kleingruppen können eigene Texte auszugsweise vorgetragen und reflektiert, dann als Standbilder, Statuen oder Szenen (Vignetten) auf die Psychodrama-Bühne gebracht werden einschließlich Beobachter-, Rollenfeedback und Sharing, gegebenenfalls Alternativszenen/-Lösungen (Zukunft) ausprobieren (lassen).

10. Schlussbemerkung

Mit dem Beitrag sollen Verbindungen zwischen Wissenschaft und Psychodrama aufgezeigt und im (hochschul-) didaktischen Kontext der LehrerInnenausbildung wirksam zusammengebracht werden. Wirksamkeit heißt in diesem Fall, dass Psychodrama auch an der Universität dazu beiträgt, die schöpferischen und kreativen Potenziale der Individuen zur Entfaltung zu bringen, die für Lernen, individuelles Wohlbefinden und soziale Innovationen unabdingbar sind. Die Frage, ob Wissenschaft bzw. wissenschaftliche Berufsausbildung dieses als produktiven „Widerspruch in sich" begreifen und nutzen kann, lässt sich mit erfolgreichen Beispielen psychodramatischer Arbeit an der Universität beantworten. Dabei muss zweifellos gewährleistet sein, dass Psychodrama und die damit gemachten Erfahrungen mit theoretischen, insbesondere professionsbezogenen Überlegungen und Anforderungen in Beziehung gebracht werden können. Der verantwortliche Umgang mit dem Psychodrama als Verfahren unter universitären Ausbildungsbedingungen heißt auch, die eigenen Konzepte von LehrerInnenausbildung offen zu legen.

Literatur

Bauer, Karl-Oswald, u.a. (1996): Pädagogische Professionalität und Lehrerarbeit. Eine qualitativ empirische Studie über professionelles Handeln und Bewusstsein. Weinheim, München.

Beck, Christian/Helsper, Werner/Heuer Bernhard/Stelmaszyk, Bernhard/Ullrich, Heiner (2000): Fallarbeit in der universitären LehrerInnenbildung. Professionalisierung durch fallrekonstruktive Seminare? Eine Evaluation. Opladen.

Becker, Egon (1983): Hochschule und Gesellschaftliche Funktion der Hochschule und Reproduktionsprobleme der Gesellschaft. In: Huber, Ludwig (Hg.): Ausbildung und Sozialisation in der Hochschule. Enzyklopädie Erziehungswissenschaft Bd 10, Stuttgart. 29–58.

Bessoth, Richard (³1994): Lehrerberatung – Lehrerbeurteilung,. Neuwied, Berlin.

Bourdieu, Pierre, u.a. (1981): Titel und Stelle. Über die Reproduktion sozialer Macht. Frankfurt/M.

– (²1983): Zur Soziologie der symbolischen Formen. Frankfurt/M.

Buber, Martin (1962): Werke Bd 1. Schriften zur Philosophie. München, Heidelberg.

Buber, Martin (1963): Werke Bd 3. Schriften zum Chassidismus. München, Heidelberg.

Buer, Ferdinand (Hg.) (²1999): Morenos therapeutische Philosophie. Die Grundlagen von Psychodrama und Soziometrie. Opladen.

Buer, Ferdinand (1999): Lehrbuch der Supervision. Der pragmatisch-psychodramatische Weg zur Qualitätsverbesserung professionellen Handelns. Münster.

Combe, Arno/Helsper, Werner (Hg.) (²1997): Pädagogische Professionalität. Untersuchungen zum Typus pädagogischen Handelns. Frankfurt/M.

Combe, Arno/Helsper, Werner ([2]1997): Einleitung: Pädagogische Professionalität. Historische Hypotheken und aktuelle Entwicklungstendenzen. In: Combe/Helsper (Hg.). 9–48.
Dick, Andreas (1994): Vom unterrichtlichen Wissen zur Praxisreflexion. Das praktische Wissen von Experten im Dienste zukünftiger Junglehrer.Bad Heilbrunn.
Fatke, Reinhard (1997): Fallstudien in der Erziehungswissenschaft. In: Frieberthäuser, Barbara, Prengel Annedore (Hg.): Handbuch Qualitative Forschungsmethoden in der Erziehungswissenschaft. Weinheim und München. 56–70.
Hahn, Alois (1987): Identität und Selbstthematisierung. In: Hahn, Alois und Kapp, Volker: Selbstthematisierung und Selbstzeugnis. Bekenntnis und Geständnis. Frankfurt/M. 9-24.
Helsper, Werner ([2]1997): Antinomien des Lehrerhandelns in modernisierten pädagogischen Kulturen. Paradoxe Verwendungsweisen von Autonomie und Selbstverantwortlichkeit. In: Combe/Helsper (Hg). 521–569.
Hierdeis, Helmward (1987): Selbstreflexion in der LehrerInnenbildung – Erfahrungen und Überlegungen. In: Glumpler, Edith/Rosenbusch, Heinz, S.: Perspektiven der universitären Lehrerbildung. Bad Heilbrunn. 85–96.
Kaufmann, Franz-Xavier (1989): Religion und Modernität. Sozialwissenschaftliche Perspektiven. Tübingen.
Klein, Günther (1997): Schulen brauchen Beratung. Kollegiumsorientierte Innovationsberatung als Beitrag zur Schulentwicklung. Grundlagen – Ansätze – Perspektiven. Marquartstein.
Lash, Scott (1996): Reflexivität und ihre Doppelungen: Struktur, Ästhetik und Gemeinschaft. In: Beck, Ulrich/Giddens, Anthony: Reflexive Modernisierung. Eine Kontroverse. Frankfurt/M. 195–288.
Lentz, Grete (1986): Psychodrama. Das klassische Psychodrama nach J.L. Moreno. New York/Berlin/Heidelberg.
Mead, George, Herbert 81934): Mind, self and Soziety. From the Standpoint of a Special Behaviorist. Chicago.
Mead, Gerorge, Herbert (1980/83): Gesammelte Werke 2 Bde hg. Von Jonas, Hans, Frankfurt /M.
Oevermann, Ulrich ([2]1997): Theoretische Skizze einer revidierten Theorie professionellen Handelns. In Combe/Helsper (Hg.). 70–182.
Ohlhaver, Frank/Wernet Andreas (Hg.) (1999): Schulforschung -Fallanalyse – Lehrerbildung. Diskussionen am Fall. Opladen.
Paulus, Peter (1994): Selbstverwirklichung und psychische Gesundheit. Göttingen, Bern, Toronto, Seattle.
Petersheim, Albert K. (1993): Bildung und Kommunikation. Untersuchungen zu einer beziehungsanalytischen Theorie der Erwachsenenbildung. Frankfurt/M, Berlin, Bern, New York, Paris.
Portele, Gerhard/Huber, Ludwig: Hochschule und Perönlichkeitsentwicklung. In: Huber, Ludwig(Hg.): Ausbildung und Sozialisation in der Hochschule. Enzykolpädie Erziehungswissenschaft. Bd 10, 114–140
Schütze, Fritz ([2]1997): Organisationszwänge und hoheitsstaatliche Rahmenbedingungen im Sozialwesen. Ihre Auswirkungen auf die Paradoxien des professionellen Handelns. In: Combe/Helsper (Hg.). 183-273.
Schulze, Theodor (1997): Interpretation von autobiografischen Texten. In: Friebertshäuser/Prengel (Hg.) 1997.
Wildt, Johannes (1995): Reflexive Lernprozesse. Zur Verbindung wissenschaftlichen Wissens und Handlungswissen in einer integrierten Lehrerausbildung. In: Hänsel, Dagmar/Huber, Ludwig (Hg.): Lehrerbildung neu denken und gestalten. Weinheim/Basel 1995.
Wildt, Beatrix (2000): Beratung in Begleitung Schulpraktischer Studien. Ein Beitrag zur professionalitätsentwicklung. In: Bayer, Manfred/Bohnsack, Fritz/Koch-Priewe Barbara/Wildt, Johannes: Lehrerin und Lehrer werden ohne Kompetenz. Professionalisierung durch eine andere Lehrerbildung. Kinkhardt? Ort?) 2000.
Wildt, Beatrix/Wildt, Johannes (1997): Gesundheit in der Ausbildung von Lehrerinnen und Lehrern. In: Wildt, Beatrix (Hg.): Gesundheitsförderung in der Schule. Neuwied 1997.
Zeintlinger-Hochreiter, Karoline (1996): Kompendium der Psychodrama-Therapie, Köln.

Peter Wollsching-Strobel

Führungskräftetraining und -entwicklung im Profitbereich

1. Einleitung

Deutsche Unternehmen sind in den letzten Jahren immer wieder negativ in die Schlagzeilen geraten. Dies nehmen Kritiker ungerechtfertigterweise häufig zum Anlass für Pauschalurteile über die deutsche Wirtschaft: Weder kann man davon ausgehen, dass deutsche Firmen als Arbeitgeber unsozial und unattraktiv sind, noch dass sie erfolglos im internationalen Wettbewerb operieren, wie ein Teil der Veröffentlichungen glauben machen will.
Gerade in den für die deutsche Wirtschaft schwierigen letzten fünf Jahren haben sich positive Trends in der Forschung und Entwicklung, im Organisations-, Kosten- und Bildungsmanagement gefestigt. Viele deutsche Unternehmen konnten sich im internationalen Wettbewerb behaupten, haben ihre Strukturen neu zum Kunden hin ausgerichtet und erkannt, dass kurz- und mittelfristig nur eine qualifizierte Personalentwicklung eine qualifizierte Mitarbeiterschaft sichern kann.
Es ist kein Geheimnis mehr, dass sich ein Mehr an wirklich gelebter MitarbeiterInnenorientierung auszahlt. Dies lässt sich aus verschiedenen Perspektiven begründen:

- Nur mit motivierten, lernwilligen MitarbeiterInnen kann man den Qualitätsherausforderungen eines schnellen, globalen Marktes begegnen (vgl. Giersch 1994).
- Studien zeigen, dass eine mitarbeiterorientierte Unternehmenskultur mehr Krisensicherheit erzielt als eine Kultur, die sich auf Androhung von Sanktionen, Angst und „Unterwerfung" gründet (vgl. Empter/Kluge 1995).
- Auf Grund der demoskopischen Entwicklung werden qualifizierte MitarbeiterInnen immer mehr zu einer knappen Ressource (vgl. Wollsching-Strobel, 1999).

Vor diesem Hintergrund hat sich insbesondere die Rolle der Führungskraft im Unternehmen enorm gewandelt (vgl. Benis/Nanus 1992): Von ihr wird erwartet, dass sie als visionärer Hoffnungsträger und engagierter Gestalter des eigenen Bereiches maßgeblich zur Unternehmensentwicklung beiträgt (vgl. Deppe/Peters 1993). Der Vorgesetzte gilt zudem immer mehr als Coach und Personalentwickler seiner MitarbeiterInnen (vgl. Hausman 1994). In vielen deutschen Chefetagen hat man inzwischen akzeptiert, dass Menschen nicht als Führungskraft geboren werden, sondern (Lern-) Zeit und Unterstützung brauchen, um in diese Rolle hineinzuwachsen. Darüber hinaus ist man sich dort durchaus bewusst, dass dauerhaft professionelles Führungshan-

deln, Selbstreflexion und intensive Rollenpflege ohne Formate wie z.B. Coaching kaum zu realisieren sind (vgl. Loos 1993).
Von daher ist die professionelle, praxisnahe Ausbildung von Führungskräften, die so genannte Führungskräfteentwicklung, in der heutigen Zeit zu einem Schlüsselfaktor erfolgreichen unternehmerischen Handelns generiert.

2. Führungskräfteentwicklung: „Kulturbegegnung" zwischen Profit- und Nonprofitbereich

Diese Form der betrieblichen Bildungsarbeit ist sowohl methodisch, didaktisch als auch inhaltlich anspruchsvoll: Zum einen handelt es sich um Entwicklungsmaßnahmen für ausgesuchte PotenzialträgerInnen, die zumeist selbst über eine exzellente Ausbildung verfügen und daher als Zielgruppe hohe Erwartungen haben. Zum anderen sind die Durchführenden gefordert, das umfangreiche und komplexe Feld von Führungstheorien und Führungshandeln sinnvoll zu verknüpfen und zugleich praxis- bzw. umsetzungsorientiert zu vermitteln.
Erschwerend kommt hinzu, dass die methodisch/didaktischen Profis, die mit der Durchführung der Maßnahmen zur Führungskräfteentwicklung betraut sind, oft selbst keine eigenen (Führungs-) Erfahrungen im Profitbereich haben und sich von ihrem persönlichen Ausbildungshintergrund eher im Nonprofitbereich beheimatet fühlen. Denn als ein vom Wesen her soziales Phänomen setzt die qualitativ anspruchsvolle Bearbeitung des Themas „Führung" pädagogische und psychologische Kompetenz voraus, die sich in der Regel auf einem sozialwissenschaftlichen Studium gründet. Es gibt von daher zunächst wenig Bezugspunkte zwischen dem persönlichen Hintergrund und dem betrieblichen Umfeld, in dem viele Referenten tätig sind. Sich die Kultur eines Großkonzerns zu erschließen, stellt sie vor eine ähnlich komplexe Aufgabe wie den Bewohner eines wunderschönen Andendorfs, der sich in New York zurechtfinden muss. Die Bewältigung dieser „Kulturunterschiede" bedarf deshalb einer intensiven Vorbereitung. Von daher ist es für viele pädagogisch/psychologische Profis, auch für solche, die in der Nonprofitkultur sehr erfolgreich und hochprofessionell arbeiten, ausgesprochen aufwändig, sich den Profitbereich mit seinen spezifischen formellen und informellen Regeln als Tätigkeitsfeld zugänglich zu machen – ähnlich hochkarätiger IndustrieManagerInnen, die sich plötzlich vor die Aufgabe gestellt sehen, die KlientInnen in einer psychosozialen Beratungsstelle der Caritas zu beraten und oder diese Stelle gar zu leiten.
Auf der anderen Seite wäre es der Qualität der Führungskräfteentwicklung wenig zuträglich, überließe man sie allein ehemaligen ManagerInnen auf der Suche nach einer zweiten Karriere oder anderen Berufenen, die zwar die Kultur in Profitorganisationen kennen, sich aber mit eher laienhaftem pädagogisch/psychologischen Knowhow an die Weiterbildung in Sachen Führung wagen. Sie versuchen häufig, den

Mangel an sozialer Kompetenz und diagnostischen Fähigkeiten durch detaillierte Trainingsleitfäden wettzumachen, die nur wenig Spielraum für situative Flexibilität lassen. Unter diesen Umständen fallen die Bildungsmaßnahmen im Rahmen der Führungskräfteentwicklung zu „technisch" aus, d.h. sie vermitteln zwar Führungstechniken und populäre, einfache Erfolgsrezepte, haben aber oft zu wenig Bezug zum komplexen Führungsalltag der TeilnehmerInnen. Sie werden bei weitem nicht der Tiefe und Differenzierung gerecht, die angebracht wäre, um junge, von sich selbst überzeugte Führungskräfte dazu anzuregen, das eigene Führungsverständnis zu hinterfragen und ggf. zu modifizieren. Diese Form der Fortbildung reproduziert lediglich einen zu sehr sach- und zu wenig mitarbeiterorientierten und damit letztlich zu wenig effizienten Führungsstil (vgl. Scherer 1993). Dieser führt zu einer Funktionalisierung von MitarbeiterInnen, was gerade von jungen High-Potentials als unehrlich sowie ihren persönlichen Lernbedürfnissen und Berufsvorstellungen abträglich empfunden wird (Rosenstiel 1994). Zudem wird mit diesem eher funktionalistischen Führungsverständnis ein oberflächliches Karriere- und Machtdenken gefördert, das die Mühen, die Ärgernisse und die sozialen Anforderungen weitgehend ausblendet, die Führungsverantwortung mit sich bringt. Gerade aber jungen, angehenden Führungskräften, die zumeist aus den traditionellen Karrierestudiengängen wie BWL, Jura oder Ingenieurwissenschaften kommen, sollte klar werden, was es tatsächlich heißt, einen Bereich oder eine Abteilung zu leiten: Neben Marktkenntnissen, KundInnenorientierung und der Sorge um exzellente Ergebnisse, die man im unternehmensinternen Machtkampf entsprechend vertreten können muss, geht es primär um den adäquaten und sorgenden Umgang mit Menschen und sozialen Konflikten (vgl. Wunderer 1991). Wenn ein Referent sich mit seinem Klientel und dessen beruflichem Umfeld optimal vertraut gemacht hat, kann er mit pädagogisch-psychologischer Fach- und Methodenkompetenz hier wertvolle Impulse geben.

Der Psychodramatiker in der Führungskräfteentwicklung bringt hierfür gute Voraussetzungen mit. Er verfügt mit dem Psychodrama über eine Methode, die Moreno selbst „in ihrer Anwendung (für) praktisch unbegrenzt" (Moreno 1959, 88) hielt. Der Begründer des Psychodramas arbeitete mit unterschiedlichsten Zielgruppen zusammen und systematisierte – je nach Intention, Thema oder Verknüpfung mit psychodrama-fremden Elementen verschiedene Anwendungsformen (vgl. Zeintlinger 1981). Er selbst war es, der die Methode erstmals in der Industrie anwandte (vgl. 1989).

Bevor ich nun die Anwendung des Psychodramas in Profitorganisationen anhand eines Beispiels konkretisiere, möchte ich zunächst aus oben genannten Gründen die Besonderheiten der Kultur in Profitorganisationen in Abgrenzung zu Nonprofitorganisationen reflektieren. Im sozialen Bereich beheimatete psychodramatische Leser und Leserinnen haben so Gelegenheit, den für die Führungskräfteentwicklung in Profitorganisationen notwendigen Brückenschlag zu vollziehen und zugleich Einblick in die „Spielregeln" der Profitkultur zu nehmen. Darauf aufbauend gelingt es mir hoffentlich ganz im Moreno'schen Sinne zu beschreiben, warum auch hier die psychodramatische Methode Wesentliches zu leisten vermag und was bei deren Einsatz im Profitbereich zu beachten ist.

3. Abgrenzung zwischen Profit- und Nonprofitkultur

Macht man sich mit der Beschreibung der jeweiligen Managementrollen und Funktionen vertraut, so sieht man nicht unbedingt die Notwendigkeit, zwischen der Führungskräfteentwicklung in Profit- und Nonprofitorganisationen zu unterscheiden: In beiden Bereichen werden die zentralen Managementfunktionen mit Planung, Organisation, Personaleinsatz, Führung und Kontrolle beschrieben (vgl. Steinmann/ Schreyögg 1997, Staehle 1991). Dieses funktionale Rollenrepertoire wird in beiden Organisationsformen durch eine Reihe von interaktionsorientierten Rollen wie z.B. Repräsentant, Moderator, Coach ergänzt, die an Bedeutung zunehmen je höher die Führungskraft in der Hierarchie steht (vgl. z.B. Wolf 1990, Regnet/Sackmann 1993).

Sowohl in der Profit- als auch in der Nonprofitorganisation verliert die Fachkompetenz mit der Höhe der Positionierung also an Relevanz, während der Bedarf an Kommunikations- und Managementkompetenz wächst (Staehle 1991a). Vergleichbar ist in beiden Organisationsformen auch die Zunahme des Arbeits- und Verantwortungsdrucks, der mit der Übernahme von Führungspositionen einher geht (vgl. Wollsching-Strobel/Sternecker 1998). Begleitet wird dieser Druck durch die immer häufiger auftretende Option, unliebsame Entscheidungen treffen zu müssen. Diese gehören zwar notwendigerweise zum erfolgreichen Führungshandeln, führen die Verantwortlichen im Rahmen ihrer Tätigkeit aber tendenziell immer weiter in die soziale Isolation („Einsamkeit an der Spitze“) (vgl. Volk 1995).

Wo liegen dann also die Unterschiede ?

Diese sind – wie schon angedeutet – primär in den unterschiedlichen Kulturen der jeweiligen Organisationsform, d.h. in der tätigkeitsbezogenen Sinn- und Nutzendefinition und damit nicht zuletzt in den Werthaltungen der Beteiligten zu suchen. Kurzum: MitarbeiterInnen und vor allem Führungskräfte in Profit- bzw. Nonprofitorganisationen haben ein (zurecht) unterschiedliches Verständnis ihrer „Berufung“. Die folgende Tabelle mit Zuschreibungen für den sozialen bzw. den Profitbereich versucht, dies deutlich zu machen.

Dabei ist zu beachten, dass die Auswahl der Zuordnungskriterien eine willkürliche ist. Die Abgrenzung erfolgt bewusst pointiert, obwohl mittlerweile eine Annäherung beider Bereiche konstatiert werden kann (vgl. dazu z.B. Klages 1990).

Sozialer Bereich	Profitbereich
• Erfolg meint das Erfüllen von klar definierten und geregelten, für den Erhalt des Gemeinwohls wichtigen Aufgaben, die vom Gesetzgeber und/oder vom Träger festgelegt werden.	• Erfolg meint die mit hohem kreativen Potenzial betriebene Entwicklung einer bzw. mehrerer Geschäftsideen, deren erfolgreiche Umsetzung und kontinuierliche Anpassung an den Markt, um die eigene Präsenz dort zu sichern bzw. soweit wie möglich auszudehnen.
• Das Wachstum und das Überleben der Organisation hängt von der Konstanz des Werts der Aufgaben ab, die die Gesellschaft, der Gesetzgeber und/oder der Träger den Aufgaben beimisst.	• Das Wachstum und das Überleben der Organisation hängt vom immer wieder neu umworbenen Interesse und der Nachfrage der KundInnen und den daraus folgenden Umsatz- bzw. Gewinnerwartungen ab.
• Die Tätigkeit der Organisation zeichnet sich aus durch Stetigkeit, Berechenbarkeit, Funktionserfüllung und Verwaltung im Dienste ihrer Mitglieder, KlientInnen, PatientInnen bzw. AntragstellerInnen auf einem weitgehend geregelten Markt mit mäßigem Wettbewerb.	• Die Tätigkeit der Organisation zeichnet sich aus durch unternehmerisch-kreatives Denken, Konkurrenz, Expansion im Dienste der KundInnen und (Anteils-)Eigner auf einem weitgehend freien/ungeregelten und zunehmend nicht zu berechnenden Markt im direkten/offenen Wettbewerb mit immer zahlreicheren anderen Anbietern.
• MitarbeiterInnen bringen Kompetenz gegen Entgelt zur Erfüllung der Aufgaben ein.	• MitarbeiterInnen verkaufen Leistung und unterliegen dabei zugleich einem internen Wettbewerb.
• Ständige individuelle Leistungsbemessung wird als schwierig angesehen. Negative Sanktionen bei Minderleistung sind eher tabuisiert. Beförderung richtet sich primär nach formaler Kompetenz nicht nach tatsächlicher Leistung.	• Ständige individuelle Leistungsbemessung ist erwünscht und negative Sanktionen bei Minderleistung sind an der Tagesordnung. Beförderung richtet sich nach bemessener Leistung, nicht nach formaler Kompetenz.
• Im BAT geregelte Bezahlung, nach oben begrenzt.	• Weitgehend leistungsorientierte Bezahlung, nach oben offen.
• An formaler Auftragserfüllung orientierte Kontrolle. • Formale Stellen- und Aufgabenbeschreibungen.	• An der Effektivität und Effizienz der Zielerfüllung orientierte Kontrolle. • Definition von Anforderungsprofilen und regelmäßige Zielvereinbarungen.
• Menschenbild: vordergründig eher entwicklungsorientiert, kurativ. Werte wie Einfühlsamkeit, Konsensfähigkeit, Kooperation stehen oft im Vordergrund.	• Menschenbild: eher leistungsorientiert/funktionalisierend. Werte wie Machtstreben, Beherrschung der Konkurrenz, Durchsetzungsvermögen stehen im Vordergrund.

Diese Unterscheidungen machen deutlich, dass die Kultur in der Profitorganisation in der Regel durch mehr Aggressivität (im Sinne von Durchsetzungsfähigkeit), Schnelligkeit, Dynamik, Leistungsorientierung sowie dem Anspruch geprägt ist, die Erfüllung dieser Anforderungen und die damit verbundenen Belastungen zumindest mittelbar vergütet zu bekommen. Der Wunsch nach Erhaltung und Ausweitung der Marktmacht auf Unternehmensebene spiegelt sich letztlich in dem Streben der MitarbeiterInnen nach persönlichem Gestaltungsspielraum (individuelle Macht) wider. Antrieb für das Handeln sind in beiden Fällen der Wettbewerb – hier auf einem komplexen, schnellen und sich immer weiter globalisierenden Absatzmarkt, dort auf dem immer stärker auf Leistung und Leistungsbeurteilung ausgerichteten internen Stellenmarkt – sowie die Angst vor drohenden Sanktionen bei Nichterfüllung dynamisch steigender Wettbewerbsanforderungen. Diese treffen Firmen, die weniger wettbewerbsfähig sind als ihre Mitkonkurrenten ebenso wie MitarbeiterInnen, die die an sie gestellten Leistungs- und Qualifikationskriterien nicht erfüllen.

Selbstverständlich prägt die spezifische Kultur der Profitorganisation das Rollenhandeln der darin tätigen Führungskräfte. Fasst man die oben genannten Zuordnungskriterien zusammen, so lassen sich quasi in Weiterführung der Thesen von Bennis/Nanus neben der fachlichen Kompetenz (die üblicherweise vorausgesetzt wird) folgende Erfolgskriterien für Führungshandeln in Profitorganisationen definieren:

- *Dynamik*
  Anpassungsfähigkeit an sich schnell verändernde Bedingungen und Bereitschaft, den damit verbundenen permanenten Energieaufwand auf sich zunehmen
- *Vision*
  Schneller und vorausschauender Blick für die Marktentwicklungen sowie die Entwicklungs- und Veränderungsnotwendigkeiten des eigenen Arbeitsgebietes
- *Professionelles Management*
  Konkretisierung dieser Entwicklungen in praktikable Handlungsideen und Zieldefinitionen für den eigenen Bereich sowie Umsetzung dieser Ziele anhand detaillierter Handlungspläne
- *Führung durch Kommunikation und Durchsetzungsvermögen*
  Fähigkeit, MitarbeiterInnen, insbesondere aber auch die eigenen Vorgesetzten durch die richtige Mischung von Motivation, intensivem Werben, taktisch geschicktem Verhandeln, Kämpfen, ggf. auch durch Druck dazu zu bringen, diese Pläne und deren Umsetzung zu unterstützen
- *Selbsterkenntnis*
  Realistische Einschätzung der persönlichen Handlungsfähigkeiten und Möglichkeiten, um eine Unter- bzw. Überforderung zu vermeiden und die eigenen Stärken und Schwächen realistisch zu antizipieren

4. Was kann Psychodrama in der Führungskräfteentwicklung leisten?

Studien zeigen, dass die oben beschriebenen Handlungsmuster unter dem Druck, sich ständig wechselnden Bedingungen anpassen und dabei stets schnelle Entscheidungen treffen zu müssen, in der Managementpraxis oft in die eine oder andere Richtung überzogen oder vernachlässigt werden (eine Zusammenfassung dieser Studien findet sich in Wollsching-Strobel/Sternecker/Hatzman 1997):

- Das Aufgaben- bzw. Tätigkeitsfeld von Führungskräften ist stark fragmentiert und verlangt ein Höchstmaß an Flexibilität. Im Bemühen, diesen Anforderungen gerecht zu werden, verfallen viele Führungskräfte in mehr oder weniger blinden Aktionismus.
- Anstelle von visionärem Denken und vorausschauender Planung tritt häufig kurzfristiges Krisenmanagement.
- Zugleich wird zu oft auf einen direktiven, patriachalischen Führungsstil zurückgegriffen.
- Zunehmende interne Konkurrenz und Marktdruck haben zur Folge, dass Führungskräfte ein tendenziell negatives Menschenbild entwickeln: Sie sehen allein ihr Engagement und Interesse für das Unternehmen und verlieren immer mehr das Vertrauen in andere und damit die Fähigkeit, MitarbeiterInnen, aber auch Vorgesetzte und Kollegen realistisch und gemäß ihren Fähigkeiten und Möglichkeiten einzuschätzen.
- Innovative Führungskräfte sehen sich mit dem Problem konfrontiert, dass gerade in den obersten Führungsetagen wenig Veränderungsbereitschaft (insbesondere auf der persönlichen Verhaltensebene) zu finden und ein Trend zur „Besitzstandswahrung" einmal gewonnener Positionen festzustellen ist.

Gerade junge, aufstrebende Führungskräfte, die Interesse an der Weiterentwicklung ihrer Persönlichkeit und Veränderungen im Unternehmen haben, sind sich dieser Schwierigkeiten bewusst und bedürfen daher der Unterstützung, um ihr Rollenhandeln zu optimieren (Wollsching-Strobel 1999). Sie kommen in der Regel intrinsisch motiviert zu entsprechenden Seminarangeboten.

Diese Unterstützung kann ihnen gerade durch die Anwendung des Psychodramas in der Führungskräfteentwicklung in wirksamer Weise zuteil werden (vgl. dazu auch Wollsching-Strobel/Frings 1995):

- Das Psychodrama ermöglicht es Führungskräften, ihre Rollenvielfalt und alternative Handlungsperspektiven zu antizipieren und durchzuspielen. Damit wird ihr Handlungspotenzial sichtbar und belebt.
- Die TeilnehmerInnen können „Visionen" und neue Entwicklungsperspektiven lebendig werden lassen und sie in der „Surplus-Realität" im Hinblick auf ihre Möglichkeiten und Konsequenzen analysieren (vgl. Zeintlinger-Hochreiter, 1996).
- Sie stärken durch den Rollentausch ihre Empathiefähigkeit und trainieren damit einen wichtigen Bestandteil sozialer Kompetenz.

- Ein wesentlicher Ansatzpunkt für den Einsatz des Psychodramas in der Führungskräfteentwicklung ist die konstruktive Bearbeitung von Konflikten. Hierbei kann die Methode gerade Führungskräften Alternativen zu ihrem herkömmlichen Konfliktverhalten (durchsetzen, kämpfen) vermitteln.
- Ein wesentliches Element des Psychodramas ist das Feedback. Es fördert vor allem die Fähigkeit zur Selbstreflexion und zum Erkennen der eigenen Stärken und Schwächen. Daneben trainiert es die treffsichere Einschätzung von Personen und Situationen sowie die Fähigkeit, diese entsprechend zum Ausdruck zu bringen.

Das Psychodrama ermöglicht es damit, wesentliche Kriterien erfolgreichen Führungshandelns nachhaltig zu bearbeiten und die dabei vermittelten Lerninhalte in lebendiges Rollenrepertoire umzusetzen.

Um die Methode wirksam in der Führungskräfteentwicklung anzuwenden, sind allerdings von den durchführenden Leitern zentrale Aspekte zu beachten. Diese spezifischen Bedingungen definieren quasi den Rahmen für den Einsatz des Psychodramas im Profitbereich (vgl. dazu auch Wollsching-Strobel, 1997):

- *Zielcontrolling*
  Die TeilnehmerInnen sind regelmäßiges Zielcontrolling gewohnt. Der Leiter sollte deshalb klare und überprüfbare Lernziele benennen und sie regelmäßig gemeinsam mit den TeilnehmerInnen reflektieren. Die Lernziele sollten zudem im Vorfeld unbedingt mit den AuftraggeberInnen der Bildungsmaßnahme im Unternehmen abgestimmt werden.
- *Situative Balance*
  Der Leiter arbeitet also nicht – wie sonst oft üblich – psychodramatisch frei mit der Gruppe. Gleichwohl ist er gefordert, die relevanten Themen der TeilnehmerInnen zu erspüren und situativ auf deren Bedürfnisse einzugehen. Es gilt also letztlich, eine Balance zu finden zwischen den im Vorfeld vereinbarten Lernzielen und dem Eingehen auf die aktuellen Stimmungen und Themen der Gruppe.
- *Beschleunigung und Entschleunigung*
  Führungskräftte sind eine Zielgruppe, die es gewohnt ist, aktiv zu sein, selbst die Initiative zu ergreifen und Prozesse zügig voranzubringen. Dabei übergehen sie allerdings oft sich und andere. Von daher ist der Leiter gehalten, die richtige Mischung aus Beschleunigung (z.B. beim Aufbau der Bühne und der eigentlichen Protagonistenarbeit) und Entschleunigung zu finden (z.B. Gelegenheit geben, wirklich wichtige und anrührende Situationen/Personen tiefer wirken zu lassen).
- *Standing*
  Führungskräfte verfügen in der Regel selbst über ein hohes Ausbildungsniveau und haben daher neben einem positiven Selbstbild auch einen hohen Anspruch an betriebliche Bildungsmaßnahmen. Der Einsatz des Psychodramas setzt deshalb beim Referenten immer ein gewisses Standing voraus – sei es im Hinblick auf die Entscheidung, eine den TeilnehmerInnen unbekannte Methode einzuführen,

oder sei es im Hinblick auf die Erfordernis, sich gegen die Gruppenmeinung zu stellen oder in einzelnen Fällen kritisches Feedback zu geben.

- *Prägnante Leiterhypothesen*
  Es sind dabei insbesondere seine analytischen Fähigkeiten, die eine klare und sichere Position des Leiters begründen. Diese beziehen sich nicht nur auf die Situation der einzelnen TeilnehmerInnen und die Dynamik der aktuellen Gruppenprozesse, sondern auch auf betriebliche Abläufe und Strukturen. Aufbauend auf seine Erkenntnisse formuliert er – ganz im Sinne der Aussagen Morenos – seine Hypothesen als Ausgangspunkt für die psychodramatische Arbeit (vgl. Zeintlinger-Hochreiter 1996).
- *Ausführliches Sharing*
  Angesichts der Leistungsorientierung im Profitbereich denken Führungskräfte üblicherweise sehr schnell in „Gewinner"-„Verlierer"-Kategorien – dies gilt auch für die psychodramatische Arbeit. Dem kann man entgegenwirken, indem man bei der Bearbeitung von Problemen auf ein ausgeprägtes Sharing achtet.
- *Empathiebereitschaft*
  Der Psychodramaleiter sollte bereit sein, sich auf Themen einzulassen, die im sozialen Bereich eher ausgeblendet werden. Wer mit Führungskräften aus dem Profitbereich arbeitet, sollte z.B. gegenüber monetärer Orientierung, unternehmenspolitischen Machtspielen und kritischen Aspekten wie z.B. Mitarbeiterentlassungen ein gewisses Maß an Akzeptanz und Empathiefähigkeit mitbringen. Die eigentliche Bearbeitung dieser Themen lässt dann durchaus einen kritischen Blick zu und kann eine entsprechende Sensibilisierung der Führungskräfte beinhalten.
- *Kontrakt mit der Geschäftsführung:*
  Für ein Gelingen ist ein klarer Kontrakt mit der Geschäftsführung im Vorfeld eine unverzichtbare Voraussetzung. Darin werden die Erwartungen der GeschäftsführerInnen an die aktuelle Trainingssequenz und die jeweilige TeilnehmerInnengruppe wie auch entsprechende Umsetzungsmöglichkeiten geklärt. Zudem wird festgelegt, ob und welche TeilnehmerInnen-Informationen (z.B. Qualifikation und zukünftige Einsatzmöglichkeiten) die Trainer bei ihrem regelmäßigen Austausch mit der Geschäftsführung einbringen und in welcher Form dies geschieht. Selbstverständlich wird dies auch den TeilnehmerInnen gegenüber transparent gemacht. Auf diese Weise kann sich auch eine vertrauensvolle und offene Kommunikation mit der Unternehmensleitung entwickeln. Hierdurch erhält der Leiter auch genaue Kenntnisse über das Unternehmen.
- *Umfangreiches Know-how*
  Führungskräfte erwarten von betrieblichen Bildungsmaßnahmen immer auch die Vermittlung von Führungstechniken und aktuellem Managementwissen. Um diesen Erwartungen gerecht zu werden, kann das Psychodrama in der Führungskräfteentwicklung des Profitbereichs immer nur eine Methode unter mehreren darstellen, die der Referent in ihrer Gesamtheit beherrschen muss.

Nachstehend möchte ich meine bisherigen Ausführungen anhand eines Beispiels aus der Finanzdienstleistungsbranche aus praktischer Sicht verdeutlichen.

5. Praxisbeispiel: Psychodramatische Bildungsarbeit im Profitbereich

5.1. Unternehmensbezogene Rahmenbedingungen

Ein großes, in Bezug auf seine Personalentwicklungsarbeit recht fortschrittliches Finanzdienstleistungsunternehmen führt im Rahmen seiner Führungskräfteentwicklung regelmäßig sogenannte „Führungskollegs" durch. Zur Teilnehmergruppe gehören MitarbeiterInnen, die relativ neu in ihrer ersten (disziplinarischen) Führungsfunktion sind.

Ziel ist es, diese „frischen" Führungskräfte mit ihrer neuen Rolle vertraut zu machen und sie während der Laufzeit des Programms (rund eineinhalb Jahre) kompetent zu begleiten. Den TeilnehmerInnen werden im Rahmen des Kollegs die Grundbegriffe verschiedener Führungstheorien und der Führungspraxis vermittelt. Daneben erhalten sie Gelegenheit, ihre neue Rolle im Unternehmen zu reflektieren und ihr Rollenhandeln als Führungskraft zu professionalisieren. Die Schwerpunkte des Programms liegen zum einen auf den sogenannten „weichen" Führungsfaktoren, also Interaktion und Kommunikation, Motivation von MitarbeiterInnen etc. Zum anderen haben auch konkrete Managementtechniken (wie z.B. Projektmanagement oder Organisations- und Zeitmanagement) und Managementskills (z.B. „Management by objectives" oder „Management by delegation") im Curriculum hohe Bedeutung.

Insgesamt werden fünf Trainingsblöcke „off-the-job" (Dauer: jeweils 5 bzw. 4 Tage) veranstaltet, deren Ziele, Inhalte und Methoden von Spezialisten der internen Personalentwicklung zusammen mit externen BeraterInnen bzw. TrainerInnen konzipiert, regelmäßig „gepflegt" und durchgeführt werden.

Die Themen der Kollegbausteine im Einzelnen:

1. Meine Rolle als Führungskraft (5 Tage)
2. MitarbeiterInnenführung und Führung eines Teams (5 Tage)
3. Projektmanagement (4 Tage)
4. Team-/Personalentwicklung (5 Tage)
5. Veränderungsmanagement (4 Tage)

Vor dem Einstieg in das Programm haben die TeilnehmerInnen an einem speziell für das Unternehmen entwickelten 4-tägigen Potenzialanalyseverfahren teilgenommen, in dessen Verlauf sie sich ihren persönlichen Entwicklungsbedarf als Führungskraft erarbeiten.

Dieser Entwicklungsbedarf wird von ihnen in einem individuellen Entwicklungsplan dokumentiert, der mit ihrem Vorgesetzten und einem Vertreter der Personalentwicklung abgestimmt wird. Er enthält neben konkreten Lerninhalten vor allem verhaltens- und persönlichkeitsbezogene Entwicklungsziele, die zur Zielerreichung avisier-

ten Personalentwicklungsmaßnahmen – auch über das Kolleg hinaus – sowie einen genau umrissenen Etat, der zur Entwicklung der einzelnen TeilnehmerInnen zur Verfügung steht.
Das Curriculum des Kollegs wird turnusmäßig von der Geschäftsführung des Unternehmens überprüft und diskutiert und – je nach Veränderungsbedarf auf Grund der Marktsituation, neuer Anforderungen an die MitarbeiterInnen oder anderer aktueller Notwendigkeiten – modifiziert. Mitglieder der Geschäftsführung besuchen die Seminarbausteine zudem im Rahmen von 3 bis 4-stündigen „Kamingesprächen", um mit den TeilnehmerInnen aktuelle Unternehmensfragen zu diskutieren und diesen Gelegenheit zu geben, ihrerseits Fragen zu stellen und Verbesserungsvorschläge zu machen.
Die detaillierte Ausgestaltung der Ziele und Inhalte der jeweiligen Seminarbausteine und deren Schwerpunktsetzung richtet sich also neben den individuellen Lern- und Entwicklungszielen und konkreten Praxiserfordernissen der einzelnen TeilnehmerInnen immer auch nach der strategischen Ausrichtung des Unternehmens und den daraus resultierenden Steuerungswünschen der Geschäftsführung. Für die Durchführenden besteht die Herausforderung darin, beide Komponenten adäquat in das Curriculum aufzunehmen und in der richtigen Mischung umzusetzen.

5.2. Der Bezugsrahmen psychodramatischer Arbeit während der Maßnahme

Als Beispiel meiner psychodramatischen Tätigkeit im Rahmen dieser Führungskräfteentwicklungsmaßnahme möchte ich eine Protagonistenarbeit aus dem Seminarbaustein „Team-/Personalentwicklung" darstellen. Vor deren eigentlicher Schilderung, möchte ich zunächst kurz die Ziele und Inhalte des Seminars umreißen und einige Informationen zur Gruppe und zum ProtagonistInnen geben.

Ziele des Seminarbausteins:

- Die TeilnehmerInnen kennen die wichtigen Rollen und typische Rollenträger in ihren Teams. Sie wissen, wie sie die einzelnen Teammitglieder situationsangemessen führen können. Sie können ihre eigene Rolle und ihr jeweiliges Rollenhandeln reflektieren.
- Sie kennen die sozialen Strukturen ihres Teams. Sie wissen, wie sie in ihrer Rolle als Chef zu einer wirksamen Pflege dieses Beziehungsgeflechtes bzw. zu dessen Optimierung beitragen können.
- Sie kennen die unterschiedlichen Phasen in der Dynamik von Arbeitsgruppen sowie die Merkmale funktionierender Teams. Sie wissen, wie sie bei schwierigen Teamsituationen (z.B. Konfliktsituationen) angemessen intervenieren können.
- Ihnen sind die Fähigkeiten und Fertigkeiten der einzelnen Teammitglieder bekannt und sie können diese in Relation zu den aktuellen und künftigen Anforde-

rungen an das Team setzen. Sie verstehen sich als Personalentwickler ihrer MitarbeiterInnen und sind in der Lage, mit ihnen regelmäßige Personalentwicklungsgespräche zu führen, ihren aktuellen Personalentwicklungsbedarf zu erkennen und entsprechende Entwicklungsmaßnahmen in die Wege zu leiten und zu begleiten.

In diesem Sinne zielt das Curriculum des Bausteins insbesondere auf die Analyse und Entwicklung der von den Teilnehmenden selbst geleiteten Arbeitsgruppen. Durch die inhaltliche Arbeit sollen den Teilnehmenden ferner Interventionsmöglichkeiten als Führungskraft aufgezeigt sowie aktuelle, konfliktäre Teamsituationen aus deren Praxis bearbeitet werden.

Die Gruppe des Kollegs besteht aus 10 Personen, die sich seit ca. einem Jahr kennen. Sie haben die letzten drei Seminarbausteine miteinander absolviert und sich darüber hinaus im Rahmen von Lerngruppen, die sich zwischen den Seminarbausteinen regelmäßig treffen, intensiv kennengelernt. Durch die bisherige Arbeit in den Seminarbausteinen, aber auch durch das vorgeschaltete Potenzialanalyseverfahren sind die Teilnehmenden gewohnt, intensives persönliches Feedback zu geben und entgegenzunehmen. Die Gruppe ist relativ homogen und die Gruppenkohäsion stark. Die Teilnehmenden sind an ihrer Weiterentwicklung interessiert und nutzen neben dem Angebot an Theoriewissen und Führungs-Know-how intensiv die Möglichkeit zum vertrauensvollen Erfahrungsaustausch und zur Reflexion des eigenen Rollenhandelns. Die Gruppe kennt die Methode des Psychodramas aus den früheren Seminarbausteinen des Kollegs.

5.3. Einstieg in die psychodramatische Arbeit

Nach einer ausführlichen Einstiegsrunde und der anfänglichen Klärung von Zielen und Inhalten des Bausteins wird schnell klar, dass der aktuelle „Gruppenboden" gut ist: Alle Anwesenden sind arbeitsfähig und am Thema interessiert.

Speziell in diesem Baustein kann ich die Methode des Psychodramas in verschiedenen Varianten anwenden:

- Als Anwärmung zu Beginn des Trainings in Form der Übung: „Fotos aus dem Teamalbum", die allen einen guten Überblick über die aktuelle Teamsituation jedes einzelnen verschafft (in Anlehnung an „Fotos aus dem Familienalbum", vgl. Zeintlinger-Hochreiter 1996);
- In Form von kurzen aktionssoziometrischen Übungen zum Aufzeigen von Spezifika in der Struktur der Teilnehmergruppe selbst (z.B. „Wer kennt wen am längsten?");
- Als Grundlage für die Fallarbeit an schwierigen Teamsituationen der Teilnehmenden;
- In Form der soziometrischen Wahl zur Bestimmung des Protagonisten für die Fallarbeiten.

Am vierten Seminartag steht das Thema „Merkmale funktionierender Arbeitsteams und Umgang mit schwierigen Gruppensituationen“ auf dem vereinbarten Programm.
Am Vormittag erarbeiten die Teilnehmenden dieses Thema zunächst in zwei Kleingruppen anhand eines Arbeitspapiers. Sie füllen die Darstellung des Handouts mit Beispielen aus der eigenen Praxis und bereiten diese als kurzes Rollenspiel auf. Anschließend präsentieren die Teilnehmenden ihre mit der Gruppe erarbeiteten Ergebnisse und offene Fragen im Plenum. Der Trainer diskutiert und klärt die Fragen mit den Teilnehmenden und vertieft bzw. korrigiert die präsentierten Inhalte im Lehrgespräch.
Nach einer kurzen Pause werden die vorbereiteten Rollenspiele im Plenum dargestellt. Der nicht spielende Teil der Gruppe hat die Aufgabe, die Erfolgs- bzw. Misserfolgsfaktoren der Teamarbeit zu diagnostizieren und zurückzumelden.
Nach einer weiteren Pause erarbeitet jeder Teilnehmende in Einzelarbeit anhand vorgegebener Leitfragen eine eigene klärungsbedürftige Situation aus.
Der Trainer stellt es den Teilnehmenden nun frei, diese Situationen im Plenum vorzustellen und hier intensiver zu bearbeiten. Da sich mehrere potenzielle Protagonisten melden, findet eine soziometrische Wahl statt.
Die Kopplung verschiedener Methoden dient dazu, behutsam von kognitiven Lernformen (Wissensaneignung mittels Arbeitsunterlagen, Bearbeitung des Themas in Kleingruppen, Lehrgespräch) über das einfache Rollenspiel zum emotional dichteren Psychodrama überzuleiten. Mit dieser Mischung greift der Leiter nicht nur die spezifischen Lernbedürfnisse der teilnehmenden Führungskräfte auf, die von ihrem Ausbildungshintergrund oft den abstrakten Lerntypen (vgl. Vester 1991) zu zurechnen sind, sondern ermöglicht zugleich den für den erfolgreichen Lerntransfer notwendigen Bezug zur betrieblichen Praxis.

- *Der Protagonist:*

Der Protagonist ist 43 Jahre alt und leitet seit einem Jahr eines von 6 Regionalbüros eines Finanzdienstleistungsunternehmens, das sich mit der Begutachtung von KfZ-Schäden befasst. Er ist ausgebildeter KfZ-Meister und war zuvor in einem anderen Regionalbüro des Unternehmens auf der Sachbearbeiterebene als KfZ-Gutachter tätig. Er hat den Auftrag, in dem bisher nicht profitabel arbeitenden Büro wieder „schwarze Zahlen“ zu schreiben. Sein Vorgänger hatte dies nicht geschafft und wurde wieder in den Status eines Sachbearbeiters zurückversetzt. Er ist jetzt als Mitarbeiter des Protagonisten tätig. Der Protagonist führt in seiner Funktion insgesamt fünf Mitarbeiter unterschiedlichen Alters (alles KfZ-Meister), die für ihre Aufgabe nicht alle die entsprechende Motivation mitbringen. Das unterschiedliche Engagement erklärt der Protagonist mit der Übernahme eines Mitbewerbers und der anschließenden Zusammenlegung der Schadensbegutachtungsbereiche beider Unter-

nehmen. Dort herrschte eine andere Kultur und deutlich geringere Leistungserwartungen.
Im Kolleg tritt der Protagonist forsch auf. Er gilt als ein „Mann der Tat“ und macht immer wieder deutlich, dass er schnelles, konsequentes Handeln bevorzugt. Er kann der Gruppe vermitteln, dass in seiner Situation ein autoritärer Führungsstil sinnvoll ist, da er es mit entsprechend strukturierten Mitarbeitern zu tun hat.
In der Seminargruppe ist er voll integriert. Er ist gesellig und hinter seiner „harten Schale“ durchaus einfühlsam. Er gibt den anderen gutes Feedback und wird deshalb oft als Feedback-Geber gewünscht.
Der Protagonist ist stolz darauf, in seinem Büro durch seine Führung inzwischen einen rentablen Betriebsablauf erreicht zu haben. In den vorangegangenen Seminarbausteinen berichtete er allerdings immer wieder von einem sehr problematischen Mitarbeiter, der permanent Minderleistung erbringe, sich Kritikgesprächen durch vermeintliche Erkrankungen entziehe und im Team wenig beliebt sei, da die anderen Mitarbeiter dessen Arbeit mit erledigen müssen.

- *Die Protagonistenarbeit (Verlauf)*

Im Verlauf der soziometrischen Wahl erklärt der Teilnehmer, dass er abermals Probleme mit diesem Mitarbeiter habe. Er habe diesem gekündigt, worauf es zu einem Termin mit der Personalabteilung seines Unternehmens gekommen sei. Der zuständige Personalreferent habe einer Vertragsauflösung nicht zugestimmt und dem MitarbeiterInnen eine weitere Chance eingeräumt, sich im Innendienst zu bewähren. Der MitarbeiterInnen habe diesem „Kompromiss“ natürlich freudig zugestimmt.
Das Problem, das der Teilnehmer der Gruppe zur Bearbeitung anbietet und das von fast allen Gruppenmitgliedern gewählt wird, beinhaltet die Frage, wie er möglichst schnell eine erneute Kündigung des problematischen Mitarbeiters erreichen kann. Für eine erfolgreiche Protagonistenarbeit ist es hilfreich, wenn der Leiter seine eigenen evtl. moralischen Bedenken zurückstellen kann.
Nachdem der Protagonist feststeht, erfolgt eine detaillierte Zielklärung in Hinblick auf die nun folgende Protagonistenarbeit. Die Klärung findet in Form von einem Walk-around auf der noch nicht eingerichteten Bühne statt: Der Protagonist erklärt dabei nochmals, dass er seinen Mitarbeiter unbedingt loswerden möchte, da dieser niemals gut arbeiten werde. Eine Kündigung sei zudem notwendig, weil dieser die Arbeitsmoral und die Stimmung im gesamten Team erheblich störe. Die anderen MitarbeiterInnen fragten sich bereits, ob er als Führungskraft nicht in der Lage sei, dieses Problem zu lösen. Er befürchte, dass sich das nicht sanktionierte Auftreten des Mitarbeiters negativ auf das Leistungsverhalten anderer, ebenfalls weniger leistungsstarker Teammitglieder auswirken könne – mit entsprechenden betriebswirtschaftlichen Folgen für das Büro.
An dieser Stelle interveniert der Leiter und klärt, dass es dem Protagonisten nicht pri-

mär auf die Entlassung des besagten Mitarbeiters ankomme, sondern auf die Tatsache, dass er Auswirkungen auf das Team bzw. sein persönliches Standing im Team und seinem Chef gegenüber fürchtet.
Unter Rückbezug auf die Anwärmübung „Photos aus dem Teamalbum" gelingt es sehr schnell, die Bühne aufzubauen: Der Protagonist stellt sein Team nach seinem inneren Bild zusammen und doppelt anschließend mit Hilfe des Psychodramaleiters die einzelnen Teammitglieder ein, so dass er optimal angewärmt ist :

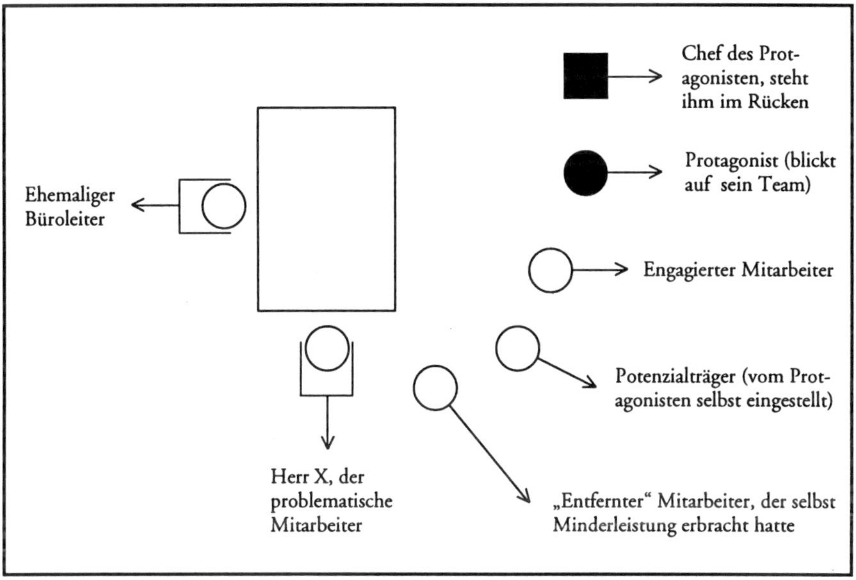

Anschließend erfolgt ein Rollentausch des Protagonisten mit allen Teammitgliedern – beginnend mit seinem Chef. Der Psychodramaleiter unterstützt hier in der Interviewposition. Im Anschluss an diese Interviews verdichtet der Leiter die einzelnen Aussagen der Hilf-Ichs mit Hilfe des Doppelns zu zentralen Botschaften (vgl. zu den einschlägigen psychodramatischen Handlungstechniken, Zeintlinger 1981, Leveton, 1992):

Der Chef des Protagonisten:
„Seit Du da bist, läuft es hier. Ich bin sehr zufrieden mit Deiner bisherigen Arbeit. Das Problem mit Herrn X werden wir gelöst bekommen."

Der engagierte Mitarbeiter:
„Endlich kommen wir voran. Das wurde aber auch Zeit. X interessiert mich nicht, der kann uns nicht mehr aufhalten."

Der Potenzialträger:
„Ich finde es gut, dass Fälle von Minderleistung endlich sanktioniert werden. Das braucht eben seine Zeit. Du wirst bei X am Ball bleiben."

Der entfernte Mitarbeiter:
„Im gewissen Sinne bin ich froh, dass endlich wieder Ordnung da ist. Allerdings werde ich mich nicht mit dem Protagonisten anlegen. Das könnte unangenehm werden. Aber wenn ich nicht übertreibe, habe ich meine Ruhe. Dann kann ich hier gut weiterarbeiten."

Der ehemalige Büroleiter:
„Ganz gut, wie es jetzt läuft. Aber den X musst Du noch rauswerfen. Hier ist Durchgreifen angesagt."

Herr X, der problematische Mitarbeiter:
„Klasse, jetzt werde ich erst mal im Innendienst ‚meinen Stiefel' weitermachen. Vielleicht gelingt es mir ja doch, mich durchzumogeln."

Nachdem der Protagonist die Botschaften gehört hat, lässt ihn der Leiter zur Seite sprechen: „Es tut gut, das alles zu hören. Ich bin aber noch nicht 100prozentig überzeugt. Ich habe immer noch Zweifel, ob meine Position im Team so positiv ist, wie sie geschildert wurde."
Dies nimmt der Leiter zum Anlass, mit dem Protagonisten eine zweite Bühne aufzubauen. Der Protagonist benennt seine unterschiedlichen Gefühle als „skeptischen" und „selbstsicheren" Anteil seiner Person: Stellvertretend für den skeptischen und den selbstsicheren Anteil stellt er mit Blick auf das erste Setting zwei Stühle auf und besetzt diese abwechselnd:

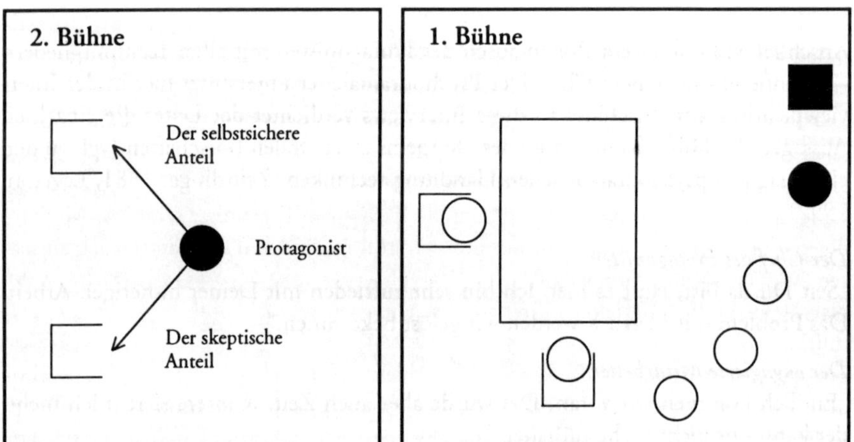

In der ersten Szene wird festgestellt, dass die Teamsituation den Protagonisten trägt und auch sein Chef hinter ihm steht. Es wird deutlich, dass seine Unsicherheiten und Selbstzweifel Raum bekommen: Er ist nach dem Rollentausch nicht mehr bei Herrn X, sondern bei sich selbst und seinen realistischen Ängsten bezüglich der neuen Führungsrolle und an ihn gestellten Aufgabe. Aufgrund der Zielvorgabe wird eine zweite Bühne aufgebaut, die es dem Protagonisten ermöglicht, seine Situation und die damit verbundenen Gefühle näher zu betrachten. Im anschließenden Dialog der Anteile und im Feedback kann der Druck auf seine realistische Grundlage überprüft werden und ist so für den Protagonisten leichter einzuordnen.
Der Protagonist formuliert – verkürzt wiedergegeben – auf Nachfrage des Leiters auf den beiden Stühlen abwechselnd folgende Botschaften:

Der Selbstsichere:
„Es läuft gut! Du kriegst das hin!"

Der Skeptiker:
„Ob das mal alles klappt! Reichlich viel, was Du Dir insgesamt aufgebürdet hast. Wer weiß, die Stimmung im Team kann schnell kippen."

Der Selbstsichere an den Skeptiker:
„Jetzt beruhige dich und schau, was wir schon geleistet haben. Die meisten stehen hinter uns. Wir können ruhig etwas langsamer machen. Im Übrigen habe ich ja dich. Wenn du wachsam bist und mir sofort meldest, wenn etwas nicht in Ordnung ist, kann nichts passieren."

Der Skeptiker an den Selbstsicheren:
„Ok. Ich bleibe weiter aktiv. Ich werde mich sofort melden, wenn ich wieder das Gefühl habe, dass sich etwas zusammenbraut."

Der Psychodramaleiter fordert nun den Protagonisten auf, im ersten Setting die zentralen Botschaften seiner Teammitglieder noch einmal zu wiederholen und fragt ihn erneut nach seinem Befinden bei diesen Aussagen.
Der Protagonist kann diese nun gut annehmen. Er erlebt den zweifelnden, ängstlichen Anteil seiner Person nicht mehr als „Drängler", sondern als „Wächter": „Es ist gut, dass er aufpasst. Zweifel und Ängste dürfen da sein." Zudem ist er sich verstärkt seiner Selbstsicherheit bewusst und kann die bisherigen Ergebnisse seiner Arbeit würdigen: „Im Moment ist es nicht nötig, mich und die anderen so unter Druck zu setzen. Wir sind ganz schön weit."
Nachdem die Beteiligten aus ihren Rollen entlassen worden sind, beginnt eine ausführliche Sharing-Runde (vgl. S. 8):
Für den Leiter ist während des gesamten Ablaufs zu bedenken, dass bei der psychodramatischen Arbeit im Profitbereich berufsbezogene Interventionen, berufliches Rollenhandeln und dessen Professionalisierung im Vordergrund stehen. Der Fokus

liegt auf der Verbesserung der Leistungsfähigkeit der Teilnehmenden, nicht aber auf der besonderen Vertiefung von emotionalen Aspekten oder der biographischen Arbeit wie vergleichsweise in der Psychodrama-Therapie. Deren Anwendung im Profitbereich rächt sich oft im Nachhinein: Spätestens, wenn die Teilnehmenden Gelegenheit hatten, das Erlebte „sacken zu lassen", stellen sich Bedenken ein, persönliche Themen könnten ins Unternehmen hinein getragen werden.

Das abschließende Feedback der Gruppe an den Protagonisten bestätigt im Wesentlichen die Ergebnisse der Protagonistenarbeit:

- „Es ist nicht notwendig, sich selbst und den MitarbeiterInnen zum gegenwärtigen Zeitpunkt soviel Druck zu machen."
- „Es ist im Moment sogar gefährlich, im Team zu stark auf Druck und Aktionismus zu setzen, da dies zu Motivationsverlust der MitarbeiterInnen oder Fehlern deinerseits führen könnte."
- „Du willst die Dinge zu schnell geregelt haben".
- „Du bist wachsam genug, um Probleme rechtzeitig zu erkennen."

Durch die Protagonistenarbeit kann ein wesentlicher Beitrag zu den Lernzielen des Bausteins (Merkmale erfolgreicher/nicht erfolgreicher Teams, Umgang mit Konflikten im Team) geleistet werden. Der Gruppe wird vermittelt, dass

- es für eine erfolgreiche Teamarbeit notwendig ist, in schwierigen Situation zu prüfen, wie die Stimmung in der Arbeitsgruppe tatsächlich ist;
- Konflikteskalationen in der Gruppe verhindert werden können, wenn es gelingt, die Situation in Ruhe zu betrachten bzw. mit einem Außenstehenden durchzusprechen;
- das Erleben der Teamsituation immer auch stark von der eigenen Person abhängig ist und man deshalb als Teamleiter bzw. Teammitglied in schwierigen Situationen immer gefordert ist, die eigenen Anteile zu reflektieren und entsprechend zu handeln.

Literatur:

Benis W./Nanus, B. (1992): Führungskräfte. Frankfurt: Campus.

Bosselmann, R., Lüffe-Leonhardt, E., Gellert, M. (1993): Variationen des Psychodramas. Meezen: Verlag.

Brenner, Inge (Hg) (1996): Das pädagogische Rollenspiel in der betrieblichen Praxis. Ort: Verlag.

Deppe, J./Peters J.(1993): Renaissance in der Führungsrolle. In: Gabler's Magazin 9/1993. Ort: Verlag.

Empter, S./Kluge, N. (Hg) (1995): Unternehmenskultur in der Praxis. Studie der Hans-Böckler- und der Bertelsmannstiftung. Gütersloh: Bertelsmann.

Giersch, H.(1994): Vor einem neuen Spurt. In Wirtschaftswoche 46/1994.

Hausmann, H.(1994): Welche Schlüsselkompetenzen brauchen Führungskräfte. In: io Management 63/1994.

Klages, H. (Hg) (1990): Öffentliche Verwaltung im Umbruch – neue Anforderungen an Führung und Arbeitsmotivation. Gütersloh: Bertelsmann.

Knauth, P./Wollert A. (Hg) (1999): Human Resource Management. Köln: Deutscher Wirtschaftsdienst.

Knorr, F.(1999): Personalbeurteilung in der öffentlichen Verwaltung und im Nonprofitbereich. Wiesbaden: Verlag.
Leveton, E.(1992): Mut zum Psychodrama. Hamburg: Verlag.
Looss, W. (1993): Coaching für ManagerInnen. Landsberg: Verlag.
Moreno, J.L.(1959): Gruppenpsychotherapie und Psychodrama. Stuttgart: Verlag.
- (1989): Psychodrama und Soziometrie. Köln: Verlag.
Müller, U.R.(1997): Machtwechsel im Management. Freiburg: Haufe.
Ohne Autor (1996): Vorteil Unternehmenskultur. Leitfaden für die Praxis. Hg. von der Bertelsmann und der Hans-Böckler-Stiftung. Gütersloh: Bertelsmann.
Regnet, E./Schackmann, V.(1993): Überlegungen zur Führungskraft der Zukunft. In: Rosentiel, L. v. (Hg): Führung von MitarbeiterInnen. Stuttgart: Poeschel.
Rosenstiel, L. v. (Hg) (1994): Wertewandel Stuttgart: Poeschel.
Scherer, H.-P.(1993): Manager Enquete – Schlechte Zeugnisse. In: Wirtschaftswoche 9/1993.
Scheuch, E.K./Scheuch, U. (1995): Hochadel auf Zeit. In: ManagerInnen magazin 3/1995.
Schüller, A. (1991): Orientierungsmuster in Nonprofit-Organisationen. Frankfurt: Verlag.
Staehle, W. H.(1991): Management. Eine verhaltenswissenschaftliche Perspektive, München: Vahlen.
- (1991a): Viele neue Anforderungen an Führungskräfte. In: IO Management Zeitschrift, 60.
Steinmann, H./Schreyögg, G. (1997): Management: Grundlagen der Unternehmensführung. Wiesbaden: Verlag.
Vester, F.(1991): Denken, Lernen, Vergessen. München.
Volk, H. (1995): Wer führen will, muss an sich arbeiten. In: IO Management Zeitschrift, 64.
Wolf, G. (1990): Leiten und Führen in der öffentlichen Verwaltung. München: Verlag.
Wollsching-Strobel, P.(1997): Erfahrungen in der Psychodramaarbeit mit Führungskräften in der Wirtschaft (Abschlussarbeit am Moreno-Institut, Stuttgart)
Wollsching-Strobel, P. (1999): Managementnachwuchs erfolgreich machen. Wiesbaden: Gabler.
Wollsching-Strobel, P./Frings, L. (1995): Erfahrungen in der Psychodramaarbeit mit Führungskräften der Wirtschaft. In: Psychodrama 1/95.
Wollsching-Strobel, P./Sternecker P./Hatzmann, J.(1997): Was Führungskräfte wirklich können müssen. In: Gabler's Magazin 5/1997.
Wollsching-Strobel, U./Sternecker, P.(1998): Keine Angst vor dem Stress. In: Gabler's Magazin 6-7/1998.
Wunderer, R. (1991): Managementrolle: Führender. In: Staehle, W.H.: Handbuch Management Wiesbaden: Verlag.
Zeintlinger, K. (1981): Analyse, Präzisierung und Reformulierung der Aussagen zur Psychodramatischen Therapie nach J.L. Moreno Salzburg (Dissertation).
Zeintlinger-Hochreiter, K.(1996): Kompendium der Psychodrama-Therapie Köln.

Ferdinand Buer

Psychodramatische Supervision in der Bildungsarbeit

1. Einführung

Die Verbindung von Psychodrama und Supervision hat inzwischen doch schon eine längere Geschichte. In der Psychodrama-Ausbildung gab es immer schon Supervision zur Unterstützung und Kontrolle beim direkten Transfer des Gelernten in die Praxis. Wie auch in anderen Therapie-Ausbildungen üblich, war diese Ausbildungssupervision noch stark vom Verfahren geprägt, in dem ausgebildet wurde: also psychodramatisch. Erst mit der Verbreitung der Supervision als eigenständiges Format in sozialen Feldern, dann auch in pastoralen, pädagogischen, therapeutischen, kulturellen und wirtschaftlichen Bereichen, führten PsychodramatikerInnen Supervision auch außerhalb des Ausbildungsformats durch (z.B. Gneist 1980; Schwinger 1984; 1986; Weiß 1985; Krüger 1990; Klein 1990). Aber erst mit der Professionalisierung des Feldes durch die Deutsche Gesellschaft für Supervision wurde klar, dass eine normale Psychodrama-Ausbildung keineswegs ausreicht, um Supervision in all ihren Facetten zu betreiben. Hierzu sind spezifische Kenntnisse und Fertigkeiten nötig, die sich speziell auf das eigenständige Format Supervision beziehen. Das Psychodrama-Zentrum Münster hat sich dieser Aufgabe gestellt und ein originäres pragmatisch-psychodramatisches Konzept der Supervision entwickelt (Buer 1996a; 1996b; 1997b; 1998b; 1998c). Dieses elaborierte Konzept kann hier nicht umfassend vorgestellt werden (s. vor allem: Buer 1999c). Einige Grundlinien sollen jedoch auch hier skizziert werden.

Zwar geht es in der Supervison um Lernprozesse, in gewisser Hinsicht sicher auch um Bildung. Trotzdem kann die Supervision nicht umstandslos der Pädagogik oder gar der Bildungsarbeit zugeschlagen werden. Sie bewegt sich auf einer Metaebene, die sich jenseits aller Wissenschaftsdisziplinen und gesellschaftlichen Praxisfelder auf Beziehungsarbeit in verschiedenen Formaten bezieht wie: Beratungsarbeit, Psychotherapie, Seelsorgegespräche, aber auch: Unterricht, Seminar, Workshop, Training, Kurs, also im engeren Sinn auch auf Formate, wie sie in der Bildungsarbeit etabliert sind. Daneben richtet sie ihren Fokus auch auf Personalführung, Mitarbeitergespräche, Arbeitskonferenzen, die nun auch im Bildungssektor anzutreffen sind. Es geht in diesem Beitrag also nicht um Supervision als pädagogische Veranstaltung, sondern um Supervision, insofern sie sich auf Bildungsarbeit bezieht.

Deshalb wird die Supervision in diesem Handbuch auch nicht einfach in die Praxisfelder der Bildungsarbeit einsortiert. Entsprechend ihrem Status als Metaformat blickt sie auf die Praxis und berücksichtigt die Theorie, die diese Praxis durchdringt und begründet.

2. Das Konzept Psychodramatische Supervision

2.1. Zur Dialektik des Formats Supervision und des Verfahrens Psychodrama

In der Einleitung wurde ganz selbstverständlich zwischen Format und Verfahren differenziert. Diese Unterscheidung habe ich 1997 in den fachlichen Diskurs eingeführt, um deutlich zu machen, dass Beziehungsarbeit immer dieser Dialektik unterliegt mit be- wie entlastenden Folgen für die BeziehungsarbeiterInnen. Da ich sie inzwischen mehrfach beschrieben habe (1997b; 1998a; 1999a; 1999c; > Buer, Bildungspraxis) und sie inzwischen in der Fachwelt – auch in diesem Handbuch – aufgegriffen wird, möchte ich sie hier nur kurz skizzieren: *Formate* der Beziehungsarbeit dienen dazu, ihr einen Rahmen zu geben, der sie für AnbieterInnen und AdressatInnen, aber auch für Staat und Gesellschaft, überschaubar und handhabbar macht. Denn Beziehungsarbeit basiert auf einem offenen und ehrlichen, eben einem nicht instrumentalisierten und nicht entfremdeten Kontakt, der gerade deswegen nicht direkt kontrolliert werden kann. Damit dieser nicht einseitig nur den Interessen der AnbieterInnen auf Kosten der Nutzer oder den Interessen der Nutzer zu Ungunsten von Staat und Gesellschaft dient, ist er strengen Regeln unterworfen, die öffentlich legitimiert sein müssen. Erfinder und Kontrolleure dieser Regeln sind die Professionen, die dazu von Staat und Gesellschaft direkt oder indirekt Mandat und Lizenz erhalten haben (Buer 1999b).
Diese Formate dienen somit der Beschränkung, aber auch der Ermöglichung von Beziehungsarbeit. In diesen Rahmungen kann nun die eigentliche Arbeit stattfinden. Dazu bedarf es wiederum der *Verfahren*, die die BeziehungsarbeiterInnen in die Lage versetzen sollen, im konkreten Handlungsvollzug trotz aller Reglementierung einen unmittelbaren, spontanen und ehrlichen Kontakt aufzunehmen. Dass diese Balancierung nicht immer gelingt und wenn sie gelingt, sehr viele Mühe kostet, leuchtet ein. Das Aushalten, ja das Gestalten dieser Paradoxie ist aber unbedingte Voraussetzung für die Wirksamkeit von Beziehungsarbeit überhaupt. Diese Balancierung vorzubereiten, zu sichern und bei Misslingen neu auszutarieren, ist nun die zentrale Aufgabe der Supervision. Soll also die Qualität anspruchsvoller Beziehungsarbeit gesichert, ja verbessert werden, ist eine supervisorische Begleitung – zumindest in schwierigen Phasen – unverzichtbar.
Professionelle Supervision grenzt sich somit eindeutig von anderen Formaten ab, wie Psychotherapie, Fachberatung, Organisationsentwicklung, Coaching, Unterricht und bedarf einer separaten Ausbildung und Professionalität (Schreyögg 1991; Belardi 1996; Scala & Grossmann 1997; Petzold 1998; Rappe-Giesecke 1999; Buer 1999c).

Damit das Psychodrama mit dem Format der Supervision als Verfahren zu einer einheitlichen Methodik verschmelzen kann, muss es zuvor von seiner üblichen Legierung mit der (Gruppen-)Psychotherapie befreit werden (wie z.B. bei Schützenberger 1976; Yablonski 1998; Schönke 1982; Kösel 1989; Springer 1995; Lammers 1998; Buer 1999a). Und es müssen seine Verbindungen zur Aktionsforschung wiederhergestellt werden (Dollase 1981; 1996). Nicht alle vorliegenden Arbeiten zur Psychodramatischen Supervision (Ritter & Hundsalz 1987; Jensen 1990; Schaaf 1990; Berlin 1990; Weiß, K. 1991; Wilhelmer & Ottomeyer 1992; Gellert & Heinz 1993; Kasper 1993; Bosselmann 1995; Klatetzki & Winter 1995; Ritscher 1996) berücksichtigen diesen Qualitätsstandard zur Genüge. Das gilt selbstverständlich nicht für die Arbeiten, die im Kontext des Psychodrama-Zentrums Münster entstanden sind (Witte 1997; Weiß, R. 1997; Schwitalla 1997; Kieper-Wellmer 1997; Wegehaupt-Schneider 1997; Buer 2001).

2.2. Der Pragmatismus als Metaperspektive der Psychodramatischen Supervision

Der amerikanische Pragmatismus, wie er von Dewey, James und Mead begründet, dann soziologisch von Blumer, Goffman, Berger & Luckmann erweitert wurde und heute von Rorty und Joas wieder aktualisiert wird (Buer 1999c, 37ff), kann in unserem Zusammenhang zwei wichtige Funktionen übernehmen: Er kann zum einen der Supervision generell zu einem gemeinsamen Platz verhelfen, auf dem sich alle SupervisorInnen wie BewohnerInnen einer Siedlung begegnen können, ohne ihre eigenen Gebäude aufgeben zu müssen. Er kann zum anderen der Psychodramatischen Supervision Anschluss an heute relevante sozialwissenschaftliche, pädagogische und philosophische Diskurse bieten, um einer möglichen Gefahr der psychodramatischen Sektiererei vorzubeugen.

Der zeitgenössische (europäische) Supervisionsdiskurs ist fragmentiert in zahlreiche miteinnander konkurrierende Schulen, Ansätze, Richtungen. Soll Supervision aber als eigenständiges Format weiter professionalisiert werden, muss es eine gemeinsame Perspektive geben, die eine weiterführende Kommunikation ermöglicht. Ein Maximalprogramm, nach dem die verschiedenen Ansätze in einer Metatheorie aufgelöst würden, verbietet sich, da es in postmodernen Zeiten, in denen die Anerkennung der Multiperspektivität einen zentralen Wert darstellt, nicht mehr gerechtfertigt werden kann, aber auch machtstrategisch nicht durchsetzbar wäre. Als Minimalprogramm bietet sich die pragmatische Perspektive an. Sie ist deswegen relevant, weil sie

– die *Verbesserung* des Handelns in den Mittelpunkt ihrer Bemühungen stellt,
– eine *pluralistische* Wahrheitskonzeption vertritt. Wahrheitskriterium ist die Bewahrheitung (Verifikation) einer Aussage bei der Verbesserung sozialen Handelns.
– an *demokratischen* Verhältnissen interessiert ist, in denen gemeinsam festgelegt wird, was in der konkreten Lage gesellschaftlich nützlich ist.
– keine an vorgegebenen Werten, Normen, Geboten, Maximen orientierte *Ethik*

entwirft, sondern die Regulierung des Zusammenlebens den Betroffenen selbst überlässt.

– weniger nach der Vergangenheit eines Problems fragt, sondern vielmehr nach seiner *Zukunft*, nämlich den zu erwartenden Resultaten und Folgen und wie in Zukunft damit umgegangen werden soll.

– im Werk Deweys ein Konzept des *Lernens* entworfen hat und eine Methodik, wie dieses Lernen sinnvoll organisiert werden kann (Buer 1999c, 257).

Diese pragmatische Position bietet allen Richtungen einen gemeinsamen Kommunikationsort, der alle Ansätze zulässt, es sei denn, sie versteigen sich in einen unbelehrbaren Dogmatismus oder lösen sich in einen nicht mehr (an-)greifbaren Relativismus auf.

Der Psychodramatischen Supervision bietet der Pragmatismus auf der Ebene der Philosophie eine erkenntnistheoretische, anthropologische, sozialphilosophische und ethische Erweiterung und Ausdifferenzierung seiner Grundanschauungen. Er bietet auch eine Ergänzung seiner zentralen Interpretationsfolien zu den Themen Handeln, Interaktion, Beziehung, Rolle, Mikrostruktur, Gruppe, Netzwerk, Lebenswelt, Institution, Organisation, Profession, aber auch zu ihrer intentionalen Veränderung wie: Wachstum, Lernen, Intervention, Steuerung, Evaluation. Die Arrangements und Techniken aus Psychodrama und Soziometrie stellen zu diesen theoretischen Angeboten ein Handlungsreservoir dar, das sich wunderbar ergänzt.

2.3. Das Modell Psychodramatische Supervision

Hier sollen nur einige wenige Aspekte beleuchtet werden, die gegenüber dem bisherigen Erkenntnisstand neuartig sind, zudem für die Praxis äußerst nützlich.

Die fünf Kommunikationsmodi

Vor, neben und nach der genuinen Supervisionsarbeit finden Gespräche statt, die der Information, Akquisition, Kontraktierung, Auswertung und organisatorischen Absicherung des Supervisionsprozesses dienen. Diesen Kommunikationsmodus zwischen Dienstleister und Kunde nenne ich *Konversation* (s. Abb. 1, S. 112).

Mit Beginn der eigentlichen Supervision setzt der *Beratungsmodus* ein. Er basiert auf einem Arbeitsbündnis zwischen Supervisor und Supervisand, nach dem der Supervisand bereit ist, ihn konkret betreffende Themen aus Arbeit und Beruf einzubringen und sich dann auf einen gemeinsamen Lernprozess einzulassen, den der Supervisor steuert. Beratung in diesem Sinn ist als Dialog angelegt. Da das Psychodrama für die Verwirklichung dieses Modus zwar die Haltung der Begegnung anbietet, aber keine ausgefeilte Methodik entwickelt hat, verwenden wir hier kompatible Weisen der Gesprächsführung nach Buber und Rogers. Dieser Modus ist Ausgangspunkt und Bezugspunkt des supervisorischen Vorgehens.

Wenn der Berater Denk- und Handlungsrestriktionen feststellt, die auf kreativem

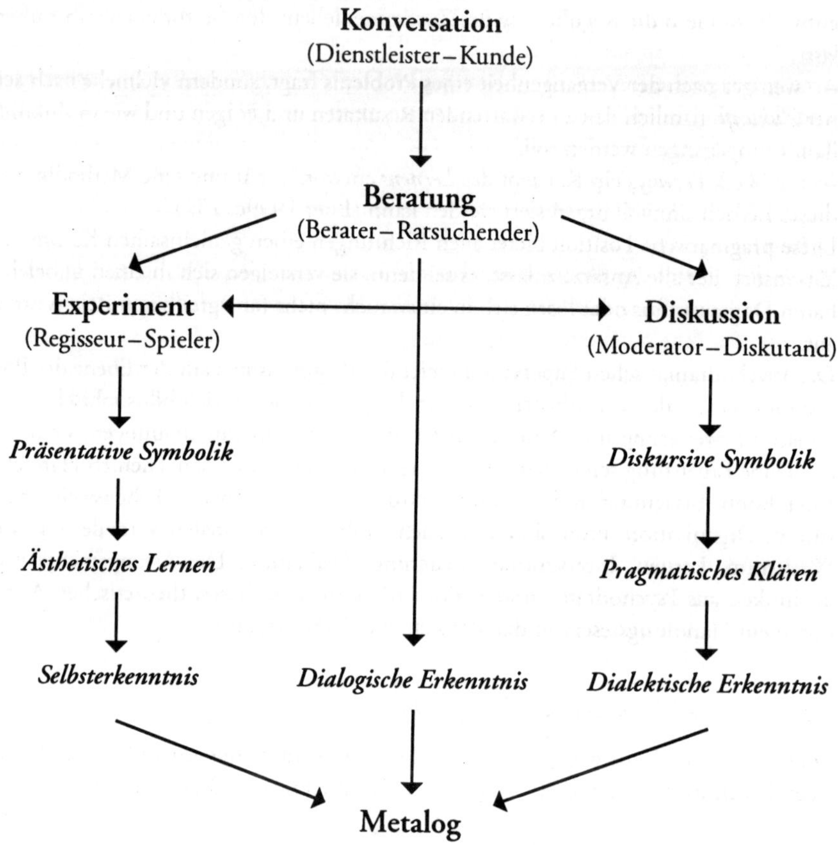

Abb. 1: Die Kommunikationsmodi in der Supervision (Buer 1999c, 105)

Wege durchbrochen, flexibilisiert, umgangen werden sollen, kann er den Modus *Experiment* vorschlagen. In diesem Modus bietet der Supervisor dem Supervisanden Arrangements an, in denen er spielerisch ungewohnte Erfahrungen machen kann. Er arrangiert die Versuchsanordnung und führt bei der Durchführung Regie. Er hat zwar Hypothesen über den Fortgang des Lernprozesses, kennt aber selbst den Ausgang nicht. Daher muss er stets den Prozess begleiten und spontan steuern. Die Symbolik in diesem Modus ist präsentativ (> Buer, Bildungsarbeit). Das hier intendierte ästhetische Lernen hat viel mit dem Konzept ästhetischer Bildung zu tun (> Buer, Bildungsarbeit), das zu einer umfassenden Selbsterkenntnis führen soll.

Psychodramatisches Arbeiten ist diesem Modus zuzuordnen, also der Einsatz psychodramatischer Arrangements wie Standbild, Skulptur, Vignette, Leerer Stuhl, Sozialatom, Spektogramm, soziometrische Landkarte und psychodramatischer Techniken wie Monolog, Doppeln, Rollentausch, Rollenwechsel, Spiegel (Buer 1996a). Große Arrangements wie Inszenierung, Rollenspiel, Stegreifspiel, Soziodrama, Zauberladen sind dagegen in der Supervision – schon aus zeitlichen Gründen – nur selten möglich. In der Supervision – gerade auch in der Einzelarbeit – können auch andere kreative Verfahren und Medien genutzt werden. Zur Orientierung der Steuerung in diesem Modus kann das Modell des kreativen Lernprozesses nach Moreno dienen (> Buer).

Wenn der Berater der Meinung ist, dass das Thema nicht adäquat behandelt werden kann, weil den SupervisandInnen das nötige Wissen fehlt oder die vorgetragenen Meinungen, Einschätzungen, Urteile, Analysen, Interpretationsfolien, Deutungsmuster unangemessen oder kontrovers sind, kann er den Modus der *Diskussion* vorschlagen. Im Gegensatz etwa zum Format Psychotherapie geht es im Format Supervision auch um die zureichende Klärung von Sachverhalten und eine zweckmäßige professionelle Neuorientierung des Handelns. Daher können Aussagen zur Kennzeichnung einer Situation, eines Prozesses, einer Handlung, einer Person, einer Organisation usw. nur dann als gültig und zulässig angesehen werden, wenn sie ausreichend gerechtfertigt wurden. Es wäre unverantwortlich, dass SupervisandInnen Handlungskonsequenzen aus Aussagen ziehen, deren Haltbarkeit zweifelhaft ist. Der Supervisor muss daher eine hohe sozialwissenschaftliche Kompetenz besitzen, die sich vor allem auf die Arbeitsfelder und -organisationen bezieht, in der die jeweiligen SupervisandInnen tätig sind. Daneben muss er über eine Methodologie verfügen, nach der der „Wahrheitsgehalt" einer Aussage geprüft werden kann. Eben das bietet das Psychodrama – jedenfalls auf den ersten Blick – nicht. Hier ist das pragmatische Klären äußerst hilfreich.

Danach ist eine Aussage dann zutreffend, gültig, haltbar oder „wahr", wenn sie eine verbesserte Praxis verlangt, deren Verwirklichung eben diese Aussage „bewähren", „veri-fizieren" kann. Dazu sind verschiedene Perspektiven aus Wissenschaft, Forschung und Praxis heranzuziehen, um Einseitigkeiten zu vermeiden. Die Erprobung verschiedener An-Sichten an der antizipierten Praxis begünstigt konsensfähige Klärungen. Letzlich muss selbstverständlich jeder Diskutand sich für seine Position entscheiden, dann aber auch die gegebenen Handlungskonsequenzen ziehen und selbst verantworten. Zur Überprüfung bestimmter Aussagen kann auch der Modus von der Diskussion zum Experiment gewechselt werden, etwa wenn durch eine psychodramatische Realitätsprobe die Brauchbarkeit und Durchsetzbarkeit getestet werden soll. Der übliche Erkenntnisweg der Diskussion nutzt jedoch primär die diskursive Symbolik. Hier hat der Supervisor aber weniger den Experten zu spielen als den Moderator, der mit „sokratischer Hebammenkunst" Klärungen herbeiführt, Erkenntnisprozesse anstößt und vor Entscheidungen stellt.

Am Ende eines jeden Treffens, in jedem Fall aber am Ende einer längeren Sequenz, sollte idealerweise der Modus des *Metalogs* einsetzen. In diesem Modus verknüpfen sich die gewonnenen Einsichten und Erkenntnisse mit den bisherigen Erkenntnissen und Erfahrungen aller am Prozess Beteiligten zu einer integrierten Sinngestalt von existentieller Bedeutung. Dann kann auch von einem umfassenden Bildungsprozess gesprochen werden, der eine neuartige, verbesserte Denk- und Handlungsweise konstitutiert.

Der angemessene Wechsel zwischen diesen fünf Kommunikationsmodi nutzt den jeweils weiterführenden Weg, der letzlich zur Qualitätsverbesserung der Praxis der SupervisandInnen führen soll. Damit wird die psychodramatische Methodik voll genutzt, aber auch wesentlich ergänzt und erweitert, um den spezifischen Anforderungen des Formats Supervision gerecht werden zu können.

Die vier Interpretations- und Arbeitsebenen in der Supervision

Im Gegensatz zum Format Psychotherapie, bei dem es um die Förderung des Gesundungsprozesses des Klienten geht – vor allem in seiner psychischen Dimension – , geht es im Format Supervision darum, den Supervisanden zu unterstützen, seine Aufgabe klar zu bestimmen und alles fachlich Notwendige zu tun, diese Aufgabe im Interesse des Auftraggebers, des Adressaten wie des betroffenen und beteiligten Gemeinwesens zu erfüllen. Daher kann hier nicht nur die Ebene der inneren Welten wie die der Interaktionssysteme betrachtet werden. Ich unterscheide daher für die supervisorische Arbeit zwischen vier Ebenen (s. Abb. 2, S. 115):

Im Zentrum der Supervision steht die *Systemik*. Damit bezeichne ich in der Tradition des symbolischen Pragmatismus die Ebene der Arbeitswelten, die sich aus den Lebenswelten der KlientInnen, KundInnen, AdressatInnen der jeweiligen Beziehungsarbeit und der Welt der jeweiligen Arbeitsorganisation zusammensetzt. Diese Welten werden aus den Sichten der beteiligten Personen und ihren interpersonalen Beziehungen konstruiert wie aus den vergegenständlichten und verdinglichten Arbeitsroutinen, die auch als Struktur bezeichnet werden können. Diese Welten werden durch die Zugehörigkeitsdefinition der Bewohner wie durch die Abgrenzung zu anderen Welten hergestellt. Diese Arbeitswelten werden aber durch einen symbolischen Interaktionsprozess von Menschen erzeugt und nur von diesen aufrechterhalten und weiterentwickelt. Das Psychodrama verfügt mit den Konzepten der sozialen Inszenierung wie des Sozialen Netzwerks (Buer 1998b) über eine eigenständige systemische Betrachtungsweise der tatsächlichen Handlungsabläufe und mit der Soziometrischen Aktionsforschung über eine eigenständige Methodologie der systemischen Veränderung. Eine systemische Betrachtung à la Luhmann kann in der Supervision nicht weiterhelfen, weil hier die Menschen eben nicht als Gestalter ihrer Welten, sondern als Umwelt von Systemen betrachtet werden und gar nicht direkt angesprochen werden können (Kriz 1999).

Im Gegensatz dazu wird in der Psychodramatischen Supervision die interaktionistische Sicht bevorzugt, die alle Institutionalisierungen als Ergebnis von kollektiven Handlungsprozessen betrachtet, die wiederum zirkulär durch Institutionen gestützt

Innere Welten

Sichtweisen – Gedanken – Gefühle – Erfahrungen
Wünsche – Leidenschaften – Stimmungen
Überzeugungen – Ansprüche – Moralische Stimmen
Bilder – Visionen – Figuren – Szenen

PSYCHIK

Zwischenmenschliche Welten

Bedeutsame Beziehungen in Dyaden, Gruppen und Netzen
zu:
• Adressaten
• Angehörigen
• Kollegen
• Vorgesetzten/Untergebenen
• fachlichen bzw. politischen Zirkeln

DIALOGIK

Arbeitswelten

Lebenswelten der Adressaten — Arbeitswelten der Organisation
Organisationskultur

SYSTEMIK

Äußere Welten

Öffentlichkeit – Politik – Verwaltung
Wissenschaft – Fachverbände – Berufsverbände
Unternehmensverbände – Gewerkschaften
Sektoren des Wohlfahrtsstaats – Branchen
Nationale Kultur
Globale Trends – Zeitgeist

KONTEXT

Abb. 2: Die vier Interpretations- und Arbeitsebenen in der Supervision (Buer 1999c, 139)

werden. Dann wird deutlich, dass die zentrale Ebene in der Psychodramatischen Supervision die Ebene der *Dialogik* sein muss, da hier die Vermittlung zwischen Person und Struktur gestaltet wird. Die Betrachtung der Geschehnisse auf dieser Ebene konzentriert auf die Interaktionen, die als Konkurrenz bzw. Kooperation zwischen überschaubaren Akteuren Rollenhandeln in großen oder kleinen Inszenierungen in Arbeitsfeldern ermöglichen.

In die Dialogik gehen die subjektiven Perspektiven ein, die die einzelnen Akteure in die jeweiligen Handlungszusammenhänge einbringen. Diese Ebene der inneren Welten nenne ich *Psychik*. Mit den protagonistenzentrierten Arrangements und Techniken bietet das Psychodrama hervorragende Möglichkeiten, die bewussten und unbewussten Wünsche, Ansprüche, Gefühle, Erfahrungen, aber auch Sichtweisen, Deutungsmuster und Visionen zu erkunden.

Diese drei Ebenen sind nun von einer Ebene umschlossen, die ich den *Kontext* nenne. Während mit den inneren Welten ein Ich-Gefühl verbunden ist und die interpersonalen Welten ein Wir-Gefühl ermöglichen, nehmen wir hinter diesen Mit-Welten immer auch Um-Welten an, für uns fremde Welten, zu denen wir uns nicht zugehörig fühlen. Da sie uns aber zweifellos beeinflussen, müssen wir uns mit ihnen befassen. Gerade in der Supervision sind so manche Prozesse nur von hier her verständlich. Ihre Einbeziehung kann ent- wie belasten.

In allen Standardformen der Supervision wie in spezifischen Settings sind diese vier Ebenen zu beachten. Allerdings ergibt sich eine unterschiedliche Gewichtung je nach dem, ob eine eher persönliche Fokussierung, wie Überforderung, Unsicherheit, Ermüdung, Entscheidungsängste, oder eine eher arbeitsstrukturelle Fokussierung kontraktiert wurde, wie die Einführung neuer Steuerungsmodelle oder Lean Management.

Die Supervisionsformen und das Psychodrama

Das Grundmodell der Psychodramatischen Gruppenarbeit (Buer 1999c, 115f) lässt sich am ehesten auf die *Gruppensupervision* übertragen, wenn auch hier die Feedback-, Reflexions- und Diskussionsprozesse der Gruppe einen größeren Stellenwert bekommen (Jensen 1990; Kieper-Wellmer 1997). Auch die *Intervision* als gemeinsame Beratung in der Kollegengruppe kann weitgehend diesem Modell folgen (Buer 1990). In der *Einzelsupervision* erhält die Gestaltung der Beziehung Supervisor-Supervisand eine besondere Bedeutung. Zudem müssen hier viele Darstellungsmöglichkeiten durch die MitspielerInnen auf andere Weise visualisiert werden (Schaaf 1989; Wegehaupt-Schneider 1997; Buer 1998c). In der *Team-* und *Organisationssupervision* ist nicht von vorneherein die Kooperationsbereitschaft vorauszusetzen, die für die psychodramatische Bühnenarbeit notwendig ist. Daher stehen hier die Kommunikationsmodi der Beratung und Diskussion eher im Vordergrund als der Modus des Experiments. Das Sicheinlassen auf spontane, also nicht steuerbare und unvorhersehbare Prozesse, ist nicht indiziert, wenn dadurch nur Schwächen und Fehler vor den

KollegInnen aufgedeckt werden. Es ist allerdings erwünscht, wenn dadurch bisher ungeahnte Fähigkeiten der Einzelnen wie der Gruppe aktiviert und ausgestaltet werden können. Zudem müssen die eher interaktionalen Interpretationsfolien, die das Psychdrama bietet, um Konzepte aus der Organisationstheorie und -arbeit ergänzt werden (Buer 1998b).

Abgrenzung zur Pädagogischen Supervision
Psychodramatische Supervision ist ein Modell, das beansprucht, in allen Supervisionsfeldern einsetzbar zu sein. Allerdings müssen die SupervisorInnen über die entsprechende Feldkompetenz verfügen, um die spezifischen Kulturen mit ihren Fallen, aber auch Ressourcen ausreichend einschätzen zu können. Gerade die Professionalität des Supervisors ermöglicht eine kritische Distanz zu den üblichen Mustern der Bildungsbürokratien. Dieser Ansatz grenzt sich daher entschieden von einem Konzept ab, wie es unter dem Etikett „Pädagogische Supervision" verbreitet wird (z.B. Pallasch 1991; Petermann 1995; Hagemann & Rottmann 1998). Dieser Ansatz stellt die psychische Belastung der LehrerInnen und die Unterrichtssituation in den Vordergrund des Bemühens und weigert sich, die systemische Ebene der Arbeitswelten überhaupt einzubeziehen. Damit werden einzig die Lehrenden zu Problemverursachern gemacht. Die Rolle der Schulleitung, der Schulaufsicht, der Schulträger, der Richtlinien- und LehrplanerstellerInnen, der ArchitektInnen und SchulgesetzgeberInnen, der Eltern wie der außerschulischen KooperationspartnerInnen bleibt außen vor. Dieses Modell ist noch einem alten, aber noch wirksamen Bürokratieverständnis unterworfen, nach dem alle Direktiven möglichst reibungslos von oben nach unten umgesetzt werden müssen. Supervision soll dann die Reibungen beseitigen helfen. Wird Schule jedoch als lernende Organisation mit hoher Autonomie und Selbstverantwortung verstanden (Rolff 1994), dann bedarf sie verschiedener Orte der Selbstreflexion und Selbststeuerung, die alle Ebenen der Interpretation und Veränderung mit einbezieht. Ein wichtiger Ort kann eine Supervision sein, die nicht wie die Pädagogische Supervision auf mehreren Augen blind ist.

3. Von der Supervision mit LehrerInnen zur Supervision in Schulentwicklungsprojekten

Für Supervision haben sich zunächst LehrerInnen interessiert, die ihr Leiden an der Schule bearbeiten wollten (Münch 1984). Diese Gruppensupervision hatte viel mit Psychohygiene zu tun und stand der Psychotherapie nahe. Dann haben sich LehrerInnen interessiert, die auch in ihrem Fach oder in ihrer Funktion mit psychosozialen Fragestellungen zu tun haben. Aber auch kritische ReformerInnen, die zwar von den Durchsetzungsmöglichkeiten ihrer Visionen enttäuscht sind, aber noch nicht der Routine anheimfallen wollten, haben Interesse gezeigt. In all diesen Fällen hat die

Fallarbeit (der Umgang mit schwierigen SchülerInnen) im Vordergrund gestanden. Heute spielt Supervision im Rahmen der Schulentwicklung eine Rolle, um die Entwicklung auch im Alltagsgeschäft zu verankern, vor allem aber auch um die SchulentwicklerInnen und Schulleitungsmitglieder zu beraten (Rolff u.a. 1998, 237ff). Damit sind aber auch die Ebenen der Dialogik, vor allem aber die der Systemik und des Kontextes in den Vordergrund geraten. Damit gerät die Arbeitssituation der Lehrerschaft generell in den Fokus der Supervision.

3.1. Die widersprüchliche Lage der Lehrerschaft

Als Teil des Bildungswesens ist auch die Schule einem zentralen Widerspruch ausgesetzt: Auf der einen Seite sollen die AdressatInnen angeregt und unterstützt werden, die Beziehungen zu sich, zur Mit- und Umwelt zu bilden, so dass sie sich und die Welten, in denen sie leben, gegen ungerechtfertigte Einschränkungen besser entfalten können (Mündigkeit). Auf der anderen Seite sollen sie für das Leben und Arbeiten in der gegebenen Gesellschaft qualifiziert werden, so dass sie nützliche Mitglieder werden (normierende Formation). In der Schule zeigt sich dieser Widerspruch in spezieller Weise als Spannung zwischen

- Erwachsenenwelt versus Kinderwelt,
- Selektion versus Förderung der SchülerInnenInnen,
- Eingehen auf den Einzelnen versus nivellierender Beschulung,
- Förderung sozialer Kompetenzen versus reiner Stoffvermittlung,
- Isolation in der täglichen Arbeit versus Bedarf nach Feedback, Wertschätzung und Austausch,
- individuelle Autonomie im Unterricht versus Verrechtlichung und bürokratischer Kontrolle (Scala & Grossmann 1997, 126).

Als BeamtInnen sind LehrerInnen Teil der Bildungsbürokratie und haben Gesetze, Vorschriften, Richtlinien und Lehrpläne umzusetzen (Böhm 1997; Hoffmann 1997). Dafür haben sie den Anspruch, vom Staat anständig alimentiert zu werden. Dem entsprechend erwarten sie auch von ihrem Dienstherrn, dass er seine Fürsorgepflicht wahrnimmt und ihnen all das zur Verfügung stellt, was sie zum „Schule halten“ benötigen. Daher sind nur wenige Lehrer gewillt, aus eigener Tasche Fortbildung oder Supervision zu bezahlen. Auf der anderen Seite kann Erziehung und Bildung auch in der Schule nur gelingen, wenn der Lehrer ein direktes, offenes und ehrliches Arbeitsbündnis mit dem Schüler eingeht. Er muss sich also auch als professioneller Beziehungsarbeiter verstehen. Damit ist auch der Lehrer den Paradoxien professionellen Handelns unterworfen (Helsper 1997, 530ff):

- Nähe versus Distanz zum Schüler
- Rekonstruktion des Einzelfalles versus Subsumption unter allgemeine Kategorien
- Ganzheitliche Sichtweise des Schülers und des schulischen Angebots versus einseitiger Sicht des Schülers und Fragmentierung des Lernangebots in Fächer

- Beziehungsarbeit mit den SchülerInnen versus bürokratischem „Schule halten"
- Autonomie des Schülers und des Lehrers versus Einordnung ins Bildungs- und Gesellschaftssystem.

Dass das Aushalten dieser Widersprüche und Paradoxien schwierig ist, ist offensichtlich. Wird die Seite des Engagements zu sehr betont, müssen Lehrer überfordert werden. Das zeigt sich in der Burn-out-Problematik vieler LehrerInnen (Gudjons 1993; Rudow 1994; Kramis-Aebischer 1995; Lechner u.a. 1995), wie in dem erheblichen Umfang von Frühpensionierungen. Wird die Seite der Unterrichtsverwaltung zu sehr betont, erreicht der Unterricht die SchülerInnen nicht mit allen Folgen für die Ineffizienz der Schule wie die Anomie und Destruktion schulischen Geschehens.

3.2. Möglichkeiten und Grenzen der Supervison in der Schule

LehrerInnen, die ihre Tätigkeit primär als Verwaltungshandeln begreifen, die in Schule und Schulverwaltung vornehmlich Karriereabsichten verfolgen, die liebend gern als Autoritätspersonen den noch ungebildeten SchülerInnenn etwas „beibringen" wollen, sind relativ supervisionsresistent: Denn sie wollen sich ungern selbst als Lernende begreifen. Aber auch die engagierten, reformfreudigen und stark belasteten, aber immer noch lernbereiten LehrerInnen nehmen eher Supervisionsangebote wahr, die schulnah im Rahmen der üblichen Lehrerfortbildung, der schulpsychologischen Beratung oder universitärer Schulprojekte kostengünstig angeboten werden (Cloetta 1985; Pallasch 1991; Connemann 1993; Ehinger & Hennig 1994). Oft wurde in dieser Szene der Begriff Supervision vermieden; man sprach von „Fallbespechungsgruppen" (Gudjons 1977; Miller 1995). Wenn hier überhaupt SupervisorInnen eingesetzten wurden, so waren sie oft selbsternannt, d.h. ohne spezielle Ausbildung. Dementsprechend war die Effektivität auch eher begrenzt (Jugert 1998). Erst mit der Ausbildung professioneller SupervisorInnen kann Supervision eine wichtige Aufgabe im Rahmen der Schulentwicklung wahrnehmen (Kogelbauer 1997; Scala & Grossmann 1997, 119ff; Denner 1998; Pühl 2000). Leider werden dafür immer noch zu wenige externe, freiberufliche SupervisorInnen eingesetzt. Noch immer geht hier offensichtlich bürokratisches Denken vor professionelles oder gar unternehmerisches, das auch mal risikofreudig in Innovationen richtig investiert.
Insgesamt stehen bei den Fokussierungen der Supervision Fallarbeit und Psychohygiene immer noch an erster Stelle (Schneider 1995; Kasper 1993; Denner 1998). Diese Supervision findet nach wie vor meist in Gruppen mit interessierten LehrerInnen aus einer Schule statt. Dieses Setting ist aber aus fachlicher Sicht mit erheblichen Schwierigkeiten verbunden. Die Rücksichtnahme auf die nicht anwesenden KollegInnen, die aber in den Fall involviert sind, die Angst, den teilnehmenden KollegInnen zu nahe zu treten, wie die Förderung von informeller Cliquenbildung, die bei den nichtbeteiligten KollegInnen nur Skepsis gegenüber dem für Außenstehende nicht durchschauten Geschehen hervorruft, die einsozialisierte Erwartung, etwas bei-

gebracht zu bekommen, lassen kaum bedeutsame Lernprozesse zu. Daher halten Scala & Grossmann (1997, 155) dieses Setting für völlig ungeeignet. Geeignet dagegen sind Gruppensupervisionstreffen von LehrerInnen aus unterschiedlichen Schulen. Hier kann sich der einzelne Lehrer in der Gruppe von Peers stabilisieren und an seinen Schwächen arbeiten. Diese neu gewonnen Professionalität kann sich positiv in seiner Tätigkeit in seiner jeweiligen Schule auswirken.
Wichtiger für die Schulentwicklung ist jedoch die Arbeit mit Teams aus einer Schule, die an einer gemeinsamen Aufgabe arbeiten. Das können Projektteams oder Leitungsteams sein. Wie die Teamarbeit muss auch die Teamsupervision hier schulöffentlich in einen Schulentwicklungsprozess eingebunden sein (Rolff 1994; Schreyögg & Belardi 1995; Dalin u.a. 1995; Buhren & Rolff 1996; Altrichter & Posch 1996; Kreienmeyer & Herbst 1997; Bauer 1998; Rolff u.a. 1998; Beucke-Galm u.a. 1999). Von großer Bedeutung ist aber die Leitungssupervision mit Personen aus der Schulleitung (Scala & Grossmann 1997, 152f), da von ihrer Innovationsbereitschaft die Chancen für eine positive Schulentwicklung abhängen (Lüde & Philipp 1997).
SupervisorInnen in diesem Feld müssen aber über eine hohe Feldkompetenz verfügen, um die spezifischen Fallstricke dieser Organisationskultur aufdecken zu können. Sie müssen nicht LehrerInnen sein, aber über gediegene Kenntnisse über Schulforschung und Schultheorien (Lehner & Widmaier 1992; Tillmann 1993; Dewey 1993; Tenorth 1994; Brockmeyer 1997; Klafki 1997) , über die Lehrerschaft (Terhart 1992; 1994; Diedrich 1994; Ulich 1996) wie über Konzepte, Formate und Verfahren der Schulentwicklung (Schlömerkemper 1992) verfügen. Auch Supervision kann aber nicht ungeeignete Lehrer zu geeigneten machen. Dieses Problem stellt sich immer wieder, zumal die Lehramtsprüfung leider keine Eignungsprüfung darstellt. Supervision kann aber auch nicht schlechte Schulen zu guten machen, wenn die bildungsbürokratischen Rahmenbedingungen wie die schulstrukturellen Vorgaben dies nicht zulassen bzw. die Lehrerschaft sich nicht mehrheitlich auf gemeinsame Lernprozesse einlassen will.

3.3. Einzelsupervision mit LehrerInnen

Einzelsupervision ist besonders geeignet für LehrerInnen, die in der Dyade ihre berufliche Rolle reflektieren (Hanschk 2000), den Umgang mit den SchülerInnen, den KollegInnen, der Schulleitung und den Eltern verbessern, eine berufliche Krise meistern, berufliche Entscheidungen vorbereiten oder die Balance zwischen persönlicher und beruflicher Sphäre neu austarieren wollen, die ich im Folgenden vorstelle. Die beiden Fallbeispiele lehnen sich an reale Fälle aus meiner Praxis an. Sie sind zum Zweck der Anonymisierung verändert worden. Sie könnten sich aber so ereignet haben.

Beispiel: Studienrat Meyer
Herr Meyer meldet sich telefonisch in meiner Praxis. Er wolle von A13 nach A14 be-

fördert werden, habe auch schon eine ganze Reihe zusätzlicher Aufgaben übernommen. Leider mache er sich bei den KollegInnen aber immer wieder lächerlich, so dass er befürchte, dieses Ziel nicht erreichen zu können. Ich sei ihm von einer Kollegin empfohlen worden. Herr Meyer gehört offensichtlich zur Gruppe der stark belasteten, aber doch lernbereiten und hoch motivierten LehrerInnen. Im Erstgespräch vereinbaren wir zwölf einstündige Treffen mit einer Frequenz von 2–3 Wochen.
Herr Meyer macht einen sehr gehemmten Eindruck. Er kann sich schlecht gegenüber den KollegInnen und seinen SchülerInnenInnen durchsetzen. Er bemüht sich sehr um einen guten Unterricht und übernimmt viele zusätzliche Aufgaben, um beim Schulleiter Anerkennung zu finden. Um seine Position innerhalb des Kollegiums näher kennenzulernen, fordere ich ihn daher zunächst auf, das Kollegium mit Hilfe von Holztieren auf dem Boden so aufzustellen, dass sie alle den richtigen Abstand voneinander haben (soziometrische Aufstellung auf der Ebene der Systemik). Das Bild zeigt zwei Lager: Zwei Drittel der Lehrerschaft gehören zu einer konservativen Gruppe, die stark von einem sehr autoritären Studienrat, Herrn Heinze, dominiert wird. Das andere Drittel ist eher reformfreudig. Hierzu gehört der noch neue Schulleiter und Herr Meyer. Damit wird ein Dilemma deutlich: Um vom Schulleiter in seinen Karriereabsichten unterstützt zu werden, muss er sich an den Schulreformen beteiligen. Damit stößt er aber auf den Widerstand der Mehrheit des Kollegiums. Psychologisch steckt er in der Klemme zwischen einer offiziellen Autorität und einer inoffiziellen. Diese Situation macht ihn unsicher und belastet ihn stark bis hin zu psychosomatischen Beschwerden.
Er erzählt aus seiner Biographie, dass er bei seiner Mutter und deren Mutter aufgewachsen ist. Beide haben ständig auf den abwesenden Vater geschimpft und ihm nahegelegt, „etwas Anständiges zu werden“. Aus diesem Zusammenhang wird die Autoritätsfixierung von Herrn Meyer verständlich (Psychische Ebene). Sie zeigt sich auch darin, dass er mich häufig mit „Herr Professor“ anredet und von mir im Laufe des weiteren Prozesses Ratschläge und Lektürehinweise erwartet. Ich übernehme diese Rolle nicht, spreche aber diese Zuschreibung auch nicht direkt an, sondern nutze sie, indem ich ihm immer wieder Experimente vorschlage, in denen er unabhängig von Autoritäten handeln und entscheiden muss.
Beim dritten Treffen setzt sich Herr Meyer in einer kleinen Vignette mit Herrn Heinze auseinander. Ihm wird klar, dass er sich nicht mehr von ihm als „dummer Schüler“ behandeln lassen will. Daher will er sich in Zukunft nicht mehr unüberlegt in den Nahbereich von Herrn Heinze begeben. Stattdessen will er den Kontakt zu seinem Lager pflegen (Dialogische Ebene).
Beim vierten Treffen lasse ich Herrn Meyer ein Rollogramm zeichnen (Weiß 1996), um die Korrespondenzen zwischen seinem Verhalten in der Schule und in seiner familiären Sozialisation herauszuarbeiten. Im Rollentausch mit seiner Ehefrau wird deutlich, dass diese – wie seine Mutter und deren Mutter – von ihm erwartet, dass er als „strahlender Held“ Karriere macht und gut für sie sorgt. In pragmatischen Klä-

rungsgesprächen beim fünften Treffen gewinnt Herr Meyer eine neue Orientierung: Er will versuchen, nicht mehr so verbissen an seinen Plänen festzuhalten. Stattdessen will er auf sein Improvisationstalent setzen, etwas, was er in der Vignette schon ausprobiert hat. Diese neue Haltung erprobt er im sechsten Treffen in Vignetten mit einer Kollegin und im siebten Treffen mit schwierigen SchülerInnen. Das achte Treffen nutzt Herr Meyer, seine vielen Aufgaben zu sortieren und Prioritäten zu setzen, die seine Interessen und Möglichkeiten adäquater berücksichtigen als bisher.
Seit dem vierten Treffen gebe ich Herrn Meyer „Hausaufgaben" mit, die er bis zum nächsten Treffen erledigen soll. Zunächst soll er auf die Wirkungen seines neuen Verhaltens bei den KollegInnen und SchülerInnen achten, aber auch auf seine Befindlichkeit. Dann soll er auch festhalten, welche Stärken er schon entwickelt hat und welche Schwächen ihn noch stören. Die Ergebnisse werden in den jeweils folgenden Treffen aufgegriffen. Zum letzten Treffen soll er überlegen: Was hat sich seit dem Anfang des Prozesses bis jetzt verbessert? Was fehlt und wie kann ich es in der weiteren Zukunft erreichen? Auf diesem Treffen markiere ich den Anfang, das Jetzt und die Zukunft mit drei Stühlen. Auf dem ersten Stuhl kann Herr Meyer deutlich seine Gehemmtheit, seine diffusen Ängste und seine irrationale Bedrohung durch einige KollegInnen und SchülerInnen artikulieren. Ich unterstütze ihn dabei durch Doppeln. Auf dem Jetzt-Stuhl fühlt er sich locker und entspannt. Auf dem Stuhl der Zukunft ist er 63 Jahre, am Ende seiner Tätigkeit als Lehrer. Er hat neue, interessante Aufgaben übernommen und A14 erreicht. Er ist mit seinem Berufsleben zufrieden. Als Leitsätze waren für ihn in dieser letzte Phase wichtig:

- Übersicht gewinnen, Aufgaben klären und Prioritäten setzen;
- locker bleiben und günstige Gelegenheiten suchen;
- gute Leistungen der SchülerInnenInnen anerkennen und sich darüber freuen;
- die falschen KollegInnen meiden und zu den richtigen gute Kontakte aufbauen;
- aktiv Freizeit zur freudigen Entspannung nutzen.

Indem Herr Meyer gelernt hat, mit den einsozialisierten Ansprüchen distanziert umzugehen, die Dynamik bestimmter Situationen zu durchschauen und sich besser zu positionieren, sich auf noch unbekannte Situationen ohne Plan einzulassen, konnte er seine eigene Gestaltungskraft kennenlernen und in den Life-Situationen erproben. Er traut sich jetzt zu, sein Ziel zu erreichen, indem er es nicht direkt anstrebt, sondern auf sich zukommen lässt. (> Stangier/Kleijn-Stangier)

3.4. Gruppensupervision mit SchulleiterInnen

Die Qualität einer Schule ist wesentlich davon beeinflusst, wie gut die Schulleitung ist. Schulleitungen haben heute nicht nur ihre Pflichtaufgaben wahrzunehmen, sie müssen sich auch aktiv an der Entwicklung ihrer Schule beteiligen. Nun werden aber nach wie vor nicht BildungsmanagerInnen mit einer speziellen grundständigen Ausbildung zu SchulleiterInnen gemacht. SchulleiterIn wird man als qualifizierte Lehre-

rIn, der gern in diese Position aufsteigen möchte und im kommunalen Machtgefüge von Pressuregroups durchgesetzt werden kann. Auch wenn heute SchulleiterInnen durch entsprechende Fortbildungen auf ihre neue Aufgabe vorbereitet werden (Heizmann 1997), so bleiben doch die Ergebnisse der SchulleiterInnenforschung gültig, nach denen die meisten SchulleiterInnen ihre Rolle nach wie vor so gestalten, als säßen sie SchülerInnen gegenüber (Wissinger 1996). Sie neigen dazu, ihr Kollegium von oben herab zu verwalten oder sich dafür aufzuopfern. Partizipative Führung, bei der die spezifischen Kompetenzen des Kollegiums genutzt und gefördert, wichtige Aufgaben delegiert werden und die Teamarbeit unterstützt wird, ist vielen nicht vertraut. Daher wird der begleitenden Schulleitungsberatung inzwischen ein hoher Stellenwert zuerkannt (Scala & Grossmann 1997, 152ff; Rolff u.a. 1998, 204ff). Die Untersuchung von Schulleiterinnen (Winterhager-Schmid 1997) zeigt zudem, dass heute auch viele Frauen diese Position übernehmen wollen. Sie scheinen besonders geeignet zu sein, den gegenwärtig favorisierten partizipativen Führungsstil zu praktizieren. Allerdings ist hier die Gefahr nicht von der Hand zu weisen, dass manche Schulleiter zur Selbstüberforderung neigt und sich zu wenig abgrenzen kann (a.a.O., 54f).
Ein zentraler struktureller Widerspruch der Schulleiterrolle ergibt sich dadurch, dass der Leiter sowohl Lehrer ist als auch Führungskraft. Er muss also eine Identität als professioneller Beziehungsarbeiter mit einer Identität als Vorgesetzer verbinden. Aus der Tradition der Organisationsberatung und des Managements wird hier das Coaching von Führungskräften angeboten (Schreyögg 1995). Hier wird der Schulleiter primär als Manager gesehen, der diese Rolle differenziert entwickeln und umsetzen soll. In der Tradition der Supervision bietet sich hier die Leitungssupervision an (Weigand 2000). Sie weiß um den o. dargelegten Widerspruch. Wird hier also das Format Coaching von Managementtrainern eingesetzt, besteht die Gefahr, dass in diesem Fall die Seite des Managements einseitig betont und der strukturelle Widerspruch gar nicht adäquat in den Fokus genommen wird. Daher halte ich den Einsatz von Leitungssupervision durch professionelle SupervisorInnen mit ausreichender pädagogischer Feldkompetenz für angemessener (> Rimmasch).

Beispiel: Konrektorin Wille

Frau Wille ist in einer Supervisionsgruppe, an der Leitungskräfte teilnehmen. Die Gruppe hat mit ihr, einer Schulleiterin, einem Geschäftsführer und der Leiterin einer Pflegeschule begonnen. Die beiden letztgenannten haben die Gruppe inzwischen verlassen. Nach einer kurzen Phase hat sich eine weitere Konrektorin dazu gesellt. Frau Wille betrachtet diese Gruppe inzwischen als eine notwendige permanente Begleitung, um sich in ihrer Schule behaupten zu können. Z. Z. trifft sich die Gruppe alle vier bis sechs Wochen für zwei Stunden.
Kaum war Frau Wille Konrektorin geworden, da wurde die Rektorin krank und fiel zunächst tage-, dann wochen- und monatelang aus, ohne dass erkennbar war, wann

sie für wie lange zurückkehren würde. Dadurch wurde Frau Wille ohne Vorbereitung in die Position der Rektorin befördert. Diese Situation war nun besonders schwierig, weil sie zunächst Kollegin war und blieb und die Rektorin dann, wenn sie anwesend war, ihre Vorgesetzte war. Fehlte sie jedoch, musste sie von einem Tag auf den anderen einem Kollegium gegenüber, aus dem sie selbst stammte, die Vorgesetztenrolle übernehmen. Zudem hatte sich ein männlicher Kollege um die Stelle des/r Konrektors/in beworben, sie aber nicht bekommen. Dass es Frau Wille in dieser Lage schwer fiel, sich gegenüber dem Kollegium zu behaupten, leuchtet ein. Das war aber nicht das zentrale Problem. Die zentrale Schwierigkeit für sie entstand dadurch, dass die Rektorin – bedingt durch ihre Erkrankung – ihre Leitungsaufgaben nicht ausreichend wahrnahm, auch wenn sie anwesend war. Frau Wille stand also vor dem Dilemma: Wenn sie der Rektorin keine Leitungsaufgaben abnimmt, dann bleiben sie liegen und müssen von ihr spätestens dann übernommen werden, wenn sie sich plötzlich krank gemeldet hat. Dann aber sind sie kaum noch zu lösen. Nimmt sie aber freiwillig der Rektorin Leitungsaufgaben ab, dann überfordert sie sich, weil sie dafür keine Entlastung bekommt und sie auch gegenüber dem Kollegium kein offizielles Mandat hat. Auf der einen Seite fühlte sich Frau Wille moralisch verpflichtet, ihrer Kollegin in dieser Krankheitsphase beizustehen und sich für sie aufzuopfern, so dass sie zeitweise auch am Abend und am Wochenende keinerlei freie Zeit mehr hatte. Auf der anderen Seite konnte sie keine Freude mehr an ihrer Arbeit finden und schwankte zwischen Depression und Wut mit deutlichen Fluchttendenzen. Da wir dienstrechtlich keinen Ausweg sahen – ausser sie gibt ihren Posten als Konrektorin auf – mussten wir ihr in der Supervision helfen, diese schwierige Situation durchzustehen.

Nach dem Durchspielen verschiedener Vignetten, nach vielen Dialogen und klärenden Diskussionen erkennt sie, dass sie hier als Spielball der Schulbürokratie benutzt wird (Ebene der Systemik). Sie sieht sich nun moralisch berechtigt, für ihre Gesundheit zu sorgen und sich klar abzugrenzen. Sie konzentriert sich nun auf ihre Aufgaben als Konrektorin und konfrontiert die Rektorin mit ihrer Verantwortungslosigkeit (Ebene der Dialogik). Zu dieser Klärung hat auch beigetragen, dass selbstverständlich in dieser Gruppe bei allen anderen TeilnehmerInnen ebenfalls die Rollen- und Aufgabenklärung zentrales Thema war. Indem Frau Wille sich gegenüber ihrer Rektorin durchsetzen musste, ohne auf ihre Erkrankung Rücksicht nehmen zu können, hat sie die Führung in der Ausgestaltung ihrer eigenen Rolle übernommen. Sie ist dadurch indirekt zu einer Führungkraft geworden, die sich jetzt auch klarer gegenüber dem Kollegium durchsetzen kann, sei es in der Rolle der Konrektorin, sei es in der Rolle der Rektorin. Ihr macht diese Leitungstätigkeit jetzt Spaß (Ebene der Psychik). Sie nimmt seitdem an einer Fortbildung zur Schulleiterin teil und überlegt, sich um die Stelle einer Rektorin zu bewerben. Da sie weiß, wie schwer es ihr fällt, diese harte Linie durchzuhalten, wie leicht sie wieder zurückfallen kann, wieviel Wachstum sie noch benötigt, um den nächsten Schritt zu tun, ist ihr diese Supervisionsgruppe sehr wichtig. Ich nehme an, sie braucht sie erst dann nicht mehr, wenn sie endlich selbst Rektorin geworden ist und sich in diese Rolle eingelebt hat. Bis dahin aber bietet das Schulsystem keine adäquate Unterstützung. Hierzu müssen sich LehrerInnen immer noch externe Supervision zukaufen. Frau Wille ist ein hervorragendes Beispiel für den neuen Typ von SchulleiterIn, die die Gefahr der Selbstüberforderung überwunden hat, um einen kommunikativen Führungsstil praktizieren zu können.

4. Supervison im Weiterbildungs- und im Hochschulbereich

Während Supervision im Schulsektor inzwischen weit verbreitet ist – wenn auch noch nicht mit all ihren Möglichkeiten und bei allen indizierten Gelegenheiten -, so taucht sie im terziären und quartären Bildungssektor noch recht wenig auf, obwohl sie auch hier erfolgreich eingesetzt werden kann. Entsprechend gering ist auch die Zahl der einschlägigen Veröffentlichungen.

Die Einrichtungen in der *Erwachsenen- und Familienbildung* (Tippelt 1999; Schiersmann u.a. 1998) sind äußerst heterogen. Entsprechend sind die Tätigkeitsfelder und die Qualifikationen der MitarbeiterInnen extrem unterschiedlich (Koring 1992; Dewe 1997; Giesecke 1997; Schiersmann u.a. 1998). Supervision kann hier vor allem zur Sicherung und Begleitung von Führungs- und Managementaufgaben, von fachlichen Tätigkeiten mit schwierigen Zielgruppen oder brisanter Thematik, zur Entwicklung und Etablierung innovativer Projekte wie zur Qualitätssicherung der pädagogischen Arbeit der vielen freien DozentInnen bzw. KursleiterInnen dienen (Wack 1994; Thiel 1994; Landesinstitut 1997; Schiersmann u.a. 1998, 264ff.).

In der *betrieblichen Weiterbildung* (Arnold 1995) wie der *Personalentwicklung* (Neuberger 1994) kann die Supervision für die Weiterbildner und Personalentwickler selbst eingesetzt werden. In den meisten Fällen wird sie aber als Sequenz innerhalb der entsprechenden Qualifizierungsmaßnahmen eingebaut (Thiel 1994; Weiß 1997; Schwitalla 1997).

In *Hochschule und Forschung* ist die Supervision zur Praxiseinführung und Begleitung von BerufsanfängerInnen vor allem an den Fachhochschulen für Sozialwesen seit vielen Jahren etabliert (Pühl 1994; Lange-Schmid 1994; Schreyögg 1996). Ich selbst habe an der Universität Göttingen im Magisterstudiengang Pädagogik-Studierende bei der Durchführung und Reflexion ihrer Praktika in Supervisionsseminaren begleitet (vgl. auch Roth 1981). Diese Angebote beruhen aber auf der Eigeninititative bestimmter HochschullehrerInnen, sie sind nirgends in den Studiengängen festgeschrieben. Mir scheint es zudem auch sinnvoll, zur Begleitung von Forschungsprojekten, bei der Etablierung neuer Studiengänge, zur Beratung von Institutsleitungen, bei der Umsetzung von Organisationsentwicklungsprozessen Supervision einzusetzen (Belardi 1999). Hier muss allerdings noch ein Bewusstseinswandel bei den hochprofessionellen HochschullehrerInnen vonstatten gehen. Bisher galt: Professionalität könne nur durch Selbstkontrolle durch die eigene Profession gesichert werden. Jegliche Fremdkontrolle durch „Laien“ müsse daher strikt abgelehnt werden (Allert 1998). Soll Professionalität aber selbstreflexiv verstanden werden, dann ist dazu eine externe Beobachtungsposition sinnvoll. Sie darf aber nicht als Kontrolle im Auftrag einer außenstehenden Instanz verstanden werden, sondern als loyale, aber kritische Agentur der Selbstkontrolle. Um hier Anerkennung zu finden, ist selbstverständlich eine adäquate Wissenschaftskompetenz erforderlich.

5. Supervision in der Psychodrama-Ausbildung

Da Ausbildung ein Format der Bildungsarbeit ist, muss auch die Psychodrama-Ausbildung didaktisch begründet sein. Neben den Formaten Selbsterfahrung, Training oder Theorie-Seminar spielt die Supervision eine bedeutsame Rolle. Soll sie doch garantieren, dass das Gelernte in der jeweiligen Praxis, also in den Formaten: Psychotherapie, Beratung, Unterricht, Fortbildungsworkshop, Kurs etc. fachlich angemessen genutzt werden kann. Das setzt voraus, dass die Handhabung dieser Formate schon vor oder neben der Psychodrama-Ausbildung gelernt wurde. Versuche, innerhalb der Psychodrama-Ausbildung auch in diesen Formaten auszubilden, muss mangels ausreichender zeitlicher und personeller Ressourcen scheitern. Wollen also AusbildungskandidatInnen das Psychodrama in einem Format anwenden, das sie noch gar nicht beherrschen, kann hier auch die supervisorische Begleitung nicht viel weiterhelfen. Supervision ist dann möglich und unverzichtbar, wenn eine schon vorhandene Praxis psychodramatisch bereichert werden soll. Dann geht es zunächst darum zu begründen, warum hier Psychodrama möglich, sinnvoll oder gar nötig ist. Wenn das klar ist, ist über die angemessene Kombination von Format und Verfahren nachzudenken. Daraus ergibt sich eine spezifische Variante des Formats, die bei der Ausschreibung und Kontraktierung zu berücksichtigen ist. Bei Beibehaltung der psychodramatischen Haltung (> Buer, Bildungsarbeit) müssen die Arrangements und Techniken ausgewählt werden, die unter Umständen eingesetzt werden können. In der Ausbildungssupervision ist das alles vorzubereiten, seine Umsetzung zu begleiten und während des Prozesses zu evaluieren. Kriterien der Evaluation sind:

- Gelingt die Verbindung von Format und Verfahren?
- Kann ein psychodramatisches Lernfeld geschaffen werden?
- In wie weit wird das Ziel der Veranstaltung erreicht?
- Wie weit ist die personale Kompetenz und Performanz des Leiters entwickelt?
- In wie weit kann der Leiter institutionelle Verstrickungen vermeiden bzw. handhaben?
- In wie weit kann der Leiter die Arbeitsorganisation managen?

6. Aussichten

Psychodramatische Supervision wird von PsychodramatikerInnen, von SupervisorInnen wie von in diesem Ansatz speziell Ausgebildeten betrieben. Mit der Ausarbeitung eines fundierten und differenzierten Modells (Buer 1997a; 1999c; 2001) hat sich dieser Ansatz in der Supervisionsszene etabliert. Dieses Modell ermöglicht supervisorische Arbeit nicht nur im Bildungssektor, sondern auch in pastoralen, therapeutischen, sozialen, kulturellen und bestimmten wirtschaftlichen Feldern. Alle SupervisorInnen wie alle SupervisandInnen, die eine Affinität zum psychodramatischen Vorgehen haben, werden dieses Modell mit hoher Zufriedenheit und großem Erfolg nutzen können. Es muss nur probiert werden.

Literatur

Allert, T. (1998): Braucht jede Profession eine Supervision? Soziologische Anmerkungen zum Supervisionsbedarf und zum Autonomieanspruch professioneller Tätigkeiten. In: Berker, P. & Buer, F. (Hg.): Praxisnahe Supervisionsforschung. Münster, 16–45.

Altrichter, H. & Posch, P. (1996) (Hg.): Mikropolitik der Schulentwicklung: förderliche und hemmende Bedingungen für Innovationen in der Schule. Innsbruck.

Arnold, R. (1995): Betriebliche Weiterbildung. Selbstorganisation – Unternehmenskultur – Schlüsselqualifikationen. Hohengehren.

Bauer, K.-O. (1998): Organisationsentwicklung als pädagogischer Prozeß. Erziehungswissenschaft 9, 17, 41–56.

Belardi, N. (1996): Supervision. Eine Einführung für soziale Berufe. Freiburg.

– (1999): Entwicklungsberatung für den Hochschulbereich. In:Pühl, H. (Hg.): Supervision und Organisationsentwicklung. Opladen, 359–376.

Berlin, F. (1990): Schwierigkeiten als persönliche Chance. Ein Supervisionskonzept zur Bearbeitung individueller Konflikte der Arbeit. In: Költze, H. u.a.: Lehrertraining. Bad Heilbrunn, S. 21–28.

Beucke-Galm, M., Fatzer, G. & Rutrecht, R. (1999) (Hg.): Schulentwicklung als Organisationsentwicklung. Köln.

Böhm, Th. (1997): Rechtliche Grundlagen. In: Müller, A. u.a. (Hg.): Leitung und Verwaltung einer Schule. Neuwied, 309–324.

Bosselmann, R. (1995): Grundlagen und Leitlinien einer qualitätsfördernden Supervision – Ein psychodramatisch geprägtes Beispiel. In: Fachverband Sucht: Qualitätsmerkmale in der stationären Therapie Abhängigkeitskranker. Neuland/Geesthacht, 128–137.

Brockmeyer, R. (1997): Schule, Schulsystem und Schulentwicklung. In: Müller, A. u.a. (Hg.): Leitung und Verwaltung einer Schule. Neuwied, 1–21.

Buer, F. (1990): LehrerInnen beraten LehrerInnen. Das psychodramatische Arrangement kollegialer Praxisberatung bei Problemen am Arbeitsplatz Schule. In: Die deutsche Schule 4, 484–496.

– (1996a): Methoden in der Supervision – psychodramatisch angereichert. OSC 1, 21–44.

– (1996b): Psychodramatische Supervision. Das Modell und seine Bedeutung für die Reflexion und Erforschung sozialpädagogischen Handelns. In: Supervision 29, 81–92.

– (1997a) (Hg.): Psychodramatische Supervision. Themenheft der OSC 4.

– (1997b): Zur Dialektik von Format und Verfahren. Oder: Warum eine Theorie der Supervision nur pluralistisch sein kann. In: OSC 4, 381–394.

– (1998a): Zur Dialektik von Format und Verfahren. Warum es wichtig ist, durch die Einführung ungewöhnlicher Begriffe Aufmerksamkeit zu erregen. Eine Diskussion. In: OSC 5, 3, 269-286.

– (1998b): Typische Handlungsmuster in Arbeitsorganisationen. Eine soziologisch-soziodramatische

Interpretationsfolie für die Supervision. In: OSC 4, 4, 239–262.
– (1998c): Psychodramatische Kurzzeitsupervision in der dyadischen Form. In: Gruppenpsychotherapie und Gruppendynamik 34, 3, 238—256.
– (1999a): Morenos therapeutische Philosophie. Ihre aktuelle Rezeption und Weiterentwicklung. In: Ders. (Hg.), Morenos therapeutische Philosophie. Opladen, 227—258.
– (1999b): Profession oder Supervision? Wem dient die Supervision? In: Pühl, H. (Hg.), Handbuch der Supervision und Organisationsentwicklung. Opladen, 70–103.
– (1999c): Lehrbuch der Supervision. Der pragmatisch-psychodramatische Weg zur Qualitätsverbesserung professionellen Handelns. Münster.
– (2001) (Hg.): Praxis der Psychodramatische Supervision. Ein Reader. Opladen (i.V.).
Buhren, C. & Rolff, H,-G. (1996) (Hg.): Fallstudien zur Schulentwicklung. Zum Verhältnis von interner Schulentwicklung und externer Beratung. Weinheim.
Cloetta, B (1985): Praxisberatung von Lehrer/innen. Erste qualitative empirische Ergebnisse. In: Schott, A. (Hg.): Kongreß für angewandte Psychologie. Bonn, 417–423.
Connemann, R. (1993): Methoden in Supervisions- und Fallbesprechungsgruppen mit Lehrern. In: Psychologie in Erziehung und Unterricht 40, 53–62.
Dalin u.a.(1995): Institutioneller Schulentwicklungsprozess. Bönen.
Denner, L. (1998): Supervision und Pädagogische Fallbearbeitung an Schulen. In: Berker, P. & Buer, F. (Hg.): Praxisnahe Supervisionsforschung. Münster, 148–182.
Dewe, B. (1997): Das Professionswissen von Weiterbildnern: Klientenbezug – Fachbezug. In: Combe, A. & Helsper, W. (Hg.): Pädagogische Professionalität. Frankfurt, 214–257.
Dewey, J. (1993): Erziehung und Demokratie. Weinheim.
Diedrich, J. (1994): Der Lehrer. In: Lenzen, D. (Hg.): Erziehungswissenschaft. Reinbek, 228–252.
Dollase, R. (1981): Gegenstand, Ziel und Methode der soziometrischen Aktionsforschung. In: Moreno, J.L.: Soziometrie als experimentelle Methode. Paderborn, 7–14.
– (1996): Wege zur Überwindung der Asozialität des Menschen. In: Moreno, J.L.: Grundlagen der Soziometrie. Opladen, XI–XXIX.
Ehinger, W. & Hennig, C. (1994): Praxis der Lehrersupervision. Weinheim.
Gellert, M. & Heintz, W. (1993). Psychodrama und Soziometrie in der Supervision und Fortbildung von AIDS- und Drogenberatern. In: Bosselmann, R. u.a. (Hg.): Variationen des Psychodramas. Meezen, 273–285.
Giesecke, W. (1997): Der Habitus von Erwachsenenbildnern: Pädagogische Professionalität oder plurale Beliebigkeit? In: Combe, A. & Helsper, W. (Hg.): Pädagogische Professionalität. Frankfurt, 678–713.
Gneist, J. (1980): Der Einsatz psychodramatischer Techniken im Rahmen der Fortbildung und Supervision einer Laienhelfergruppe des Sozialpsychiatrischen Dienstes München Nord – ein Erfahrungsbericht. In: Sozialpsychiatr. Informationen. März, 81–85.
Gudjons, H. (1977): Fallbesprechung in Lehrergruppen. In: Westermanns Pädagogische Beiträge 29, 373–379.
– (1993) (Hg.): Entlastung im Lehrerberuf. Hamburg.
Hagemann, M. & Rottmann, C. (1999): Selbst-Supervision für Lehrende. Weinheim.
Hantschk, I. (2000). Rollenberatung. In: Pühl, H. (Hg.): Handbuch der Supervision 2. Berlin, 160–171.
Heinzmann, G. (1997): Fortbildung von Lehrpersonen und Schulleitungen. In: Müller, A. u.a. (Hg.): Leitung und Verwaltung einer Schule. Neuwied, 259–272.
Helsper, W. (1997): Antinomien des Lehrerhandelns in modernisierten pädagogischen Kulturen. In: Combe, A. & Helsper, W. (Hg.): Pädagogische Professionalität. Frankfurt, 521–569.
Hoffmann, J. (1997): Dienst- und Arbeitsrecht. In: Müller, A. u.a. (Hg.): Leitung und Verwaltung einer Schule. Neuwied, 473–510.
Jensen, K. (1990): „Was sollen wir denn noch tun?“ Zur Supervision in einem Lehrerkollegium. In: Psychodrama 3, 2, 225–234.
Jugert, G. (1998): Zur Effektivität pädagogischer Supervision. Eine Evaluationsstudie schulinterner Gruppen-Supervision mit Lehrern. Frankfurt.
Kasper, I.G. (1993): Erst Feuer und Flamme, dann ausgebrannt. Beispiele aus der Lehrer-Supervision. In: Bosselmann, R. u.a. (Hg.): Variationen des Psychodramas. Meezen, 263-272.

Kieper-Wellmer, M: (1997). Psychodramatische Supervision mit Heilpädagoginnen. In: OSC 4, 4, 363–370.
Klatetzki, Th. & Winter, H: (1995). Die Förderung der Einbildungskraft. In: Buer, F. (Hg.): Jahrbuch für Psychodrama, psychosoziale Praxis & Gesellschaftspolitik 1994. Opladen, 71–92.
Klafki, W. (1997): Schule: Regelschulen, Reformschulen, Privatschulen. In: Krüger, H.-H. & Rauschenbach, Th. (Hg.): Einführung in die Arbeitsfelder der Erziehungswissenschaft. Opladen, 29–59.
Klein, U. (1990) (Hg.): Supervision. Themenheft Psychodrama, 3,2.
Kösel, E. (1989) (Hg.): Persönlichkeitsentwicklung in beruflichen Feldern auf der Grundlage des Psychodramas. Freiburg.
Kogelbauer, A. (1997): Supervision und Schule. In:Luif, I. (Hg.): Supervision. Wien, 301–310.
Koring, B. (1992): Die Professionalisierungsfrage der Erwachsenenbildung. In Dewe, B. (Hg.): Erziehen als Profession. Opladen, 171–199.
Kramis-Aebischer, K. (1995): Stress, Belastungen und Belastungsverarbeitung im Lehrberuf. Bern.
Kreienmeyer, G. & Herbst, R. (1997): Organisationsentwicklung an Schulen. In: Müller, A. u.a. (Hg.): Leitung und Verwaltung einer Schule. Neuwied, 114–129.
Kriz, J. (1999): Systemtheorie für Psychotherapeuten, Psychologen und Mediziner. Wien.
Krüger, R.T. (1990): Psychodrama als Supervisionsmethode. In: Pühl, H. (Hg.): Handbuch der Supervision. Berlin. 323–339.
Lammers, K. (1998): Verkörpern und Gestalten. Psychodrama und Kunsttherapie in der psychosozialen Arbeit. Göttingen.
Landesinstitut für Schule und Weiterbildung (Hg.) (1997): Supervision in der Weiterbildung. Soest.
Lange-Schmidt, I. (1994): „Hätte ich das schon früher gelernt...“. Supervision in der Ausbildung. In: Pädagogik 46, 6, 27–32.
Lechner, F. u.a. (1995) (Hg.): Das Befinden von Lehrerinnen und Lehrern an österreichischen Schulen. Eine empirische Erhebung zum physischen und psychischen Zustandsbild. Innsbruck.
Lehner, F. & Widmaier, U. (1992): Ein Schule für die moderne Industriegesellschaft. Strukturwandel der Schullandschaft in NRW. Essen.
Lüde, R.v. & Philipp, E. (1997): Schlüsselrolle der Schulleitung. In: Müller, A. u.a. (Hg.): Leitung und Verwaltung einer Schule. Neuwied, 69–76.
Miller, R. (1995): Pädagogische Fallbesprechungsgruppen. In: Bildung & Wissenschaft 49, 4, 21–24.
Münch, W. (1984): Leiden und Lust an der Schule. Psychoanalytische Selbsterfahrung und Supervision in Lehrergruppen. Frankfurt.
Neuberger, O. (1994): Personalentwicklung. Stuttgart.
Pallasch, W. (1991): Supervision. Neue Formen beruflicher Praxisbegleitung in pädagogischen Arbeitsfeldern. Weinheim.
Petermann, F. (1995) (Hg.): Pädagogische Supervision. Salzburg.
Petzold, H. (1998): Integrative Supervision, Meta-Consulting & Organisationsentwicklung. Modelle und Methoden reflexiver Praxis. Ein Handbuch. Paderborn.
Pühl, H. (2000): Supervision für Lehrer und Schule. In: Ders. (Hg.): Handbuch Supervision 2. Berlin, 234–244.
– (1994b): Supervision in der (Fach-)Hochschul-Ausbildung. In: Ders. (Hg.): Handbuch der Supervision 2. Berlin, 406–418.
Rappe-Giesecke, K. (1999): Supervision – Veränderung durch soziale Selbstreflexion. In: Fatzer, G. Rappe-Giesecke, K. & Loos, W.: Qualität und Leistung von Beratung. Köln, 27–103.
Ritscher, W. (1996): Systemisch-psychodramatische Supervision in der psycho-sozialen Arbeit. Eschborn.
Ritter, J. & Hundsalz, A. (1987): Der Umgang mit dem Kontext als Werkzeug in der Supervision. In: Wege zum Menschen 3, 139–150.
Rolff, H.-G. (1994): Wandel durch Selbstorganisation. Theoretische Grundlagen und praktische Hinweise für eine bessere Schule. Weinheim.
– u.a. (1998): Manual Schulentwicklung. Handlungskonzept zur pädagogischen Schulentwicklungsberatung. Weinheim.
Roth, J. (1981): Psychoanalytische Supervisionsgruppen mit Studenten. In: Kutter, P. & Roth, J.: Psychoanalyse an der Universität. München, 87–149.
Rudow, W. (1994): Die Arbeit des Lehrers. Zur Psychologie der Lehrertätigkeit. Lehrerbelastung und Lehrergesundheit. Bern.

Scala, K. & Grossmann, R. (1997): Supervision in Organisationen. Weinheim.
Schaaf, B. (1989): Psychodrama in der Einzelsupervision. In: Kösel, E. (Hg.): Persönlichkeitsentwicklung in beruflichen Feldern auf der Grundlage des Psychodramas. Freiburg, 182–194.
– (1990): Psychodramatische Supervision im Bildungs- und Sozialbereich. In: Psychodrama 3, 2, 235–245.
Schiersmann, Ch. u.a. (1998): Innovationen in Einrichtungen der Familienbildung. Eine bundesweite empirische Institutionenanalyse. Opladen.
Schlömerkemper, J. (1992) (Hg.): Die Schule gestalten. Konzepte und Beispiele für die Entwicklung von Schulen. Die Deutsche Schule. 2. Beiheft.
Schneider, G. (1995): Lehrerkrisen und Supervision. Bad Heilbrunn.
Schönke, M. (1982): Diagnose des sozialen Lebensraums. In: Gruppendynamik 13, 385–398.
Schreyögg, A. (1991): Supervision. Ein integratives Modell. Paderborn.
– (1995): Coaching. Eine Einführung für Praxis und Ausbildung. Frankfurt.
– & Belardi, N. (1995) (Hg.): Supervision und Organisationsentwicklung in der Schule. Themenheft der OSC 2.
– (1996) (Hg.): Supervision in der Ausbildung. Themenheft der OSC 3, 3.
Schützenberger, A. (1976): Einführung in das Rollenspiel. Stuttgart.
Schwinger, Th. (1984): Zur Funktion der Supervision für Mitarbeiter psychosozialer Einrichtungen am Beispiel therapeutischer Wohngemeinschaften. In: Gruppenpsychother. Gruppendyn. 19, 4, 334–344.
– (1986): Psychodrama als Supervisionsmethode. In: Z.f. personenzentrierte Psychologie und Psychotherapie 5, 297–313.
Schwitalla, U. (1997): Unternehmenswandel und psychodramatische Supervision. OSC 4, 4, 345–362.
Springer, R. (1995): Grundlagen einer Psychodramapädagogik. Köln.
Tenorth, H.-E. (1994): Schulische Einrichtungen. In: Lenzen, D. (Hg.): Erziehungswissenschaft. Reinbek, 427–446.
Terhart, E. (1992): Lehrerberuf und Professionalität. In: Dewe, B. u.a. (Hg.): Erziehen als Profession. Opladen, 103–131.
– u.a. (1994): Berufsbiographien von Lehrern und Lehrerinnen. Frankfurt.
Tillmann, K.-J. (1993) (Hg.): Schultheorien. Hamburg.
Tippelt, R. (1999) (Hg.): Handbuch Erwachsenenbildung/Weiterbildung. Opladen.
Thiel, H.-U. (1994): Fortbildung von Leitungskräften in pädagogisch-sozialen Berufen. Ein integratives Modell für Weiterbildung, Supervision und Organisationsenwicklung. Weinheim.
Ulich, K. (1996): Beruf Lehrer/in. Weinheim.
Wack, O.G. (1994): Beratung und Supervision in der Erwachsenenbildung. In: Pühl, H. (Hg.): Handbuch der Supervision 2. Berlin, 294–315.
Wegehaupt-Schneider, I. (1997): Psychodramatische Methoden in der Einzelsupervision. In: OSC 4, 371–380.
Weigand, W. (2000): Leitungsberatung. In: Pühl, H. (Hg.). Handbuch der Supervision 2, Berlin, 112–122.
Weiß, K. (1991): Psychodrama – Soziometrie. Ein Supervisionkonzept. In: Supervision 19, 38-52.
Weiß, R. (1996): Organisatorische Rollenberatung – Schnittstelle zwischen Organisationsberatung und Supervision. In: Geißler, K. u.a. (Hg.): Handbuch Personalentwicklung und Training. Ein Leitfaden für die Praxis. Köln, Losebl.-Ausg. 32. Erg.-Lfg. 8.1.2.4.
– (1997): Psychodramatische Supervision als Passage in PE-Maßnahmen. In: OSC 4, 331-344.
Wilhelmer, H. & Ottomeyer, K. (1992): Das Psychodrama als Methode in der Pädagogischen Praxisberatung. In: Pädagogische Beiträge zum Verordnetenblatt des Landesschulbeirates für Kärnten 2, 21–27.
Winterhager-Schmid, L. (1997): Berufsziel Schulleiterin. Professionalität und weibliche Ambition. Weinheim.
Wissinger, J. (1996): Perspektiven schulischen Führungshandelns. Eine Untersuchung über das Selbstverständnis von SchulleiterInnen. Weinheim.
Witte, K. (1997): Der Weg entsteht beim Gehen. Raum, Zeit und Bewegung in der psychodramatischen Supervision. In: OSC 4, 311–329.
Yablonski, L. (1998): Psychodrama. Stuttgart.

Klaus-Werner Stangier, Detlef Th. Tappen, Dr. Margret Fühles,
Annete Hummelsheim, Cornelia Klein-Stangier

Integration des Psychodramas in kirchliche Bildungsarbeit

1. Kirchliche Bildungsarbeit

Ein weites Feld tut sich auf, wenn die Programme der kirchlichen Bildungswerke sich öffnen. Das Spektrum reicht von „Menüs für Festlichkeiten und Einladungen" über „Patchwork-Kurse" und „Ehevorbereitungskurse" bis hin zu einem Bibelkurs zum Thema „Wort Gottes für uns – Biblische Figuren" und der Einladung zu den „Ignatianischen Einzelexerzitien". Die kleine Auflistung von Bildungsangeboten impliziert eine Vielzahl von Fragen: Wie und von wem wird z.B. der Begriff Bildung im Raum der Kirchen definiert? Welches Selbstverständnis von Kirche liegt ihm zu Grunde, im protestantischen, im katholischen Raum? Welche Ziele verfolgt kirchliche Bildungsarbeit? Inwieweit richtet sich das Bildungsangebot an innerkirchliche Gruppen, inwieweit wirkt es hinein in die Gesellschaft, die ja über Steuermittel kirchliche Bildungsarbeit subventioniert?
Ohne hier den Komplex kirchlicher Bildungsarbeit erschöpfend darstellen zu können, möchte ich doch versuchen, das Selbstverständnis kirchlicher Bildungsarbeit zu skizzieren. Mich interessieren die verschiedenen Konzepte von Bildung, die damit verwobenen Menschenbilder und Lebensmodelle, die Frage nach der Eigenart des christlichen Verständnisses von Bildung und die Frage, ob die geistige Dynamik kirchlicher Bildung mit der Lebensbewegung des Psychodramas zu vergleichen ist.

1.1. Grundmodelle von Bildung

Karl Ernst Nipkow (1998) untersucht die anthropologischen Voraussetzungen kirchlicher Bildungsverantwortung, um das biblisch-christliche Menschenbild in seiner Eigenart skizzieren zu können. Ich referiere seine Äußerungen im Folgenden kurz. Dem Begriff Bildung können unterschiedliche Modelle zu Grunde liegen.

1. Das organologische Modell
   So z.B. Goethe, wenn er von der „geprägte/n/ Form, die lebend sich entwickelt" spricht. Die Grundannahme geht aus von einer eingeborenen Entelechie: die Form schlummet im Samen, so wie in der Tulpenzwiebel die kommende Gestalt der Blume. Bildung ist Entwicklung der angelegten Form.

2. Das technologische Modell
   Diese Vorstellung geht aus von der Pflege des Ackers oder von der Formgebung der Tonerde zur Keramik. Ein anderes Bild verwendet Pseudo Plutarch in seinem Werk „Über Kinderzucht". Es heißt dort: „Denn wie die Siegel in weiches Wachs gedruckt werden, so muss man die Lehren den Seelen einprägen, solange sie noch kindlich sind."
3. Das selbstreflexive Modell
   „Bildung als selbst verantwortliche und selbst bestimmte Selbstbildung". … Sokrates spricht von einem „Dämon" als einer Stimme im Innern. Diese Stimme erhält später den Namen der Vernunft, und es entwickelt sich das Ideal von Bildung als Selbstbildung im Sinne freier, persönlicher, vernünftiger Selbstbestimmung.
4. Bildung in Selbstverantwortung vor Gott
   Alle drei bisher betrachteten Aspekte gehören zwar zur jüdisch-christlichen Sicht des Menschen und seiner Bildung, treffen aber noch nicht ihre Wurzeln und bezeichnen noch nicht ihr unverwechselbares eigenes Profil. Dies sieht Nipkow im biblischen Phänomen von Anrede und Anspruch durch ein Gegenüber. An die Stelle der göttlichen Natur, wie sie wirksam ist in den Naturreligionen, tritt ein Bund mit einem Dialogpartner, der den Menschen herausfordert und Antwort will. „Es ist nicht die allgemeine Transzendenzerfahrung als Erfahrung der Endlichkeit des Menschen und seiner Abhängigkeit von etwas, über das er nicht verfügt. Sie wird in allen Religionen gemacht. Es ist auch nicht das Bewusstsein eigener Verschuldung wie überhaupt des Bösen; das (schlechte) Gewissen ist ebenfalls ein Motiv auch nicht christlicher Religionen." Gundlegend ist für Nipkow die Erfahrung der Beziehung zum biblisch sich offenbarenden und erfahrbaren Gott.

1.2. Begegnung

Der Mensch in Beziehung und der daraus folgende Begriff von Bildung teilt mit andern dieselben elementaren Beobachtungen und Erfahrungen hinsichtlich Natur, Kultur und Vernunft. Dies führt zu Konvergenzen, z.B. zu den oben zunächst zitierten Beispielen für Bildungsangebote. Gleichzeitig führen „Anrede und Anspruch durch ein Gegenüber", wie es sich im biblischen Text zeigt, zu einer Beziehungsform, die in biblischer Terminologie vor allem „glauben" genannt wird: vertrauen, sich überlassen, zweifeln, beschimpfen, betrügen, sich arrangieren, sich erneut einlassen. Bildung im jüdisch-christlich Sinn wäre dann die Kultivierung einer Beziehung zwischen dem biblischen Gott und dem Menschen als Einzelnem und als Mitglied einer Gruppe, eines Organismus. Bei Norbert Mette „Was ist ein religiöser Lernprozess?" (1997,151–160) taucht der für unseren weiteren Gedankengang noch wichtige Begriff der Begegnung auf. Er schreibt: „Es geht nicht so sehr um die Vermittlung einer Lehre, die erlernt werden kann, sondern um die Begegnung mit einer Person, aus der heraus die Beteiligten sich neue Lebensmöglichkeiten eröffnen. Sehr prägnant unter-

streicht das die Enzyklika „Catechesi tradendae“, wenn der Papst darin anführt „dass wir im Kern der Katechese wesentlich eine Person vorfinden, nämlich Jesus von Nazareth“. Mit den Worten Christoph Schwoebels (1998, 180): „Das Beziehungswesen Mensch ist darauf angewiesen, in einer Grundbeziehung, die das Personzentrum des Menschen, das Herz, betrifft, seinem Leben Richtung und Halt zu geben.“
Bevor ich das Gespräch mit Moreno suche, möchte ich noch der Frage nachgehen, ob Glaubensbildung methodisierbar ist.

1.3. Eine Methode der Glaubensbildung?

Es scheint mir notwendig, zunächst einmal die Infragestellung von Glaubensbildung ins Bewusstsein zu heben, nach welchem Modell sie auch durchgeführt wird.
Schleiermacher z.B. und Kierkegaard hörten nicht auf zu betonen: Glaubensunterweisung ist kontraproduktiv. Englert (1997,139): „Fungieren die Religionspädagogen also geradezu als eine Art „Religionspräservativ?“
Weit verbreitet ist die Position, man könne das Wort Gottes nur noch anbieten, eine Einladung aussprechen, es gehe nicht mehr um Führung, sondern um Begleitung.
Hat man früher von einer stufenweisen Initiation in das Christentum gesprochen, gab es einen Meister oder eine Meisterin, so gilt heute das autonome Subjekt, das seinen eigenen Weg geht und lediglich Begleitung sucht.
Vorgegebene Inhalte entfallen damit. Es geht daher mehr darum herauszufinden „In welchen Äußerungsformen von Menschen heute erkenne ich Zeichen religiöser Ansprechbarkeit, welche Erfahrungen halte ich religionspädagogisch besonders für relevant?“ (1997, 142)
Diesen Zweifeln stellt Englert vier Vorstrukturen, Vor-urteile gegenüber, Annahmen, von denen man ausgehen kann, wenn man eine Kultur der Glaubensbildung pflegt. Sie sind aus sich heraus evident.

1. Eine Empfänglichkeit des Menschen für Transzendenz (1997, 176).
2. Man kann in der Geschichte, die besondere Menschen mit Gott gelebt haben, unterschiedliche Reifegrade der jeweiligen Beziehungsform benennen.
3. Die Geschichten, die Menschen aus ihrer Gotteserfahrung heraus erzählen, sind Weggeschichten, die ein Ziel kennen.
4. Ohne die Bedeutung der Gnade für den Bildungsprozess zu leugnen, können Übungen hilfreich sein. Ich denke an die Formulierung, die Graf Dürckheim (1988/92) häufig wählte, wenn er vom Geschenk der Gnade und der Frucht der Übung sprach. Erinnern möchte ich auch an die Übung der Aufmerksamkeit für eigene Lebensvollzüge, an Übungen, die der Bereitschaft dienen, Vergangenes loszulassen, Übungen auch zur Entfaltung der Hilfsbereitschaft.

Diesen 4 Vor-urteilen, die intellektuell immer in der Krise des Zweifels stehen, ordnet Englert vier Grundtypen religiöser Lernprozesse zu.

Konversion
Das ursprüngliche biblische Verständnis von Bildung, das synonym mit Umkehr ist, ging im Lauf der Zeit immer mehr zu Gunsten des methodisierten Lernens zurück. Konversion hingegen basiert auf Begegnung und meint, ein neues Selbstbewusstsein geschenkt zu bekommen, sich von Gott gemeint und als Partner angesprochen zu wissen, bis hinein in eine Lebensweise, von der Paulus im Brief an die Galater (2,20) sagt: „Nicht mehr ich lebe, sondern Christus lebt in mir" . Vergleichbares kann man im 2. Brief an die Korinther (5,17ff) und bei Matthäus (15,24) aufnehmen.

Inkulturation
Sie meint das Hereinwachsen in eine weitgehend christlich und auch von andern Religionen wie z.B. dem Islam und Buddhismus geprägte Gesellschaft. Hier geht es um Wissen und Verstehen. Die Geschichte einer Religion ist gemeint, ihre Rituale, ihre Bedeutung für das soziale und kulturelle Zusammenleben.

Formation
meint den mehr inneren Prozess der Adaption eines Glaubens. Sinn- und Orientierungsangebote, Werte prägen die innere Haltung und steuern das Handeln.

Expedition
„In dem Maße, in dem sich ein Individuum aufgerufen fühlt, sich auch in religiöser Hinsicht nicht einfach einem Schicksal zu überlassen, sondern im Durchbrechen oder mindestens in der kreativen Anverwandlung vorgegebener religiöser Stile und Glaubensformen seinen eigenen Weg zu suchen, erhält religiöses Lernen insgesamt den Charakter einer Expedition in „offenes" Land. ... Heute ... ist ein als offener Suchprozess angelegtes religiöses Lernen in gewisser Weise zum Normalfall geworden." (1997,147)
Die genannten Unterscheidungen helfen mir, den umfassenden Begriff „religiöse Bildung" in seinen verschiedenen Aspekten zu betrachten und zu begreifen. Der Begriff kann so auch leichter zu anderen Bildungskonzepten in Beziehung gesetzt werden, hier zu einer Sprache und vor allem zu einer Weise des Handelns, die Moreno im psychodramatischen setting methodisch zugänglich gemacht hat und die der religiösen Bildung des Menschen überaus dienlich sein kann.
Es geht jetzt in einem nächsten Schritt um die Begegnung mit dem Menschenbild Morenos und dann um die Frage, wie der Ansatz Morenos für die Glaubensbildung im Rahmen der kirchlichen Arbeit fruchtbar werden kann.

2. Psychodrama als Übergangsritual

2.1. Kennzeichen und Funktion von Übergangsritualen

Im Jahre 1909 hat Arnold van Gennep das grundlegende Buch zum Thema Übergangsrituale verfasst. Der Autor unterscheidet in dieser Veröffentlichung mit dem Titel „Übergangsriten“ drei Phasen: 1. Trennung und Aussonderung, 2. Der Bereich der Schwelle und 3. Die Phase der Angliederung (Turner,1989,34ff).
In der Phase der Trennung werden aus dem profanen Alltag ein heiliger Raum und eine heilige Zeit ausgesondert. Soziale und kulturelle Standards verlieren vorübergehend ihre Bedeutung.
Die Phase der Schwelle dann, auch liminale Phase genannt, ist gekennzeichnet durch eine grundlegende Ambiguität: das Alte ist weitgehend nicht mehr da, das neue noch nicht präsent. Die Initianden haben z.B. keinen bürgerlichen Namen mehr, sie sind unkenntlich gemacht, weder als Frau noch als Mann zu erkennen, vielleicht den Tieren in einer Maskerade ähnlich gemacht (z.B. bei einer Stammesinitiation oder im Noviziat eines Ordens). Sie kommen dadurch an vorzivilisatorische Lebensschichten, die Sprache der Geister wird verständlich, und tradierte Texte werden neu kombiniert. Die freie spielerische Neukombination der fragmentierten Kulturgüter macht das Wesen der Liminalität aus.
Die Phase der Angliederung oder Inkorporation schließlich, umfasst symbolische Phänomene und Handlungen, die die Rückkehr des rituellen Subjekts in die Gesellschaft und zu ihren neuen, relativ stabilen und genau definierten Positionen darstellen“ (1989,34f).
Das Chaos der Übergangsform wandelt sich langsam in eine neue Kulturform. Das Individuum, das sich verwandelt und erneuert hat, verantwortet die neue Form, die sich allerdings in der Akzeptanz durch die Gesellschaft erweisen muss; dabei können durchaus längere Zeiträume nötig sein.
Erich Neumann (1953,16f) versteht den Übergangsritus als „Bemühung, den Einzelnen und die Gruppe diesem Numinosen gegenüber kontaktfähig zu halten. Ohne die Kommunikation mit den transpersonalen Mächten kann das menschliche Dasein nicht standhalten, geschweige denn sich schöpferisch entfalten ... Damit etwas Lebendes verstärkt, etwas Altes neu, etwas Neues wirklich werden soll, muss es den Durchgang durch das Reich des Todes vollzogen haben, welches das Quellreich allen Lebens ist.“
Im Unterschied zu einer mehr erinnernden Haltung, die zurückschaut auf ein vergangenes Ereignis, das es zu aktualisieren gilt, sieht Wolfgang Giegerich (1994,233) die Bedeutung des Rituals nicht so sehr in der Bedeutung der Ursprungs- und Auslösesituation, „Nein, zur Wirklichkeit der Rituale gehört, dass sie wirklich ihren geistigen Sinn gerade nur in ihnen haben und überhaupt erst durch ihren Vollzug erzeugen.“ Rituale sind dann Türen in den geheimen Raum, Öffnungen, Lücken, die dem vorbegrifflichen Leben eine Chance geben.

Diese Besinnung auf die Qualität von Übergangsritualen war nötig, um in einem nächsten Schritt die geistige Dynamik eines klassischen Psychodramaverlaufs zu verstehen und dann auch in Beziehung zu setzen zu der geistigen Dynamik von sakramentalen Vollzügen in kirchlichem Rahmen.

2.2 Die Dynamik eines psychodramatischen Verlaufs

Die Gruppe trifft sich zu einer verabredeten Zeit in einem geschützten Raum.
Das gesellschaftlich gültige „Sie", das als Anrede die weitgehend normale Umgangsform zwischen Menschen bestimmt, wird aufgegeben zu Gunsten des „du". Hiermit wird schon signalisiert, dass es um einen anderen Kontakt geht, um den Anschluss an vorpersönliche Lebensschichten. Die Gruppe lebt unter einem eigenen Codex zusammen und kapselt sich in gewisser Weise vom Rest der Gesellschaft ab – für eine bestimmte Zeit und für den Verlauf eines Übergangsrituals. Der klassische Ablauf hat folgende Phasen:
Ich sondere mich ab von der Gesellschaft.
Ich erwärme mich mit mir, integriere mich in die Gruppe und lasse das Ich zum Wir werden.
Ich vereinzele mich wieder und betrete den anderen Raum, die Bühne.
Ich begegne dem Fremden.
Ich verlasse die Bühne, gliedere mich wieder ein und bringe meine Erfahrung mit.
Ich distanziere mich vom setting der Gruppe und kehre mit eigener Erfahrung zurück in die Gesellschaft.
Welche Spielform auch immer Platz hatte auf der Bühne, die Genese des Verlaufs ist im Grunde die gleiche.
Im Übergangsritual wird die Verwandlung initiiert und durch einen rituell festgelegten Ablauf methodisch abgesichert. Das psychodramatische setting bietet so einen Rahmen, innerhalb dessen jede und jeder die freie Wahl hat, sich auf den Wandlungsprozess einzulassen oder Widerstand aufzubauen. Anwärmung meint dann Unterstützung des Vertrauens in den „guten" Ausgang des Wandlungsprozesses, Vertrauen in die Begleitung durch die Leitung und in die Mitarbeit und Solidarität der Gruppe. Auf dem Boden dieser „Erwärmung" kann dann auch der Schritt aus dem Kreis der Gruppe auf die Bühne gemacht werden. Die Bühne ist der Bereich, in dem sich das Neue und bislang Fremde zeigen kann, das bislang im Geheimen Wirksame, das Unerwartete. Durch die Begegnung mit der bislang im Dunklen liegenden Wirklichkeit wird die Wandlung der bisherigen Struktur eingeleitet, eine neue Sicht entsteht, andere Werte treten in den Vordergrund, Handlungs- und Verantwortungsbereitschaft tauchen auf.
Die Erneuerung muss sich dann in der Übungsgruppe bewähren, aber auch in der Gesellschaft, in der Familie, unter Freunden und am Arbeitsplatz, wohin die Einzelnen zurückkehren. Verkürzt formuliert heißt der Prozess: einlassen und loslassen, Form bilden und auflösen und wieder bilden – usw.

3. Die Übergangsstruktur der eucharistischen Abendmahlsfeier in der Tradition des Exodus

Auf säkularisierter Ebene haben wir bislang schon die Abläufe behandelt, von denen nun noch einmal explizit in der Sprache der Liturgie gesprochen werden soll. Während der Abendmahlsfeier fasst der Große Lobpreis im Römischen Missale nach der Wandlung von Brot und Wein den Prozess des Abendmahlsgeschehens zusammen: „Deinen Tod, o Herr, verkünden wir und deine Auferstehung preisen wir, bis du kommst in Herrlichkeit". Das Abendmahl wird charakterisiert als dankerfüllte Feier von Tod und Auferstehung.

Der Bogen spannt sich dabei von der Vergangenheit über die Gegenwart in die Zukunft: Erinnerung, Handlung, Erwartung.

Der Prozess, von dem hier die Rede ist, hat seinen Ursprung im Exodus Israels aus ägyptischer Knechtschaft. Unterdrückung, Aufstand, Auszug, Wüstenwanderung und Landnahme heißen die Stationen, die die Wandlung begleiten.

3.1. Struktur und Dynamik des Exodus (Stangier, 1997, 11ff, 23ff)

Die Erfahrung der Unterdrückung

Die Hebräer sind aus einer Notlage heraus in die Abhängigkeit Ägyptens geraten. Sie litten in ihrer Heimat Hunger, fanden in Ägypten Hilfe, machten sich nützlich und waren willkommen. Ihr Beitrag geriet in Vergessenheit, sie blieben willkommene Arbeitskräfte.

Zur Gefahr werden sie für die ägyptische Herrenschicht, als sie sich so vermehren, dass sie potenzielle Verbündete der Feinde Ägyptens werden. Um das Wachstum Israels zu beschneiden und der möglichen Bedrohung zuvorzukommen, wird die Arbeitslast vermehrt, die Erstgeburt ist dem Tod verfallen, massiver Druck wird erzeugt – und dieser Druck ist es, der den Aufstand hervorruft.

Aufstand und Widerstand

Eine Form, die Not zu beenden, ist der Aufstand. Er trägt einerseits gewaltsame Züge, Mose erschlägt einen ägyptischen Aufseher, und dem Machtgebaren des Pharao tritt die zerstörerische Potenz des Hebräergottes entgegen, eine Phase hin und hergehender Auseinandersetzungen: Mose, getragen von der Kraft Jahwes, der sich ihm als wirkmächtige namenlose Gegenwart offenbart, gegen die Gewaltmaßnahmen des Pharao.

Einerseits ist der Aufstand gekennzeichnet durch Gewalttaten, andererseits steht er auf aus einem Meer tiefen Schmerzes und großer Not, hüben wie drüben.

Der Auszug

Ist die Entscheidung gefallen, sind die Zweifel durchlitten, die Wehen ertragen, hat das suchende, meandrierende Wasser seinen Kanal gefunden, dann strömt es mit Macht. Allerdings nicht ohne Irritation, die Ägypter setzen den abziehenden Hebräern nach.

Noch einmal verbreiten sich Furcht und Zittern, dann aber ziehen die Hebräer trockenen Fußes durch das Schilfmeer, alle werden gerettet, und das Heer des Pharao ertrinkt mit Ross und Wagen in den zusammenstürzenden Fluten. Die Bewegung der Israeliten, der Rhythmus ihrer Schritte mündet in ein Siegeslied.

Gang durch die Wüste

Nicht mehr in Ägypten, noch nicht im gelobten Land, vielmehr im Zwischenbereich, zwischen den Welten.

Die alten Sicherheiten sind aufgegeben, die neuen noch nicht gewonnen, zwischen den Fleischtöpfen Ägyptens und dem Land, das von Milch und Honig fließt.

Die Wüste ist der Ort der wunderbaren Entdeckungen. Sie vermittelt die Erfahrung, Speise und Trank zu finden, wo sie nicht vermutet werden können.

Die Wüste ist der Ort, der alles Unwesentliche abgestreift hat. Nackt ist die Wüste, ohne Schleier, eine absolute Herausforderung, die Herausforderung auch des Absoluten.

Israel erfährt dies in der Offenbarung Jahwes, und es lehnt sich auf. Die elementaren Kräfte protestieren, die Sinne wehren sich gegen die Herausforderung durch die Buchstaben auf den Tafeln.

Landnahme

Kundschafter bringen Nachricht vom gelobten Land – und von der Kampfbereitschaft seiner Bewohner. Erste Auseinandersetzungen hat es schon in der Wüste gegeben, Kämpfe mit Stämmen, die sich durch das Herannahen der Israeliten bedroht fühlen.

Mit Einsatz aller Kräfte erobern die israelitischen Sippen das ihnen verheißene Land, und die Eroberung gelingt nur mithilfe überpersönlicher Kräfte. In der Sprache der Bibel: Nur das machtvolle Eingreifen Jahwes, nur das Vertrauen auf seine Hilfe führen zum Sieg, und ihm gehört die Beute.

Das Land bleibt dann, einmal erworben, nicht unangefochtener Besitz, es will immer wieder von neuem erworben werden.

3.2. Die christliche Abendmahlfeier

Sie knüpft an die jüdische Passahtradition an, beide Traditionen sind Danksagung für die Befreiung Israels aus Ägypten, Dank für den Bundesschluss Gottes mit Israel, sie erinnern das historische Geschehen in die Gegenwart. Befreiung heißt dann Lösung aus fixierender Erstarrung und Unterdrückung, Lösung des Widerstandes gegen Veränderung und Verwandlung. Versöhnung aus Selbstentfremdung und Isolation durch Begegnung. Die Befreiung im 2. Testament realisiert sich im Brechen des Brotes und

der Gabe des Weins: Nehmt, eßt, das ist mein Leib! Präziser lässt sich nicht beschreiben, was Begegnung meint. Sharing, Teilgabe und Teilnahme zweier Leben: ich für dich, du für mich. Die biblischen Texte sind eine unerschöpfliche Sammlung von Begegnungsgeschichten. Und sie kennen sowohl die Verweigerung der Hingabe, Zweifel und Verrat wie auch die Bereitschaft zur Öffnung, den Schritt zu Glaube und Vertrauen. Um ein Beispiel zu nennen, erinnere ich an die Begegnung Jesu mit der Samariterin am Brunnen des Jakob.
Der Mann und Jude Jesus bittet die Frau und Samariterin: Gib mir zu trinken. Und im Verlauf des Gesprächs wendet sie sich an ihn mit der Bitte: Gib mir das Wasser des Lebens. Die Einladung Jesu: nehmt, eßt, das ist mein Leib, knüpft im Zusammenhang von Brot und Wein an eine aussagekräftige Symbolik und Dynamik an. Mit anderen Worten sagt er:
Zerbrecht die bestehende Form, beißt und kaut, schluckt und assimiliert, setzt um, was ist, setzt den um, der ich bin. Trinkt mein Blut, nehmt die Dynamik meines Lebens, die aus der Zerstörung des prallen Traubenlebens verwandelt wurde. Hört mein Wort, nehmt es auf und lasst euch zur Verwandlung bewegen. Gott wird Mensch.
Das Passah- und Abendmahl zu feiern heißt, sich in ein Übergangsritual einzufügen, sich in den Prozess der Verwandlung einzulassen. Das Gleiche gilt für die Teilnahme am Psychodrama, immer wieder die Einladung, den Schritt auf die Bühne zu tun. Beide, die Abendmahlsstruktur und die Schrittfolge des Psychodramas leben aus dem gleichen Geist.
Um das erneut aufzuweisen, möchte ich im Folgenden -nur kurz- hinweisen auf die psychodramatische Technik des Rollentausches.

4. Morenos Rollentausch eine Grundformel des Christlichen

4.1. Vater und Sohn tauschen die Rolle

Ich lade zunächst ein, einer kleinen Szene zuzuschauen.
Dem inneren Auge zeigt sich ein Bühnenraum. Am Rande des Spielfelds steht der Psychodramaleiter, „Rollentausch!“ lautet seine Aufforderung.
Seine Stimme erreicht auf der Bühne die Ohren zweier Männer, die zusammen eine Situation aus dem Leben von Christian spielen, Christian lautet der Name des einen, Patrique der des anderen Mannes.
Christian spielt eine Szene seiner Kindheit: als kleiner Junge, 5 Jahre war er alt, hat er für seinen Vater ein Bild gemalt. Stolz sucht er mit diesem Bild seinen Vater, der im Augenblick unter dem Auto liegt und die Auspuffanlage repariert. Er findet ihn und besteht darauf: „Du musst mein Bild anschauen!“ – „Rollentausch“, lautet die Intervention des Leiters.
Was geschieht? Christian kommt in der Rolle des kleinen Jungen, der er damals war,

jetzt spielt er sie und verlässt dann diese Rolle und tauscht sie mit der Rolle seines Vaters, so wie dieser in seiner Erinnerung lebt.
Patrique, vorhin noch in der Rolle des Vaters, übernimmt die Rolle des fünfjährigen Christian.
Und Christian, nun in der Rolle seines Vaters, antwortet als Vater, was dieser in seiner Erinnerung damals gesagt hat: „Ich kann jetzt nicht, siehst du denn nicht, dass ich beschäftigt bin."
Der verbissene und angestrengte Mann gibt seine physiologische und emotionale Organisation auf und steigt ein in die Bedürftigkeit des Kindes, das voller Stolz über sein Produkt zum Vater läuft, Anerkennung sucht und abgewiesen wird.
Wie Tag und Nacht sich einander übergeben in einem fließenden Zeitraum der Dämmerung, so übergeben sich diese beiden Menschen im Tempo der Zeitlupe der jeweils neuen Rolle.
Ein Prozess, der jede Körperzelle in Mitleidenschaft zieht, den Atemrhythmus ebenso tangiert wie den Pulsschlag, ein Vorgang, der viel Aufmerksamkeit braucht, Sensibilität, Einfühlungs- und Gestaltungsvermögen.
Die Rolle tauschen, das heißt, aus der augenblicklichen Dynamik heraustreten, den Raum des vertrauten Bewusstseins verlassen, sein vermeintliches Leben hingeben und in eine andere Existenz eintreten, eine unbekannte Dynamik einfühlen, einleiben.

4.2. Die Rolle tauschen mit Gott?

„Wer mich sieht, sieht den Vater!" In diesem Satz, der das Selbstbewusstsein Jesu aus der Sicht des Johannes (8,19;12,45;14,7) formuliert, präsentiert sich das Paradox der christlichen Existenz: der Christ weiß sich als Schwester oder Bruder Jesu gleichermaßen in der Existenz des Sohns oder der Tochter wie auch in der Position des Vaters, im gleichen Atemzug abhängig, ausgeliefert, als Geschöpf und souverän, frei und als Schöpfer, als „Sohn" und als „Vater".
Die Begriffe Sohn und Vater werden in diesem Satz nicht biologisch verwendet, sie sprechen aus, dass das Ich-bewusstsein des Christen darum weiß, in Beziehung zu leben und in diesem Bezug ohnmächtig und eingebunden zu sein, Sohn, aber gleichzeitig und gleichermaßen auch machtvoller Herr der eigenen Welt, gezeugt und zeugend. Jesus erscheint immer wieder in dieser Paradoxie, er wird von den Toten auferweckt, und er steht auf, selbst.
Mit anderen Worten, in der Sprache des Hymnus aus dem Brief an die Philipper (2,6–11): „Er war Gott gleich, hielt aber nicht daran fest, wie Gott zu sein, sondern er entäußerte sich und wurde wie ein Sklave und den Menschen gleich.
Sein Leben war das eines Menschen.
Er erniedrigte sich und war gehorsam bis zum Tod, bis zum Tod am Kreuz. Darum hat ihn Gott über alle erhöht und ihm den Namen verliehen, der größer ist als alle Namen.

Damit alle im Himmel, auf der Erde und unter der Erde, ihre Knie beugen vor dem Namen Jesu und jeder Mund bekennt: Jesus Christus ist der Herr – zur Ehre Gottes des Vaters."

In gewissem Sinn können wir sagen: Gott tauscht mit dem Menschen die Rolle. Er nimmt jedoch nicht nur die Position des Menschen ein, er wird Mensch.

Das eigene bescheidene menschliche Ich-Bewusstsein, der Sohn, ist in umgekehrter Richtung angeschlossen an ein größeres ICH, den Vater. Mit ihm eins, ist er aus ihm herausgeflossen.

Ich möchte zwei Strophen eines Liedes von Nikolaus Herman, gestorben 1561, zitieren, um hinzuweisen auf die Analogie zwischen christlicher und psychodramatischer Lebensbewegung, zwischen der Methode des Rollentauschs und dem christlichen Weg der Menschwerdung:

Er äußert sich all seiner Gwalt,
wird niedrig und gering,
und nimmt an sich eins Knechts Gestalt,
der Schöpfer aller Ding.

Er wechselt mit uns wunderlich,
nimmt Fleisch an, wird uns gleich
beut uns die klare Gottheit dar
in seines Vaters Reich.

Vom Rollentausch Gottes mit den Menschen können wir aber nur solange sprechen, wie wir Gott in seiner bildhaften Fassbarkeit und Begrenzung meinen. Wir meinen dann den Gott, wie ein einzelner Mensch ihn denken und fühlen kann.

Mit ihm als der unfassbaren Gottheit kann niemand die Rolle tauschen, die Gottheit ist nicht Teil des Spiels, eine Sequenz, sie ist das Spiel selbst.

Morenos Ringen um ein existenzielles Begreifen Gottes, vergleichbar dem Kampf Jakobs mit dem Unbekannten am Jabbok: Ich lasse dich nicht, es sei denn du segnest mich, Gen 32,23-33, wird einführend erörtert u.a. von Christoph Hutter, (1995,7-40), Friedel Geisler (1989,45-68) sowie Michael Schacht,1989,199-217).

Mit anderen Worten: Als unfassbare Gottheit ist er der Rollentausch selbst, die liebevolle Bewegung zwischen den Rollen, Übergang. Wollte man den irgendwie fixieren, so hörte er sofort auf lebendiger und Leben spendender Übergang zu sein.

5. Integration des Psychodramas in kirchliche Bildungsarbeit Beispiele aus der Praxis

Ich möchte gerne im Rahmen dieser Arbeit deutlich machen, wie sehr sich psychodramatische Lebensform und biblische Lebensbewegung entsprechen. Beide sind aus meiner Sicht vom selben Geist erfüllt und bewegt. So galt das bisherige Interesse der geistigen Struktur beider Lebensweisen.

Dabei zeigen sich beide Organismen als Übergangsbewegungen. Für das Psychodrama habe ich den Ablauf einer Gruppenübung skizziert und einsichtig gemacht, welcher geistigen Struktur sie folgt: Jede Sitzung ist, wenn auch noch so bescheiden, eine Initiation in einen neuen unbekannten Raum, ein Schritt auf Neuland, ein Beitrag zu einem neuen Bewusstsein und ziehlt hin auf die lebendige Erfahrung, ein pulsierendes Organ des einen Körpers zu sein, den die Menschheit bildet. Dies gilt, wie wir sahen in besonderer Weise für die Bewegung des Rollentausches.

Am Beispiel der Abendmahlsfeier, die aus der Tradition des jüdischen Passahfestes gewachsen ist, habe ich den transitorischen Charakter dieses kirchlichen Selbstvollzuges aufgezeigt: Gemeinde i s t die Feier des Todes und der Auferstehung Jesu, bzw. in einem mystischen Verständnis die Feier ihrer selbst. In der Problematik des Rollentausches mit Gott werden die Weite und die Grenze des christlichen Selbstbewusstseins deutlich.

Kirchliche Bildungsarbeit möchte ich zusammenfassend sehen als Unterstützung eines Lernprozesses, der verstanden wird als: Konversion, Inkulturation, Formation und Expedition.

Im sozialen Organismus der Gruppe und auf der psychodramatischen Bühne tut sich ein breit gefächertes Lernfeld auf: Psychodrama ist eine Schule der Beziehungsfähigkeit, eine eigene Art von Konversion, Umkehr aus der Isolation in die Beziehung. Der biblische Anspruch der Umkehr ist ein Anruf, eine Einladung zur Begegnung, und sie braucht beziehungsfähige Menschen, die gelernt haben, sich selbst ernst zu nehmen, auf andere zu hören, mit andern die Rolle tauschen zu können, gemeinsam zu handeln und Erfahrungen zu reflektieren.

Geht es für die Inkulturation darum, eine Kultur in ihrem religiösen Ursprung und Kontext zu verstehen, dann bietet die Einverleibung von religiösen Gebärden z.B., der Nachvollzug von rituellen Handlungen oder das Spiel traditioneller Geschichten einen ganzheitlichen Zugang zu einer vielleicht zunächst fremd anmutenden Welt. Information bleibt nicht beschränkt auf intellektuell abfragbares Wissen.

Die Formgebung innerer Werthaltungen und Einstellungen geschieht im Kontext des soeben angedeuteten Tuns eher mittelbar: Respekt, Zuneigung, die Fähigkeit, eigene Wünsche wahrzunehmen und sie zu vertreten, sich auseinanderzusetzen und zu streiten und gemeinsam erarbeitete und angenommene Werte entwickeln sich im Tun eher nebenher. Die Bühne sowie das Gruppengeschehen außerhalb haben die Qualität einer Retorte, in der die Substanzen verwandelt werden in der „Hitze“ des Zusammenspielens.

Kann sich kirchliche Bildung schließlich als Expedition verstehen, dann ist, hoffe ich, schon deutlich geworden, wie jeder Schritt aus dem vertrauten Kreis der Gruppe heraus auf die Bühne eine Expedition mit ungewissem Ausgang darstellt. Im Psychodrama sind immer wieder Einzelne oder die ganze Gruppe eingeladen, das schützende

Boot zu verlassen und sich den Wogen des Lebens anzuvertrauen. Gesellt sich zur Fähigkeit zu leben auch das Geschenk zu glauben, dann bekommt der Schritt aus dem Boot noch eine andere Qualität. Eine zunächst andere Qualität, nach längerem Gehen und Sinken und wieder Gehen, schimmert die eine Wirklichkeit durch, in die hinein jede Bildung mündet.
Mittlerweile hat die kirchliche Bildungsarbeit vor allem im innerkirchlichen Bereich aus der psychodramatischen Arbeit einige methodische Anleihen gemacht, die über den konkreten Zweck hinaus auch im soeben beschriebenen Sinn wirksam werden. Aus vier Bereichen möchte ich abschließend je ein Beispiel anführen. Es handelt sich um psychodramatische Elemente in der Bibelarbeit in der Kirchengemeinde, im schulischen Religionsunterricht, in den Ignatianischen Exerzitien und der Praxisbegleitung kirchlicher Mitarbeiter.
Der erste Beitrag stammt von Detlef Th. Tappen. Er arbeitet als Pastoralassistent in einer Gemeinde der Erzdiözese Köln.

5.1. Bibelarbeit in der Gemeinde: "Du selbst bist der Mensch!"

Mit diesen Worten, mit denen der Prophet Natan den König Israels in 2 Samuel 12 anspricht, lässt sich am ehesten beschreiben, mit welcher Intention und welchem Ertrag wir seit einigen Jahren in einer katholischen Pfarrgemeinde Bibelarbeit durchführen. Wir setzen dabei die Methoden des psychodrama – orientierten Bibliodrama ein.
Einladen lassen sich zu den halbjährlichen Workshops etwa 10-15 Personen aus dem kirchlichen Umfeld, katholisch wie evangelisch. Männer trauen sich den Schritt auf die Bühne beinahe nie, Frauen stellen den weitaus größten Teil der Teilnehmenden.
Dargestellt wird im Folgenden eine Bibliodrama- Einheit, die um das theologisch-geistliche Thema „Berufung und Ermächtigung“ kreist. Ausgangspunkt ist die biblische Erzählung von der Salbung des jungen David zum König über Israel (1Sam 16,1–13).
Die Gruppe sammelt sich im Gruppenraum, begrüßt sich zum Wiedersehen, tauscht sich über Alltäglich-Erlebtes aus. Den Schritt aus dem Alltagsbewusstsein mit dem Eigengewicht der Anforderungen in die neu zu entwickelnde Offenheit in und für die Gruppe, diese Übergangsphase gestalte ich. Ich lade die Teilnehmerinnen ein, durch den Raum zu gehen und mit der Aufmerksamkeit (nur) beim Gehen, beim Abrollen der Füße, bei den körperlichen Abläufen zu bleiben, die sich ereignen, wenn „ich gehe“. Beim nächsten Impuls gilt es, den Gruppenraum mit seinen Einrichtungsgegenständen wahrzunehmen, alle Sinne in diesen Raum zu konzentrieren. Die Teilnehmerinnen lernen, den Raum mit allen Sinnen aufzunehmen, wie sie auch später den Text der Bibel, der neue Lebensmöglichkeiten eröffnen kann, ebenfallls mit Herz und Hand und Verstand zu hören.Dem dient auch die schrittweise Kontaktaufnahme mit den anderen Teilnehmerinnen, ein freundlicher Blick zuerst, dann eine

kurze Berührung mit dem kleinen Finger, dann mit der Schulter, zuletzt dann, Alltagsgrenzen weitend, eine Berührung mit den Hüften – Raum für Neues und Spielerisches entsteht.
Die Gruppe versammelt sich im Kreis und die Teilnehmerinnen sind eingeladen, nacheinander in die Mitte zu treten und in der Mitte zu stehen. Unsicherheit und Verlegenheit löst sich in kicherndem Gelächter- „Wie werde ich das tun, kann ich das aushalten?“ Die Anregung: „Stellt euch zuerst vor, wie ihr in die Mitte gehen wollt!“- dann tritt die Erste aus dem Kreis, schaut sich vorsichtig um -, „Wohin mit den Händen?“.
Eine nach der anderen betritt die Kreismitte, inszeniert sich, bleibt mehr oder weniger lange stehen, genießt die Blicke, die Aufmerksamkeit der anderen oder zieht sich schnell in den bergenden Kreis zurück. In der anschließenden Gesprächsrunde, zu der sich die Gruppe in Kleingruppen auflöst, werden aktuelle Empfindungen, das Warten, das Heraustreten aus der Geborgenheit des Gruppenganzen, die ungeteilte Aufmerksamkeit, das An-Sehen und An-Gesehen-werden genauso von den Teilnehmerinnen eingebracht wie angenehme und bedrängende Vor-Erfahrungen, die durch diese kleine Übung geweckt worden sind. Die anfängliche Solidarität und Gruppenkohärenz vertieft sich.
Der Textabschnitt aus dem Ersten Testament wird zweimal vorgelesen, je mit einer männlichen und weiblichen Stimme und Intonation. Die Teilnehmerinnen wählen aus dem Text eine Figur, die sie interessiert, eine Rolle, die sie verkörpern möchten- Vertrautes und lang Bekanntes oder Unbekanntes, bislang Gemiedenes, die dunkle Seite. Ein Koffer voller Tücher und Stoffe lädt ein, sich eine Gewandung anzulegen, die dem eigenen Rollen-und Textverständnis Ausdruck gibt und die eigene Imagination vertieft. Der uralte Text, von Generation zu Generation wird im Heute lebendig. So wie Moreno einmal pointiert, wird der Text nicht einfach nur nachgespielt, nicht aufgewärmt wie eine Konserve, er wird vielmehr Einladung zur Begegnung.
Die Rollen des Vaters Isai und des Propheten Samuel, fünf Brüder und die Rolle des David werden gewählt und die Teilnehmerinnen betreten die Bühne, einzeln und gesammelt; kurze Absprachen über Orte und Beziehung der Spielenden- dann eröffnet ein Gongschlag das Gruppenspiel.
Monika, welche die Rolle des David, des jüngsten und unscheinbarsten der Isai-Söhne für sich gewählt hat, sagt in einer Rollenvorstellung, sie freue sich auf die Abgeschiedenheit des „Draußen-Seins“, darauf, ohne Verantwortung, bei sich sein zu können. Ihre Befürchtungen sind: „Ich bekomme vom Spielverlauf nichts mit. Dieses Leben, so wie ich es kenne, ist bald zu Ende“. Als die Gruppe in Bewegung kommt und sich die Rollen begegnen, werden schnell mehrere Handlungsorte und kleinere Szenen sichtbar, z.B. das Haus des Isai mit den aufgeregten Brüdern, die alle einander übertreffen wollen in der Selbstdarstellung und Isai selbst, ganz Patriarch, „king¥s dad“. An der anderen Seite der Bühne hat sich David alleine niedergelassen, deutlich abgewandt vom Geschehen und der Unruhe am anderen Spielort, bei ihm nur ein,

zwei Schafe. Das Spiel geht einem ersten Krisenpunkt entgegen, als alle Söhne durch Samuel erfahren, dass sie nicht als Könige in Frage kommen, sondern David gerufen wird. Geschwisterrivalitäten werden offen gezeigt. In einer zeremomniellen und doch im Jetzt entstehenden Weise salbt der Prophet den König- da treten noch einmal Spieler hinter ihre Rollen zurück und lassen dem „Großen Spiel" Entfaltungsraum, selbst überrascht und angerührt von dem, was sich mit ihnen und durch sie ereignet. Nach der spielerischen Entfaltung des Textes, als ein Sinken des Spannungs-und Handlungsbogens zu beobachten ist, beende ich das Gruppenspiel.
Die Ver-Kleidungen werden abgelegt und die Teilnehmerinnen kommen im Kreis zusammen. Das Erlebte erfährt im Wort eine Be-Deutung, der Austausch über die im Spiel vollzogenen Begegnungen führt zu lebensgeschichtlichen Bezügen: Der Anschluss an die vorpersönlichen Textfiguren macht das Sprechen von biografischen Erfahrungen möglich, indem er den Schutz des tradierten Textes einerseits und die Freiheiten der Rolle andererseits anbietet.
Monika entdeckt für sich und im Spiegel der Rückmeldungen der anderen Mitspielerinnen ihr „Lebens-Spiel"- sie kennt diese Sprünge, diese Übersprünge, erst Hirtenjunge, dann König.
Bibliodramatische Bibelarbeit hat in der Gemeinde einen festen Platz gefunden, weil sie eine Form lebendiger und Gottes-Volk-naher Exegese ist und den „Sitz im Leben" der alt-und neutestamentlichen Überlieferungen für die Menschen unserer Tage erweist. Bibliodrama wird zu geistlicher Lebenshilfe und zur Stärkung für den Glauben, indem sie die Wechselwirkung von Selbstverständnis und (biblischem) Textverständnis anregt und fördert, mehr als eine nur gehörte Predigt oder katechetische Interpretation dies im Normalfall möglich macht.

5.2. Psychodrama in ignatianischen Exerzitien

Die Verfasserin des Beitrags, Dr. Margret Fühles, SC, Psychodramaleiterin, ist u.a. tätig als Exerzitienleiterin und Lehrerin am Gymnasium.
Es ist erst kurze Zeit her. 11 Männer und Frauen unterschiedlichen Alters, aus unterschiedlichen Berufen und Konfessionen, aus Deutschland und dem europäischen Ausland, kommen in das Exerzitienhaus und bleiben dort 10 Tage zusammen, um „Geistliche Übungen" nach Ignatius von Loyola zu machen. Jede/r Teilnehmer/in hatte in den Wochen und Monaten vorher Kontakt mit einem der Begleiter, einem Mann und einer Frau, um Vorstellungen und Motivationen zu klären und sich auf die Methode einstellen zu können. So ist schon Wochen vorher ein erster Schritt auf diese Exerzitien hin getan.
Wohin kommen sie? In ein Haus, abgelegen, am Rand des Waldes, nahe dem Fluss, ein Haus noch nicht fertig, sondern noch dabei, eingerichtet zu werden. Die Wege vom einen zum anderen Haus sind nicht überdacht, schutzlose Übergänge. In der

Kapelle gibt es kein Bild, wohl Holzskulpturen, ein ausgesparter Hohlraum in Kreuzgestalt, eine dunkle Gesichtsmaske. Die äußeren Bilder sind sparsam, es wird darum gehen, aufmerksam auf die inneren Bilder zu werden.
Worauf lassen sich die Menschen ein, wenn sie hier angekommen sind? Sie leben einfach, nicht abgelenkt, im Schweigen. Eine Teilnehmerin legt in dieser Zeit allen Schmuck ab. Sie machen Leibübungen, um sensibel zu werden für die Sprache des Leibes. Sie meditieren mehrere Stunden am Tag, auch in der Nacht. Einmal am Tag sprechen sie mit einem der Begleiter über ihre inneren Bewegungen. Und sie treffen sich als Gruppe zum Gottesdienst und täglich 2 Stunden zum Psychodrama.
Die Einzelnen sind angekommen und lassen sich auf ihren inneren Weg ein. Die Situation und der Weg der Einzelnen sind sehr unterschiedlich. Aber alle haben den Wunsch, ihren spirituellen Weg im Alltag zu erkennen, zu vertiefen, einen nächsten Schritt zu tun. Dieser gleiche Wunsch ermöglicht es der Gruppe, sich regelmäßig zu treffen und macht das gemeinsame Tun intensiv und fruchtbar. Der/die Einzelne und die Gruppe bleiben so am Faden ihres eigenen Erlebens, entwickeln ein Gespür für ihre bis dahin oft noch unausgesprochene Sehnsucht und für die Wahrheit des Hier und Jetzt, gestalten diese Situation mithilfe biblischer Bilder, indem sie – wie Ignatius vorschlägt – in diese hineingehen, ihren Ort finden, ihn gestalten und seine Kraft wahrnehmen. Dies geschieht, um mit einem Ausdruck Morenos zu sprechen, durch die „Spontaneität", d. i. die innere Wachheit, der Zustand der gespannten und gelösten Aufmerksamkeit zugleich, der eine Öffnung des Menschen auf eine weitere Wandlung hin ermöglicht. In den psychodramatischen Einheiten während der Exerzitien geht es nicht um Austausch der Exerzitanten über die von ihnen während des Tages gemachten Erfahrungen, sondern darum, dass ein Raum geschaffen wird, in dem der/die Einzelne und die Gruppe als ganze im imaginativ-handelnden Spiel sichtbar macht, was ist, dadurch Neues ermöglicht, und so Transformation geschehen kann aus Fixierungen und Klischees heraus.
So ist das erste gemeinsame Bild, das von einer Exerzitantin gestaltet wird, das einer Neuschöpfung. Sie selbst nimmt die Rolle eines toten Körpers ein, legt sich auf den Boden und wartet auf den „Lebendigmacher". Sie wählt dafür einen Teilnehmer aus, lässt ihn sich das Gesicht mit einem gelben Tuch verhüllen als Andeutung göttlichen Geheimnisses. Sie spürt, dass sie für das, was kommt, stärker ihren Boden spüren muss. Es kann dies der Boden für das geahnte neue Auf-stehen sein, wohl auch der Boden der Gruppe mit der Frage, ob diese ein solches Geschehen mitträgt. Sie bittet deshalb Teilnehmer/innen, für sie Boden zu verkörpern und gibt ihm durch zugeordnete Sätze folgende Aspekte:" – Ich bin nur der Ton, der Töpfer ist ein anderer. – Ich bin bereit. – Vielleicht bin ich fruchtbar. – Was willst du, dass ich tue? – Ich kann noch nichts machen, ich brauche erst einen Auftrag." Dann beginnt die eigentliche Szene: Der „Lebendigmacher" macht sich klein, kniet sich neben den toten Körper, streicht über dessen Stirn und Augen, und seine Sinne öffnen sich. Die Bodenanteile werden durch den „Lebendigmacher" dazu bewegt, dem Körper aufzuhelfen. Er selbst

reicht der Frau die Hand. Sie spürt, wie sie jetzt stehen kann, sogar gehen und neu sehen. Sie spürt, wie in dieser Szene für sie eine neue „Aus-gangs-situation“ entstanden ist, nicht nur in der Imagination, sondern auch verleiblicht durch das Betreten der Gruppenbühne. – Es ist auch ein Ausgangspunkt für die Gruppe insgesamt. Jeder ist – auch als Zuschauer – in das Erleben hineingegangen und hat so Anteil an dem Aufstehen, sich Aufrichtenlassen und dem Versuch, neue Schritte zu wagen. So wird „Katharsis“ möglich, die Chance für Wandlung und Neuanfang.
Eine andere Frau stellt sich zu Beginn mit einer Vignette aus dem Tageserleben vor: „Ich war heute im Garten, dick in meinen Mantel gewickelt, und sehe an einem Zaun vor mir ein weißes und ein schwarzes Schaf, wiederkäuend. Sie nehmen kaum Notiz von mir.“ Diese scheinbar belanglose Situation erzählt sie der Gruppe. Und sie stellt sich damit – wie dann der Fortgang des Prozesses zeigt – auch mit ihrer inneren Situation vor. Es zeigt sich, dass es für sie in diesen Exerzititen nicht darum gehen kann, Neues aufzunehmen, sondern „wiederzukäuen“, bisher Erfahrenes in ihrem Herzen zu bewegen. Sie inszeniert als Protagonistin mithilfe der anderen Gruppenmitglieder den Kirchenraum ihrer Kindheit. Damit knüpft sie an alte Erfahrungen an und auch an die Gottesfrage, so wie sie sie damals gestellt hat und jetzt wieder ausspricht. In ihrem Kirchenraum gibt es oben viele goldene Engel, die sie zu zählen beginnt, in einer dunklen Ecke eine Pietà, präsent, aber noch unberührbar, der Altarraum ist durch eine Balustrade abgetrennt. Aus ihm wird einzig die Glocke, die zur Wandlung läutet, repräsentiert. Hinten gibt es einen Chor kritischer Stimmen, die zu dem Kind sprechen, und im Verlauf des Spiels zu einem Kreis Rosenkranz betender Menschen um sie wird. Sie richtet ihren Blick nach innen, wagt die Augen zu schließen und es steigt in ihr der Satz auf: „Sie bewegte alle diese Worte in ihrem Herzen.“ (Lk 2, 51). Damit ist sie in der Vergangenheit, gleichzeitig aber auch in der Gegenwart, und es verknüpfen sich Stationen ihres Lebens. Im Verlauf der Woche äußert die Exerzitiantin die Sehnsucht, sich dem Geist/der Geistin Gottes auszusetzen und findet sich in der Schlussvignette wieder als Samariterin – Fremde, Frau aus einem anderen Stamm – am Brunnen. Auf die Frage Jesu: „Was willst du?“ antwortet sie: „Ich muss noch gut hören“ und: „Dein Gesicht sehen, wenn ich einst erwache“. (Ps. 17, 15)
Es geht, so zeigen es diese wenigen Ausschnitte, im Exerzitienkontext nicht um die Bearbeitung theologischer Fragen, biografischer, solche der kirchlichen Sozialisation, nicht um das Anschauen, Bedenken und Anwenden, sondern um das Bewegtwerden und Sich-bewegen-Lassen durch den Geist, um das Eintreten in den Raum der persönlichen Begegnung mit dem Heiligen. Ignatius formuliert in seinem Exerzitienbuch: „...nicht das viele Wissen sättigt und befriedigt die Seele, sondern das Innerlich-die-Dinge-Verspüren-und-Schmecken.“ (EB 2) Das psychodramatische Handeln kann dazu helfen. Es integriert die verschiedenen Wahrnehmungs- und Ausdrucksfähigkeiten. Es öffnet die Dimension des Vergangenen, so Gewordenen und Zukünftigen, die Dimension des Individuellen und Sozialen und darin auch des Kirchlichen.

Es ist ein persönlich riskiertes Handeln, ein Tun des lebendigen und schöpferischen Gottes. Das in einer solchen Art von Imagination Getane und Erfahrene verkörpert sich, geht in Fleisch und Blut über und tut seine Wirkung. Es öffnet und befähigt den Menschen zu einem veränderten Dasein im Alltag.

5.3. Religionsunterricht zu St. Martin in einer Fachschule für Sozialpädagogik

Annette Hummelsheim, die Autorin dieses Beitrags, ist Bibliodramaleiterin und Dozentin am Erzbischöflichen Berufskolleg in Köln.

Die Ausgangssituation

Die Schülerinnen befinden sich im dritten und letzten Jahr ihrer Ausbildung zur Erzieherin. Sie kennen inzwischen historische Hintergründe, Legenden und Brauchtum zu St. Martin, jetzt möchten sie gerne mehr über konkrete Umsetzungsmöglichkeiten lernen, ihr Wunsch dabei: Mal was Neues, nicht immer der alte Kram, etwas, wo die Kinder stärker beteiligt sind…ich verstehe diesen Wunsch und schlage vor, dass sie selbst zunächst mal einen neuen Zugang finden können, wenn wir mithilfe psychodramatischer Elemente die Martinsgeschichte auf dem Hintergrund eigener Lebenserfahrungen inszenieren, und dann entdecken, welche Momente darin für die einzelnenen TeilnehmerInnen überraschend, aktuell oder auch fremd sind.
Dieser Impuls stößt nicht nur auf Begeisterung, ganz oft wollen die Schülerinnen sofort etwas für ihre Zielgruppe, für die Kinder, und überspringen sich dann selbst dabei. Ich kann den Schülerinnen die nötige Sicherheit vermitteln, sie bekommen eine methodische Transparenz, und sie wissen, dass sie sich als Menschen in dieser Art von Arbeit nicht blamieren können, sie erfahren auch, dass jeder über sich selbst bestimmt und keiner zu etwas gezwungen wird.

Die methodischen Schritte

Wir beginnen, nachdem wir die Tische weggerückt haben, mit einfachen Gehübungen im Raum. Das Probieren verschiedener Gangarten lockert, wir praktizieren unterschiedliche Begrüßungsgesten , die Schülerinnen erfinden immer neue, schließlich bitte ich darum, einen Halbkreis aus Stühlen zu bilden in der einen Hälfte des Raums, ich trenne mit einem Tesa-Kreppstreifen einen Bühnenraum ab und markiere darin mit einem Seil zwei gleich große nebeneinander liegende Bereiche.
Die Schülerinnen werden aufgefordert, in den einen Bereich ihr Bild von Martin und in den anderen das des Bettlers zu projizieren, nach einigen Minuten werden laut einige Aspekte und Assoziationen mitgeteilt.
In einem zweiten Schritt betreten alle Schülerinnen gleichzeitig die Bühne und probieren beide Bereiche aus, d.h. jede Einzelne entscheidet sich, auf welcher Seite sie

beginnen möchte, jetzt ganz konkret Erfahrung mit der Rolle von Martin oder von dem Bettler zu machen, Impulse, die ich dazu gebe:

- Identifizieren Sie sich mit Ihrer Rolle!
- Nehmen Sie sich wahr in Ihrer jetzigen Körperhaltung!
- In welcher Situation sind sie gerade?
- Wie geht es Ihnen in Ihrer Rolle?
- Gestalten Sie eine Gebärde, einen körperlichen Ausdruck, eine Geste, die ausdrückt, wie Sie jetzt in Ihrer Rolle da sind!
- Lösen Sie jetzt behutsam Ihre Geste und gehen Sie bewusst in den anderen Bereich, in die andere Rolle!

Die Schülerinnen wechseln jetzt die Seiten, identifizieren sich mit der anderen Rolle in den eben beschriebenen Schritten, und werden dann schließlich noch aufgefordert, sich für eine Seite zu entscheiden, die ihnen jetzt im Moment näher ist, dort noch einmal eine bewusste Haltung einzunehmen, und ein Wort zu sagen, das in ihnen aufsteigt, ein Wort, das ihr Dasein in ihrer Rolle jetzt zusammenfasst.
Nachdem jede ihr Wort ausgesprochen hat, verabschieden sich die Frauen auf der Bühne von ihren Rollen, sie entrollen sich, ich fordere auf, den Schritt von der Bühne ganz bewusst zu machen und jetzt wieder in ihr Alltagsbewusstsein zurückzukehren.

Der Verlauf

Die Schülerinnen gehen eher zögernd auf die Bühne. Die Gruppe ist klein, zehn Schülerinnen sind da, und alle sind jetzt gleichzeitig auf der Bühne, keine muss sich beobachtet fühlen, jede experimentiert erst einmal für sich.
Sechs Frauen beginnen mit Martin, vier mit dem Bettler. Auf der Seite von Martin gebärden die Spielerinnen sich groß, ich sehe als Zuschauerin gleichsam den Mantel, wie er rauscht, wie er Martin umhüllt, wie er im Wind weht, ich sehe das Stillstehen, das Hinunterblicken auf den Bettler, das Öffnen des Mantels, den weit ausholenden Arm, mit einem imaginären Schwert den Mantel durchtrennend, ich sehe eine gebende Geste, ein Sich-Bücken.
Auf der Seite des Bettlers spielt sich fast alles auf dem Boden ab, es gibt kriechende, schleppende, langsame Bewegungen, vermischt mit unterdrücktem Stöhnen, es gibt auch die totale Regungslosigkeit, das ganz In-Sich-Zusammengesunken-Sein, das Vor-Sich- Hinstieren, das Nichts-Mehr-Erwarten, und dann auch wieder das Flehende, einen sehnsüchtigen Blick in Richtung der anderen Seite, nach oben, mit erhobener Hand sich streckend.
Faszinierend zu beobachten, wie der Seitenwechsel vollzogen wird, wie der eben noch stolze starke Martin zum Bettler wird, wie der eine völlig kaftlos in sich zusammenfällt, wie ein anderer mit weit aufgerissenen Augen wortlos um Hilfe bittet, wie ein Dritter eher teilnahmslos aber mit Würde gerade dasitzt und beobachtet und wartet.

Die Reflexion

Beim anschließenden Reflexionsgespräch bitte ich darum, noch einmal von den auf der Bühne gesprochenen Worten auszugehen. Einige Äußerungen der Schülerinnen:

– Ich war erstaunt, wie stark ich mich an Situationen aus meinem Leben erinnert habe in den verschiedenen Rollen!

Aus der Rolle des Bettlers:

- In der Rolle des Bettlers musste ich an die Obdachlosen denken, auch an die Kinder auf der Domplatte und die Jugendlichen in den U-Bahnschächten. Ich habe das erste Mal gefühlt, wie es denen wohl gehen muss, alle Menschen sind groß und rennen an einem vorbei mit einem Ziel, und man selbst gehört nicht mehr dazu.
– Ich war so müde als Bettler, ich wollte nur noch schlafen.
– Mir war alles total egal, ich war nur noch abgestumpft, und ich hatte einen Hass auf die, denen es besser geht.

Aus der Rolle des Martin:

– Das war toll, auf dem Pferd reiten, den Helm auf dem Kopf, den warmen Mantel, ich hatte total viel Energie.
– Ich hab den Moment des Anhaltens gespielt, als Martin den Bettler sieht. Das war neu für mich, so jemand hatte ich noch nicht so bewusst wahrgenommen, ich war überrascht und erschrocken.
– Mir hat es Spaß gemacht, den Mantel zu teilen, das habe ich schon früher bewundert beim Martinsspiel, so richtig mit dem Schwert einmal durch.
– Ich wollte denen auf der anderen Seite helfen, aber ich wusste gar nicht, wie, vielleicht hätte ich die am liebsten in den Arm genommen.

Eine Schülerin drückt aus: „Ich konnte mich in beiden Rollen gut wieder finden, ich kenne von mir, dass ich mich schwach fühle und Hilfe brauche, und ich kenne auch die andere Seite, dass ich nämlich manchmal auch die stärkere bin und dass ich etwas geben kann. Und dabei habe ich in der Rolle von Martin gemerkt, dass ich dann kein danke schön haben möchte, das ist für mich dann auch wirklich schön, wenn ich helfen kann. Auf der anderen Seite um Hilfe bitten, das fällt mir schon schwerer."
Abschließend sagt eine junge Frau: „Ich bin überrascht, dass die Geschichte so viele Bezüge zu heute hat, und ich habe gemerkt, es geht nicht nur um materielles Arm- und Reich-Sein."
Eine andere fügt hinzu: „Und für mich war es irgendwie schön, dass ich euch in diesen Rollen gesehen habe , irgendwie habe ich das Gefühl, dass sich etwas gelöst hat in unserer Gruppe, dass ich schwach sein darf und stark!"
In diesen Äußerungen wird für mich deutlich, dass die Schülerinnen ganz wesentliche Momente der Beziehung zwischen Martin und dem Bettler verstanden haben. Verblüffend ist für mich immer wieder, mit welcher „Autorität" die Schülerinnen

dann sprechen, es ist die Autorität derjenigen, die etwas selbst erlebt haben. Damit ist zusätzlich zum historischen Wissen eine wichtige Grundlage geschaffen, auf der die Schülerinnen jetzt in ihrer pädagogischen Arbeit mit den Kindern vor Ort angemessene didaktische Entscheidungen treffen können.

5.4. Praxisbegleitung kirchlicher MitarbeiterInnen „Ich glaube, ich bin ärgerlich."

Der Beitrag stammt von Cornelia Kleijn-Stangier, Psychodramaleiterin, Lehrsupervisorin für Psychodrama und Physiotherapeutin, sie leitet mit ihrem Mann das Meister Eckehart Haus in Köln.

Charlotte arbeitet als Leiterin eines Kindergarten und Hortes einer Katholischen Kirchengemeinde in einer Kleinstadt. Ihre Mitarbeiterinnen und Vorgesetzten schätzen sie, die letzteren wahrscheinlich, weil sie sie so wenig wie möglich stört. Die Beauftragte der Gemeinde für die Hort- und Kindergartenarbeit ist noch in anderen Bereichen der Gemeinde tätig und ist daher froh, wenn sie sich so wenig wie möglich um den Hort kümmern muss, was Charlotte manchmal auch ärgert. Zunächst glaubt sie aber nur, dass sie sich ärgert.

Charlotte kommt in unregelmäßigen Abständen zur Begleitung, nur wenn sie Probleme in ihrer Arbeit hat. Ich kenne sie aus Gruppenarbeit zur Selbsterfahrung schon länger, sodass ein vertrauter Umgang mit einander besteht, Psychodrama ist ihr nicht ganz fremd.

Charlotte hat seit längerem Schwierigkeiten mit einer älteren Mitarbeiterin namens Hilde. Schon fünfzehn Jahren arbeitet diese im Hort, sie war schon da, als Charlotte Leiterin wurde und sie fühlte sich vielleicht auch als heimliche Leiterin. Hilde ist eine Kraft, die auf Strenge setzt und von den pädagogischen Maßnahmen der letzten Jahren nicht viel hält. Dadurch kommt sie in Konflikt mit den jüngeren Erzieherinnen, die mit ihr zusammenarbeiten sollen. Charlotte ihrerseits versucht immer wieder, mit großer Geduld und auch Respekt für die von Hilde geleistete Arbeit, zu vermitteln. Sie verweigert sich aber immer wieder und kann oder will nicht einsehen, dass sie sich auch mal in Frage stellen könnte. Supervision lehnt sie ab.

Charlotte ist verzweifelt und bringt diese Situation ein. Während sie erzählt, wird ihre Stimme immer leiser, und sie macht sich klein. Ich schlage ihr vor, auf der Bühne zu zeigen, was sie mir soeben erzählt hat.

Wir wenden das so genannte Monodrama an, weil für unsere Arbeit die Gruppe fehlt. Das bedeutet, dass niemand da ist, um eine Rolle einzunehmen, dass Charlotte alleine auf der Bühne steht. Wir richten den Raum ein, in dem das Gespräch mit Hilde statt fand, und stellen einen leeren Stuhl hin für Hilde, einen anderen, auf den Charlotte sich setzt. Ich werde im Falle eines Rollentausches die letzen Sätzen nachsprechen und werde dabei achten auf die Haltung und Stimmlage, in der sie als Hilde gesprochen hat, denn von nun an wird Charlotte sowohl ihre eigene Rolle als auch die von Hilde spielen.

Charlotte bemüht sich sehr, Hilde deutlich zu machen, sich doch auf die jüngeren Mitarbeiterinnen einzulassen und sich nicht so starr an ihre eigenen Auffassungen zu halten.
Sie versucht geduldig zu bleiben, spricht freundlich, den Kopf verständnisvoll nach vorne gebeugt „Bitte, Hilde, versteh doch, dass manche deiner Methoden vielleicht nicht mehr so geeignet sind wie vor 25 Jahren, als du in der Ausbildung warst."
Hier lade ich ein zum Rollentausch.
Wenn Charlotte Hildes Platz eingenommen hat, wiederhole ich von Charlottes Platz aus, so gut ich kann, wie und was Charlotte gesagt hat.
Charlotte sitzt inzwischen in der Haltung, so wie sie sie bei Hilde wahrgenommen hat, steif, verbissen, die Armen verschränkt, die Augen schauen sie nicht an, sie spricht kurz und hart: „Ich finde meine Methoden gut, die sollen sich anpassen, ich habe die längere Erfahrung."
Wiederum lasse ich die Rollen tauschen. Charlotte kehrt zu ihrem Stuhl zurück.
Sie lächelt einen Augenblick, richtet sich auf und sagt in ihrer eigenen Rolle mit lauter Stimme und gerade sitzend: „Ja, das weiß ich, aber ich finde es von größter Wichtigkeit, dass in meinem Hort mit den Methoden gearbeitet wird, die den heutigen Kindern angepasst sind."
Hier unterbreche ich das Spiel und lasse Charlotte noch einmal ihre Haltung wahrnehmen. Sie nickt nachdenklich. Ich bitte sie, die Bühne aufzuräumen und wir kehren zu unseren Plätzen zurück.
Charlotte schildert auf die Frage, was sie in der kurzen Sequenz entdeckt habe: „Als ich die Rolle und Haltung von Hilde eingenommen habe, spürte ich Kraft in mich kommen, so eine Haltung habe ich mir nie erlaubt, bin ich doch geprägt von dem Auftrag, meinen Nächsten zu achten, gar zu lieben. Als ich in meine Rolle wiederkam, merkte ich etwas von dem Ärger, den ich immer wieder unterdrückte und den ich so selten zulassen kann, wenn ich ihn überhaupt bemerke. Ich unterdrücke mich damit regelrecht selbst, ob das mit der Nächstenliebe gemeint ist? Hier habe ich wohl noch einiges zu lernen."
Ich setze die Methode des Psychodramas gerne ein in der Praxisbegleitung, in der Supervision und auch in anderen Bereichen von Weiter-Bildung, vor allem dort wo es um Begegnung und um das Zusammen-Arbeiten geht.
Besondere Aufmerksamkeit sollte dabei die körperliche Haltung finden: W i e zeige ich mich meinem Gegenüber? Ist Chalotte noch immer das kleine Mädchen, dass sich duckt, als sie ihrer Kollegin etwas sagen möchte, aus Angst mal wieder zu versagen und nicht die richtigen Worte zu finden, nicht lieb gefunden zu werden, usw.
Im Rollentausch wird die Haltung eines Gegenübers einfühlbar. Charlotte hat etwas von der harten Haltung von Hildegard übernommen und diese beibehalten in der eigenen Rolle, sie gab sich selber damit gleichsam mehr Rückgrat. Sie erfuhr aber durch meine Rollenübernahme wie im Spiegel, wie leise und überfreundlich sie selber sprach, sodass Hilde sie nicht ernst nehmen konnte.

In der Realität waren die nächsten Begegnungen mit Hilde immer noch schwer. Charlotte traute sich aber mehr zu und setzte Grenzen.
Zum Schluss beziehe ich mich noch auf die oben dargestellten Stufen eines Bildungsprozesses. Sie verdeutlichen den Weg, den Charlotte lernend geht, ihre Expedition in ein neues Gebiet.
Charlotte ist verzweifelt, sie muss, sie will etwas/sich verändern „ Umkehr aus der bisherigen gewohnten Begegnungsform (Konversion).
Sie ist bereit, sich auf das Fremde, Unbekannte einzulassen. Durch Rollentausch versuchen, andere Menschen zu verstehen, sich einleben in der „Kultur" der anderen Seite und so dieser näher zu kommen, sich „ihre „Kultur" zu Eigen zu machen (Inkulturation).
Durch den Rollentausch hat Charlottes innere und äußere Haltung sich verwandelt, eine andere Prägung bekommen, sie formt anschließend ihr eigenes Handeln und Auftreten neu (Formgebung).
Durch diese Arbeit ist in Charlotte der Wunsch gewachsen, aus der vertrauten Haltung, aus ihrem „Boot", heraus zu treten und neue Schritte in der Begegnung mit Hilde und anderen zu wagen. Praxisbegleitung kann durch Psychodrama auch zu einer Schule der Beziehungsfähigkeit werden.

Literatur

Bibel, Jerusalemer Bibel, Herder, Freiburg, Basel, Wien, 1968

Dürckheim, Karlfried Graf (1988/92): Weg der Übung, Geschenk der Gnade, Frankfurter Vorträge Band I und Band II, N.F. Ort: Weitz Verlag

Englert, Rudolf (1997): „Schwer zu sagen ..." Was ist ein religiöser Lernpozess? Zeitschr. f. Pädagogik und Theologie 49.Jg.1997/H2

Eckhart (1993): Werke II, Frankfurt: Deutscher Klassiker Verlag.

Geisler, Friedel (1989): Judentum und Psychodrama, in ‚Morenos therapeutische Philosophie', hg. von Buer, Ferdinand. Opladen: Leske und Budrich.

Giegerich, Wolfgang (1994): Animus-Psychologie. Ort: Peter Lang Verlag.

Hutter, Christoph (1995): ‚Gott, Rätsel, Syllogismus, Irrtum?' – Versuche zur theologischen Mitte von Morenos Frühschriften, in. Jahrbuch f.PD. Ort: Verlag.

Krüger, Reinhard T. (1997): Kreative Interaktion. Göttingen: Vandenhoeck u. Ruprecht.

Leutz, Gretel (1974): Das klassische Psychodrama nach J.L. Moreno. Berlin, Heidelberg, New York: Verlag.

Mette, Norbert (1997): Was ist ein rel.Lernprozess? Der lernende Jesus als Modell, Zeitschrift f.Pädagogik und Theologie 49. Jg. 1997 /H2

Neumann, Erich (1953): Kulturentwicklung und Religion. Zürich: Rascher.

Nipkow, Karl Ernst (1998): Bildung und Menschenbild „anthropologische Voraussetzungen kirchlicher Bildungsverantwortung in elementarisierender Sicht. In: Lubking, H.M: (Hg): Kirche braucht Bildung. Bielefeld: Luther Verlag.

Schacht, Michael (1989): Morenos Philosophie und Mystik, in ‚Morenos therapeutische Philosophie', hg. von Buer, Ferdinand. Opladen: Leske und Budrich.

Schwoebels, Christoph(1998): Glaube im Bildungsprozess, Zeitschr. f. Pädagogik und Theologie 2/1998

Stangier, Klaus-Werner (1997): „jetzt", Bibliodrama im Spannungsfeld von Psychodrama und Liturgie. Köln: inszenario Verlag.

Turner, Victor (1989): Vom Ritual zum Theater. Ort: Campus Verlag.

Eva Serafin

Die psychodramatische Konzeption in der politischen Bildung – Ein missing link zwischen Individuum und Gesellschaft?

Politische Bildung geht im Allgemeinen mit Persönlichkeitsbildung einher, aber nicht jede Persönlichkeitsbildung ist zwangsläufig politische Bildung. Politische Bildung ist kein zufälliges Produkt sondern ein intendierter Lernprozess. Der Einsatz des psychodramatischen Verfahrens bewegt sich in diesem Fall im Rahmen der Aufgaben und Ziele der politischen Bildung. Dies bringt einerseits Einschränkungen mit sich – die psychodramatische Spirale und die Technik des Doppelns treten in den Hintergrund; das große Protagonistenspiel findet eher selten statt – andererseits findet die Vielfalt psychodramatischer Arrangements und die gesellschaftliche Dimension der Philosophie Morenos ein Praxisfeld, das seinerseits über die methodischen Einschränkungen vieler Ausbildungsgruppen hinausgeht.

1. Grundlegende Aspekte der politischen Bildung – In welchem Rahmen ist der Einsatz des Psychodramas zu sehen?

Die Fachdiskussion zur politischen Bildung entwickelte sich seit der Entstehung der Bundesrepublik Deutschland immer weiter weg von einer eng umgrenzten staatsbürgerlichen Bildung mit institutionskundlicher Orientierung – und über mehrere Phasen, Kontroversen und Paradigmenwechsel (z.B. durch die Erschließung der sozialwissenschaftlichen Orientierung) – hin zur Lebenswelt als neuerem Bezugspunkt der politischen Bildung. Die Bedeutung der Lebenswelt als Ansatz basiert auf der Erkenntnis, dass die Beschäftigung mit dem eigenen Leben zwar zu subjektivistischer Selbstbezogenheit führen kann, aber nicht zwangsläufig dazu führen muss. Die eigene Lebenswelt ist der Ausgangspunkt für das Verständnis von Gesellschaft und Politik. Die Herausforderung für die politische Bildung besteht darin, den Brückenschlag zwischen Lebenswelt und Politik zu bewerkstelligen. (Zu Beginn der sechziger Jahre fand die Politikdidaktik als wissenschaftliche Disziplin Eingang in die Hochschulen. Politikdidaktische Theorien stellen Kriterien bereit, mit deren Hilfe die wesentlichen Entwicklungen im Prozess der Unterrichtsplanung rational begründet getroffen werden können. Die Politikdidaktik konzentrierte sich stark auf den schulischen Unterricht. Außerschulische Praxisfelder wurden und werden weitgehend ausgeblendet, so dass von einem politikdidaktischen Theoriendefizit gesprochen werden kann.)

Politische Bildung organisiert Lernprozesse, die an Lernzielen orientiert und auf sie hin didaktisch-methodisch strukturiert sind. Sie erstrebt mit Hilfe von Lernmethoden dauerhafte Wirkungen im Bereich der Einstellungen, Kenntnisse, Orientierungen, Verhaltensweisen, Kompetenzen und Emotionen der Teilnehmenden.
Aufgabe der politischen Bildung ist es – nach weitgehender Übereinstimmung in bundesrepublikanischen Fachkreisen – in allen Lebensbereichen demokratisches und rechtsstaatliches Verhalten und Handeln im Sinne des Grundgesetzes zu fördern (Bericht der Bundesregierung 1992). Der Handlungsbegriff hat in der Politikdidaktik als wissenschaftlicher Disziplin eine zentrale Bedeutung: Im politischen Handeln der Teilnehmenden sieht die Fachdidaktik ein Ziel der politischen Bildung. (Nach Habermas ist zu unterscheiden zwischen strategischem und kommunikativem Handeln. Bei strategischem Handeln wird davon ausgegangen, dass andere Mithandelnde sich nach ihrem eigenen Nutzen verhalten und sich daher nicht von vornherein kooperativ verhalten, sondern sich nur insoweit in die Pläne einfügen, als es dem eigenen Nutzen entspricht. Beim kommunikativen Handeln steht dagegen die Verständigung über Handlungsnormen im Vordergrund. Im Diskurs muss erst ein Konsens über die Handlungsnormen erzielt werden, da diese nicht von vornherein als verbindlich gelten. Die klassische gewerkschaftliche Bildung zielt in Richtung strategisches Handeln, d.h. auf Politikberatung als Vermittlung von Kenntnissen und Handlungskompetenzen, die auf die unmittelbare Verbesserung der Handlungsfähigkeit politischer Akteure zielt. Die breiter angelegte allgemeingesellschaftliche politische Bildung kann sich stärker dem kommunikativen Handlungsaspekt widmen.)
Naheliegend erscheint es daher, dass sich die Kompetenz für politisches Handeln – also: Handeln als Ziel der politischen Bildung – auch durch ein handlungsorientiertes Verfahren vermitteln lässt. Der hier vorliegende Beitrag verdeutlicht die Möglichkeiten des Psychodramas, diesen Vorgaben zu entsprechen.

2. Einige Thesen zu psychodramatischen Grundlagen in der politischen Bildung – Was kann das Psychodrama im Rahmen der politischen Bildung leisten?

- Morenos Gesamtwerk, seine Philosophie, seine arbeitspraktischen Schwerpunkte und die Ideenwelt seiner konkreten Utopie korrespondieren mit Aufgabenstellungen der Politikdidaktik (Serafin 1998, S. 1–88). „Morenos Ansatz steht in [der] Tradition gewaltfreier Aktion für Frieden und Gerechtigkeit in einer libertären und fraternitären Basis-Demokratie. Zur Erreichung dieser konkreten Utopie hat er seine Methoden und Techniken konzipiert." (Buer 1991, S. 196)
- Morenos Theorie der Begegnung ist geeignet als Grundlage für den gesellschaftlich relevanten Perspektivwechsel und dient damit der Überprüfung eigener Vorurteile, dem Abbau von Diskriminierung und der Erhöhung demokratischer Akzeptanz. Die realitätsgerechte Beziehung zwischen Menschen und sozialen Grup-

pen gilt als unumstrittener Bestandteil vieler zentraler Themen der politischen Bildung.

- Die Theorie der Spontaneität und Kreativität sowie die Bedeutung von Spontanität und Kreativität als eine Form der Intelligenz (vgl. Moreno nach Zeintlinger 1981, S. 168 ff.) bietet Verbindungspunkte und sinnvolle Ergänzung zu Ansätzen des politischen Lernens in der Bildungsarbeit (Claußen/Geißler 1996).
- Die Überwindung der Rollenkonserve bzw. der Kulturkonserve entspricht dem zielorientierten Handeln in der politischen Bildung.

3. Folgerungen für die praktische Anwendung von Psychodrama als Verfahren in der politischen Bildung

Politische Bildung hat den Anspruch, die individuelle Situation der Teilnehmenden einzubeziehen. Die Orientierung an der spezifischen Lebenswelt der Teilnehmenden ist nicht nur sinnvoll sondern häufig zur Weiterentwicklung der eigenen Lern- und Handlungsmotivation unabdingbar. Der Bildungsprozess verharrt nicht auf der Ebene der individuellen Situation, sondern deren politischen und gesellschaftlichen Bezüge rücken ins Blickfeld. Öffentliche Angelegenheiten und deren demokratische Regelungen sollen als solche erkennbar werden. Dies gilt auch für die Unterstützung von Handlungsorientierungen bzw. Handlungskompetenzen, die über eine ausschließlich subjektiv-individualisierte Dimension hinaus Bedeutung erhalten.
Für die Anwendung von Psycho- bzw. Soziodrama und Soziometrie heißt das z.B. :

- Eine psychodramatische Sequenz wird in Bezug zum gesellschaftlichen bzw. politischen (Seminar-) Thema gestellt. Dies kann durch entsprechende Fragestellungen beim Identifikationsfeedback bzw. Sharing oder durch eine zusätzliche Runde zur thematischen Auswertung geschehen.
- Soziodramatische Sequenzen haben gesellschaftliche Themen zum Inhalt. Hier ist zu beachten, dass die Auswertung über die persönliche Selbsterfahrung hinausgeht und ein Transfer auf die Makroebene angestrebt wird.
- Soziometrische Methoden messen und legen die Beziehungen der Gruppenmitglieder zueinander offen. In der Bildungsarbeit stehen nicht die persönlichen Beziehungen im Mittelpunkt – es sei denn es geht in diesem Punkt um das (Wieder-)Herstellen der Gruppenarbeitsfähigkeit – sondern der Bezug der Teilnehmenden zum Seminarthema. Möglich ist dies, indem die Gruppe ihre Struktur abbildet, die dann als Mikroebene erkennbar mit der Makroebene verbunden wird. Oder aber, indem soziometrische Methoden direkt zur politischen Meinungsbildung angewendet werden.

4. Zur Auswahl des in diesem Beitrag erörterten Praxisbeispiels

Um die Relevanz des im Folgenden beschriebenen Praxisbeispiels (Seminar: Sterben ist ein Teil des Lebens) zu erläutern, möchte ich Bezug nehmen auf aktuelle Fragestellungen des politischen Lernens in der „Risikogesellschaft" wie sie z.B. von Claußen (Claußen/Geißler 1996, S. 375–398) formuliert werden. Er setzt sich mit gesamtgesellschaftlichen Gefährdungen und deren Wirkung als Sozialisationsfaktor auseinander. Daraus geht hervor, dass das Erkennen gesellschaftlich relevanter Bedrohungspotentiale ein Auslöser für politikbezogenes Lernen sein kann. Als Bedrohungspotentiale in der Risikogesellschaft gelten gesellschaftliche Krisen, Gefährdungen und Katastrophen. Sie haben mittel- und langfristig wirksame Auswirkungen im Hinblick auf „zentrale Dispositionen der staatsbürgerlichen Persönlichkeit". Mit letzterem sind gemeint: Wertoptionen, Politikbilder, Weltanschauungen, Änderung oder Festigung von Parteibindungen, Wahrnehmungs-, Deutungs- oder Aktivitätsmustern ebenso wie deren Aktualisierung für akut nötiges Verhalten.
Claußen beschäftigt sich mit dem Phänomen entpolitisierter Formen des Umgangs mit gesellschaftlichen Problemen. Dieses Phänomen ist scheinbar paradox. Es ist besonders dort ausgeprägt, wo es sich um Bedrohungen handelt, deren Abwehr durchaus als öffentliche Angelegenheit bzw. Aufgabenstellung der Politik gesehen wird. Problemkern des entpolitisierten Umgangs sind jedoch Irritationen der individuellen Orientierung hinsichtlich der oben genannten zentralen Dispositionen, die sich in einer Erschütterung des Verhältnisses von realer und neurotischer Angst ausdrücken. Diese führen zu Apathietendenzen und Panikneigungen und erhalten maßgeblichen Einfuss auf die individuellen Beziehungen zum gesellschaftlichen Gemeinwesen und zur Politik.
Der Umgang mit Menschen in ihrer letzten Lebensphase, mit Todkranken und Sterbenden in unserer Gesellschaft ist eine potentielle Gefährdung für jedes Individuum. Die Bedrohung der eigenen Menschenwürde in einer Situation, in der man sich nicht mehr aus eigener Kraft helfen und sich gegebenenfalls für seine Rechte und Bedürfnisse einsetzen kann, löst Angst aus. Die Gewährleistung von Kranken- und Altersversorgung gilt als Aufgabenstellung der Politik, und Sozialpolitik ist nicht nur zu Zeiten einer Gesundheitsreform-Debatte eine öffentliche Angelegenheit. Gefährdungen der im Grundgesetz der Bundesrepublik verankerten Menschenrechte im allgemeinen und der Menschenwürde im speziellen wirken als politische Sozialisationskomponenten, wenn man selbst direkt damit konfrontiert ist. Gleichzeitig läuft dieses gesellschaftliche Phänomen immer wieder Gefahr, in institutionellen Sachzwängen zu verschwinden oder im gesellschaftlichen Diskurs individualisiert zu werden.
Die Spannbreite der lebens- und arbeitsweltlichen Themen, an denen die politische Bildung ansetzen kann, um Orientierung in den zentralen Dispositionen zu vermitteln, ist groß (z.B. „Aggression und Gewalt in Politik und Gesellschaft", „Kommunikationstraining-, Interessenvertretung, Selbstbehauptung und Zivilcourage", „Sexua-

lität im Arbeitsbereich der Krankenpflege") und in etlichen Themen hat sich der Einsatz des psychodramatischen Verfahrens in der Konzeption und Umsetzung von Seminarangeboten bereits bewährt (Beispiele hierzu in: Serafin 1998, S. 1–88) Für diesen Beitrag ist hier das Thema Tod und Sterben ausgewählt, weil es einerseits durch seine starke gesellschaftliche Tabuisierung und andererseits durch seine häufige Reduktion auf den psychologischen oder religiösen Bereich eine besondere Aufgabenstellung für die politische Bildung darstellt.

5. Psychodramatische Praxis in einem Seminar der politischen Bildung – Ziele, Erläuterungen, Ablauf und Beispiele

Das *Seminar „Sterben ist ein Teil des Lebens"* findet mit 20 bis 50jährigen Teilnehmenden aus der Krankenpflege als Wochenseminar in einer gewerkschaftlichen Bildungsstätte statt und ist als politische Bildungsveranstaltung nach dem Berliner Bildungsurlaubsgesetz bzw. dem Brandenburger Weiterbildungsgesetz anerkannt. Die Konzeption wurde mehrfach als Seminar umgesetzt. Die Teilnehmenden melden sich auf die Seminar-Ausschreibung an bzw. wenden sich nach entsprechender Anregung durch Beschäftigte der Krankenhäuser an die Bildungsstätte, um einen Seminartermin zu vereinbaren.

Das Seminarkonzept basiert auf der Erkenntnis, dass das Sterben als letzte Lebensphase des Menschen innerhalb der postindustriellen Gesellschaft immer stärker ausgegrenzt wurde und wird. Sterben gilt als ein „Ereignis im Alter" und sein Erleben ist im engen Lebenszusammenhang der Familie selten geworden. Während in Deutschland 1900 nur 10 % [der Gestorbenen; E.S.] im Krankenhaus starben, 1974 waren es in der Bundesrepublik 1966 bereits 57 % und 1984 verbrachten 80 % ihre letzten Tage in Kliniken und weitere 15 % in Altenheimen." (Stadler 1994, S. 226 f) Mit dieser gesellschaftlichen Entwicklung geht ein immer stärker werdendes Tabu einher. Jung sein, gesund sein und „fit" sein gilt als positiver Wert einer Körperkultur, die in alle gesellschaftlichen Bereiche hereinzuragen scheint und Gefahr läuft, sich von Sinnzusammenhängen abzulösen.

Der Arbeitsbereich der Pflege ist – in einer hochtechnisierten Welt der medizinischen Machbarkeits-Ideologie – stark am Heilungsgedanken orientiert. Die Pflege während eines Heilungsprozesses wird als sinnstiftend für die Helfer und Helferinnen erlebt. Fällt „Heilung" als Sinn weg, kann Pflege in ein – aus dem Tabu entstandenes – Vakuum fallen. Aber auch innerhalb der gesundheitsdienstlichen Institutionen ist der Tod tabu. Hinzu kommt die institutionelle Arbeitsteilung zwischen männlich dominierter Medizin und weiblich geprägter Pflege, die sich in der Besetzung der Personalstellen, im hierarchischen Gefälle von Medizin und Pflege sowie in den Entscheidungsstrukturen zeigt. Die Gestaltungsspielräume sind geprägt von medizintechnologischen Normen, die häufig im Vordergrund stehen.

Vor dem Seminar

Bei der Vorbesprechung mit den Teilnehmenden des Seminars werden neben dem organisatorischen Ablauf auch thematische Interessen besprochen. Erwartungsgemäß finden hier Fragen zur Sterbebegleitung die quantitativ größte Bedeutung. Der Umgang mit Angehörigen wird als sehr belastend empfunden und möglichst vermieden. Wenn die Sterbenden noch jung sind und „ihre Zeit noch nicht abgelaufen" zu sein scheint oder wenn Patienten sagen „Schwester, ich möchte sterben" – wie kommt man damit klar? Auch die Frage: „Gibt es ein Leben nach dem Tod?" taucht auf, und welche Bedeutung hat diese Frage für Sterbende. Die Teilnehmenden möchten auch „allgemein etwas über den Tod" erfahren und über Alternativen zur bislang bekannten Sterbebegleitung.
Die Rücksprache mit den Teilnehmenden im Vorfeld des Seminars ergibt die Themenschwerpunkte: Der persönliche Zugang zu Tod und Sterben/Der Umgang mit Tod und Sterben in unserer Gesellschaft/Ideen und Praxis der Hospizbewegung/Sterbehilfe versus Sterbebegleitung (Begriffsklärung in Abgrenzung zu Sterbebegleitung, Formen der Sterbehilfe und ihre rechtliche Bewertung; Auseinandersetzung mit dem Themenbereich: lebenswertes und „lebensunwertes" Leben).

Verlauf des Seminars: Sterben ist ein Teil des Lebens

Die Seminarschwerpunkte werden im folgenden als Themenblöcke in ihrer zeitlichen Abfolge dargestellt und erläutert.

Themenblock A – Zeitrahmen: ein halber Tag

1. Warming-up
Methodisches Arrangement: Die Teilnehmenden erhalten die Vorlage einer persönlichen Vorstellung auf einen großen Papierbogen, auf dem sie Informationen zu ihrer Person geben und ihre Meinung zu drei themenbezogenen Fragen beantworten: Was bewerte ich an unserem Gesundheitssystem positiv? Was ist negativ? Was sollte in den nächsten Jahren verbessert werden?
Ziel: Ankommen, gegenseitiges Kennenlernen, Seminareinstieg

2. Aktuelle gefühlsmäßige Haltung zum Seminar
Methodisches Arrangement: Soziometrische Übung
Ziel: Bewußtwerden der eigenen Haltung, Offenlegen der Haltung der Seminargruppe

3. Assoziationen zu Tod und Sterben (Brainstorming) / **Charakteristika des modernen Sterbens**

Methodisches Arrangement: Brainstorming ; Gruppengespräch mit Bezug auf die individuellen Assoziationen;
Ziel: Hinführung zur gesellschaftlichen Dimension des Themas; Verdeutlichung des Zusammenhangs bzw. der Wechselwirkungen von individuellen Sichtweisen und gesellschaftlichen Phänomenen.

Zu 1. Warming-up /Einschätzungen zum Gesundheitswesen: Die Mischung von persönlichem Selbstportrait (Name, Beruf, Arbeitsort, Funktionsträgerschaft in der betrieblichen Mitbestimmung [Personalrat, Jugend- und Auszubildendenvertretung], Freizeitbeschäftigungen, Alter, Familienstand, etc.) einerseits und individuelle Aussagen zum Gesundheitssystems andererseits, entspricht bereits zu Beginn des Seminars der Zielrichtung, eine Brücke zwischen Individuum und Gesellschaft herzustellen. Als Positivum unseres Gesundheitssystem wird häufig genannt, dass die medizinische Versorgung für alle Bundesbürger gewährleistet ist, vereinzelt auch mit dem Zusatz des Vergleichs mit anderen Ländern. Als negativ werden Einsparungen im Personalbereich bzw. das Sparen an der falschen Stelle genannt. Die Frage, was sich in den nächsten Jahren verbessert haben soll, wird von vielen Teilnehmenden zu Seminarbeginn noch nicht beantwortet. Manchmal werden die Verbesserung ambulanter Pflegeangebote, die Zusammenarbeit der Beschäftigten im Krankenhaus, die Aus- und Weiterbildungsmöglichkeiten oder Aufstiegschancen genannt. Die Beantwortung der letzten Frage [was soll in den nächsten Jahren in Bezug auf das Gesundheitswesen verbessert werden?] ist ein Hinweis auf den Standort der Gruppe im themenbezogenen politischen Bildungsprozess und bleibt als Leitfragestellung im weiteren Verlauf im Blickfeld.

Zu 2. Gefühlsmäßige Haltung zur Seminarveranstaltung: In kleinen Gruppen (bis ca. 12 Teilnehmende) hat sich hierzu bewährt, als Symbol des Seminars eine große bunte Schachtel, deren Inhalt nur phantasiert werden kann, in die Mitte des Raumes zu legen. Alle positionieren sich in ihrer spezifischen Nähe bzw. Distanz zum Thema und nehmen eine entsprechende Körperhaltung ein. Anschließend erläutern alle, während sie sich noch in der gewählten Position befinden, ihre Haltung. Oftmals werden Positionierungen und Haltungen, die von außen ähnlich aussehen, von den Protagonisten selbst völlig anders beschrieben (z.B. beginnen zwei Personen, die gleichermaßen entfernt vom Symbol stehen, ihre Erläuterung mit „ich stehe nah am Thema, weil…“ bzw. „ich stehe distanziert zum Thema, weil…“).

In großen Gruppen ist diese Herangehensweise wegen der langen Auswertungszeit ermüdend für die Gruppe. (Auch wenn dann mit zwei Teamenden gearbeitet wird, ist es dennoch für die Gruppendynamik wichtig, die grundsätzliche Haltung der Teilnehmenden als Gruppenstimmung in der Großgruppe offenzulegen.) Das Zurückgehen in die Runde würde die Gruppe entlasten, führt aber zu erhöhtem Stresserleben für denjenigen, der nun als Einzelperson seine Position und Haltung zeigen und beschreiben soll. Auch die Erläuterung der Einzelnen aus ihrer Position im Stuhlkreis ist nicht sinnvoll, da der persönliche Bezug mit Verlassen der körperlichen Positionierung wieder verloren gehen kann und die Auswertungsrunde der Beliebigkeit anheim fällt. Eine Alternative der soziometrischen Darstellung in großen Gruppen besteht in einer Ambivalenz-soziometrischen Übung nach Ann Hale: Die Gruppenmitglieder positionieren sich in einem phantasierten Koordinatensystem im Raum, bei dem die x-Achse den Gradmesser für das Interesse am Thema und die y-Achse die damit verbundenen Ängste bzw. die Offenheit für die Auseinandersetzung mit dem Thema symbolisiert. Auf diese Weise entsteht ein Bild, das in erster Linie eine Aussage über die Haltung der Gruppe als Ganze ergibt, was natürlich nicht ausschließt, dass einzelne Teilnehmende ihre Haltung erläutern können.

Zu 3. Assoziationen zu Tod und Sterben/ Charakteristika des modernen Sterbens: Das Brainstorming erfolgt über eine Kartenabfrage zu den Assoziationen zu Tod und Sterben. Die eigenen Karten werden nach einander kurz vorgestellt und anschließend je nach positiver bzw. negativer gefühlsmäßiger Besetzung und nach thematischer Nähe auf einer Wandzeitung befestigt. Die meisten Teilnehmenden haben neben negativen auch von ihnen positiv empfundene Assoziationen. Nicht eindeutig bewertbare Nennungen finden sich im Mittelbereich. In den Erläuterungen zu den Karten klingen sowohl unterschiedliche Erfahrungen mit Tod und Sterben als auch unterschiedliche Vorstellungen von Tod und Jenseits an. Bei Nachfragen, insbesondere bei den negativ bewerteten Begriffen, kommt auch schon Kritik an erfahrenen Sterbebedingungen im Krankenhaus zum Ausdruck. Anhand der Assoziationsübung und den dahinterstehenden Erfahrungen und Einschätzungen entsteht das Gespräch über die Charakteristika des modernen Sterbens (Sterberituale sind verlorengegangen; Sterben wird im Allgemeinen in unserer Gesellschaft tabuisiert; es wird einsamer gestorben und einsamer getrauert – an dieser Stelle berichten türkische Teilnehmende von völlig anderen Erfahrungen in ihren Herkunftsland; etc.). Die Seminarleitung ergänzt die genannten Merkmale und gibt aktuelle Impulse z.B.: Wie wird der Einfluss des vergleichsweise jungen medizinischen und gesellschaftlichen Phänomen „Aids" auf den öffentlichen Umgang mit Tod und Sterben eingeschätzt? (Die Erkrankung ist tödlich, aber nicht plötzlich, so dass Zeit zur Auseinandersetzung bleibt und von den häufig betroffenen Personengruppen (Merkmal: jung und mitten im Leben stehend) auch im Sinne einer gesellschaftlichen Einflussnahme genutzt wird.)

Themenblock B – Zeitrahmen: ein halber Tag

Der persönliche Zugang zu Tod und Sterben
Methodisches Arrangement: Gestaltpädagogische Übung
Ziel: Aufgreifen der eigenen Erfahrungen im beruflichen aber auch im privaten Lebensbereich. Die eigene Haltung zu Tod und Sterben soll anhand von herauszuarbeitenden sozio-biographischen Merkmalen und deren bisheriger Handlungsspielraum bewusst werden. Durch die Anleitung sollen hierbei die individuellen Potenzen, Kraftquellen und Bewältigungserfolge hervorgehoben werden. Institutionelle Bedingungen, die Konflikte entstehen lassen oder verschärfen, sollen ins Blickfeld geholt und nach Möglichkeit analysiert werden.

Dazu: Die Teilnehmenden malen eine persönliche Lebenslinie mit Symbolen für ihre Erfahrungen mit Tod und Sterben. Die anschließende Vorstellung der Lebenslinien fördert die Gruppenkohäsion, erfordert aber auch den sensiblen Umgang mit den Wünschen und Grenzen bezüglich des Nachfragens oder Stehenlassenkönnens einzelner Aussagen. Die Aufgabe der Seminarleitung besteht darin, akzeptierende Wertmaßstäbe im gegenseitigen Umgang zu setzen und das Ziel dieser Seminarsequenz nicht aus den Augen zu verlieren.
Bei Beispielen aus den privaten Lebensbereichen können Vignetten initiiert werden, insbesondere wenn Teilnehmende äußern, sie wünschten, sie hätten sich anders verhalten (können). Unerledigtes wird im psychodramatischen zweiten Mal erledigt und als erledigt erfahren. Hierbei muss der Verlauf flach genug gehalten werden, um die psychodramatisch ungeübten Teilnehmenden nicht zu überfordern; andererseits muss er intensiv genug sein, um sein Ziel zu erreichen, nämlich die Arbeitsfähigkeit im Seminar.
Wenn eine Konfliktsituation aus der Arbeitswelt (siehe Beispiel unten) thematisiert wird, liegt ein anderer Fall vor: Hier hat die psychodramatische Inszenierung der erlebten Situation neben der Entlastung des Protagonisten auch die Aufgabe der Ursachenanalyse im institutionellen Rahmen und betrifft die Kulturkonserve der beruflichen Funktion. Die Entwicklung der surplus-reality ist von den Teilnehmenden besser akzeptierbar, entspricht sie doch dem Wunsch, mit beruflichen Situationen gut umgehen zu können.
Beispiel: In einer Seminargruppe wurden bereits beim Besprechen der Lebenslinien mehrfach Konfliktsituationen erwähnt, die bei der Pflege Sterbender im Krankenhaus entstanden. Eine Teilnehmende, die beim Erzählen starke Wiedererkennung und Identifikationseffekte bei der Gruppe auslöste, wurde von der Seminarleitung gefragt, ob sie ihre Situation in Szene setzen wolle, damit ein konkretes Beispiel zum Themenbereich vorliege. Nach kurzer Erläuterung der psychodramatischen Vorge-

hensweise stellte die Teilnehmerin als Protagonistin folgende Situation vor: Auf Anordnung der Vorgesetzten sollten sie und ihre Kollegin bettlägerige Patientinnen und Patienten waschen, darunter auch ein Sterbender. Die Kollegin wollte die Grundpflege genauso wie bei allen anderen Patienten durchführen, dem Patienten selbst schien dies jedoch sehr unangenehm zu sein.

Die Protagonistin zeigte in der eingerichteten Szene deutlich ihre Ambivalenz zwischen Auftragserfüllung, Angst vor dem Konflikt mit der (autoritären) Vorgesetzten, Befangenheit in der Auseinandersetzung mit der Kollegin angesichts des Sterbenden und Unsicherheit im Anspruch an sich selbst, eine qualifizierte und souveräne Fachkraft zu sein. ("Ich gelte als souverän, mich bei den notwendigen fachlichen Verrichtungen nicht von persönlichen Emotionen irritieren zu lassen. Vielleicht ist es aber souveräner, im Sinne des Patienten die Grundpfeiler der Pflege – Hygiene und Sauberkeit – zu vernachlässigen? Schätze ich die Bedürfnisse und Reaktionen des Patienten überhaupt richtig ein?").

Die widersprüchlichen Stimmen wurden mit Antagonisten besetzt, und die Protagonistin trat nacheinander mit ihnen in den Dialog. Mit der Zeit konnte als erste Elementarfrage die Bedürfnislage des Patienten herauskristallisiert werden. Ein Rollentausch mit dem Patienten hätte hier Auskunft geben können, wäre aber vermutlich eine Überforderung der psychodrama-ungewohnten Protagonistin gewesen. Statt dessen wurde dem Sterbenden in der Surplus-reality die Sprechfähigkeit wiedergegeben, und der rollensichere (!) Antagonist konnte inmitten der Szene ein Rollen-feedback geben. Die Bestätigung der Wahrnehmung gab dann der Protagonistin den Antrieb, sich gegen die verunsichernden Stimmen durchzusetzen und diese „zu denjenigen Fallsituationen zu schicken, bei denen sie gebraucht werden".

Auf diese Weise gestärkt, konnte sie sich der nächsten Frage widmen: wie verfahre ich mit meiner Kollegin und der Vorgesetzten? Eine Lösung des Konflikts mit der Kollegin sah die Protagonistin, als sie durch die Technik des Spiegelns – außerhalb der Szene und des akuten Handlungsdrucks – im Interview mit der Seminarleitung auf die Idee kam, die Kollegin vor die Tür zu bitten, um ihr ihren Standpunkt zu erläutern.

Der befürchtete Konflikt mit der Vorgesetzten wurde als letztes gespielt. Er war belastet von einer Reihe von vorangegangenen ungelösten Konflikten in dieser Arbeitsbeziehung. Die Protagonistin nahm an, ihre Interessen und Überzeugungen nicht gegenüber der Vorgesetzten vertreten zu können. Sie wurde außerdem von der Gruppe darin bestärkt, dass dies bei genau dieser Vorgesetzten auch nicht möglich sei. Die Seminarleitung fragte die Protagonistin, ob sie eine Person kennen würde, der sie dies dennoch zutrauen würde. Nachdem die Protagonistin dies bejaht hat, wurde sie gebeten, sich in den Rollentausch mit dieser „starken" Person zu begeben. Sie machte dann in der surplus-reality die Erfahrung, ihre Interessen vertreten zu können, weil sie sich im Rollentausch eine stärkere eigene Haltung zu eigen gemacht hat. Diese Erfahrung ist – wenn auch im Spiel gemacht – eine reale Erfahrung, die von der Teilnehmerin in die Welt außerhalb des Psychodramas mitgenommen wurde.

In der Auswertungsrunde erhielt die Protagonistin durch das Sharing, durch das Rollenfeedback und das Identifikationsfeedback nochmals Bestätigung darin, dass scheinbar einfache Dinge doch sehr kompliziert sein können, und dass sich andere teilnehmende Kollegen/innen dem Stress, für die eigene Überzeugung einzutreten, bislang auch nicht immer aussetzen. Andererseits wurde aber auch von allen Gruppenmitgliedern die Befreiung (mit-) erlebt, die mit der erfolgreichen Meinungsbildung und Umsetzung verbunden war. Es wurde deutlich, dass das dargestellte Problem nicht untypisch für den Berufsalltag ist und die Protagonistin sich stellvertretend für alle Anwesenden (Identifikation!) damit auseinandergesetzt hatte.

Wichtig war in diesem Zusammenhang, dass zum Schutz der Protagonistin nicht in ihre individuelle Vergangenheit gegangen wurde oder durch Doppeln innere Gefühle und Gedanken ausgesprochen wurden. Das Beispiel zeigt, dass an Stelle des Doppelns das Spiegeln – eine andere Teilnehmerin übernimmt die Rolle der Protagonistin -, verbunden mit einem psychodramatischen Interview der Protagonistin durch die Seminarleitung lösungsorientiert verwendet werden kann. Die aktive Teilnahme der Gruppenmitglieder, die sich aus dem Zuschauerraum heraus durch Zwischenrufe beteiligten, bestärkte, dass es sich um typische Probleme handelt, die in der einen oder anderen Form alle Anwesenden kannten.
Eine weitere Auswertungsebene (vgl. das oben formulierte Ziel des Themenblocks B) besteht dann im Zusammentragen von institutionellen Bedingungen, die Konflikte wie diesen entstehen lassen, und der Frage, welche Handlungsansätze zur Verbesserung denkbar sind. Diese werden auf einer Wandzeitung festgehalten.

Themenblock C – Zeitrahmen: ein Tag

1. Umgang mit Tod und Sterben in unserer Gesellschaft
Methodisches Arrangement: Märchenspiel Gevatter Tod. Auswertung mit (Rück-)Bezug zur Arbeitswelt Krankenhaus. Ausloten von Handlungsmöglichkeiten („was wäre wenn…?")
Ziel: Mechanismen im gesellschaftlichen Mikro-Bereich werden analysiert. Wie groß ist der persönliche Spielraum in einer sozialen Rolle? Welche interpersonellen Kräfte wirken? Welche Bedeutung haben persönliche und gesellschaftliche Werte-Systeme? Welche Rollenkonserven und welche Kulturkonserven steuern das Verhalten?

2. Sterbebegleitung im Krankenhaus – Probleme und Verbesserungsmöglichkeiten
Methodisches Arrangement: Informations-Input durch Texte (Arbeitsgruppen) /

Vorstellung der Arbeitsergebnisse in Form von Vignetten und/oder Wandzeitungen *Ziel:* Entwicklung von Strategien

Zu 1. Umgang mit Tod und Sterben in unserer Gesellschaft: Moreno konkretisiert das Soziodrama, indem er es zum psychodramatischen Gruppenansatz abgrenzt: „Der sogenannte Gruppenansatz im Psychodrama konzentriert sich in einem tieferen Sinn auf den einzelnen" (Moreno, 1989, S. 51). Im Gegensatz dazu ist der „eigentliche Hauptdarsteller eines Soziodramas die Gruppe" (dito, S. 51). Dem soziodramatischen Ansatz liegt dabei die Erkenntnis zugrunde, „dass jede Kultur durch bestimmte Serien von Rollen charakterisiert ist, die sie ihren Mitgliedern mit unterschiedlichem Ausmaß an Erfolg auferlegt." (dito, S. 52) Der psychodramatische Ansatz handelt hauptsächlich von persönlichen Problemen, während es beim soziodramatischen Ansatz um soziale Probleme geht.
In jedem konkreten Soziodrama entsteht – auf der Mikroebene – in der spezifischen Gruppe und durch die Gruppe ein Teil der sozio-kulturellen Gemeinschaft der Makroebene. Das Soziodrama gibt uns die Möglichkeit im Spiel neue Erfahrungen zu machen, aufgrund derer jede Person für sich selbst und das eigene gesellschaftliche Handeln Entscheidungen treffen kann. Es ist daher ein geeignetes Instrument zur Meinungsbildung und zur Förderung der Übernahme von Eigenverantwortung. Im Soziodrama geht es nicht um die individuelle, sondern um die soziale Rolle; dennoch ist der individuelle Gestaltungsraum von besonderer Bedeutung, da hier der Ansatz für Kreativität und Spontanität liegt und damit die Möglichkeit zur Überwindung der Kulturkonserve. Im Soziodrama wird an Intrapersonalem und Interpersonalem angesetzt, wobei der Auswertungsschwerpunkt in der politischen Dimension liegt. Gesellschaftliche Aspekte und institutionskritische Themen werden fokussiert in den folgenden Fragen: Wie, warum und nach welchen Kriterien verfährt die institutionalisierte medizinische Praxis mit dem Phänomen Tod.
Das Märchen „Der Gevatter Tod" der Gebrüder Grimm hat das vielschichtige Verhältnis von Medizin und Tod zum Thema. Es beinhaltet neben sozialen Rollen auch Allegorien sozialer Phänomene (der Tod) bzw. Abstraktionen (Gott, der Teufel). Das soziodramatische Arrangement folgt auf die intensive Seminarsequenz, in der es um die persönliche Konfrontation mit Tod und Sterben ging und in der unter Umständen auch über Wünsche und Negativvorstellungen bezüglich des eigenen Sterbens reflektiert wurde. Diese vorangegangenen Seminarsequenzen sind im weiteren Verlauf eine wichtige Basis für die Wahrnehmung der eigenen Bedürfnisse und für die Empathiefähigkeit, also für die Grundlagen von Ethik und politischem Bewusstsein. Aufgrund seiner soziologischen Aspekte ist das Märchenspiel als direkte Rückkopplung an das politische Thema intendiert.

Es ist hilfreich, das Märchen in parallel stattfindenden Teilgruppen zu inszenieren, so dass nach dem Rollenfeedback ein vergleichendes Gespräch der Gesamtgruppe zu den jeweiligen Handlungsverläufen stattfinden kann. Das Ziel des Vergleichs besteht darin, dass die Teilnehmenden auf diese Weise die Spielräume der eigenen Handlungsmöglichkeiten besser wahrnehmen können. Nicht selten erkennt die Seminarleitung in den Ergebnissen erheblich deutlicher die gruppenspezifische Kreativität und Spontaneität, als dies den Gruppenmitgliedern selbst möglich ist, da sie die produzierte Gruppenhandlung zunächst eher als zwangsläufig sehen. Im Format einer Selbsterfahrungsgruppe mag dieses Moment zu vernachlässigen sein, da sich deren Zielrichtung auf das eigene Selbst und seine sozialen Beziehungen beschränkt. In der politischen Bildung wird jedoch ein Wirkungsschwerpunkt angestrebt, der über das Individuum und seine (individuellen) Beziehungen hinausgeht. Die Kraft, politisch relevante Situationen mitzugestalten, soll erfahrbar gemacht werden, um Prozessen der Individualisierung und Entsolidarisierung entgegenzutreten. Um also dem gesellschaftsbezogenen Ohnmachtsgefühl und der sozialen Ignoranz (“das kann man nicht ändern/ das sehen alle so/ das ist doch normal/ die da oben machen sowieso, was sie wollen“ u.v.m.) zu begegnen, hilft es, die Wirkungskraft eines kreativen Gruppenprozesses vergleichend zu betrachten.

Zum Verlauf des soziodramatischen Märchenspiels

Die soziodramatische Seminarsequenz beginnt nach vorheriger Erläuterung des Sinns und der Verfahrensweise mit dem Vorlesen des Märchentextes bis zur markierten Stelle.

Kurze Zusammenfassung des Märchens *„Gevatter Tod“:*

Ein armer Mann wurde zum dreizehnten Mal Vater und suchte in seiner Not einen „Gevatter“, der die Patenschaft übernimmt. Den „lieben Gott“ lehnte er als Gevatter ab, da dieser „den Reichen gibt und die Armen hungern“ ließe. Auch den Teufel lehnte er ab, weil er die Menschen betrüge und verführe. Das Angebot des Todes, Gevatter zu werden, nahm er an, weil der Tod alle gleich behandle. Das Patenkind war ein Knabe, den der Tod später zum berühmten Arzt machte. Die Grundlage des Erfolges war ein Kraut, das ihm der Tod zeigte, begleitet von folgendem Hinweis:
„Wenn du zu einem Kranken gerufen wirst, so will ich dir jedes Mal erscheinen. Steh ich zu Haupte des Kranken, so kannst du keck sprechen, du wolltest ihn wieder gesund machen, und gibst du ihm dann von jenem Kraut, so wird er genesen; steh ich aber zu Füßen des Betroffenen, so ist er mein, und du musst sagen, alle Hilfe sei umsonst, und kein Arzt in der Welt könne ihn retten. Aber hüte dich, dass du das Kraut gegen meinen Willen gebrauchst, es könnte dir schlimm ergehen.“
Der Arzt wurde berühmt und reich und von überall her kamen Angehörige von Kranken, die nach ihm verlangten und ihn aus Dankbarkeit großzügig entlohnten. Eines Tages war der König todkrank, doch durch eine List (der Arzt drehte den Kranken im Bett, so dass der Tod an seinem Kopfende stand) wurde er wieder gesund. Der Tod war verärgert und warnte den Arzt, dies nicht noch einmal zu tun, sonst würde er ihn selbst „mit fort nehmen“. Bald danach war die schöne Königstochter (tot-)krank, und der König versprach, ihren Retter zu seinem Schwiegersohn und Erben zu machen.

– bis hierher wird vorgelesen –

Der Arzt konnte der Versuchung nicht widerstehen, betrog den Tod ein zweites Mal „um sein Eigentum“, wurde vom Tod mitgenommen und starb zuletzt trotz seiner Verhandlungsversuche.

Anschließend wählen alle Teilnehmenden eine Rolle aus dem Märchen. Unter Anleitung wird ein Teil des Raumes als Bühne eingerichtet. Die einzelnen Szenen erhalten dabei unterschiedliche räumliche Bereiche der Bühne, so dass während des Spiels nicht mehr umgeräumt werden muss. Anschließend stellen sich die Gruppenmitglieder nacheinander auf der Bühne in ihren Rollen vor. (Manchmal spielen nicht alle Teilnehmenden mit, bzw. diejenigen, deren Rolleneinsatz noch nicht bzw. nicht mehr im Spiel ist, sehen sich automatisch als Zuschauer und gehen von der Bühne; dies ist bei psychodrama-ungeübten Teilnehmenden naheliegend und wird bei der Auswertung berücksichtigt: Die Teilnehmenden können ihre Wahrnehmungen bei der Frage „was habt ihr gesehen" anschließend einbringen.)
Die Teilnehmenden spielen das Märchen, so weit es vorgelesen wurde, nach und gewinnen zunächst auch dadurch Rollensicherheit, dass die Handlung bis zum vorgelesenen Punkt im Großen und Ganzen vorgegeben ist. Da das Märchen vergleichsweise unbekannt ist, sind die Teilnehmenden für den weiteren Verlauf offen. Sie wissen, dass sie ab diesem Punkt aus ihrer Rolle heraus spontan weiterspielen sollen. An dieser Stelle sei angemerkt, dass jede soziodramatische Inszenierung des Märchens auch bei gleichen Vorgaben anders abläuft und unterschiedliche Handlungsverläufe produziert. Dies wird durch die folgenden Beispiele deutlich.
Beispiel Gruppe A: Die Umsetzung des Märchenstoffs zeigte eine bei jedem Krankheitsfall stärker werdende Diskussion der Spielenden – plus der sich im Zuschauerraum befindlichen Teilnehmenden(!) – bei jeder „Patientin" und jedem „Patienten", ob diese/dieser nun todkrank sei oder wieder gesund werden würde. Der „Arzt" nahm dabei die Hinweise der anderen auf, revidierte auch seine Entscheidungen bei weiteren Einwänden aus dem Zuschauerraum etc. „Der Tod" diskutierte engagiert mit und z.T. konnte auch der „Patient" sein Schicksal selbst bestimmen.
Beispiel Gruppe B: Bei diesem Verlauf wurde streng nach dem medizinischen Lehrbuch anhand der Symptombeschreibungen verfahren; nur der „Arzt" entschied und selbst „der Tod" richtete sich danach.
Beispiel Gruppe C: In einer weiteren Gruppe entschied allein „der Tod". Seinen Entscheidungen gingen immer kürzere und schließlich gar keine Diagnosegespräche zwischen „Arzt" und „Patient" voran. Die Entscheidungen über Tod und Genesung wurden zum Teil als sozial ungerecht, aber in jedem Fall schicksalhaft „wie Donnerschläge" auf- und hingenommen.
Die anschließende Auswertung beginnt mit einem Rollenfeedback, d.h. alle berichten, wie es ihnen in ihrer Rolle ergangen ist. Dann sprechen wir in der Prozessanalyse über das von der spielenden Gruppe entwickelte Geschehen, insbesondere über den herantretenden Tod als Indikator für ärztliche Entscheidungen. Die im Spiel genannten oder vermuteten Entscheidungskriterien für Tod oder Genesung werden in der Auswertungsphase thematisiert. Schließlich lesen wir das Ende des (Original)-Märchens vor, was den Teilnehmenden durch die starke Abweichung ihre eigene Kreativität deutlich macht und auch die genannte Parallelität zu ihren Arbeitserfahrungen verstärkt.

Die Interpretation des Märchens hatte bei *Gruppe A* einem mächtigen Arzt einen „flexiblen Tod" gegenübergestellt. Die Parallelen zum realen Berufsleben, speziell zu Manipulationsversuchen und Einflussnahme auf den Todeszeitpunkt waren augenfällig. Im Auswertungsgespräch ging es darum, dass es vor allem die Fortschritte in der Intensivmedizin schwierig machen zu entscheiden, wann der Zugriff des Todes von den Medizinern zu akzeptieren ist. Die Fragen „Wann ist der Mensch tot?" und „Wieviel lebensverlängernde Maßnahmen sollen geleistet werden?" werden auf der Wandzeitung notiert.
Trotz des unterschiedlichen Verlaufs entstand bei *Gruppe B* letztlich die gleiche thematische Diskussion, allerdings über die vermittelnden Fragen, ob medizinische Lehrbücher der Weisheit letzten Schluss darstellen, ob es hundertprozentige Diagnosen gibt und ob es ein Bedürfnis gibt, das Schicksal in die mächtige Hand der Wissenschaft zu legen, was dann einzelne Akteure in ihrer Verantwortung entlasten kann.
Die Auswertung bei *Gruppe C* stand zunächst ganz unter dem Eindruck des Schocks durch die Übermächtigkeit des Todes. Das Rollenfeedback des „Arztes" ergab, dass sein Engagement für Patienten davon abhängig war, ob diese reich oder arm waren. Dies führte zu einer angeregten Diskussion über erlebte Situationen der Arbeitswelt. Diskutiert wurden Vermutungen über ein bereits bestehendes Zwei-Klassen-System in der Krankenversorgung und die Befürchtung, dass sich die fortschreitende gesellschaftliche Entwicklung der Einkommensspreizung sowie der Umbau des Gesundheitssystem zu einem menschenrechtsverletzenden Missstand entwickelt. Auch dieser Punkt wurde für die weitere Bearbeitung auf der Wandzeitung notiert.
Die Auswertungsgespräche bringen die starke Identifikation der Teilnehmenden mit dem Thema dieses Seminarschwerpunktes in den Vordergrund. Das im Märchenspiel Erlebte führt bei psychodrama- ungeübten Teilnehmenden dazu, dass sie ihre Beiträge zum Verlauf des psychodramatischen Geschehens mit Beiträgen zum Sharing vermischen. Beim Sharing werden reale Situationen aus der Arbeitswelt eingebracht. (Für den thematischen Verlauf ist das unerheblich, so lange die einzelnen Äußerungen – vor allem auch das Rollenfeedback – nicht verloren gehen. Da das Einüben und die Vermittlung des psychodramatischen Verfahrens kein erklärtes Ziel des Seminars ist, kann die Seminarleitung zwar auf die Einhaltung getrennter Auswertungsrunden hinwirken, darf aber letztlich nicht das thematische Ziel aus den Augen verlieren.) Das erfordert zwar eine erhöhte Konzentrations- und Moderationsleistung, fördert aber die Akzeptanz und handlungsvorbereitende Dynamik der Gruppe. Hilfreich kann hier das Notieren von Beiträgen, speziell zum Rollenfeedback, auf Metaplankarten für den Verlauf der Diskussion an der Wand befestigt sein. Sie bilden somit ein öffentliches Protokoll, das die Prozessanalyse vereinfacht.

Zu 2. Sterbebegleitung im Krankenhaus – Probleme und Verbesserungsmöglichkeiten:
Beim vorangegangenen Sharing tauchen auch konkrete, erlebte Konfliktsituationen auf, in denen die Teilnehmenden unter Handlungsdruck gesetzt werden. Z.B. wenn

Angehörige bei einem Besuch einen Patienten nicht mehr in ihrem Zimmer vorfinden und die Schwester/der Pfleger ihnen mitteilen musste, dass dieser gestorben ist. Oder, als anderes Beispiel, wenn Angehörige sterbende Patienten über einen längeren Zeitraum hinweg begleiten und dabei selbst leiden und die Begegnung der Schwestern/Pfleger mit diesen Angehörigen Unsicherheiten auslöst.
Beispiel: Die erste der genannten Situationen – Pflegekraft muss Angehörigen den Tod des Patienten mitteilen – wurde im Rollenspiel noch einmal in Szene gesetzt. Die betreffenden Teilnehmenden waren hierfür noch am ersten Seminartag zu zurückhaltend, aber das vorangegangene Märchenspiel hatte offensichtlich die Hemmschwelle herabgesetzt und als Warming-up gewirkt.
Die Gruppenstimmung, die durch teilweise hitzige Diskussionsbeiträge beim Thema „institutioneller Umgang mit Sterbenden" zustande kam, war von hoher thematischer Identifikation geprägt. Um also die handlungsaktivierte Stimmung nicht „abzuwürgen", wurden Alternativvorschläge aus dem Publikum durch die Technik des Rollentauschs aufgegriffen. Dies geschieht in Anlehnung an das im „Theater der Unterdrückten" von A. Boal entwickelte Forumtheater. Unter psychodramatischen Gesichtspunkten brachte die Herangehensweise für die ursprüngliche Protagonistin den Effekt des Spiegelns.
Wichtig ist bei den Phasen der kreativen Weiterentwicklung von Handlungsmöglichkeiten durch die Gruppe, dass der Kontakt zwischen Leitung und Protagonistin aufrechterhalten wird und sie die vorrangige Möglichkeit der Rollenübernahme hat. Nachdem also die Protagonistin die erlebte Situation auf der Bühne eingerichtet und inszeniert hat, die konkrete Arbeitssituation der Teilnehmenden plastisch deutlich wird, können in einer weiteren Spielphase andere Gruppenmitglieder eigenständige Protagonisten im gegebenen Rahmen sein, um neue Varianten zu erproben. Jedes Gruppenmitglied kann entscheiden, ob eine Variante für sie/ihn in Frage kommt und ob die Variante in gleicher oder veränderter Form im Spiel ausprobiert und erfahren werden soll. Der Abschluss dieser Spielphase findet mit der ursprünglichen Protagonistin statt.
Als weiteres *Beispiel* zu Verbesserungsmöglichkeiten bei der Sterbebegleitung im Krankenhaus, das auch faktisch umgesetzt wurde, sei folgendes hier skizziert: Auf Betreiben des Pflegepersonals wurde eingeführt, dass bei Diagnose-Gesprächen zwischen Arzt und Patient auch eine Pflegekraft teilnimmt, insbesondere wenn dem Patienten eine todbringende Krankheitsdiagnose mitgeteilt wird. Dies erscheint plausibel wegen des häufig als blockierend erlebten Machtgefälles zwischen Arzt und Patient und den Nachfragen, die daher häufig an die Schwestern/Pfleger gerichtet werden. Nicht zuletzt kennen die Pflegekräfte die Patienten auf einer menschlichen Ebene näher, da sie öfter mit ihnen zu tun hatten.
Bei dieser Seminarsequenz werden Ideen, Fragen, Beispiele oder Ansätze zu verbessernden Handlungsplänen aus Wandzeitungen notiert und während der nächsten Themenblöcke ergänzt, bzw. wieder aufgenommen.

Themenblock D – Zeitrahmen: ein Tag

1. Ideen und Praxis der Hospiz-Bewegung
Methodisches Arrangement: Soziodramatisches Streitgespräch im Rollentausch mit der Begründerin der Hospizbewegung (SeminarleiterIn) und einem klassischen Schulmediziner (Co-Leitung und /oder Teilnehmende) /Videovorführung zum Leben und Arbeiten im Hospiz und anschließende Diskussion / Gastreferentin aus der Hospizarbeit berichtet aus der Praxis.
Ziel: Informationsvermittlung, Meinungsbildung

2. Handlungs- bzw. Umsetzungsmöglichkeiten in der eigenen Arbeitswelt
Methodisches Arrangement: Ideensammlung im Gespräch, ggf. Vignetten zur Konkretisierung
Ziel: Handlungsplanung

Zu 1. Zur Einführung in das Thema wird die Entstehungsgeschichte und die Ideenwelt der Hospizbewegung dargestellt. Dies erfolgt in einem psychodramatischen Gespräch, sozusagen an Stelle eines Einstiegsreferats. Bei entsprechendem Vorwissen und/oder ausgeprägter Spielleidenschaft der Teilnehmenden lässt sich dieses Gespräch auch als psychodramatische Inszenierung einer Podiumsdiskussion gestalten. Die Teilnehmenden gehen dabei in den Rollentausch mit interessierten Menschen aus der Fachwelt, Medienvertretern, HIV-Positiven, Geschäftsführern der Ärztekammer oder ähnliches. Die Seminarleitung übernimmt die Rolle des Moderators, um das Geschehen zu steuern und die Rollensicherheit der Teilnehmenden zu festigen, z.B. indem sie alle Gruppenmitglieder immer wieder in deren Rolle anspricht und darauf achtet, dass Fragesteller aus dem Publikum sich zunächst in ihrer Rolle mit Namen, Beruf und Arbeitsfeld vorstellen. Darüber hinaus fallen natürlich auch alle Aufgaben eines „normalen" Moderators einer öffentlichen Veranstaltung an (Begrüßung und Abschluss, Einstiegsfragen stellen, Beiträge bündeln, Ergebnisse zusammenfassen, Fragen weiterleiten etc.). In einer weiteren Phase äußern sich die Teilnehmenden zu ihrer Rollenwahl – dies erleichtert das Ent-rollen – und zu ihren Beobachtungen, die das Geschehen betreffen („Die Schulmediziner haben sich mal wieder typisch verhalten…") Die wesentlichen inhaltlichen Punkte werden zusammengefasst und leiten zur nächsten Seminarsequenz über.

Zu 2. Umsetzungsmöglichkeiten in der eigenen Arbeitswelt: Die Vignetten entstehen als Arbeitsergebnisse zu „utopischen" Zukunftssituationen. Je nachdem wie weit die konkreten Handlungspläne fortgeschritten sind, haben sie entweder den Charakter idealtypischer bis überzogener Situationen zum Thema („…in einem fernen Land, in dem alles ganz anders ist....") oder sie beschäftigen sich mit konkreten Situationen, die analog eines angedachten Handlungsplans in der nächsten Zukunft anstehen. (Situation: Gespräch mit dem Personalrat über die Verbesserung der Arbeitsbedingungen im Sinne einer qualifizierteren Betreuung Sterbender...). Für diese Seminarsequenz wird auf die bisher entstandenen Notizen auf den Wandzeitungen zurückgegriffen.

Als *Beispiel* sei hier folgendes skizziert: Auf einer Station der Intensivmedizin wurde eine Vielzahl von Erinnerungsfotos der dort versorgten Patientin an die technischen Geräte geheftet, um dem einem Maschinenpark ähnlichen Raum einige persönliche Momente des „letzten Aufenthaltsortes" zu geben und um es dem Krankenhauspersonal und den Angehörigen leichter zu machen, menschliche Kontakte von Helfenden zur Sterbenden herzustellen.

Themenblock E – Zeitrahmen: ein Tag

Lebenswertes und „lebensunwertes" Leben

Methodisches Arrangement: gestaltpädagogische Arbeit. Ausgangslage ist die Auseinandersetzung mit dem eigenen Tod („wenn ich wüßte, dass ich in absehbarer Zeit sterben müsste..."). Die Teilnehmenden malen ihre Gedanken und Gefühle mit bunten Wachskreiden auf Papier. Anm.: Diese Seminarsequenz kann auch im Verlauf des Seminars vorgezogen werden bzw. ganz wegfallen, insbesondere wenn bei den vorangegangenen Themenblöcken bereits Handlungshunger und Handlungspläne in Richtung Verbesserung der Problemfelder entstanden sind und mit der Besinnung in die eigene Innerlichkeit eine Abschwächung der Handlungsenergie stattfinden könnte. Für diesen Fall ist eine Gedankensammlung auf Moderationskarten ausreichend. (Der psychodramatische Begriff des Handlungshungers ist hier im Sinne der politischen Bildung verwendet, also Handlung nicht (nur) in der psychodramatischen surplus-reality sondern in der Realität des arbeits- und lebensweltlichen Alltags: Morenos Überzeugung, der Mensch hungere nach Handlung kann als weiteres Bindeglied zwischen Psychodrama und Politikdidaktik gesehen werden.)

Ziel dieser Seminarsequenz ist der Perspektivwechsel vom gesunden Helfer zu den möglichen Sichtweisen und Wertmaßstäben eines sterbenskranken Menschen, denn nur das Empathievermögen und der (zumindest: gedankliche) Rollentausch verankern Fragen zur Sterbebegleitung und Sterbehilfe auf dem Boden der Menschenrechte.

Dazu: Dieser Themenblock wird im Wesentlichen durch Videoaufnahmen von Dokumentarfilmen mit anschließenden Diskussionen umgesetzt. Der Schwerpunkt in den auswertenden Gesprächen über die Filmausschnitte liegt in einer differenzierten Meinungsbildung. Neben den moderierten Gruppengesprächen haben sich soziometrische Abbildungen von Meinungen und Einschätzungen der Teilnehmenden bewährt. Soziometrische Arrangements zur Meinungsposition, aber auch zum gefühlsmäßigen Momentanzustand erfordern nicht-suggestive Formulierungen in der Fragestellung und ein gutes Gefühl für die emotionale Atmosphäre. Sie sind aber auch Ferment für den (weiteren) Meinungsaustausch und sind eine für alle sichtbare Momentaufnahme für die Gruppenstimmung und bieten daher für alle Anwesenden Orientierung. Nicht zuletzt bringen sie in festgefahrene Gesprächssituationen wieder neues Leben und entsprechen dem Bedürfnis der Teilnehmenden nach Bewegung, so dass sich Spannungen und Ambivalenzen während eines differenzierten Meinungsbildungsprozesses lösen können.

Themenblock F – Zeitrahmen: ein Tag

1. Handlungsstrategien/Handlungspläne (Arbeitsgruppen)
Ziel: Planung konkreter Handlungsschritte

2. „Es gibt ein Leben vor dem Tod – was macht für mich das Leben aus?"
Methodisches Arrangement: Skulpturen oder psychodramatisches Märchenspiel
Ziel: Ausblick aus der persönlichen Konfrontation mit dem Thema Tod und Sterben während der Seminarwoche; Seminarabschluss

3. Seminarauswertung
Methodisches Arrangement: soziometrische Seminarauswertung

Zu 1. Die diesbezüglichen, in der Seminarwoche entstandenen Wandzeitungen werden abschließend bearbeitet (z.B. Ideologie und Logistik der modernen Institution Krankenhaus; Welche Gestaltungs- und Mitbestimmungsspielräume haben bzw. brauchen wir?). Ergebnisse werden festgehalten und erste Schritte für die Umsetzung geplant. Zielvorstellungen können durch Stegreifspiel konkretisiert werden (z.B. Gespräch mit der Pflegedienstleitung)

Zu 2. Je nach verbleibender Zeit und der Bedürfnislage der Teilnehmenden wird das Arrangement Skulpturen und/oder psychodramatisches Märchenspiel gewählt. Die intensive Auseinandersetzung mit Tod und Sterben wirft ein neues Licht auf das eigene Leben, auf die Wertmaßstäbe und die Bedeutung einzelner Aspekte der persönlichen Lebensgestaltung. Hieraus gewonnene Eindrücke, Gefühle und Erkenntnisse können in „menschlichen Skulpturen" dargestellt werden.

Oder die Gruppe wählt ein Märchen, das dann psychodramatisch inszeniert wird. Beispielsweise findet darin Schneewittchen ein heiteres und zufriedenes Leben bei den sieben Zwergen oder Rotkäppchen wird lebend aus dem Wolfsbauch gerettet. Dies spiegelt die im Seminar gemachte Erfahrung wider, dass die intellektuelle und emotionale Auseinandersetzung mit dem Sterben nicht in der dem Thema gerechtwerdenden Ernsthaftigkeit stecken bleiben muss. Die Befreiung von der Tabuisierung wird als heiteres Element erlebt.

Zu 3. In der Seminarauswertung stellt die Prozessanalyse den Verlauf der Woche dar. Ziel ist die Entwicklung der Themenbearbeitung präsent zu machen und den persönlichen Erkenntnisgewinn bewusst festzuhalten. Für die soziometrische Seminarauswertung werden von der Seminarleitung bereits während der Woche Fragen/Aussagen zu Einschätzungen, Haltungen und Emotionen gesammelt und während der gemeinsamen Prozessanalyse gestellt. Die Teilnehmenden positionieren sich jeweils auf einer fiktiven Linie mit den Endpunkten „Ja, sehr“ bzw. „Nein, überhaupt nicht“ Beispielhafte Aussagen hierzu sind:

- Die Auseinandersetzung mit dem Themenschwerpunkt „Der persönliche Zugang zu Tod und Sterben“ am Montagnachmittag war in einzelnen Punkten des Verlaufs für mich belastend.
- Nach Ablauf dieser Seminarsequenz habe ich das Gefühl, dass „es mir was gebracht“ hat.

Nach weiteren Abbildungen im Raum können dann Erkenntnissätze, wie beispielsweise – was nehme ich mit? – von den Teilnehmenden formuliert werden.

6. Zusammenfassender Ausblick

Politische Bildung organisiert Lernprozesse, die dem Prinzip der Handlungsorientierung folgen. Der Begriff „Handlungsorientierung“ wird in der Fachdidaktik der politischen Wissenschaften auch als „Lernen in Interaktionen“ präzisiert (Reinhardt 1997, S. 105–114). Was liegt also näher, als Morenos theoretischen Ansatz und das Psychodramatische Verfahren in die Bildungsarbeit einzubringen? Anhand einer kurzen theoretischen Orientierung und des Beispiels eines Seminars der politischen Bildung wurde der fruchtbare Brückenschlag zwischen Individuum und Gesellschaft durch die Synthese des Formats Seminar mit dem Verfahren der psychodramatischen Bildungsarbeit beschrieben. Basis ist hierbei die variationsreiche Abfolge verschiedener Arrangements, die sich stark an den politischen Bildungsinhalten orientieren und die unterschiedlichen Möglichkeiten der Teilnehmenden, sich persönlich einzubringen, berücksichtigen.

Sozio- und psychodramatische Bildungsarbeit beinhaltet also vielfältige Möglichkeiten der Informationsvermittlung, der arbeitsweltlichen Problemanalyse und -bearbeitung, der Meinungsbildung, der Entwicklung von Handlungsorientierungen und der Konkretisierung von Handlungsplänen. Nicht zuletzt aber macht sie das Lernen lebendig.

Literatur

Bundeszentrale für politische Bildung (1992): Bericht der Bundesregierung zu Stand und Perspektiven der politischen Bildung in der Bundesrepublik Deutschland. In: Aus Politik und Zeitgeschichte. Sonderdruck vom 10.4.1992.

Buer, Ferdinand (1991): Morenos Therapeutische Philosophie. Opladen.

Claußen,Bernhard/Geißler,Rainer (1996)(Hg.): Die Politisierung des Menschen. Instanzen der politischen Sozialisation. Ein Handbuch. Opladen.

Habermas, Jürgen (1981): Theorie des kommunikativen Handelns, Band I. und II. Frankfurt: Suhrkamp.

Moreno, J.L. (1989): Psychodrama und Soziometrie, (hg. von Fox, Jonathan). Köln.

Reinhardt, Sibylle (1997): Handlungsorientierung. In: Sander, Wolfgang (Hg.), Handbuch der politischen Bildung. Bonn. S. 105–114.

Schweidtmann,W. (1991): Sterbebegleitung. Stuttgart: Verlag.

Schmidt,G. (1985): Sterben und Trauern in der modernen Gesellschaft. Opladen.

Serafin, Eva (1998): Morenos Konzepte in der Jugend- und Erwachsenenbildung. Berlin.

Zeintlinger-Hochreiter, K. (1996): Kompendium der Psychodrama-Therapie, Analyse, Präzisierung und Reformulierung der Aussagen zur psychodramatischen Therapie nach J.L.Moreno. Köln.

Ferdinand Buer

Zur Theorie psychodramatischer Bildungsarbeit

1. Einführung

Moreno war ein Genie. Und als solches hatte er die Unverschämtheit, aber auch den Mut, sich nirgends einsortieren zu lassen. In Wien, Mitterndorf und Vöslau trat er zunächst auf als Hauslehrer, Literat, Herausgeber einer Zeitschrift, Theaterdirektor, Stegreifregisseur, Kinderarzt, Betriebs- und Gemeindarzt, Randgruppenarbeiter, nicht zuletzt als chassidischer Rebbe. In den USA dann als Erfinder des „Radio-Films", Aktivist des Improvisationstheaters, Aktionsforscher, Soziologe, Autor wissenschaftlicher Schriften, Psychiater. Erst am Ende seines Lebens war er der Repräsentant seiner eigenen Kreationen: Soziometrie, Gruppenpsychotherapie, Psychodrama. Und als solcher war er natürlich auch Ausbilder (Moreno 1995; Marineau 1989; Buer 1999b).

Im Grunde hat sich Moreno selbst als Heiler gesehen, als „Therapeutes" im altgriechischen Sinn, also als „Diener" (Moreno 1997, 6). Unter „Therapeia" wurde damals verstanden, „alles, was einem Gott, einem Menschen oder einer Sache ‚dient', d.h. was ihnen dank Dienst, Pflege, Besorgung, Regelung und Aufwartung hilfreich, angenehm, nützlich und vielleicht heilsam ist oder erscheint" (Seidmann 1979, 352). Der Sokratische Dialog, dem sich Moreno sehr verpflichtet fühlte (Moreno 1997, 14), ist „‚Therapeutisierung der Seele' im Sinne der erzieherischen Sorge um den inneren Menschen, des erzieherischen Dienstes auch an der gesunden Seele auf Geheiß der Gottheit, die das Gute, die Gerechtigkeit und die Wahrheit vom einzelnen und von der Polis fordert. Therapeia für die Seele war für Sokrates-Plato *paideia*, erzieherische ‚Behandlung' als eine am Guten orientierte Formung des inneren und äußeren Menschen: Dienst am Menschen als Dienst für Gott" (a.a.O., 356).

So wie hier noch Pädagogik, Therapeutik, Religion und Politik in einem Gesamtzusammenhang gesehen wurden, so ging es auch Moreno „ums Ganze" (Buer 1992a). Und so ist er auch mit seinem Leben stets „aufs Ganze" gegangen. Moreno hat sich selbst als Psychodramatiker erfunden. Immer wenn er in andere Lebenskreise eintrat, konnte er nicht anders, als alles zu psychodramatisieren. Dabei hat er selbst vor seiner eigenen Familie nicht halt gemacht (Moreno u.a. 1964; Leutz & Buer 1992).

Er war daher auch nicht bereit, sein Wirken ein- und aufteilen zu lassen. Aber: diese ganze Welt der Segmentierungen, Arbeitsteilungen, abgrenzenden Institutionalisierungen sah er als Ergebnis von Konservierungsprozessen an, die einerseits notwendig seien, um überhaupt Ordnung zu schaffen und aufrechtzuerhalten, andererseits aber immer auch spontan-kreative Innovationen behinderten. Seine eigenen kreativen Erfindungen sollten daher Sauerteig sein, die das Brot zum Gären bringen sollten. Wenn es dann heiß gebacken ist, wird es genießbar und kann dann erst seine nahrhafte Bestimmung erfüllen.

Die PsychodramatikerInnen als seine NachfolgerInnen müssen die ganze Sache nun etwas bescheidener angehen, wenn sie sich nicht auch von vorne herein als Genies betrachten wollen, sondern als Professionelle, die mit fachlich hochwertiger Arbeit ihr Geld verdienen wollen. Mit dem Psychodrama hat Moreno ihnen nun aber ein Ensemble an Instrumenten hinterlassen, das sie nicht neu erfinden müssen, sondern das sie je neu nutzen können, um der Welt aufzuspielen. Und wenn sie dieses Instrumentarium originell und angemessen zum Klingen bringen, lösen sie zweifellos kreative Prozesse aus und das wiederum kann durchaus als genial bezeichnet werden. Aber wie kann das unter heutigen Bedingungen konkret geschehen?

Wenn ich nun das Psychodrama mit seiner Philosophie, seinen Interpretationsfolien und seiner Praxeologie von ausgefeilten Arrangements und Techniken als ein *Verfahren* der Beziehungsarbeit bezeichne, dann trifft es in den verschiedenen Tätigkeitsfeldern immer auf bestimmte institutionalisierte Handlungsformen wie Psychotherapie, Selbsterfahrung, psychosoziale Beratung, Unterricht, Supervision, Coaching, Workshop, Training. Diese Rahmungen nenne ich *Formate.* Oft werden diese Formate in der Praxis wieder miteinander verbunden zu *Supraformaten* (Buer 1999c).

So sind etwa im Supraformat Psychodrama-Ausbildung meist die Formate Selbsterfahrung, Training, Unterricht und Supervision integriert. Das Spezifische dieses Supraformates ist aber die Qualifizierung und die damit unvermeidlich verbundene Prüfung und Bewertung. Die Lernerfahrungen, die in diesem Format gemacht wurden, können also nicht eins zu eins in andere Formate übertragen werden. Hier bedarf es einer sehr differenzierten Transformationsarbeit, die wiederum nur mit Hilfe einer langfristig begleitenden Supervision gelingen kann (> Buer, Supervision).

Verfahren wie Formate gibt es somit nur auf dem Papier. In der sozialen Wirklichkeit sind immer nur mehr oder weniger geglückte Verbindungen anzutreffen. Mit dem Psychodrama hat uns Moreno nun ein Verfahren hinterlassen, das dazu dienen soll, mit Formaten eine Verbindung so einzugehen, dass die Menschen, die sich dieser Arbeit unterziehen, Verbesserungsmöglichkeiten ihrer Lebenspraxis sehen und umsetzen können. PsychodramatikerInnen müssen also nicht nur etwas vom Psychodrama verstehen, sondern eben so viel von den Formaten und ihren Kontexten, in die das Psychodrama implementiert werden soll.

Die Befruchtung der verschiedendsten Formate durch das Psychodrama war von allem Anfang an nicht einfach und kann aus den oben genannten Gründen auch gar nicht einfach sein. Formate müssen die Ordnung garantieren, damit gesellschaftliche und staatliche Interessen an der Normalitätssicherung umgesetzt werden. Das Psychodrama setzt aber auf eine spontan-kreative Flexibilisierung der Ordnung, die dem

Eigensinn und dem Eigeninteresse der Beteiligten Spielräume eröffnet und somit – wenns gut geht – Kräfte freisetzt, die die bestehende Ordnung verändern werden. Ohne diese Veränderungen würde aber die Ordnung so erstarren, dass sie auf neue Anforderungen der gesellschaftlichen Entwicklung der Individuen nicht mehr antworten kann. Das Ordnungssystem verlöre den Boden unter den Füßen. Es ist also auf Flexibilisierung angewiesen. Diese kann es aber nicht aus sich heraus erzeugen. Deshalb benötigt es unbedingt die Verbindung mit Verfahren der Veränderung. Und das Psychodrama ist nun eines der wirksamsten. Dementsprechend löst es aber auch im System Ängste und somit Widerstände aus, die das System aber überwinden muss, sonst verliert es seine lebenserhaltende Sicherungsfunktion. Umgekehrt benötigt das Psychodrama die Formate, um überhaupt wirksam werden zu können. Denn ohne die Konzeption in Formaten bleibt es allein und kann keinerlei Frucht bringen. Dieser Kampf um den Erhalt und die Veränderung der Ordnung eines Systems spielt sich auf den verschiedenen Ebenen der Gesellschaft ab. Auf der mikrosozialen Ebene der Beziehungsarbeit kulminiert diese Auseinandersetzung in der je konkreten Verbindung von Format und Verfahren. Der Einsatz von Verfahren ist also unverzichtbar. Es kommt für das Psychodrama darauf an, dass es im Wettbewerb mit anderen Verfahren seine Wirksamkeit darlegen und zugleich die damit unweigerlich auftretenden Ängste vor Veränderung besänftigen kann.

Wenn das Psychodrama nun also das pädagogische Feld befruchten soll, dann muss aufgezeigt werden, wo das geschehen soll, wozu die Zubefruchtenden das mitmachen sollen und warum sie dabei keine Angst zu haben brauchen. Aus meinen Vorüberlegungen ergeben sich nun folgende Thesen:

- Das Psychodrama wird von der Pädagogik angenommen, wenn es seine Wirksamkeit in der Praxis zeigen kann. Orte der Befruchtung müssen die pädagogischen Formate sein. Denn hier wird über die Praxis entschieden. Erst von hier aus können auch die Kontexte, also die pädagogischen Einrichtungen und die pädagogischen Disziplinen, in „status nascendi" versetzt werden. Daher halte ich auch den Versuch von Roland Springer, das Psychodrama als *erziehungswissenschaftlichen* Ansatz auszuweisen, für strategisch wenig erfolgversprechend (Springer 1995).
- Das Psychodrama wird von der Pädagogik angenommen, wenn es darlegen kann, was es im Unterschied zu anderen Verfahren für die PädagogInnen selbst an Nützlichem zur Qualitätsverbesserung und Erleichterung der pädagogischen Praxis zu bieten hat. Dazu muss es als für die Pädagogik relevantes Verfahren rekonstruiert werden und sich von der verbreiteten Legierung mit dem Format Psychotherapie absetzen.
- Das Psychodrama wird von der Pädagogik angenommen, wenn es weniger Ängste auslöst als bisher. Dazu ist es notwendig, an bekannte und anerkannte Strömungen der Pädagogik anzuknüpfen.

Nun ist die Pädagogik ein weites Feld. Sie stellt sich in Theorie und Praxis den gesellschaftlichen Ansprüchen,

- den Generationenunterschied zu bewältigen, indem sie Prozesse der *Erziehung* konzipiert und durchführt;
- die Gestaltung des Menschen zum Menschen befördert, indem sie Prozesse der *Bildung* entwirft und umsetzt;
- der Bevölkerung die nötigen Qualifikationen vermittelt, indem sie Prozesse des *Unterrichts* konzipiert und durchführt (Didaktik);
- sich um Menschen in Not kümmert, indem sie Prozesse der *Hilfe* konzipiert und umsetzt.

Dabei geht es immer um *Lernen* im Kontext von *Sozialisationsprozessen* (Lenzen 1994; Bernhard & Rothermel 1997; Krüger & Helsper 1998).

Die Organisation dieser vier Antworten in pädagogischen Einrichtungen wird nun weniger von PädagogInnen betrieben als von staatlichen bzw. parastaatlichen Bürokratieen. Organisation, Management und Planung wird leider noch selten als genuine pädagogische Aufgabe begriffen (Ausnahme: Timmermann 1998). Daher fallen in der konkreten pädagogischen Praxis diese vier Antworten der Pädagogik oft zusammen und werden nicht als spezifische gesehen und wirksam umgesetzt. So dient die Schule sicher primär der Organisation des Unterrichts. Sie hat es aber auch mit Erziehung, Bildung und Hilfe zu tun, die oft leider vernachlässigt werden. In der Altenarbeit geht es sicher um Hilfe, auch um Bildung, weniger um Unterricht, sehr viel jedoch um Erziehung, allerdings in umgekehrter Richtung, nämlich: Wie können ältere Menschen jüngere für sich interessieren? Auch hier werden oft – organisatorisch vorgegeben – nur einseitige Antworten gegeben.

Um uns nun in diesem weiten Feld der Pädagogik nicht zu verlieren, haben wir uns in diesem Buch auf *Bildungsarbeit* konzentiert (s. Einleitung). Dann geht es weniger darum, den Generationenunterschied zu bewältigen, noch Menschen in Not zu helfen, sondern primär um *Bildung* mit seinen sozialen, affektiven und sachlichen Dimensionen und um *Didaktik* zur Qualifizierung für berufliche Zusammenhänge. Es geht uns daher primär um Konzeption und Arrangement von Lernprozessen jüngerer wie älterer Erwachsener. Formate wie Unterricht, Training, Übung, Fortbildungskurs, Workshop, Seminar, Kolloquium, Vortrag, Gruppenarbeit stehen zur Disposition und müssen in Supraformate wie Berufliche Bildung, Betriebliche Bildung, Politische Bildung, Ästhetische Bildung, Personalentwicklung, Organisationsentwicklung, Tagung, Kongress, Studium, Weiterbildung zusammengefügt werden. Die verschiedenen Beiträge dieses Bandes demonstrieren die konzipierten und erprobten Möglichkeiten einer Befruchtung dieser Formate durch das Psychodrama und seine Bedeutung für die Lernprozesse der Adressaten.

Das voraussetzend möchte ich hier zunächst noch einmal den Reichtum des Psychodramas im Zusammenhang skizzieren, da er ja in den dargestellen konkreten Projekten immer nur selektiv aufscheinen kann. Dieses Reservoire steht allen PsychodramatikerInnen zur Verfügung, muss allerdings immer wieder neu erarbeitet und adaptiert werden. Es soll aber auch PädagogInnen neugierig auf eine spannende, nützliche und wertvolle Praxis machen. Zum Zweiten möchte ich aufzeigen, welche Bildungsanforderungen in den nächsten Jahren auf uns zukommen und welche spezifischen Antworten das Psychodrama darauf geben kann. Mit diesen Antworten steht das Psychodrama aber nicht alleine da. So will ich zum Dritten skizzieren, mit welchen Akzenten und Traditionen der Pädagogik sich der psychodramatische Ansatz verknüpfen lässt, so dass die Annahme des Psychodramas von Seiten der Pädagogik erleichtert wird. Zum Schluss sollen dann Umrisse einer psychodramatischen Bildungsarbeit skizziert werden.

2. Das Angebot des Psychodramas

2.1. Das psychodramatische Projekt

Die Grundideen des psychodramatischen Projekts sind alle – zumindest in nuce – in Morenos Wiener Zeit, also von etwa 1895 bis 1925, entstanden, wenn sie auch erst in den USA konkrete Gestalt angenommen haben (Schiferer 1994; 1996; Buer 1999b). Das Wien der Jahrhundertwende und des Ersten Weltkriegs war ein Brennpunkt des Umbruchs, in dem sich Décadence und Kreativität überlagerten. Es entsteht eine industrialisierte, bürokratisierte, technisierte, urbanisierte, hektische, sachliche Welt, die die überschaubare, traditionsbestimmte, quasi natürliche Welt des 19. Jahrhunderts heftig aufmischt. Neben diesen modernistischen und den darauf antwortenden restaurativen Tendenzen formiert sich aber auch eine oft übersehene dritte Linie, die eine Lebensreform in selbstbestimmten Gemeinschaften erprobt (Buer 1992e; Kerbs & Reulecke 1998). In diesen Experimenten mischt sich romantisches, lebensphilosophisches, völkisches, kommunistisches und anarchistisches Gedankengut (Linse 1983). Morenos Projekt ist aus diesem Konnex hervorgegangen (Buer 1992b).
Moreno wendet sich schon in seiner Wiener Zeit gegen jegliche Konventionen: gegen Klassik und Realismus in der Literatur durch seine expressionistische Lyrik und Prosa, gegen die Vorherrschaft großer Verlage durch die Mitbegründung eines kleinen Genossenschaftsverlags, gegen das statuarische Sprechtheater durch sein Stegreiftheater, gegen die Ausgrenzung der Wiener Prostituierten durch deren Organisierung und fachliche Betreuung, gegen pedantischen Nachhilfeunterricht seiner ihm anvertrauten Schülern durch improvisierte Märchenspiele und soziometrische Experimente mit den Spielkameraden im Freien, gegen die bürokratische Zusammenlegung von Flüchtlingen in Mitterndorf durch den Vorschlag ihrer soziometrische Umgruppierung, gegen eine abstinente, individualisierende Psychoanalyse durch eine eingreifende, theatralische Gruppentherapeutik, gegen eine kirchlich erstarrte Religiosität durch seine Performance als chassidischer Wanderprediger, gegen die Besitzansprüche des Architekten Kiesler auf ein neues Theatermodell durch die Inszenierung eines öffentlichen Happenings, gegen spekulative Metaphysik durch eine Orientierung an

erfahrbarer Praxisverbesserung, gegen eine Auswanderung nach Palästina, für eine messianische Praxis vor Ort, gegen eine kommunistische Revolution von oben, für eine soziometrische von unten (Moreno 1995).

Dabei verband Moreno eine tiefe religiöse Überzeugung von seiner persönlichen Verantwortung für die Weltentwicklung in seinem Nahraum mit umfassenden therapeutischen Ansprüchen auf eine kreative „Neuordnung der Gesellschaft". Vor allem durch dramatische Arrangements und Techniken wollte er seine soziologische Hoffnung auf eine „therapeutische Weltordnung" verwirklichen, in der der Mensch dem Menschen ein Helfer (= Therapeutes) sein kann (Moreno 1991).

Durch die Auswanderung in die USA ist Moreno bewusst der Gefährdung aus dem Weg gegangen, Gründer einer esoterischen Sekte zu werden. Hier konnte er sich als praktischer Reformer ausprobieren, ob in der Theaterarbeit, der Arbeit mit Gefangenen, der soziologischen Theoriebildung und Forschungsmethodologie, der Kleinkindforschung, ob in der Psychiatrie, in der Paar- und Familientherapie, in der Arbeit mit Migranten, in der Industrie, mit dem Militär oder in Siedlungsprojekten. Überall mischte er sich mit seiner MitarbeiterInnen-Crew ein (Yablonski 1998). Vor allem aber erfand er ständig neue Arrangements und Techniken, um seinen Anspruch umzusetzen.

Moreno hatte nämlich keine Lehre zu verkünden. Er bot statt dessen „symbolische Behälter" an, in denen sich Menschen begegnen können, die daran interessiert sind, ihre Lebens- und Arbeitsverhältnisse gemeinsam zu untersuchen, sich auf einen persönlichen und sozialen Wandlungsprozess einzulassen, unkonventionelle Erkenntnisse zu gewinnen, kreative Lösungen zu erfinden und solidarisch an ihrer Verwirklichung zu arbeiten. Diese Psychodrama-Gruppen können innerhalb wie außerhalb von Einrichtungen und Organisationen stattfinden. Auf jeden Fall werden ihre Ergebnisse über die Tele-Beziehungen zu den konnektierten Netzen Auswirkungen auf die gesellschaftlichen Verhältnisse haben. So wurden immer mehr Menschen in Nord- und Südamerika, in West- und Osteuropa, in Israel, Japan, Australien und Neuseeland zu PsychodramatikerInnen, die in ihren Verkehrskreisen durch explizites, eher noch durch implizites psychodramatisches Denken und Handeln dialogische Milieus schaffen und kreative Lösungen für ganz konkrete Probleme der Alltagspraxis im sozialen Nahraum vorantreiben.

Auch wenn die psychodramatische Gruppenpsychotherapie am Ende seines Lebens im Mittelpunkt von seinem Projekt einer heilenden Lebensführung stand (Moreno 1997), so hat das Psychodrama doch schon sehr früh Bedeutung auch für die Pädagogik gewonnen (Haas 1949; Schützenberger 1976; Yablonski 1992). Im deutschsprachigen Raum haben vor allem Hilarion Petzold (1973), Veronika Burkart (Burkart & Zapotoczky 1974), Dorothea Freudenreich (u.a. 1976), Edmund Kösel (1989; 1993), Franz Stimmer (1992; 1994), Roland Springer (1995), Inge Brenner (1996), Klaus Lammers (1996; 1998) und auch ich selbst (Buer 1992a; 1995; 1999f) Pionierarbeit geleistet. Auch von Pädagogen, die keine Psychodramatiker sind, wur-

de Interesse gezeigt, allerdings eher in Randgebieten, wie der Rollenspielpädagogik, der Theaterpädagogik, der Interaktionspädagogik, der Religionspädagogik oder von Seiten der Humanistischen Pädagogik. Zeitweise hatte die Soziometrie als Untersuchungsverfahren in Schulklassen Konjunktur. Leider wurde sie in diesem Verwertungszusammenhang völlig unabhängig vom psychodramatischen Projekt gesehen, so dass ihr alle Zähne gezogen waren (Höhn & Seidel 1954; Dollase 1996).
So muss festgehalten werden: Die Pädagogik – jedenfalls in Deutschland – hat das Psychodrama noch nicht umfassend zur Kenntnis genommen, wie das Psychodrama noch keineswegs die pädagogischen Ansprüche angemessen Ernst genommen und die pädagogischen Anfragen ausreichend aufgegriffen hat.

2.2. *Die psychodramatische Haltung*

Der *common sense* hält das Psychodrama für ein reichhaltiges Arsenal an Instrumenten, Methoden, Arrangements und Techniken einfacherer bis komplizierter Art, die in allen möglichen Formaten der Beziehungsarbeit umstandslos eingesetzt werden könnten, leider verbunden mit verblasenen, dazu noch ausgeleierten Idealen von Begegnung und genialem Schöpfertum. Letzteres könne und sollte man vergessen, ersteres dagegen sei höchst nützlich verwendbar. Das genaue Gegenteil ist der Fall.
Zwar wimmelt es in der Psychodrama-Literatur nur so von unzähligen Techniken. Aber schon in der Psychodrama-Ausbildung soll das protagonistenzentrierte Spiel noch immer im Mittelpunkt stehen, so jedenfalls die verbreitete Klage. Und in der Praxis könne man doch so vieles gar nicht anwenden. Da blieben eben nur „Elemente" über. Und diese Frustration treibt dann die Suche nach weiteren, anderen, neuen Techniken an, die man ja auch noch ausprobieren könne. Diese elende Sicht der Dinge hängt leider damit zusammen, dass von der therapeutischen Philosophie Morenos nichts begriffen wurde.
Moreno geht es darum, dass jeder Mensch „Meister seines Lebens" wird. Das heißt konkret: Er soll auf seine Wünsche, Ideale, Ansprüche, Ängste, also auf seine innere Stimme, seinen „Daimon" hören lernen, aber ebenso auf die Wünsche und Anforderungen seiner Mitwelt und Umwelt. In der konkreten Auseinandersetzung mit diesen Stimmen in jeweils konkreten Situationen soll er seine einmalige Antwort geben und ver-antworten (Buer 1999a). In der Alltagspraxis reicht es normalerweise aus, wenn die üblichen und bewährten Antworten gegeben werden. In unübersichtlichen, konflikthaften oder belastenden Situationen fällt die Antwort aber schwerer. Die alten passen eben nicht mehr. Hier sollte man sich in eine Spontaneitätslage bringen, um neuartige und damit angemessenere Antworten zu finden.
Und genau diese improvisierenden Menschen: Propheten, Heilige, Künstler, Weise wie Buddha, Lao Tse, Sokrates, Jesus, Franziskus, Baal Schem, Gandhi waren Morenos Vorbilder. Sie schrieben keine Bücher und formulierten keine Denksysteme, sondern engagierten sich spontan in kreativen Experimenten. „Diese Tatmenschen… er-

scheinen uns oft inadäquat, unvollkommen, auffallend, überschwenglich, exzentrisch oder gar pathologisch. Es ist ihnen aber zugute zu halten, dass sie versuchten, nach ihren Ideen zu leben und eine imperfekte Existenz der perfekten Theorie vorgezogen haben" (Moreno 1996, 441). Sie folgten den beiden Grundmaximen einer psychodramatischen Ethik: „Sei spontan!" Und: „Sei bereit zum Rollentausch!"
Durch ein Leben aus dieser Haltung konnten sie zu „Führern des Volkes" werden, konnten sie Leadership erlangen, mit dem Auftrag, jedem, dem sie begegneten, herauszufordern, sein Leben selbst in die Hand zu nehmen, sich selbst zu einem einmaligen Menschen herauszubilden, die Kunst der Lebens-Führung zu erlernen. Moreno hat sich selbst so verstanden. So hat er den Ehrentitel Moreno, der seit dem 14. Jh. an jüdische Gelehrte verliehen wurde, so auch an seinen Vater, und der „mein Lehrer" bedeutet, erst dann als Nachname getragen, als er sich seines besonderen Auftrags bewusst geworden war (Geisler 1999, 53f).
Und aus dieser Haltung sollte jeder Psychodramatiker handeln. Die bewusstlose Anwendung allerlei Techniken kann vielleicht Routinefällen gerecht werden. In aller Regel bedarf aber die Aufnahme des Kontakts und das Heraushören verschiedener Stimmen in der jeweiligen Situation einer geschärften Achtsamkeit. Erst durch das Eintauchen in die Szene wie ihre distanzierende Betrachtung und Reflexion können Einfälle auftauchen, die weiterführen können. Um diesen sensiblen, fragilen Vorgang des Erspürens im telischen Kontakt mit den Beteiligten abzusichern und kreative Felder zu eröffnen, bedarf es der Methoden. Sie können Halt geben, wenn die „Zwischenräume" zwischen den Menschen aufgesucht werden. Hier bedarf es einer geschickten Auswahl der zur Verfügung stehenden Arrangements und Techniken, aber auch der kreativen Kraft, neue Wege zu erfinden. Morenos Ideal jedoch bleibt: „Der höhere Arzt heilt nicht durch Mittel sondern durch bloße Begegnung" (Moreno 1970, 71). Leider sind die wenigsten Psychodramatiker solche höheren Heiler. Sie bleiben auf den Einsatz von Methoden als Hilfsmittel angewiesen. Sie sollten das Ideal aber nicht aus den Augen verlieren.
Aus alledem folgt: Entscheidend ist die richtige, die richtungsweisende psychodramatische Haltung. Erst durch sie werden Sinn und Verstand geöffnet, die Stimmen wahrnehmen und verstehen zu können. Hierzu sind die angemessenen Methoden zu finden oder zu erfinden. Diese Haltung lässt sich durch drei Orientierungen kennzeichnen:

- Imagination
  Die Macht der Phantasie, der Einbildungskraft, der Imagination soll im spontanen psychodramatischen Spiel hervorgelockt und zur kreativen Umgestaltung des Lebens beitragen.
- Aktion
  Der Mensch soll sich im dramatischen Handeln als Gestalter seines Lebens mit seinen Möglichkeiten, aber auch seinen Grenzen erfahren.
- Kooperation
  Durch das Aufeinandereingehen und das Zusammenspiel wird der Gruppen-

vorteil zur kreativen Lösung wirksam und lässt den Einzelnen über sich hinauswachsen.

Also: Psychodrama findet immer dann statt, wenn der Psychodramatiker diesen Orientierungen folgt, egal wieviele genuin psychodramatischen Instrumente, Arrangements oder Techniken er nun zum Einsatz gebracht hat. Denn dann wird der kreative Umgang mit der Welt gefördert sowie die Bereitschaft, selbstbestimmt und zugleich kooperativ zu handeln. Und darum geht's. Und damit darf's auch genug sein.

2.3. Das psychodramatische Wissen

Der *common sense* sagt weiter: Das Psychodrama bietet keinerlei spezielles Wissen an: Fehlanzeige. Das behaupten meist diejenigen, die nur Alltagswissen, über das jeder verfügt, und wissenschaftliches Wissen, das nur durch ein wissenschaftliches Studium erworben werden könne, kennen. Genau dazwischen liegt aber das professionelle Wissen, über das jemand verfügt, der sein einsozialisiertes alltägliches Wissen und sein erworbenes wissenschaftliches Wissen mit seinem spezifischen Erfahrungswissen aus seiner fachlichen Arbeit konfrontiert, prüft, reflektiert und konnektiert. Dieses an einzelnen Vorfällen gewonnene Wissen kann dann auch anderen Praktikern zur Verfügung gestellt werden, so dass diese es zum einen als mögliche Interpretationsfolie zum Verständnis der ihnen erzählten oder vorgeführten Geschichten, zum anderen zur Orientierung ihrer Beziehungsarbeit nutzen können (Buer 1999c). So hat das Psychodrama sieben charakteristische Basiskonzepte entwickelt, die alle miteinander verknüpft sind (s. Abb. 1).

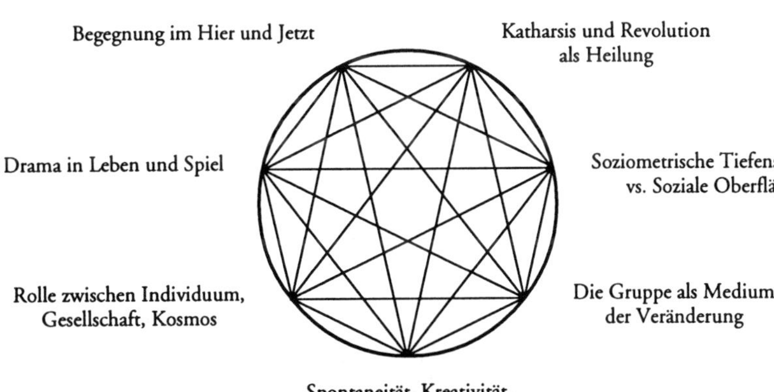

Abb. 1: Die sieben Basiskonzepte des Psychodramas

Alle sieben Konzepte erhalten nun eine spezifische Bedeutung je nachdem, auf welcher Theorie-Ebene sie eingesetzt werden. Das möchte ich an einem Beispiel erläutern.
Das Konzept *Begegnung im Hier und Jetzt* enthält auf der philosophischen Ebene der Grund-Anschauungen anthropologische, sozialphilosophische, erkenntnistheoretische und ethische Implikationen: In der unmittelbaren Begegnung zweier Menschen von Angesicht zu Angesicht in einer konkreten einmaligen Szene verlangt das Antlitz des Anderen von mir, dass ich ihm Bedeutung gebe. Das kann ich aber nur, indem ich mir selbst als dem konkret Antwortenden Bedeutung verleihe. Dadurch konstituiert sich mein Selbst, noch bevor ich mit dem Anderen in geregelten Austausch trete. Diese An-Erkenntnis des Anderen in der unmittelbaren Begegnung ist mit einem spezifischen Wissen verbunden, das durch eine objektivierende, vermittelte Erforschung nicht gewonnen werden kann. Durch diesen spontanen, moralischen Impuls wird der Mensch mit einem besonderen, einmaligen Wissen konstitutiert. Individuation geschieht aber nur durch Sozialisation. Diese dialogische Zweierbeziehung ist somit der Kern gesellschaftlicher Verbundenheit. Individuation und Sozialisation werden verfehlt, wenn der Mensch sich weigert, sich auf unmittelbare Begegnungen einzulassen und Verantwortung zu übernehmen. Das führt zum Solipsismus wie zur gesellschaftlichen Entfremdung.
In der psychodramatischen Praxis wird von Szenen berichtet und werden Szenen – intendiert oder nicht – aufgeführt, die als Interaktionsgeschehen in Gruppen verstanden werden können. Zur Interpretation kann die Kategorie *Begegnung* als eine unmittelbare, spontane, authentische Interaktion und das Gegenteil, die *Entfremdung* oder wie Buber sagen würde, die *Vergegnung*, als eine vermittelte, gehemmte, fassendenhafte Interaktion herangezogen werden. Dadurch wird eine konkrete Diagnose der Situation möglich. Diese Interpretationsfolie oder Brille kann der Psychodramatiker nutzen, um im Sinne der oben ausgeführten Anthropologie die Verantwortungsübernahme durch die Ermöglichung von Begegnungsgeschehnissen zu fördern. Hierzu hat Moreno den Rollentausch erfunden: Der Andere wird mit *seinen* Wünschen, Ängsten und Anforderungen mir gegenüber erfahren, wie ich mich in der Rolle des Anderen aus seiner Sicht auch in meiner Wirkung auf ihn neu erfahren kann. Aus der Diagnose, wie im Lichte der Grund-Anschauungen kann also das psychodramatische Handeln seine Orientierung bekommen.
Wie das Konzept *Begegnung im Hier und Jetzt* auf den drei Theorie-Ebenen der Philosophie, der Interpretationsfolien und der Praxeologie genutzt werden kann, so können auch die anderen sechs Konzepte herangezogen werden. In Aktion ergänzen sie sich. Diese Konzepte sind aus einer spezifischen Praxis entstanden und für eben diese Praxis auch wieder verwendbar. Daneben kann das darin aufgehobene Wissen auch in wissenschaftliche Kontexte aufgenommen und ausgebreitet werden (z.B. Petzold & Mathias 1982; Ottomeyer 1992; Bottenberg 1993; Sader 1995). Auf dieser Ebene kann es dann wiederum mit kompatiblen Konzepten und Theorien aus den Refe-

renzwissenschaften und der genutzten Formate verknüpft und angereichert werden. Allerdings muss dieses vergesellschaftete Wissen im konkreten Fall immer vom konkreten Psychodramatiker zugeschnitten und zum Umgang mit diesem Fall mit den je neu gemachten Erfahrungen und Erkenntnissen verbunden werden. Genau das ist die professionelle Aufgabe (Oevermann 1997).

2.4. *Das psychodramatische Können*

Der Psychodramatiker bietet Arrangements an, in denen die Akteure spielerisch ungewohnte Erfahrungen machen können. Er arrangiert die Versuchsanordnung dieses Sozialexperiments und führt bei der Durchführung Regie. Er hat zwar Hypothesen über den Fortgang des Prozesses, kennt aber selbst den Ausgang nicht. Daher muss er stets den Prozess begleiten und spontan steuern. Diese improvisierende Regie-Führung ist gekennzeichnet durch (Jürgens & Buer 1994; Wartenberg & Kienzle 1991):

- Aisthesis: eine sinnlich-ganzheitliche Wahr-Nehmung der verschiedenen Stimmen einer einmaligen Szene,
- Mimesis: das wandlungsfähige Sichhineinversetzen in Rollen durch einen inneren Rollentausch,
- Kathasis: die Erschütterung bisher bewährter Gewohnheiten durch den Einsatz geeigneter Arrangements und Techniken,
- Poiesis: die kollektive Kreation angemessenerer und angenehmerer Handlungsweisen zunächst des Protagonisten, aber auch der Gruppe und des Psychodramatikers selbst.

Diese spezifische psychodramatische Bühnenarbeit kann nur gelingen, wenn der Regisseur sein Metier beherrscht und spontan und doch gezielt mit dem konkreten Prozess mitschwingen kann. Um das zu erreichen, zu sichern und zu verbessern, sind lange Selbsterfahrungsprozesse, ist gezieltes Training und begleitende Supervision notwendig.

Je nach gewähltem Format kann dieser Kommunikationsmodus des Experiments – gerade auch in der Bildungsarbeit – ergänzt werden um eher verbale Informations- und Diskussionsprozesse. Psychodramatisches Können heißt also auch, die psychodramatische Arbeit je nach Erfordernis modifizieren und durch andere Verfahren ergänzen zu können.

3. Die Anforderungen an die gegenwärtige und die zukünftige Bildungsarbeit

Die Schlagworte „Lebenslanges Lernen“, „Informationsgesellschaft“, „Wissensmanagment“, „Medienzeitalter“ machen deutlich, dass Bildung im weitesten Sinne heute die zentrale Aufgabe zur Bewältigung einer unübersichtlichen Zukunft geworden ist. Damit steht das staatlich verwaltete Bildungssystem unter einem gewaltigen Reformdruck. Qualitätssicherung und Qualitätsentwicklung hat das gesamte System erfasst. Private Anbieter machen nicht nur im Weiterbildungsbereich, sondern bis in den Hochschul- und den Schulbereich hinein attraktive Angebote. Die Unternehmen kümmern sich in einem nie gekannten Ausmaß um die Weiterbildung ihres Personals (Neuberger 1994; Arnold 1995; Hofmann & Regnet 1994; Geißler 1995). Die Aufforderung zum lebenslangen Lernen macht nicht einmal vor der Privatsphäre halt: Nicht nur, dass das Leben in einer enttraditionalisierten und „beschleunigten Gesellschaft" (Glotz 1999) ständig neue Lernanforderungen bereithält, die Neuen Medien bringen zudem ständig neue mundgerecht vorbereitete Lernangebote ins Wohnzimmer (Gogolin & Lenzen 1999). Damit hat eine „Entgrenzung des Pädagogischen" (Lüders u.a. 1998) stattgefunden: Lernprozesse werden nicht mehr nur von staatlich ausgebildeten PädagogInnen gesteuert, sondern auch von selbsternannten DozentInnen, TrainerInnen und BeraterInnen, vor allem aber von den Lernenden selbst. Die Pädagogik schwankt noch, ob sie diese Herausforderung durch ein totales Angebot von der Wiege bis zur Bahre annehmen (Lenzen 1997) oder resigniert die Bahn für ein „selbstgesteuertes Lernen" (Dohmen 1996; 1997) freigeben soll. Diese gegenwärtige Lage jedenfalls hat dem immer noch eher tantenhaften Bildungssystem der BRD verschärfte Dialektik verordnet:

– Präsentative Symbolik versus diskursive Symbolik
  Diese Unterscheidung von Susanne Langer (1987) meint: Die diskursive Symbolik umfasst die Sprache, die linear Sinngehalte generiert. Die elaborierteste Form dieser Symbolik ist die Wissenschaftssprache. Viele Sinngehalte des Lebens lassen sich aber nicht angemessen sprachlich ausdrücken, vor allem ästhetische, religiöse, existentielle Erfahrungen. Sie finden ihren Ausdruck in künstlerischen Darstellungen (Bildern, Skulpturen, Architekturen, Musiken, Tänzen, Theateraufführungen, metaphorischen Dichtungen...) und rituellen Praktiken (Zeremonien, Riten, magischen Handlungen...). Diese präsentative Symbolik ist analog, ganzheitlich und rekursiv, oft auch nonverbal. Der deutsche Bildungsbegriff entstammt nun den Traditionen präsentativer Symbolik (Lichtenstein 1966). Bildung hat dann immer etwas mit Bildern zu tun (Pazzini 1988; Schäfer & Wulff 1999), auch mit dem Herausbilden, dem Formgeben, ist also immer ästhetisch vermittelt (Mollenhauer 1988; Lenzen 1990; Zacharias 1991; Herrlitz & Rittelmeyer 1993). Dieses Bildungsverständnis hat zur Konsequenz: Jeder tiefergreifende Bildungsprozess muss die Bilder, die wir von uns und von der Welt haben, erschüttern, um so Bilder von uns und von der Welt aufsteigen zu lassen, als die wir und als die die Welt gemeint sind. Unsere Ant-Wort auf diesen An-Spruch ist der Bildungsprozess, das schöpferische Herausbilden „neuer" Menschen in einer „neuen" Welt nach diesen Vor-Bildern. Auf der anderen Seite ist der Bildungsprozess immer auch mit diskursiven Phasen verbunden: Eigene Erfahrungen und fremdes Wissen müssen kommunikativ reflektiert und auf seine Haltbarkeit und Angemessenheit getestet werden. Daraus hat sich ein bewährter Bildungskanon

ergeben, der in Texten aufbewahrt und lesend und hörend aufgenommen wird. Kulturkritische Autoren wie Neil Postman (1988) warnen daher vor der Bilderflut, mit denen wir durch die Neuen Medien überschwemmt würden, und plädieren wieder für das geschriebene und gesprochene Wort. Dabei ist festzuhalten, dass auch in den Neuen Medien der Text nach wie vor eine prominente Rolle spielt (Glotz 1999). Auf der anderen Seite haben kreative Lehr- und Lernmethoden, insbesondere die Techniken der Visualisierung, Konjunktur (Heitkämper 1999). Aus dieser Dialektik resultieren weitere Spannungen: zwischen dialogischem Lernen von Angesicht zu Angesicht und dem Arbeiten mit technologisch vermittelten Lernprogrammen, zwischen Lernen als spontanem Prozess und Lernen als strukturiertem Aufnehmen portionierter Wissens, zwischen intersubjektivem Erfahrungslernen und objektivierendem wissenschaftlichen Studium.

– Allgemeine Bildung versus Expertentum
Diese Dialektik tritt in verschiedenen Varianten auf: Auf der einen Seite ist ein breites Wissen notwendig, damit der Bürger nicht nur in persönlichen Belangen (wie Gesundheitsvorsorge, Hauswirtschaft, Neue Medien) informiert ist, sondern auch in allen gesellschaftlichen und politischen Fragen kompetent mitreden und mitentscheiden kann. Zudem muss er sich auf wechselnde Arbeitsbereiche einstellen, die unterschiedliches Wissen verlangen. Auf der anderen Seite sind viele fachliche, aber auch gesellschaftliche und politische Zusammenhänge so kompliziert, dass sich hier nur noch SpezialistInnen auskennen. Spezialausbildungen und spezielle Weiterbildungen sind also erforderlich. Diese können allerdings schnell veralten, sind also ständig zu erneuern. Oder sie werden gar nicht mehr benötigt und sind durch neues Wissen und Können zu ersetzen. Der Bildungsbürger, der über kulturell hochwertige Kenntnisse und gewandte Umgangsformen verfügt und somit über alles und mit jedem kommunizieren kann, dem dafür aber viele Details verborgen bleiben, steht dem Experten gegenüber, der zwar über hochspezialisiertes Wissen und Können verfügt, aber in der Gefahr steht, den Gesamtzusammenhang aus dem Auge zu verlieren. Zudem müssen Experten spezielle Fähigkeiten und Fertigkeiten unverhältnismäßig stark entwickeln, um auf dieser Basis Spitzenleistungen zu erbringen. Dafür müssen sie andere Bereiche vernachlässigen. Expertentum ist also oft mit separiertem Lernen verbunden. Demgegenüber propagiert insbesondere die Humanistische Pädagogik ganzheitliches Lernen, das den ganzen Menschen, also nicht nur seine kognitiven, sondern auch seine affektiven, leiblichen und sozialen Seiten berücksichtigt (Bürmann u.a. 1997).

– Soziale Kompetenz versus Berufsqualifikation
Arbeitgeber, seien es nun Wirtschaftsunternehmen, Behörden oder soziale Einrichtungen, erwarten in vielen Bereichen nicht nur eine allgemeine Arbeitsfähigkeit, sondern auch Spezialkenntnisse und -fertigkeiten. Darüber hinaus müssen Arbeitnehmer zunehmend über Selbstmanagementqualitäten verfügen und ko-

operativ mit Kollegen und Kunden zusammenarbeiten. Hierzu sind wiederum allgemeine Schlüsselqualifikationen notwendig. Der einzelne Arbeitnehmer wird zunehmend zum Unternehmer seiner selbst, der seine Kenntnisse, Fähigkeiten und Fertigkeiten ständig auf dem neuesten Stand zu halten hat, um sie jederzeit passend vermarkten zu können. Er wird selbst zum Bildungszentrum (Voß & Pongratz 1998). Das führt dazu, dass er sich Bildungsangebote primär danach aussucht, was sie ihm zur marktgängigen Qualitätsverbesserung seiner Arbeitskraft bringen. Bildungsangebote, die soziale Kompetenzen zum Umgang mit sozialen Problemen (Geschlechterfrage, Umgang mit Fremden, soziale Konflikte, Ökologie, Dritte Welt...) vermitteln, geraten dadurch ins Abseits. Wenn nun auch noch die staatliche Unterstützung dieser Weiterbildungsangebote gekürzt und in den staatlichen Regelschulen immer mehr Wirtschaftskompetenz zur Leitkompetenz wird, dann darf man sich nicht wundern, wenn das Interesse, das Ganze zu begreifen und auch dafür Verantwortung zu übernehmen, abnimmt.

- Gemeinwesenorientierung versus Individuumzentrierung
  Mit dem Ende des „Goldenen Zeitalters" etwa um 1973 (Hobsbawm 1999) hat sich auch in der BRD ein neoliberaler Kurs durchgesetzt, der die bisher noch wirksamen gemeinschaftlichen Beziehungen aus früheren Zeiten wie langdauernde, enge familiäre Bindungen, stabile sozialräumliche Milieus, Klassenzugehörigkeit zunehmend auflöst zugunsten einer Individualisierung, die die Menschen zu vereinzelten Nomaden macht (Bauman 1997). Persönliche Bindungen werden vernachlässigt zugunsten weltweiter Vernetzung. Gegen diese Individuumzentrierung protestiert der Kommunitarismus (Etzioni 1997), indem er dazu auffordert, in allen gesellschaftlichen Bereichen wieder die Verantwortung für ein gemeinschaftliches Zusammenleben zu übernehmen. Das stellt gerade auch an alle Bildungseinrichtungen hohe Anforderungen (Etzioni 1998).
- Offenheit versus Geschlossenheit
  In dieser gesellschaftlichen Lage müssen Bildungsangebote eine Balance finden zwischen Offenheit und Geschlossenheit: Auf der einen Seite müssen sie ihre Curricula offenhalten, damit ständig neue relevante Entwicklungen Berücksichtigung finden können. Denn sonst ist das vermittelte Wissen und Können für die künftige Praxis schon veraltet, nachdem es gerade erworben wurde. Das heißt auch: Das Wissen muss als konstruiertes verdeutlicht werden, das – gerade im kulturellen und sozialen Bereich – ständigen Wandlungen unterworfen ist. Wissen muss stetig neu entworfen und gesichert werden. Daraus gezogene Konsequenzen müssen von den Anwendern selbst verantwortet werden. Auf der anderen Seite darf diese Offenheit aber nicht zu einer Beliebigkeit führen, die alle Annahmen und Meinungen über die Wirklichkeit hinnimmt, ohne sie einer kritischen Sichtung und praktischen Prüfung zu unterziehen. Wissen, das mehrere Falsifikationstests überstanden hat, darf als gesichert gelten und muss auch in den Curricula Berücksichtigung finden. Daneben müssen Bildungsangebote auch

Orientierungswissen enthalten. Angesichts der sich verbreitenden Unübersichtlichkeit sollte Bildung durchaus bilden, d.h. ein Bild, eine Gestalt, eine geschlossene Form, ein erkennbares Profil anbieten.

Bildung wird nun auf verschiedenen Ebenen erworben und vermittelt: Alle *Erziehungsberechtigten* in den Familien tragen auch ohne besondere Ausbildung Verantwortung für Erziehung, Bildung, Unterricht und Hilfe gegenüber den ihnen anvertrauten Kindern und Jugendlichen. Daneben werden *ErzieherInnen* (Rittelmeyer 1994) eingesetzt, die über fachliches Wissen und Können verfügen. Als *PädagogInnen* können alle Professionen bezeichnet werden, die über eine wissenschaftlich fundierte Ausbildung verfügen, sich berufsethischen Standards verpflichtet fühlen und in pädagogischen Feldern tätig sind (Combe & Helsper 1997). Sie haben sich mit konkreten Praxisfällen zu beschäftigen und müssen dazu ihr reflektiertes Alltags- wie Praxiswissen, aber auch wissenschaftlich gewonnenes Wissen nutzen. Die angemessene Anwendung dieser verschiedenen Wissenssorten auf den konkreten Fall ist das Spezifische der Professionalität (Oevermann 1997). Demgegenüber ist es Aufgabe des *Erziehungswissenschaftlers*, aus der Untersuchung der Erziehungswirklichkeit möglichst allgemein gültiges Wissen zu gewinnen.

Professionelle BildungsarbeiterInnen müssen also nicht nur etwas von erziehungswissenschaftlichen Ergebnissen und Theorien wissen, sie müssen auch über das nötige pädagogische Wissen und Können in dem jeweiligen *Format* verfügen, das sie im jeweiligen Feld zum Einsatz bringen (z.B. Fachdidaktik, Didaktik der Erwachsenenbildung, Hochschuldidaktik...) und über die nötigen *Verfahren* der Beziehungsgestaltung (z.B. Psychoanalytische Pädagogik, Humanistische Pädagogik, Freinet-Pädagogik, Montessori-Pädagogik, Themenzentrierte Interaktion, Gestaltpädagogik und eben auch Psychodramatische Bildungsarbeit). Dazu kommt die Berufserfahrung, die als reflektiertes Praxiswissen die Basis des pädagogischen Handelns darstellt. Das nötige pädagogische Wissen und Können des professionellen Bildungsarbeiters setzt sich also aus vier Quellen zusammen (vgl. Abb. 2).

Es wäre also ganz unangemessen, Professionalität mit Verwissenschaftlichung gleichzusetzen. Erziehungswissenschaft ist eben nur *ein* Baustein (vgl. auch: Horn 1999). Zur Bedeutung dieser Differenz von Erziehungswissenschaft und Pädagogik hat sich Hartmut von Hentig (1999a, 17) am Ende seines Professorendaseins sehr deutlich geäußert:

> „Ich bin zeitlebens ein Praktiker der Pädagogik gewesen, habe meine in der Schule gemachte Erfahrung – schon weil sie so wechselvoll, so irritierend, so verbesserungsbedürftig war – dem Nachdenken unterworfen und kam mit diesem wiederum besser zurecht, wenn ich es einigermaßen systematisch betrieb, wobei dann eine Art Theorie entstand. Aber als ‚Wissenschaft' möchte ich das nicht bezeichnen, weil ich einen strengen Begriff von ihr habe... Ich habe mich um die Hervorbringungen meiner Disziplin nicht methodisch und regelmäßig gekümmert; ich habe eine empirische Absicherung meiner Sätze und Thesen nicht an-

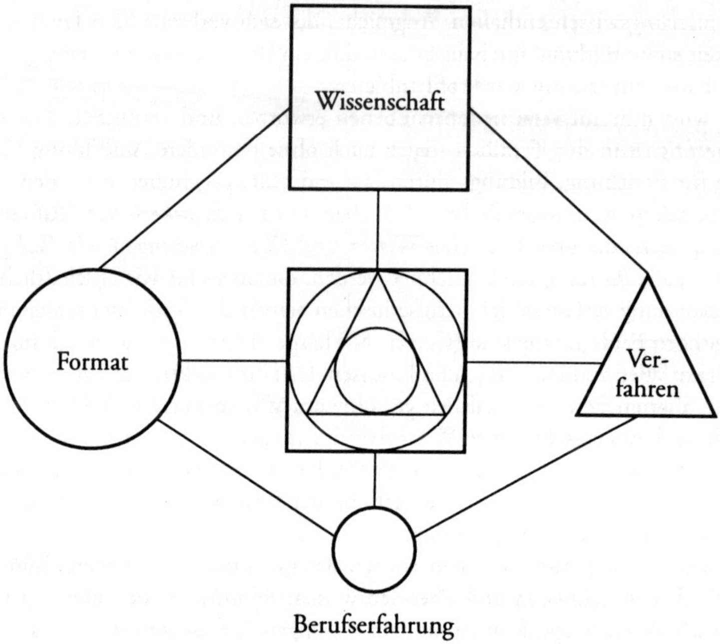

Abb. 2: Die vier Quellen des pädagogischen Wissens und Könnens

gestrebt; Ich bin der Terminologie der Zunft nicht nur nicht gefolgt, ich habe sie gemieden – nicht aus Hochmut, sondern weil sie meinen Zwecken nicht entsprach und weil ich wußte, dass meine Bewährung ganz woanders liegen würde. Was eine Analyse verlangt oder verspricht…, wird bei mir in der Beschreibung des Gegenstandes aus einer bestimmten, ebenfalls zu beschreibenden Position heraus bestehen… Praktiker … könnten schon aus dem, was ich beschreibe, und daraus, wie ich es bewerte, Gewinn ziehen: Sie haben ja das entsprechende Korrektiv in der eigenen Erfahrung."

Von Hentig (1999a) ist es nun auch, der Konturen eines Bildungskonzepts für die Zukunft entworfen hat, an das die Psychodramatische Bildungsarbeit nahtlos anschließen kann. Danach ist Bildung an folgenden Maßstäben zu messen:

1. Abscheu vor und Abwehr von Unmenschlichkeit
2. Die Wahrnehmung von Glück
3. Die Fähigkeit und der Wille, sich zu verständigen
4. Ein Bewusstsein von der Geschichtlichkeit der eigenen Existenz
5. Wachheit für letzte Fragen
6. Bereitschaft zur Selbstverantwortung und Verantwortung in der res publica.

Zur Auslösung und Begleitung von Bildungsprozessen, die diesen Maßstäben genügen, sieht er eine Reihe von geeigneten Anlässen:

- Geschichten lesen, hören, anschauen, erfinden
- Gespräche in der Begegnung führen
- Sich mit Sprachen und Texten auseinandersetzen
- Theateraufführungen besuchen oder selbst inszenieren
- Natur erfahren
- Sich politisch engagieren
- Arbeit übernehmen
- Feste feiern
- Musik hören oder machen
- In andere Welten aufbrechen.

Nach dem Besuch der Schule muss sich das Lernen in zwei Weisen fortsetzen: In der Selbst-Bildung und durch Lernen im Rahmen von Weiterbildungsangeboten. „Von diesen meine ich, sie seien besser von den Berufsgruppen her zu organisieren als vom Staat. Der hat es ja nicht einmal dazu gebracht, seine stärkste und freieste Bildungseinrichtung, die Universität, zu einer nennenswerten Zusammenarbeit mit den von ihr bedienten akademischen Berufsgruppen zu veranlassen" (1999a, 156). Das sei den Bildungspolitikern und Bildungsbürokraten ins Stammbuch geschrieben!

4. Psychodramatisch-pädagogische Antworten

4.1. Psychodramatisch-pädagogische Akzente

Das Psychodrama profiliert die Bildungsarbeit durch bestimmte Akzente und bezieht dadurch im Spannungsfeld der gegenwärtigen und zukünftigen Bildungslandschaft eine Position, die den o.g. Maßstäben von Hentigs für eine richtungsweisende Bildung gerecht werden kann. Dabei knüpft es an bedeutende Konzepte und Praktiken der Pädagogik an:

- Handeln

  Morenos Ansatz kann als Variante der Handlungstheorie betrachtet werden (Buer 1999e, 112f). Dann existiert der Mensch nur in seinen Handlungen. Dabei ist er immer mit anderen Menschen verbundene Inter-Aktion. In diesen Handlungskontexten (Szenen) macht er Erfahrungen, die wiederum Lernprozesse auslösen und Konsequenzen für das weitere Handeln haben. Mit diesem Akzent knüpft das Psychodrama an zentrale Positionen der Pädagogik an: Vom Pragmatismus (Dewey 1986; 1993; Bohnsack 1976; Schreier 1986) über die Pädagogik der Unterdrückten (Freire 1974) und die Praxeologische Pädagogik (Krüger 1997, 86ff) von Derbolav (1987) und Benner (1991) bis zu v. Hentig (1982), der wiederum explizit an den Pragmatismus von John Dewey anknüpft.

- Erfahrung
  Moreno ging es darum, Menschen in Lernarrangements leibhaftig hineinzuversetzen, damit sie im Hier und Jetzt konkrete Erfahrungen machen können, die sie in ihrem Alltag so nicht gemacht hätten und die zu einer Korrektur ihrer bisherigen Erfahrungen führen können. Diese Position entspricht den Konzepten des Erfahrungslernens, wie sie mindestens seit Dewey (1986) in der Pädagogik Tradition haben (Buck 1969; Kolb 1984).
- Theaterspiel
  Neben der Aktionssoziometrie hat Moreno vor allem Methoden, Konzepte und Formen der dramatischen Darstellung genutzt. Dabei knüpft er durchaus am kindlichen Rollenspiel an, bezieht aber das Improvisationstheater wie experimentelles Theater ein (Jürgens & Buer 1994; Fangauf 1999). Er nutzt damit die bildende Kraft des Spiels (Huizinga 1987) wie die reinigende Kraft des rituellen Theaters (Buer & Tanke Sugimoto 1995). Wie Moreno hat die Pädagogik immer wieder gern auf diese Möglichkeiten zurückgegriffen (Schäfer 1995), sei es in der Spielpädagogik einschließlich der Rollenspielpädagogik (Kreuzer 1984; Scheuerl 1991), sei es in der Theaterpädagogik (Bernd 1987; Ruping u.a 1992). Aber auch Dramatiker wie Friedrich Schiller haben sich über die bildende Wirkung des Theaterspiel so ihre Gedanken gemacht (Düsing 1981). Andere Theatermacher wie Bert Brecht (Koch 1979), Augusto Boal (1986) oder Jonathan Fox (1996) haben eigene Theaterformen zu diesem Zweck konzipiert und arrangiert. Der Regisseur Konstantin Stanislawski hat eine spezifische Methode des Schauspielertrainings entwickelt (Rellstab 1976). Das alles ist von Psychodramatikern recht gut aufgegriffen und weiterentwickelt worden (Klein 1991; Feldhendler 1992), so dass das Psychodrama als eine elaborierte Variante der Theaterpädagogik gelten kann.
- Ästhetik
  Wenn wir unter Ästhetik Kunsttheorie verstehen, dann können die psychodramatischen Aufführungen nicht als Kunstwerke im engeren Sinn angesehen werden. Wenn wir allerdings mit Ästhetik in alter Tradition die Kunst der sinnlichen Wahrnehmung meinen, dann geht es im Psychodrama genau darum: Um die Erweiterung der Wahr-Nehmung durch konkrete sinnliche Erfahrungen in einer spontanen Performance (Jürgens & Buer 1994). Insofern nutzt das Psychodrama auf eine sehr ausgefeilte Weise die präsentative Symbolik und löst dadurch fundamentale Bildungsprozesse aus. Damit knüpft das Psychodrama an die pädagogische Diskussion um die Bedeutung der Kunst, der Ästhetik und des Bildes für die Bildung an (Dewey 1988; Gebauer & Wulff 1992) und zeigt viele Parallelen zu den Konzepten Ästhetischer Erziehung und Bildung (Otto & Otto 1987; Selle 1992; Mollenhauer 1996).
- Kreativität
  Moreno sieht Kreativität als ein Potential an, das durch einen spontanen Impuls

aktiviert werden kann, um auf eine szenische Anfrage eine angemessene neue Antwort zu geben. Diese Antwort kann einmalig sein. Sie kann aber auch zur nützlichen Wiederverwendung gesichert werden (Konserve). Insofern ist Morenos Kreativitätstheorie zirkulär, szenisch und kritisch angelegt: Wenn in einer konkreten Situation Menschen mit den bisher bewährten Handlungsmustern und gebräuchlichen Produkten unzufrieden sind, können sie sich öffnen für spontane Impulse, ihnen nachgeben und sich mit den alten Konserven kritisch auseinandersetzen. In dieser „Stegreiflage" können kreative Lösungen aufsteigen, die die alten Muster verbessern oder neue, befriedigendere herausbilden. Diese neuen Konserven müssen wieder auf ihre Angemessenheit kritisch geprüft werden. Dann können sie so lange unverändert genutzt werden, bis sie kreative Prozesse nicht mehr ausreichend absichern können. In diesem Fall müssen sie wieder einer Flexibilisierung ausgesetzt werden. Morenos Kreativitätstheorie ist bisher kaum erschöpfend dargestellt worden (auch nicht: Haan 1992). Sie könnte dem Handel mit Kreativitätstechniken im Fortbildungs- und Trainingsbereich ein Ende bereiten (v. Hentig 1998), als sie nämlich zeigt, dass Kreativität wenig mit Technologie, aber um so mehr mit Wagemut, Katharsis und verantwortungsvollen Entscheidungen zu tun hat. Sie könnte aber auch kreativem Denken und Tun in pädagogischen Feldern (Serve 1994; Brodbeck 1995; Heitkämper 1999) ein Fundament und eine Orientierung geben.

– Begegnung
  Da Moreno die offene und ehrliche Begegnung mit dem signifikanten Anderen als entscheidend für die Menschwerdung, wir können auch sagen: für den Bildungsprozess, ansieht, er aber zugleich weiß, dass solche Ereignisse in unserem Zeitalter der flüchtigen Connections äußerst selten auftreten, hat er Arrangments und Techniken erfunden, die derartige Begegnungen wenigstens mit dem symbolisierten Anderen ermöglichen (Buer 1990). Diese existentialistische Position hat Parallelen zur Dialogpädagogik Martin Bubers, mit der Moreno sich zeitlebens auseinandergesetzt hat.
  Während die Kategorie der Begegnung in der älteren Pädagogik noch eine wichtige Rolle gespielt hat (Bollnow 1984), taucht sie im gegenwärtigen Diskurs kaum noch auf. Allerdings kehrt das Verdrängte heute im Rahmen des Organisationslernens in Gestalt des Dialogs wieder (Isaacs 1996; Bohm 1998).
– Gemeinschaft
  Da Moreno den Menschen immer im Netz seiner Beziehungen im Kontext seiner Mitwelt wie seiner Umwelt sieht, ist die Gruppe der zentrale Ort, an dem die individuelle wie die gesellschaftliche Entwicklung beeinflusst werden kann (Buer 2000). Indem der Protagonist im Psychodrama mit Hilfe der Gruppe seine Niederlagen ein zweites Mal durchlebt, wird er zum Sieger. Indem die Psychodramagruppe ihre Wunde an einem ihrer Mitglieder festmacht, der zugleich bereit ist, sich für sie zu opfern, stellt sie ihm zugleich ihre Gruppenkräfte als Hilfs-Iche zur

Verfügung, die der Protagonist sich einverleibt und damit einen eigenen Heilungs- bzw. Bildungsprozess einleitet, der zugleich die Gruppenwunde verschließt. Damit wird die Gruppe zu einer bündischen Gemeinschaft (Landauer, s. Buer 1999d), die sich mit anderen Gemeinschaften vernetzen kann, um damit eine „therapeutische Weltordnung" zu initiieren (Moreno 1991). Die Bedeutung der Gruppe für die Pädagogik liegt neben der Leistungssteigerung vor allem in genau diesem Aspekt: Gruppe soll soziales Lernen ermöglichen und die demokratische Selbstorganisation fördern (Dewey 1993; v. Hentig 1999b).

– Ganzheitlichkeit
  In der psychodramatischen Rollentheorie wird der Mensch ganzheitlich mit seinen psychischen, sozialen und leiblichen Seiten gesehen. Entsprechend werden im psychodramatischen Rollenspiel alle diese Seiten aktiviert. Bisher vernachlässigte Aspekte können besonders gefördert werden: Etwa indem die inneren Welten (Phantasien, Wahnvorstellungen, Träume) inszeniert, oder indem die verschiedenen sozialen Welten soziometrisch untersucht, oder indem leibliche Empfindungen durch Hilfs-Iche verstärkt und zur Sprache gebracht werden. Dieser präsentative Kommunikationsmodus ist gebunden an die gesprochene Sprache, den Dialog außerhalb des Bühnenspiels, wie er auch kontrastiert wird durch diskursive Phasen, in denen Erkenntnisse „begriffen" und Konsequenzen gezogen werden. Auch hier wird Ganzheitlichkeit angestrebt durch Einbeziehung aller drei Kommunikationsmodi (> Buer, Supervision). Mit dieser Ansprache aller wichtigen Aspekte des Menschseins ist das Psychodrama einem ganzheitlichen Bildungsideal verpflichtet, das gerade das kognitive Lernen durch das sinnliche, leibliche, kreative und soziale Lernen ergänzen möchte (Fatzer 1998).

4.2. Das Psychodrama und seine Verbündeten in der Pädagogik

Da Moreno die Pädagogik nur als Teil eines umfassenden Veränderungsprojekts ansah, hat er sich kaum direkt zu pädagogischen Fragen geäußert und nur gelegentlich auf PädagogInnen Bezug genommen, etwa auf Jean-Jacques Rousseau, Johann Heinrich Pestalozzi, Friedrich Fröbel (Moreno 1997, 80), Maria Montessori (Moreno 1977, 146), Rudolf Steiner (Moreno 1923, 7) oder August Aichhorn (Yablonski 1992, 242) und Siegfried Bernfeld (Moreno 1947, 100). Ähnlich wie Buber sah er sich selbst als Lehrer (= Moreno), der aber keine Lehre zu verkünden hat. Die Grundideen des Psychodramas sind vor allem geprägt worden von den verschiedenen Reformbewegungen, die in Morenos Wiener Zeit zur Blüte kamen, sicher von der Jugendbewegung, der Naturheilbewegung, der Siedlungs- und Landkommunebewegung, der Genossenschaftsbewegung, der Theaterreform, dem Ausdruckstanz, jüdischer Renaissance, fernöstlicher Religiosität, so auch von der Sozialpädagogischen Bewegung, den Waldorfschulen und der Reformpädagogik (Kerbs & Reulecke 1998). In dieser pädagogischen Richtung werden Schüler und Lehrer als autonome, schöpferische Persönlichkeiten angesehen. Lernen geschieht in gegenseitiger Bezugnahme und wird als ein umfassender, lebendiger und aktiver Prozess verstanden. Schule ist eine Lebens- und Arbeitsgemeinschaft, die sich selbst organisiert und auf das praktische Leben orientiert ist (Schonig 1989; Schonig 1998). Die reformpädagogische Bewegung hat eine eigene Organisationskultur entwickelt wie die Waldorfschulen, die Landschulheime, Montessori-Kindergärten, Volkshochschulen. Heute wird Reformpädagogik auch als Ansatz verstanden, die herrschende Bildungslandschaft nach reformpädagogischen Prinzipien umzugestalten (Winkel 1993). Psychodramatische Bildungsarbeit kann hier nahtlos anknüpfen. Da in dieser Tradition Pädagogik immer auch an schöpferische Persönlichkeiten gebunden ist, möchte ich drei Figuren in den Vordergrund stellen, die in enger Verbindung zu Moreno und dem Psychodrama stehen: Martin Buber (1878-1965), John Dewey (1859-1952) und Ruth Cohn (*1912).

Martin Buber (Wehr 1991; Friedman 1999) war Moreno bekannt, mindestens seit er in seiner Zeitschrift *Daimon* 1919 eine kleine chassidische Erzählung veröffentlicht hat. (Moreno behauptet in seiner Autobiographie, dass Buber Mitherausgeber des Daimon war. Das ist nachweislich falsch.) Seitdem hat Moreno sich immer wieder zu Buber geäußert, vor allem um das Erstgeburtsrecht an der Begegnungsphilosophie zu reklamieren. Denn Buber war zumindest in den 50er und 60er Jahren nicht nur in Europa, sondern gerade auch in den USA wohl berühmter als Moreno. Und Buber hat in seinen Schriften, so weit ich sehe, nirgends auf Moreno Bezug genommen. Buber war sicher in vielem Moreno so ähnlich, dass dieser sich abgrenzen musste: Buber war wie Moreno vom östlichen, chassidischen Judentum geprägt und Buber vereinigte wie Moreno in seiner Person wie in seinen Werken philosophische, religiöse, pädagogische, psychotherapeutische, künstlerische und soziologische Interessen. Während Moreno jedoch eher der Aktivist war, der sich auf viele soziale Projekte einließ zu Ungunsten einer theoretischen Fundierung, war Buber doch eher der Gelehrte, der zwar anspruchvolle Bücher schrieb, die praktische Bewährung aber eher vermied. Wenn wir beide also komplementär sehen, dann können die Schriften Bubers (Reichert 1996) Morenos Verfahren wunderbar ergänzen (Schaeder 1966; Gudopp 1975; Kohn 1979; Wolf 1992; Werner 1994). Insbesondere Bubers „Reden über die Erziehung" (1986) stellen immer noch einen zentralen Bezugspunkt der reformpädagogischen Diskussion dar (Faber 1962; Röhrs & Meyer 1979; Simon 1979; Wittschier 1979; Suter 1986).

Mit *John Dewey* kam Moreno erst in den USA in Berührung. Dewey hatte als Philosoph, Psychologe und Pädagoge, der in sozialreformerischen wie schulischen Experimenten engagiert war, großen Einfluss, als Moreno ab 1925 seine Karriere in den USA begann (Suhr 1994). Dewey hatte das Erscheinen von „Who shall survive?" begrüßt und Moreno sah die Soziometrie fortan als forschungsmethodische Ergänzung des Pragmatismus an (Moreno 1956, 95). Auch wurden Morenos praktische Experimente der Umgruppierung im Gefängnis Sing-Sing, in einer Schule in Brooklyn, in einer Privatschule in Riverdale wie im Erziehungsheim in Hudson als „in Einklang mit der Erziehungsphilosphie" gesehen, die Dewey bis 1930 an der Columbia-Universität in New York lehrte (Moreno 1997, 129). Deweys Pädagogik (1986; 1993) muss ebenfalls als Ausdruck der reformpädagogischen Bewegung gesehen werden (Bohnsack 1976; Klafki 1978; Schreiter 1986; Oelkers 1993; 1997; Krumenacker 1997).

Ruth Cohn schildert, wie sie das Psychodrama in New York kennenlernte:

> „Eines Tages bemerkte ich in einer Seitengasse am Oberen Broadway, einem damals armseligen Stadtviertel, ein Schild, das die Passanten aufforderte, ins ‚Psychodrama-Theater' einzutreten. Das tat ich. Dort waren eine Bühne, ein Zwischenraum und zwei ‚Regisseure', die es verstanden, jeweils eine Person aus dem Publikum zur Darstellung der eigenen Konflikte zu bringen. Die Rollen der am Konflikt beteiligten Personen, wie zum Beispiel Eltern, Lehrer oder Geschwister, wurden an freiwillig Mitwirkende verteilt. Dann wurde das ‚Psychodrama' dargestellt. Die Mitspieler bekamen genügend Freiraum, ihre eigenen Konflikte in die ihnen zugeteilten Rollen hineinzunehmen. Ich war hingerissen von der Genialität des Vorgangs" (Cohn & Farau 1991, 257).

Später hat Cohn mit den PsychodramatikerInnen Hannah Weiner und James Sacks, in Deutschland dann mit Heika Straub zusammengearbeit. Nach ihrem Zeugnis kann Morenos Einfluss vor allem auf die Gruppen- und Gestalttherapie „nicht hoch genug eingeschätzt werden" (a.a.O. 257) und so natürlich auch auf die Entwicklung ihres eigenen Ansatzes, der Themenzentrierten Interaktion (Cohn 1975; 1989; Löhmer & Standhardt 1992). Ab 1974 hat Cohn dann mit der Ecole d'Humanité in Goldern am Hasliberg im Berner Oberland zusammengearbeitet (Cohn & Farau 1991, 385ff; Lüthi u.a. 1992), einer Schule, die von dem Reformpädagogen Paul Geheeb 1934 nach seiner Exilierung gegründet wurde (Feidel-Mertz 1983, 115ff). Geheebs Frau, Edith Cassirer, hatte schon die Odenwaldschule mitbegründet, die Bubers Kinder und Enkelkinder zeitweise besucht haben. So schließt sich der Kreis.

Die TZI hat in der Therapie-Szene wenig Fuß fassen können und muss heute als ein pädagogisches Verfahren angesehen werden (Cohn & Terfurth 1993). Sie realisiert wie das Psychodrama reformpädagogische Prinzipien. Wie übrigens alle Verfahren, die sich der Humanistischen Psychologie und Pädagogik zuordnen, in dieser Tradition stehen (Brown & Petzold 1978; Fuhr & Gremmler-Fuhr 1988; Burow 1993; 1997; Bürmann u.a. 1997). Über den Einfluss des Gestaltansatzes ist die TZI wiederum mit dem Pragmatismus verbunden, wie ihn Paul Goodman vertreten hat (Blankertz 1997).

5. Psychodramatische Bildungsarbeit

5.1. Das psychodramatische Lernmodell

Aus Theorie und Praxis des Psychodramas habe ich ein eigenständiges Lernmodell herausgearbeitet (Buer 1998; Buer 1999e, 117; vgl. auch Hale 1994), das durchaus Parallelen zu Konzepten sozialen, aktiven Erfahrungslernens aufweist (Buck 1969; Leontiev 1977; Bandura 1979; Kolb 1984; Holzkamp 1995). Dieses Modell ist an Morenos Kreativitätstheorie orientiert wie am Phasenverlauf psychodramatischen Arbeitens.

In der konkreten Arbeit muss das Modell aber als Orientierungsrahmen relativiert werden je nachdem, welches Format gewählt wurde. Wenn es in einem Format eher um biographische, politische oder soziale Fragen geht oder um die anschauliche und einprägsame Vermittlung von Sachverhalten, dann kommt dem psychodramatischen Arbeiten im engeren Sinne im Rahmen des Kommunikationsmodus Experiment (> Buer, Supervision) eine große Bedeutung zu. Wenn es dagegen in erster Linie um die Klärung von komplizierten Sachverhalten oder um die argumentative Begründung von Erkenntnissen und Bewertungen geht, dann müssen andere Methoden und Methodologien im Vordergrund stehen. Aber auch hier ist eine psychodramatische Konkretisierung in einer Skulptur, einer Szene, einem Sozialen Netz oft hilfreich, um einen Überblick zu bekommen und Zusammenhänge zu sehen.

Die Art psychodramatischen Arbeitens lässt sich dann folgendermaßen kennzeichnen:

1. Die Orientierung an *Imagination – Aktion – Kooperation* fordert die eigenverantwortliche Selbsttätigkeit des Lernenden wie des Lehrenden heraus. Sie setzt auf die Emergenz kreativer Lösungen und nutzt die dialogischen Kräfte in der Gruppe.
2. Durch den schnellen Wechsel zwischen den *Kommunikationsmodi* des psychodramatischen Experiments, des Dialogs wie der klärenden Diskussion kann der jeweils weiterführende Lernweg genutzt werden.
3. Durch die *Verräumlichung* in einer Szene oder einem aktionssoziometrischen Arrangement erhalten soziale Prozesse eine „unvergleichliche Festigkeit und Anschaulichkeit" (Simmel 1992, 699). Normen, Werte, Moralvorstellungen, die das Handeln prägen, werden sofort thematisch und damit konkret erforschbar.
4. Die Fokussierung auf das *konkrete* Handeln im *szenischen Kontext* optimiert den Transfer des Erprobten in den Alltag.
5. Durch die Orientierung am Modell des *doppelten kreativen Lernzyklus* wird der Lernprozess des Lernenden gezielt gesteuert. Zum einen werden in der Bildungsveranstaltung kreative Lösungen erarbeitet und im Probehandeln auf ihre Umsetzbarkeit hin überprüft. Zum anderen soll im Alltag das Gelernte angewandt werden. Die Erfahrungen sind dann Ausgangspunkt der weiteren Lernprozesse in der pädagogischen Veranstaltung.

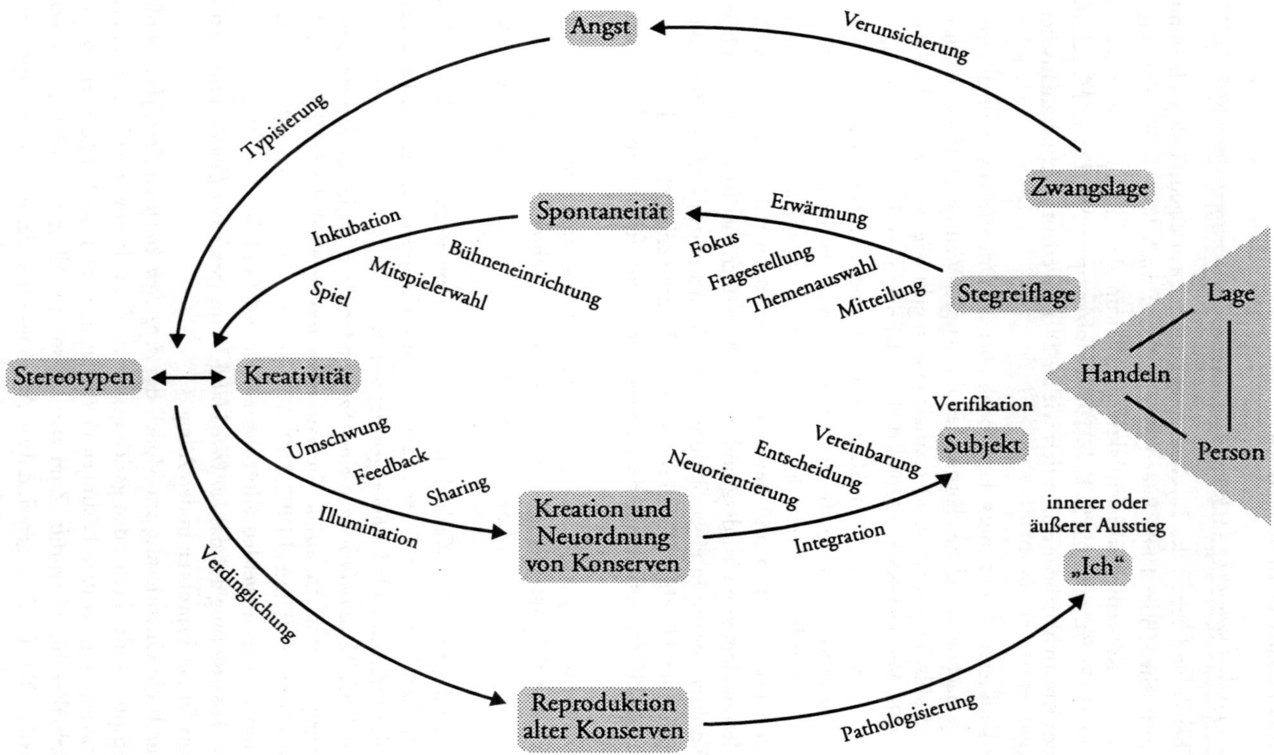

Abb. 3: Der kreative Lernprozess nach Moreno

6. Durch die *doppelte* Fokussierung auf belastende wie ermutigende Szenen und Aufgaben wird der Lernprozess beschleunigt. Das Psychodrama nutzt immer die aktivierbaren Ressourcen des Protagonisten wie der Gruppe, um schwierige Lernaufgaben besser zu meistern.
7. Durch die *gegenseitige Nutzung* des Einzelnen für die Gruppe, wie der Gruppe für den Einzelnen werden Synergieeffekte erzielt (Buer 2000).
8. Das psychodramatische *Zeitverständnis* lässt geduldig nach dem rechten Augenblick suchen, an dem eine neuartige und weiterführende Lösung möglich ist, und vermeidet so viele unfruchtbare und Kräfte verschleißenden Versuche.

5.2. Psychodramatisch-pädagogische Beziehungsarbeit

In welchem Feld, in welcher Einrichtung, in welchem Format nun die Bildungsarbeit auch immer stattfindet, stets muss der Pädagoge eine Beziehung zum Lernenden eingehen, um ein Arbeitsbündnis zu schließen, das die Basis für die Förderung der Bildungskräfte und Lerninteressen darstellt. Dabei muss er selbst die Balance zwischen empathischer Involviertheit in den Prozess und distanzierter Betrachtung von außen halten. Erst dann kommt er auf kreative Ideen und klare Erkenntnisse, die sein Handeln orientieren können. Um diese prekäre und anstrengende Balance für die Dauer eines Treffens überhaupt halten zu können, braucht er zur Erleichterung Methoden. Das Psychodrama hält nun eine Reihe kleiner wie großer Lernarrangements und -techniken bereit. Zudem kann er auf den fünf Instrumenten des Psychodramas spielen (Buer 1995).
Die psychodramatische Haltung, das psychodramatische Wissen und das psychodramatische Können muss in die jeweilige professionelle Rolle des Bildungsarbeiters (Böttcher 1996) integriert sein, ob als LehrerIn (Diedrich 1994; Ulich 1996; Kösel 1993; Geiss-Kuchenbecker 1993; Buer 1995), BeraterIn (Belardi u.a. 1996; Buer 1992a), TrainerIn/FortbildnerIn (Thiel 1994; Brenner u.a. 1996), ErwachsenenbildnerIn (Koring 1992; Giesecke 1994; Meyer-Anuth 1992; Buer 1999f), SupervisorIn (Buer 1999e) oder OrganisationsentwicklerIn (Geißler 1995; Meyer-Anuth 1995). Das Psychodrama als Verfahren und die Pädagogik konkreter Formate müssen in der Professionalität des Bildungsarbeiters eine Verbindung eingehen, die das konkrete pädagogische Handeln orientieren kann. Die Erziehungswissenschaft kann hier nur eine fundierende und kritische Funktion einnehmen. Konkrete Hilfestellung kann sie nicht bieten (Horn 1999).

5.3. Das psychodramatische Bildungskonzept

Der Bildungsprozess bedarf *bedeutsamer* Anlässe, umfasst *bedeutsame* neuartige Erfahrungen und sollte *bedeutsame* Folgen haben. Das bezieht sich nicht nur auf den Einzelnen, sondern auch auf alle Beteiligten und Betroffenen. Jedes Thema und jeder

Sachverhalt kann dann bedeutsam sein oder durch geschickte Auswahl gemacht werden. Insofern geht es nicht um materiale, sondern um formale Bildung. Gerade die kleinen, scheinbar banalen Vorfälle oder alltäglichen Dinge des Lebens können – psychodramatisch Ernst genommen – eine große Bedeutung bekommen. Dieses psychodramatische Bildungskonzept lässt sich somit nicht an etwas Hochwertigem festmachen oder eindeutig einzäunen. Eher lässt es sich durch bestimmte Regeln kennzeichnen:

- Zeigen und Mitansehen, was der Fall ist
  Statt allgemein und oberflächlich herumzureden, geht es um Konkretisierung: Worum geht es genau? Am Beispiel – sei es eine konkrete Szene, ein konkreter Sachverhalt, ein konkreter Gegenstand – sollen die verschiedenen Seiten und Zusammenhänge sinnlich wahrnehmbar werden.
- Leidige und freudige Erfahrungen machen
  Statt tiefere Eindrücke zu vermeiden, sollen sie geradezu hervorgerufen werden. Diese Erlebnisse bleiben unvergesslich, öffnen die Sensibilität und Achtsamkeit und machen gelassen im Umgang mit schwierigen Situationen und Aufgaben.
- Die Angelegenheiten von allen Seiten betrachten
  Statt sich schnell eine eindeutige Meinung zu bilden, sollen die Position aller Beteiligter und Betroffener eingenommen werden. Erst diese Mehrperpektivität ermöglicht eine umfassende Sicht und ein abgewogenes Urteil.
- Eindrucksvolle Bilder gestalten
  Statt nur in Worthülsen und Klischees zu verweilen, sollen Bilder für das jeweilige Thema erfunden und erlebt werden, die beeindrucken und somit von nachhaltiger Wirkung sind.
- Auf An-Sprüche hören, der inneren Stimme folgen
  Statt nur auf seiner Sicht und seinen eigenen Interessen zu bestehen, sollen alle An-Sprüche, die in der Szene stecken, herausgehört werden. Um eine angemessene Antwort zu finden, müssen diese Stimmen mit der eigenen inneren Stimme ins Gespräch gebracht werden. Die gewählte Antwort muss dann auch verantwortet werden.
- Bedeutung geben und Konsequenzen ziehen
  Statt sich aus allem herauszuhalten, gilt es, auch mit den banalsten Geschehnissen und Gegenständen Kontakt aufzunehmen und ihnen damit eine persönliche Bedeutung zu geben. Konseqenzen ziehen heißt dann: das Erfahrene aufnehmen und für das künftige Handeln berücksichtigen.
- Tun, was im Hier und Jetzt möglich ist
  Statt sich mit der nicht mehr änderbaren Vergangenheit und einer nicht vorhersehbaren Zukunft zu beschäftigen, soll getan werden, was in diesem Augenblick in dieser konkreten Situation getan werden kann. Carpe diem!
- Die Führung übernehmen
  Statt in vorgegebene Richtungen mitzulaufen, geht es darum, selbst richtungswei-

send die Führung zu übernehmen, um die gemeinsame Sache voranzutreiben. So wie der Chor der 60jährigen, ungebildeten Pelagea Wlassowa in „Die Mutter" zusingt: „Du mußt die Führung übernehmen" (Brecht 1976, 857).

Mit diesen Regeln kann das Psychodrama eine Pädagogik unterstützen, die gegen den herrschenden Trend der Oberflächlichkeit, Selektion und Fragmentierung umfassende und bedeutsame Bildungsprozesse befördert, wie sie auch v. Hentig skizziert hat. Auch greift psychodramatische Bildungsarbeit viele Bildungsanlässe auf, die v. Hentig anführt. Dabei nimmt sie sich auf der einen Seite Zeit, um innezuhalten und bestimmten Vorstellungen und Eindrücken nachzugehen und Lösungen zu erfinden. Auf der anderen Seite kann sie aber auch in unübersichtlichen Lagen und komplexen Verhältnissen Klarheit bringen und Entscheidungen veranlassen, so dass manche Vorhaben schneller vorankommen. Psychodramatische Bildungsarbeit greift mit diesem gezielten Wechsel von Entschleunigung und Beschleunigung von Lernprozessen eine gesellschaftliche Dialektik auf, die gerade heute Gegenstand der sozialen Auseinandersetzung ist (Heintel 1999; Geißler 1999; Glotz 1999).

Literatur

Arnold, R. (1995): Betriebliche Weiterbildung. Selbstorganisation – Unternehmenskultur – Schlüsselqualifikationen. Hohengehren.
Bandura, A. (1976): Sozialkognitive Lerntheorie. Stuttgart.
Bauman, Z. (1997): Flaneure, Spieler und Touristen. Hamburg.
Belardi, N. u.a. (1996): Beratung. Weinheim.
Benner, D. (1991): Allgemeine Pädagogik. Eine systematisch-problemgeschichtliche Einführung in die Grundstruktur pädagogischen Handelns. Weinheim.
Bernd, C. (1987): Lernen durch Verkörpern. Frankfurt.
Bernhard, A. & Rothermel, L. (1997) (Hg.): Handbuch Kritische Pädagogik. Weinheim.
Blankertz, St. (1997): Der Kritische Pragmatismus Paul Goodmans. Köln.
Boal, A. (1989): Theater der Unterdrückten. Frankfurt.
Böttcher, W. (1996): Die Bildungsarbeiter. Weinheim.
Bohm, D. (1998): Der Dialog. Das offene Gespräch am Ende der Diskussionen. Stuttgart.
Bohnsack, F. (1976): Erziehung zur Demokratie. John Deweys Pädagogik und ihre Bedeutung für die Reform unserer Schule. Ravensburg.
Bollnow, O.F. (1984): Existenzphilosophie und Pädagogik. Stuttgart.
Bottenberg, E.H. (1996): Eine Einführung in die Sozialpsychologie. Regensburg.
Brecht, B. (1976): Gesammelt Werke. Bd. 2. Frankfurt.
Brenner, I. et al. (1996): Das pädagogische Rollenspiel in der betrieblichen Praxis. Konflikte bearbeiten. Hamburg.
Brodbeck, K.-H. (1995): Entscheidung zur Kreativität. Darmstadt.
Brown, G.I. & Petzold, H. (1978) (Hg.): Gefühl und Aktion. Frankfurt.
Buber, M. (1986): Reden über Erziehung. Heidelberg.
Buck, G. (1969): Lernen durch Erfahrung. Stuttgart.
Buer, F. (1990): Begegnung bei Moreno – Entfremdung bei Marx. Zwei unversöhnliche Konzepte zwischenmenschlicher Beziehungen? In: Psychodrama 3, 1, 85–103.
– (1992a): Psychodramatische Beratung im pädagogischen Kontext. In: Psychodrama 5, 1, 63–78.
– (1992b): Genossenschaften, Genossenschaftswesen, Genossenschaftsbewegung. In: Bauer, R. (Hg.): Lexikon des Sozial- und Gesundheitswesens. München, 763-769.
– (1995): Lernen durch spielerisches Darstellen: Das Psychodrama. In: Heitkämper, P. (Hg.): Mehr

Lust auf Schule. Paderborn, 367-382.
– (1998): Psychodramatische Kurzzeitsupervision. In: Gruppenpsychother. u. Gruppendyn. 34, 3, 238–256.
– (1999a): Die Welt verantwortlich mitgestalten. In: Psychodrama 17, 349-361.
– (1999b): Morenos therapeutische Philosophie. Eine Einführung in ihre kultur- und ideengeschichtlichen Kontexte. In: Buer, F. (Hg.). Morenos therapeutische Philosophie. Opladen, S. 7–45.
– (1999c): Morenos therapeutische Philosophie. Ihre aktuelle Rezeption und Weiterentwicklung. In: Buer, F. (Hg.): Morenos therapeutische Philosophie. Opladen, S. 227–258.
– (1999d): Morenos Philosophie und der Anarchismus. In: Buer, F. (Hg.): Morenos therapeutische Philosophie. Opladen, 189–205.
– (1999e): Lehrbuch der Supervision. der pragmatisch-psychodramatische Weg zur Qualitätsverbesserung professionellen Handelns. Münster.
– (1999f): Vom Mitspielen, Nachspielen und Regie führen. Inszenierungen in der Erwachsenbildung. In: Erwachsenenbildung 2, 54–58.
– (2000): Das Psychodrama als Gruppenpraxis. Metatheoretische Ansichten. Psychodrama (im Druck).
– & Tanke Sugimot, E. (1995): PsychoDrama. Ein antirituelles Ritual. In: Buer, F. (Hg.): Jahrbuch für Psychodrama, psychosoziale Praxis & Gesellschaftspolitik 1994. Opladen. S. 119–140.
Bürmann, J., Dauber, H. & Holzapfel, G. (1997) (Hg.): Humanistische Pädagogik in Schule, Hochschule und Weiterbildung – Lehren und Lernen in neuer Sicht. Bad Heilbrunn.
Burkart, V. & Zapotoczky, H.-G. (1974): Konfliktlösung im Spiel. Soziodrama – Psychodrama – Kommunikationsdrama. Wien.
Burow, O.-A. (1993): Gestaltpädagogik. Trainingskonzepte und Wirkungen. Ein Handbuch. Paderborn.
– (1997): Mit Rezepten aus der Wirtschaft das Bildungswesen heilen? Oder: Gibt es eine „neue Reformpädagogik?" In: Krüger, H.-H. & Olbertz, J.-H. (Hg.): Bildung zwischen Staat und Markt. Opladen, 641–662.
Cohn, R. (1975): Von der Psychoanalyse zur themenzentrierten Interaktion. Stuttgart.
– (1989): Es geht ums Anteilnehmen. Perspektiven der Persönlichkeitsentfaltung in der Gesellschaft der Jahrhundertwende. Freiburg.
– & Farau, A. (1991): Gelebte Geschichte der Psychotherapie. Zwei Perspektiven. Stuttgart.
– & Terfurth, (1993) (Hg.): TZI macht Schule. Stuttgart.
Combe, A. & Helsper, W. (1997) (Hg.): Pädagogische Professionalität. Frankfurt.
Derbolav, J. (1987): Grundriß einer Gesamtpädgogik. Frankfurt.
Dewey, J. (1986): Erziehung durch und für Erfahrung. Stuttgart.
– (1988): Kunst als Erfahrung. Frankfurt.
– (1993): Demokratie und Erziehung. Weinheim.
Diedrich, J. (1994): Der Lehrer. In: Lenzen, D. (Hg.), Erziehungswissenschaft. Reinbek, S. 228–252.
Dohmen, G. (1996): Das lebenslange Lernen. Leitlinien einer modernen Bildungspolitik. Bonn.
– (1997) (Hg.): Selbstgesteuertes lebenslanges Lernen? Bonn.
Dollase, R. (1996): Wege zur ‹berwindung der Asozialiät des Menschen. In: Moreno, J.L.: Die Grundlagen der Soziometrie. Wege zur Neuordnung der Gesellschaft. Opladen, S. XI–XXIX.
Düsing, W. (1981): Friedrich Schiller. Über die ästhetische Erziehung des Menschen in einer Reihe von Briefen. München.
Etzioni, A. (1997): Die Verantwortungsgesellschaft. Individualismus und Moral in der heutigen Demokratie. Frankfurt.
– (1998): Die Entdeckung des Gemeinwesens. Das Programm des Kommunitarismus. Frankfurt.
Faber, W. (1962): Das Dialogische Prinzip Martin Bubers und das erzieherische Verhältnis. Ratingen.
Fangauf, U. (1999): Moreno und das Theater. In: Buer, F. (Hg.): Morenos therapeutische Philosophie. Opladen, 95–115.
Fatzer, G. (1998): Ganzheitliches Lernen. Humanistische Pädagogik und Organisationsentwicklung. Paderborn.
Feidel-Mertz, H. (1983) (Hg.): Schulen im Exil. Die verdrängte Pädagogik nach 1933. Reinbek.
Feldhendler, D. (1992): Psychodrama und Theater der Unterdrückten. Frankfurt.
Fox, J. (1996): Renaissance einer alten Tradition. Playback Theater. Köln.
Freire, P. (1974): Pädagogik der Unterdrückten. Reinbek.

Freudenreich, D., Gräßer, H. & Köberling, J (1976): Rollenspiellernen für Kinder und Erzieher. Hannover.
Friedman, M. (1999): Begegnung auf dem schmalen Grad. Martin Buber – ein Leben. Münster.
Fuhr, R. & Gremmler-Fuhr, M. (1988): Faszination Lernen. Köln.
Gebauer, G. & Wulf, C. (1992): Mimesis. Kultur – Kunst – Gesellschaft. Reinbek.
Geisler, F. (1999): Judentum und Psychodrama. In: Buer, F. (Hg.): Morenos therapeutische Philosophie. Opladen. 49-73.
Geiss-Kuchenbecker, B. (1993): „Ich spiele – also lerne ich". Psychodrama mit Schülerinnen und Schülern. In: Bosselmann, R. u.a. (Hg.): Variationen des Psychodramas. Meezen, 86-101.
Geißler, H. (1995): Grundlagen des Organisationslernens. Weinheim.
Geißler, K.A. (1999): Vom Tempo der Welt. Am Ende der Uhrzeit. Freiburg.
Giesecke, W. (1994): Der Erwachsenenpädagoge. In: Lenzen, D. (Hg.), Erziehungswissenschaft. Reinbek, S. 282-313.
Glotz, P. (1999): Die beschleunigte Gesellschaft. Kulturkämpfe im digitalen Kapitalismus. München.
Gogolin, I. & Lenzen, D. (1999) (Hg.): Medien-Generation. Opladen.
Gudopp, W.-D. (1975): Martin Bubers dialogischer Anarchismus. Frankfurt.
Haan, A. (1992): Kreatives Erleben im Psychodrama. Wiesbaden.
Haas, R.B. (1949) (Ed.): Psychodrama and Sociodrama in American Education. Beacon.
Hale, A. (1994): Soziometrische Zyklen. Ein soziodynamisches Verlaufsmodell für Gruppe und ihre Mitglieder. In: Psychodrama 7, 2, 179–196.
Heintel, P. (1999): Innehalten. Gegen die Beschleunigung – für eine andere Zeitkultur. Freiburg.
Heitkämper, P. (1999): Lexikon kreativer Lehr- und Lernmethoden. Hilfen zum kreativen Lernen. Paderborn.
Hentig, H.v. (1982): Erkennen durch Handeln. Stuttgart.
– (1998): Kreativität. Hohe Erwartungen an einen schwachen Begriff. München.
– (1999a): Bildung. Ein Essay. Weinheim.
– (1999b): Ach, die Werte! Über eine Erziehung für das 21. Jahrhundert. München.
Herrlitz, H.G. & Rittelmeyer, Ch. (1993) (Hg.): Exakte Phantasie. Pädagogische Erkundungen bildender Wirkungen in Kunst und Kultur. Weinheim.
Hobsbawm, E. (1999): Das Zeitalter der Extreme. Weltgeschiche des 20. Jahrhunderts. München.
Höhn, E. & Seidel, G. (1954): Das Soziogramm. Die Erfassung von Gruppenstrukturen. Göttingen.
Hofmann, L.M. & Regnet, E. (1994) (Hg.): Innovative Weiterbildungskonzepte. Trends, Inhalte und Methoden der Personalentwicklung in Unternehmen. Göttingen.
Holzkamp, K. (1995): Lernen. Subjektwissenschaftliche Grundlegung. Frankfurt.
Horn, K.-P. (1999): Wissensformen, Theorie-Praxis-Verhältnis und das erziehungswissenschaftliche Studium. In: Der pädagogische Blick 7, 4, 215–221.
Huizinga, J. (1987): Homo ludens. Vom Ursprung der Kultur im Spiel. Reinbek.
Isaacs, W.N. (1996): Dialog, kollektives Denken und Organisationslernen. In Fatzer, G. (Hg.): Organisationsentwicklung und Supervision. Köln, 181–207.
Jürgens, M. & Buer, F. (1994): Das Theater mit dem Psychodrama. Theaterästhetische Betrachtungen. In: Buer, F. (Hg.): Jahrbuch für Psychodrama, psychosoziale Praxis & Gesellschaftspolitik 1993. Opladen, 123–165.
Kerbs, D. & Reulecke, J. (1998) (Hg.): Handbuch der deutschen Reformbewegungen 1880–1933. Wuppertal
Klafki, W. (1978): Die Aktualität der Pädagogik John Deweys. In: ZfPäd. 24, 5, 781ff
Klein, U. (1991) (Hg.): Theater. Themenheft Psychodrama 4, 1.
Koch, G. (1979): Lernen mit Bert Brecht. Bertold Brechts politisch-kluturelle Pädagogik. Hamburg.
Kolb, D.A. (1984): Experimental learning. Experience as the source of learning and development. New Jersey.
Kösel, E. (1989) (Hg.): Persönlichkeitsentwicklung in beruflichen Feldern auf der Grundlage des Psychodramas. Freiburg.
– (1993): Die Modellierung von Lernwelten. Ein Handbuch zur Subjektiven Didaktik. Elztal-Dallau.
Kohn, H. (1979): Martin Buber. Sein Werk und seine Zeit. Wiesbaden.
Koring, B. (1992): Die Professionalisierungsfrage der Erwachsenenbildung. In: B. Dewe u.a. (Hg.), In: Er-

ziehen als Profession. Opladen, S. 171–199.
Kreuzer, K.J. (1984) (Hg.): Handbuch der Spielpädagogik. Düsseldorf.
Krüger, H.-H. (1997): Einführung in Theorien und Methoden der Erziehungswissenschaft. Opladen.
- & Helsper, W. (1998) (Hg.): Einführung in Grundbegriffe und Grundfragen der Erziehungswissenschaft. Opladen.
Krumenacker, F.-J. (1997): Bruno Bettelheim und John Dewey – Milieutherapie und Progressive Education. In: Ders. (Hg.): Liebe und Haß in der Pädagogik. Zur Aktualität Bruno Bettelheims. Freiburg, S. 160–223.
Lammers, K. (1996): Existenz und Experiment. Psychodrama als Atelier der Lebensgestaltung. In: Buer, F. (Hg.), Jahrbuch für Psychodrama, psychosoziale Praxis & Gesellschaftspolitik 1995. Opladen, 93–-119.
– (1998): Verkörpern und gestalten. Psychodrama und Kunsttherapie in der psychosozialen Arbeit. Göttingen.
Langer, S.K. (1987): Philosophie auf neuem Wege. Das Symbol im Denken, im Ritus und in der Kunst. Frankfurt.
Lenzen, D. (1990) (Hg.): Kunst und Pädagogik. Erziehungswissenschaft auf dem Weg zur Ästhetik? Darmstadt.
– (1994) (Hg.): Erziehungswissenschaft. Ein Grundkurs. Reinbek.
– (1997): Professionelle Lebensbegleitung – Erziehungswissenschaft auf dem Weg zur Wissenschaft des Lebenslaufs und der Humanontogenese. In: Erziehungswissenschaft 15, 5–22.
Leontiev, A.N. (1977): Tätigkeit, Bewußtsein, Persönlichkeit. Stuttgart.
Leutz, G.A. & Buer, F. (1992): Ein Leben mit J.L. Moreno. Impulse für die Zukunft. Ein Gespräch. In: Buer, F. (Hg.): Jahrbuch für Psychodrama, psychosoziale Praxis und Gesellschaftspolitik 1992. Opladen, 161–199.
Lichtenstein, E. (1966): Zur Entwicklung des Bildungsbegriffs von Meister Eckhard bis Hegel. Heidelberg.
Linse, U. (1983) (Hg.): Zurück, o Mensch, zur Mutter Erde. Landkommunen in Deutschland 1890-1933. München.
Löhmer, C. & Standhardt, R. (1992) (Hg.): TZI. Pädagogisch-therapeutische Gruppenarbeit nach Ruth C. Cohn. Stuttgart.
Lüders, Ch., Kade, J. & Hornstein, W. (1998): Entgrenzung des Pädagogischen. In: Krüger, H.-H. & Helsper, W. (Hg.): Einführung in die Grundbegriffe der Erziehungswissenschaft. Opladen, 207-215.
Lüthi, A. u.a. (1992): TZI an der Ecole d'Humanité – vier Zugänge. In Löhmer, C. & Standhardt, R. (Hg.): TZI. Pädagogisch-therapeutische Gruppenarbeit nach Ruth Cohn. Stuttgart, 281–301.
Marineau, R.F. (1989): Jacob Levy Moreno 1889-1974. London.
Meyer-Anuth (1992): Psychodrama als Lebensweltheater. Die Relevanz des Psychodramas für die Erwachsenenbildung. In: Buer, F. (Hg.): Jahrbuch für Psychodrama, psychosoziale Praxis & Gesellschaftspolitik 1992. Opladen, 111–124.
– (1995) (Hg.): Organisationsenwicklung. Themenheft Psychodrama 8,1.
Mollenhauer, K. (1986): Umwege. Über Bildung, Kunst und Interaktion. Weinheim.
– (1996): Grundfragen ästhetischer Bildung. Weinheim.
Moreno, J.L. (1923): Der Königsroman. Potsdam.
– (1947): The Theatre of Spontaneity. New York.
– (1956) (Ed.): Sociometry and the Science of Man. Beacon.
– (1970): Das Stegreiftheater. Beacon.
– (1977): Psychodrama. Vol. I. Beacon.
– (1991): Globale Psychotherapie und Aussichten einer therapeutischen Weltordnung. In: Buer, F. (Hg.): Jahrbuch für Psychodrama, psychosoziale Praxis & Gesellschaftspolitik 1991. Opladen, 11–44.
– (1995): Auszüge aus der Autobiographie. Köln.
– (1996): Grundlagen der Soziometrie. Wege zur Neuordnung der Gesellschaft.
– (1997): Gruppenpsychotherapie und Psychodrama. Stuttgart.
Moreno, J.L.Z. & J. (1964): The First Psychodramatic Familiy. Beacon.
Neuberger, O. (1994): Personalentwicklung. Stuttgart.
Oelkers, J. (1993): Dewey in Deutschland – ein Mißverständnis. In: Dewey, J.: Demokratie und Erzie-

hung. Weinheim, 497–517.
– (1997): Pädagogik in der Krise der Moderne. In: Harney, K. & Krüger, H.-H. (Hg.), Einführung in die Geschichte von Erziehungswissenschaft und Erziehungswirklichkeit. Opladen, 39–92.
Oevermann, U. (1997): Theoretische Skizze einer revidierten Theorie professionellen Handelns. In Combe, A. & Helsper, W. (Hg.): Pädagogische Professionalität. Frankfurt, 70–182.
Otto, G. & M. (1987): Auslegen. Ästhetische Erziehung als Praxis des Auslegens in Bildern und des Auslegens von Bildern. 2 Bd. Seelze.
Ottomeyer, K. (1992): Prinzip Neugier. Ein führung in eine andere Sozialpsychologie. Heidelberg.
Pazzini, K.-J. (1988): Bildung und Bilder. Über einen nicht nur etymologischen Zusammenhang. In: Hansmann, O. & Marotski, W. (Hg.), Diskurs Bildungstheorie. Weinheim, 334–363.
Petzold, H: (1973): Kreativität & Konflikte. Psychologische Gruppenarbeit mit Erwachsenen. Paderborn.
– & Mathias, U. (1992) (Hg.): Rollenentwicklung und Identität. Paderborn.
Postman, N. (1988): Wir amüsieren uns zu Tode. Urteilsbildung im Zeitalter der Unterhaltungsindustrie. Frankfurt.
Reichert, Th. (1996) (Hg.): Buber für Atheisten. Ausgewählte Texte. Heidelberg.
Rellstab, F. (1976): Stanislawski-Buch. Einführung in das „System". Wäderswil/Zürich.
Rittelmeyer, C. (1994): Der Erzieher. In: Lenzen, D. (Hg.): Erziehungswissenschaft. Ein Grundkurs. Reinbek, 205–227.
Röhrs, H. & Meyer, E. (1979): Die pädagogischen Ideen Martin Bubers: Begründungs- und Wirkungszusammenhänge. Wiesbaden.
Ruping, B., Vaßen, F. & Koch, G. (1992): Widerwort und Widerspiel. Theater zwischen Eigensinn und Anpassung. Lingen.
Sader, Manfred (1995): Psychodrama und Psychologie. In: Buer, F. (Hg.): Jahrbuch für Psychodrama, psychosoziale Praxis 1994. Opladen, 7-30.
Schaeder, G. (1966): Martin Bubers Hebräischer Humanismus. Göttingen.
Schäfer, G. E. (1995): Der Ort der spontanen Geste. Über Bildungsprozesse in der Pädagogik und im psychodramatischen Rollenspiel. In: Buer, F. (Hg.): Jahrbuch für Psychodrama, psychosoziale Praxis & Gesellschaftspolitik 1994. Opladen, 31–43.
– & Wulff, Chr. (1999) (Hg.): Bild – Bilder – Bildung. Weinheim.
Scheuerl, H. (1991) (Hg.): Das Spiel. Bd. 2: Theorie des Spiels. Weinheim.
Schiferer, H.R. (1994): Jacob L. Moreno. In: Frischenschlager, O. (Hg.): Wien, wo sonst! Die Entstehung der Psychoanalyse und ihrer Schulen. Wien, S. 100-109.
– (1996): Imaginative Inszenierung des Selbst. J.L. Moreno: Sein soziales Wirken und sein expressionistischer Hintergrund. In: Erlacher-Farkas, B. & Jorda, Ch. (Hg.): Monodrama. Wien, S. 13–37.
Schonig, B. (1989): Reformpädagogik. In: Lenzen, D. (Hg.): Pädagogische Grundbegriffe. Bd. 2, Reinbek, 1302–1310.
- (1998): Reformpädagogik. In: Kerbs, D. & Reulecke, J. (Hg.): Handbuch der deutschen Reformbewegungen 1880-1933. Wuppertal, 319–330.
Schreier, H. (1986): Einleitung. In: Dewey, J.: Erziehung durch und für Erfahrung. Stuttgart, 7–86.
Schützenberger, A. (1976): Einführung in das Rollenspiel. Anwendungen in Sozialarbeit, Wirtschaft, Erziehung und Psychotherapie. Stuttgart.
Seidmann, P. (1979): Religiöse und philosophische Wurzeln der Psychotherapie. In: Die Psychologie des 20. Jahrhunderts. Bd. XV. Zürich, 353–365.
Selle, G. (1992): Das ästhetische Projekt. Plädoyer für eine kunstnahe Praxis in Weiterbildung und Schule. Unna.
Serve, H.J. (1994): Förderung der Kreativitätsentfaltung als implizite Bildungsaufgabe der Schule. München.
Simmel, G. (1992): Soziologie des Raumes. In: Ders.: Schriften zur Soziologie. Frankfurt, 221–243.
Simon, E. (1979): Martin Bubers lebendiges Erbe. Heidelberg.
Springer, R. (1995): Grundlagen einer Psychodramapädagogik. Köln.
Stimmer, F. (1992) (Hg.): Sozial-Pädagogik. Themenheft: Psychodrama 5, 1.
– (1994) (Hg.): Lexikon der Sozialpädagogik und der Sozialarbeit. München.
Suhr, M. (1994): John Dewey zur Einführung. Hamburg.
Suter, A. (1986): Menschenbild und Erziehung bei Martin Buber und Carl Rogers. Ein Vergleich. Bern.

Thiel, H.-U. (1994): Fortbildung von Leitungskräften in pädagogisch-sozialen Berufen. Ein integratives Modell für Weiterbildung, Supervision und Organisationsentwicklung. Weinheim.

Timmermann, D. (1998): Organisation, Management, Planung. In: Krüger, H.-H. & Helsper, W. (Hg.): Einführung in Grundbegriffe und Grundfragen der Erziehungswissenschaft. Opladen, S. 139–156.

Ulich, K. (1996): Beruf Lehrer/in. Weinheim.

Voß, G.G. & Pongratz, H.J. (1998): Der Arbeitskraftunternehmer. Eine neue Grundform der Ware Arbeitskraft? In: KfSS 1, 131–158.

Wartenberg, G. & Kienzle,J. (1991): Die Katharsis im psychodramatischen Spiel. In: Buer, F. (Hg.): Jahrbuch für Psychodrama, psychosoziale Praxis & Gesellschaftspolitik 1991. Opladen, 49–78.

Wehr, G. (1991): Martin Buber. Leben, Werk, Wirkung. Zürich.

Werner, H.-J. (1994): Martin Buber. Frankfurt.

Winkel, R. (1993) (Hg.): Reformpädagogik konkret. Hamburg.

Wittschier, B.M. (1979): Das Zwischen als dialogischer Logos. Die Bedeutung der Philosophischen Anthropologie Martin Bubers für die Pädagogik. Frankfurt.

Wolf, S. (1992): Martin Buber zur Einführung. Hamburg.

Yablonski, L. (1992): Psychodrama: Die Lösung emotionaler Probleme durch Rollenspiel. Frankfurt.

Zacharias, W. (1991) (Hg.): Schöne Aussichten? Ästhetische Bildung in einer technisch-medialen Welt. Essen.

Friedel Geisler

Zwischen Kulturen und Welten – Soziodrama nur ein Arrangement der psychodramatischen Bildungsarbeit?

1. Ein Beispiel

Gruppen im Dialog 17.–21. Mai 1999

Ein Soziodrama

Granada am 20. Mai 1999, vorletzter Tag. Es ist endlich heiß geworden und wir können während der Pausen unserer Sommerakademie des Deutschen Arbeitskreises für Gruppenpsychotherapie und Gruppendynamik (DAGG) in Sommerkleidung in dem weiträumigen Innenhof des maurischen Gebäudes sitzen, Teil des oben auf dem Berg gelegenen Albaicin, der ältesten Bebauung dieser traditionsreichen Stadt. Von den Terrassen des kleinen dreistöckigen Palastes schauen wir auf die Alhambra. Die riesige maurische Schlossanlage bietet zu jeder Tages- und Nachtzeit ein unglaubliches Spiel von Licht, Schatten und Farben. Die Stimmung in der bunt gewürfelten Gruppe aus vier gruppenpsychotherapeutischen Verfahren ist entsprechend gelockert. Um die Arbeit herum verwöhnte uns auch noch in der ganzen Woche der spanische Küchenmeister mit dem Feinsten aus Küche und Keller. Wir konnten in Pausenzeiten auf geheimnisvollen Treppen unbeschreibliche Winkel und Ecken maurischer, spanischer, jüdischer Gebäude, Gärten und Gartenterrassen schauen, beim Mondschein einem erlesenen Musikensemble lauschen, das in einer offenen Säulengrotte der weitläufigen Alhambra schwebende granadische Weisen spielte.
Sicher hat das ganze Ambiente zu dem Gelingen des aufregenden und gewagten Experimentes beigetragen, dem wir uns da ausgesetzt sahen: Fachleute aus „vier Welten" mit ihren Kulturen, die sich bisher nur in mehr oder weniger steifen Mitglieds-Versammlungen verbal zu verständigen trachteten, hatten sich auf eben diese vier Verfahren in Selbsterfahrungsgruppen aufzuteilen: analytisch orientiert, tiefenpsychologisch fundiert, gruppendynamisch und psychodramatisch. Ein weiteres aktuelles Thema spaltete uns untergründig in drei Gruppen: Das neue Psychotherapeutengesetz (PsychThG) in der BRD war ein ständiges Pausenthema; die einen hatten schon immer mit der Kassenärztlichen Vereinigung (KV) abgerechnet, die andern hatten sich gerade größten Mühen für Approbation und Zulassung unterzogen ohne zu wissen, ob sie wohl ans andere Ufer gelangen würden, und eine dritte Gruppe sollte nach dem Willen der Gesetzgeber aus der psychotherapeutischen Versorgung ganz

verschwinden, hatte sich aber zu einer Berufsgruppe „Akademische Psychotherapeuten" als Klagende vor den Gerichten zusammengeschlossen.
Die Mutigen unter uns wagten sich in eines der „fremden" Verfahren.
Das Thema der Sommerakademie hatte uns jeden Morgen von einer neuen Seite in Bewegung gesetzt: Grundeinstellungen des christlichen Glaubens und seine Dogmatismen, der jüdische Chassidismus mit seinen Vorstellungen von Welt- und Heilserwartungen des Menschen, die mystische Gotteserfahrung im Islam mit seinem Verhältnis zwischen Lehrer und Schüler, die Grundeinstellung des Buddhismus im Hinblick auf die Suche des Menschen nach Heil und Heilung. Wir bewegten diese Inputs jeweils in unseren Kleingruppen mit eigenen Erfahrungen. Gruppenstrukturen hatten sich gebildet.
In den täglichen Großgruppen zum Abend hin waren wir noch einmal scharf konfrontiert mit den persönlichen Ambivalenzen und angestoßenen Gegensätzen. Unterschwellig trugen diese Themen natürlich dazu bei, dass unsere Vorurteile und Vorbehalte, die wir oft gegenüber den anderen Verfahren in uns tragen, weichere Konturen bekamen.
Die Großgruppen wurden stets einem anderen Verfahren und dessen VertreterIn ausgesetzt. Zur Lust am Experiment hatte sich natürlich eine gehörige Portion Konkurrenz gesellt. Heute sollte von 16.45 bis 18.00 Uhr das Plenum unter der Leitung der Psychodramatikerin Dr. med. Barbara-Rose Legeler stattfinden. Es war vorher schon klar: Diesmal würde „gespielt".
Barbara schickte uns in eine mittelalterliche Szene in Granada mit moslemischen Bauern, jüdischen Kaufleuten und katholischen Ordensvertretern. Obwohl den meisten Teilnehmenden ungewohnt, kam das Spiel in guten Fluss. Der Tausch in eine fremde soziale Rolle und Szene setzte viel Kreativität frei, die aufgelaufenen Emotionen und Vorurteile spielend locker zu agieren. Nach zwei weiteren Szenarien in den selben Untergruppen sollten wir in der letzten Szene in einen Konflikt zwischen NATO, Serben und Kosovo-Albanern gehen. Immer ging es um Mächtige, um Privilegierte und um abgelehnte Minderheiten. Das war allerdings eine zu große Verfremdung in eine uns alle bewegende Gegenwartsproblematik, da zogen sich viele zurück. Jedoch: „Im anschließenden Feedback der GruppenteilnehmerInnen wurde deutlich, wie sehr die spirituelle, die kulturelle und die gesellschaftliche Dimension ineinander übergehen und ähnliche Konfliktkonstellationen in und zwischen Gruppen auslösen können" (Burmeister, J. 1999, S. 7–11). Auf spielerische Art war hier ein sehr komplexes Thema soziodramatisch weitergeführt worden, ohne die Gegensätze platt zu machen. Ein Gruppenrollentausch in eine der anderen Positionen hätte den Prozess noch mehr abgerundet. Aber schon in der Kleingruppenbildung waren ja alle Standes- und MeinungsvertreterInnen gut gemischt und agierten gegen die anderen unter gemeinsamen Regeln und Vor-Urteilen.
Eigentlich war die ganze Veranstaltung ein Soziodrama, die hier noch einmal als Abschluss der Tagesarbeit auf die Psychodramabühne geholt wurde. Wir tauschten in

fremde Therapieverfahren; pflegten rege Kontakte zwischen den StandesvertreterInnen Akademischer PsychotherapeutInnen, Psychologischer PsychoterapeutInnen und ÄrztInnen. Wir waren in einen anderen Kulturkreis eingebettet. Das anspruchsvolle Akademiethema mit seinen Unterthemen nahm uns immer neu gefangen. All das verfremdete und veränderte die untergründig vorhandenen Gegensätze. Die Kleingruppenarbeit, in der die Vormittagsgruppen eine unterschiedliche personelle Zusammensetzung und eine andere Leitung hatten als die am Nachmittag, stellte fast zu hohe Anforderungen an die Rollenflexibilität. Trotzdem war Gruppenidentität entstanden. Die persönlichen Themen blieben in die Kleingruppen eingebettet. Die Diskurse in den Standesorganisationen, die Spannungen zwischen den einzelnen Sektionen des DAGG wurden verfremdet in Barbara Legelers Soziodrama-Arrangement szenisch-locker gespielt.
Die von Jörg Burmeister soziodramatisch angelegte Sommerakademie gab uns optimale Voraussetzungen, verfestigte Rollenstrukturen zu erkennen, aufzubrechen, und mit allen Sinnen zu verändern. Bleibt die Hoffnung auf einen Transfer zu positiven Auswirkungen in der Verbandsarbeit des DAGG, wo diese Themen auf dem Tisch liegen. Auch dieses Buch ist eine Fortsetzung.

2. Standortbestimmungen

2.1. Soziodrama bei Moreno

„Das wahre Subjekt des Soziodramas ist die Gruppe und nicht die verschiedenen Individuen. Das Soziodrama behandelt Gruppenbeziehungen und kollektive Ideologien, zum Beispiel: Konflikte zwischen Volks- und politischen Gruppen“ (Moreno 1973, S. 91).
„Die Rollen, die kollektive Ideen und Erfahrungen repräsentieren, werden soziodramatische Rollen genannt … Millionen privater Welten überlappen sich in großen Bereichen. Nur die wenigsten Anteile sind privat und persönlich … Es ist daher nebensächlich, wer die Individuen sind oder von wem die Gruppe zusammengestellt wird oder wie groß sie ist. Die Gruppe als Ganzheit muss auf die Bühne gestellt werden und ihre Probleme bearbeiten, weil die Gruppe im Soziodrama dem Individuum im Psychodrama entspricht … Wenn das Soziodrama effektiv werden soll, muss es daher die schwierige Aufgabe in Angriff nehmen, Tiefenbehandlungsmethoden zu entwickeln, in denen das Werkzeug nicht private Individuen sind, sondern repräsentante Typen innerhalb einer bestimmten Kultur … Soziodrama führt einen neuen Zugang zu anthropologischen und kulturellen Problemen ein, Methoden der Tiefenbehandlung und der experimentellen Verifikationen“ (Moreno, 1982, S. 298–300).
Moreno meint damit, dass wir stets in allem, was wir tun oder lassen, kollektive Elemente präsentieren. Er gehörte zu der Minderheit der Juden, war Bürger verschiedener Staaten: Rumänien, Österreichs und später der USA. Ihn trieb der Wille zur Än-

derung der Umstände und politischen Verhältnisse, nicht nur vom ICH zum DU, sondern von der einen Gruppe zu der anderen, von der einen Minderheit zu der anderen, von den Unterdrückten zu den Gleichgültigen und zu den Mächtigen und von denen zu den Unterdrückten. Das Wissen und die Erfahrung des Psychiaters und die Liebe zum Theatralischen des Theaters paarten sich und brachten die vielen Formen seiner Eingriffe in das tägliche öffentliche Leben hervor (Marineau, 19989, S. 3 – 92). Aus diesem reichen Schatz hat er das Soziodrama als Handlungs- und Behandlungsmöglichkeit geschaffen, dem er später das Psychodrama an die Seite stellte. Die Ergebnisse gehören nicht der einzelnen Person, sondern die AkteurInnen sollen das Erfahrene in die Welt tragen, damit sie gebessert wird (Geisler ²1998).

2.3. Soziodrama und Psychodrama

Soziodrama richtet sich nicht auf die heilende Arbeit an der Biographie der einzelnen Personen, sondern auf Konflikte und Vorurteile oder auf einen Lernstoff, auf das Zusammentragen von Ergebnissen. Soziodrama bekommt seine je eigene Form nach Zeit, Ort, Auftrag und Ziel. Soziodrama als Arrangement kann auch Teil eines Verfahrens sein. Dann ist der Gruppenrollentausch eingebettet in ein anderes Verfahren, zum Beispiel bei Erarbeitung eines Unterrichtstextes, in dem ein Nebenthema gruppenspezifischer Art geklärt werden soll.

Moreno gab dem Soziodrama einen exponierten Platz. (Hier folge ich den Vorschlägen von Buer 1999, S. 59–61). Nach ihm ist das Format die Soziometrie, die Verfahren (Zweige) aber Soziodrama, Psychodrama und Gruppenpsychotherapie (vgl. Bild; soziometrische Aktionsforschung bezeichnet Buer in der genannten Quelle als Arrangement in Morenos Projekt). In Deutschland wird das Gesamtwerk Jacob L. Morenos als Psychodrama bezeichnet. Es meinte aber lange einengend und undifferenziert das therapeutische Verfahren. Erst als 1989 die inzwischen zum Standardwerk gewordene Arbeit einer AutorInnengruppe *Morenos therapeutische Philosophie* (³1999) die philosophisch-pädagogische Bühne betrat, spätestens zu diesem Zeitpunkt wurde der einschlägigen Fachöffentlichkeit die Weiterentwicklung in den Bereichen Philosophie, Erziehungswissenschaften und Theater präsentiert. Später kam die Organisationsentwicklung hinzu (Gellert). Auf all diesen Feldern wurden eigene psychodramatische Verfahren und Arrangements entwickelt.

Moreno hat in seiner Einführung zur Soziometrie diesem „Zweig" den ersten Platz neben dem Psychodrama und der Gruppenpsychotherapie eingeräumt. Gleichwohl findet sich in seinen Werken darüber kaum mehr als hier und da eine halbe Seite. Auch Grete Leutz (1974, S. 116–118) räumt ihm nur einen mageren Platz in ihrem Werk ein.

Die Weiterentwicklung allerdings hat einen anderen Weg genommen.

2.3. Soziodrama und Soziometrie

Soziodrama ist das Handeln in der Gruppe nach der soziometrischen Messung, die dramatische Inszenierung in gleichzeitig agierenden Kleingruppen zu einem gemeinsamen Thema, das die Messung hervorgebracht oder pointiert hat. Es wird oft auch ohne vorhergehende Messung eingesetzt. Soziodrama bringt die verschiedenen Perspektiven aus den Kleingruppen mit jeweiligem Standort, Handlung und Wort auf die Großbühne. Im Soziodrama werden Positionen von einzelnen Gruppierungen übernommen, die sich durch ihre Merkmale von anderen unterscheiden. Sie können sich real im Raum an verschiedenen Positionen befinden; sie können jedoch auch stellvertretend für nicht anwesende gewählt werden. Durch den Gruppenrollentausch werden Standpunkt, Dynamik und Anliegen oder Einsichten der anderen erfasst. Der/die Einzelne/n bleibt/bleiben im Schutz der Gruppe. Die persönlichen lebensgeschichtlichen Daten werden hier nicht exploriert, sondern bleiben in die Erfahrung mit den anderen eingebettet (Geisler & Görmar 1996, Seite 9–26). Insofern ist das Soziodrama ein Arrangement der Bildungsarbeit, einsetzbar in Schule, Jugendarbeit, Berufsfeldern, in Supervision oder Bibliodrama, auch wenn es in Selbsterfahrung und Gruppenpsychotherapie seinen Ort ebenfalls eingenommen hat.

Wo hat Moreno das Soziodrama eingeordnet? Er hat nicht eindeutig systematisiert. In seinem Standardwerk *Grundlagen der Soziometrie* stellt er die Soziometrie als Messung sozialer Strukturen vor (Seite 28). Daraus entwickelte er die einzelnen „Zweige: Soziodrama, Psychodrama und Gruppenpsychotherapie" (Seite XXVI). Sein differenziertes System von Messungen bildet die Grundlage für das nachfolgende Handeln in einer der drei Formen. An dieser Stelle hat er dem Soziodrama eine exponierte Stelle zugeordnet. Allerdings finden sich in den mir vorliegenden Quellen keine Angaben darüber, wie Moreno es angewandt hat. Grete Leutz beschreibt eine Bühne vor einem Publikum, auf der stellvertretend für die Anwesenden eines ihrer gemeinsamen Themen behandelt wird. Hier wird die Spiegeltechnik als soziodramatisches Spiel angewandt (Leutz 1974, S. 111–113; 116–118). Als eine der nächsten Gefährtinnen Morenos hat sie sicher eines seiner Arrangements beschrieben. Hilarion Petzold bemerkt anerkennend: „Moreno hat mit diesem Ansatz das Paradigma objektivierender Sozialforschung durchbrochen und die ‚Aktionsforschung' begründet, ... deren philosophisches und ethisches Fundament im ‚Begegnungsgedanken' zu finden ist (Petzold 1982, Seite 184). Nach ihm könnte angenommen werden, der Meister habe es sehr häufig angewandt, und zwar immer dann, wenn es nicht ausdrücklich um einen individuellen psychotherapeutischen Prozess ging.

So hat das Soziodrama nach dem Wunsch des Erfinders denn auch international viele Formen hervorgebracht. An der Universität von Santos Andrade, Brasilien z B., wird es als eigener Studiengang, als angewandtes Psychodrama, angeboten. Im Internet kann aus den USA ein interessantes Geschichtsprojekt zur Einwanderung der jüdischen Vorfahren für die fünfte Klasse in einer jüdischen Schule gefunden werden

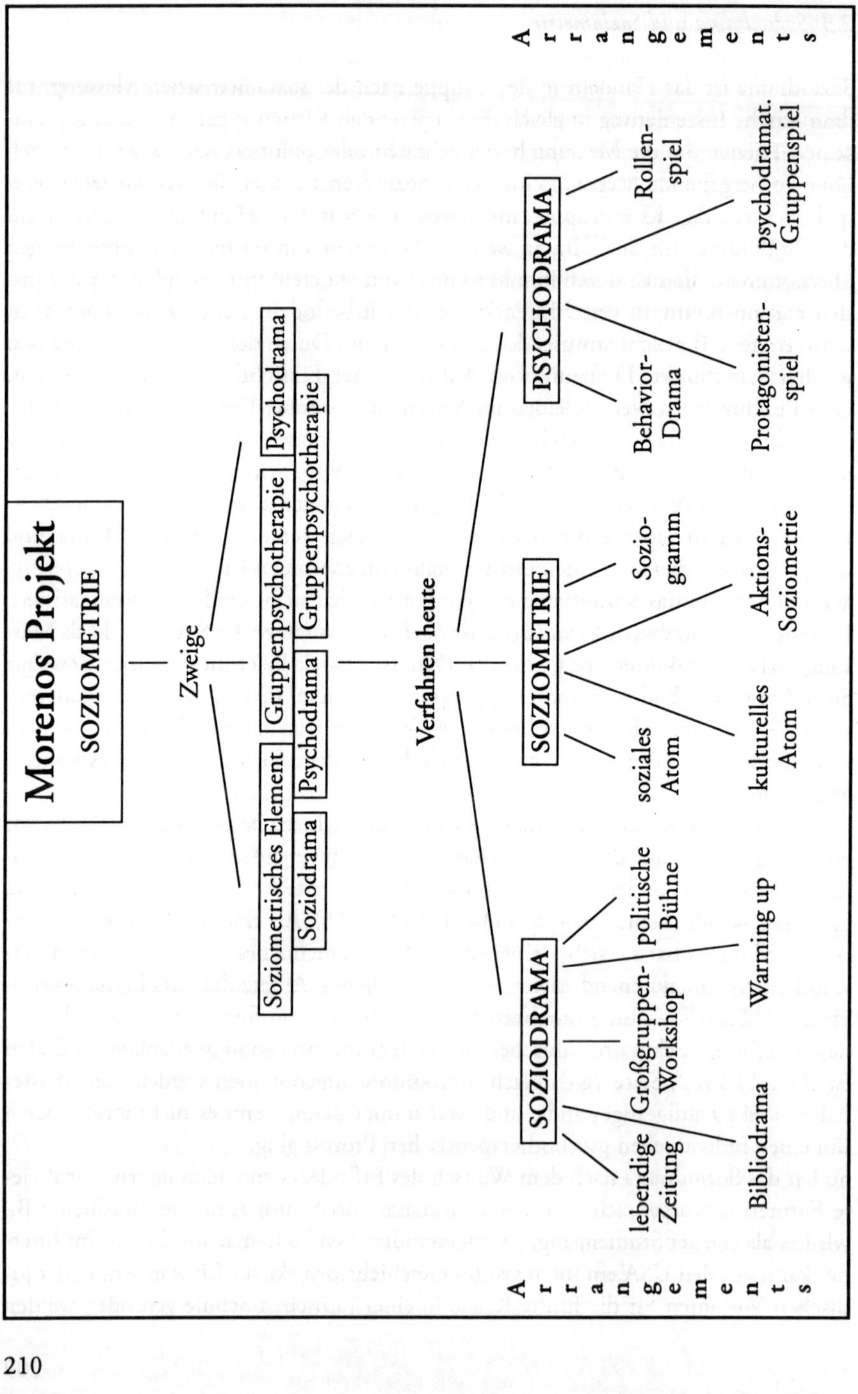
Morenos Projekt
SOZIOMETRIE
Zweige
Soziometrisches Element
Soziodrama
Gruppenpsychotherapie
Psychodrama
Gruppenpsychotherapie
Psychodrama
Gruppenpsychotherapie
Psychodrama
Verfahren heute
SOZIODRAMA
SOZIOMETRIE
PSYCHODRAMA
lebendige Zeitung
Großgruppen-Workshop
politische Bühne
Bibliodrama
Warming up
soziales Atom
Sozio-gramm
kulturelles Atom
Aktions-Soziometrie
Behavior-Drama
Rollen-spiel
Protagonisten-spiel
psychodramat. Gruppenspiel
Arrangements
Arrangements

(Ellis Island Soziodrama 1997). Jonathan D. Moreno reklamiert es ausdrücklich als „Soziotherapie", dazu soll es „zurückgeholt werden" (1996, S. 97–112).
Aber so einfach lassen sich die Schlüsse nicht ziehen, nämlich anders gruppiert Moreno nur eine Seite zuvor sein Verfahren. Hier nennt er seine drei Hauptzweige der Soziometrie *soziometrisches Experiment, Gruppenpsychotherapie und Psychodrama.* Darauf baut Manfred Gellert seine *Lebendige Soziometrie in Gruppen auf.* Gellert hat in seinem hervorragenden Aufsatz eine Fundgrube von Beispielen zusammengetragen, wie dieses Meßinstrument einsetzbar ist (1993, S. 286–301). Er hat diese Form der Messungen gut definiert und fundiert und damit für die Arbeit in den unterschiedlichen Gruppen nutzbar gemacht. Jacob Levy Moreno hätte es uns einfacher gemacht, wenn er seine Definitionen und Einordnungen systematischer gehandhabt hätte. Da er jedoch sein Lebenswerk auf seinen Erfahrungen aus seiner Jugend entwickelt hat, seinen politischen und künstlerischen Eingriffen, kann mit Recht behauptet werden: Das therapeutische Psychodrama hat sich erst aus den Gruppenarrangements entwickelt, zu denen das Soziodrama gehört. Dass es erst in den letzten Jahren bei uns an Bedeutung gewinnt, liegt an den therapeutisch ausgerichteten deutschen SchülerInnen Morenos. Sie sind alle im therapeutischen Bereich tätig. In meiner Ausbildung erfolgte die Messung, wenn überhaupt, nur mit Bleistift und Papier und war eine höchst trockene und anstrengende Angelegenheit.
Da hat unter anderem Gellert viele Formen der lebendigen Soziometrie entwickelt. Zum Teil finden sie sich auch schon bei Moreno. Aus Gellerts vorgestellten Arrangements wird deutlich: Es handelt sich hier stets um „Aktionssoziometrie", aus der dann die folgenden Aktionsformen je nach Situation und Auftrag entwickelt werden. Das Soziodrama meint das nicht. Es meint die Großgruppe und das Arrangement in mehreren Kleingruppen gleichzeitig nach der Messung oder dem soziometrischen Experiment. Sicher sind die Grenzen aber fließend, gibt es längst Mischformen, z. B. im Warming up.

2.4. Von der Aktionssoziometrie zum Soziodrama

Die Messungen Morenos hatten immer einen horizontalen Charakter, was in unseren Forschungen durchaus unüblich ist: In *seinem* Messungssystem werden die „Forschungsobjekte in teilnehmende und bewertende Aktoren" (Seite XXIII) verwandelt; Forscher und Erforschte sind gleichberechtigte „Aktionsforscher" (Buer, 1999 d, Seite 28). Morenos Menschenbild von der Ebenbürtigkeit aller findet hier eine seiner Konkretionen. Die Gruppe hat Einsicht in das Aktionsfeld. Es gibt keine „Passivpartner" (J.D.Moreno 1996). Die Ergebnisse liegen vor allen Teilnehmenden offen ausgebreitet. So können alle, die soeben mit der Messung befasst waren, nun in die „Lage" versetzt sein, verändern zu wollen.

Unsere Sprache wie alle europäischen Sprachen unterteilt in Subjekt und Objekt, in Aktiva und Passiva. Sie drückt damit immer ein hierarchisches vertikales Prinzip aus: Handeln und Erleiden – es kann nur einer oben sein, wenn auch einer unten ist. Unsere Sprache gibt unsere Wirklichkeit wieder. Um die horizontale oder gleichwertige Ebene bemühen sich Legionen von Frauen und Männern auf allen erdenklichen Ebenen. In einem anderen Kontinent blieben Reste von einer anderen Lebensform erhalten, die sich in der Sprache ausdrückt: in Lateinamerika. Die Maya-Sprachen kennen kein Objekt. Wir sagen: DU SAGST IHM, Tocholabal, eine der Maya-Sprachen: DU SAGST – ER HÖRT. Das Empfangen ist eine Aktivität, anders lässt es sich nicht ausdrücken, Subjekt: Erlebnissubjekt. Bei den Mayavölkern im Süden Mexikos und in Guatemala sind alle Gegenstände, ja Natur und Kosmos Erlebnissubjekte, GefährtInnen des Menschen. Deshalb konnten diese Volksgruppen bis heute überleben. Sie vernichten nicht, sie pflegen und empfangen und danken dafür (Lenkersdorf 1999, S. 74–83). (Endlich ist einmal ein kurzer Text von dem hervorragenden Forscher und Wissenschaftler in Deutsch erschienen.)

Die Aktionssoziometrie ist dreidimensional angelegt. Zu einem Thema wird ein Ort eingenommen, der in Beziehung zu den anderen und zu den Außenpositionen steht. Daraus wird ein körperlicher Ausdruck gewählt und verbal ausgedrückt. Die nun gewonnene „Lage" (Moreno) besteht aus der Erkenntnis der sichtbar gewordenen Situation, Erinnerungsbildern und den dazu gehörigen Gefühlen. Das Handeln drängt sich geradezu auf. Hier sollen in Kreativität und Spontaneität experimentelle Aktionsformen (Arrangements?) folgen. Diese gehören dann nicht mehr zur soziometrischen Messung (Gellert & Klein, S. 239–258).

Gleichwohl bewirkt die Messung, wenn sie als Wahrnehmungstest in der Gruppe erfolgt, bereits Veränderungen. Zeigt sie doch die Tiefenstrukturen einer Gruppe auf; die meist vorher unbewusst sind, und die hier sichtbar werden (können). Die Gruppenoberfläche wird beeinflusst durch Dimensionen der Tiefenstruktur (Schwehm, 1994, S. 165–178).

Nach diesem Grundsatz müsste die Messung der sozialen Strukturen zum ständigen Handwerkszeug der PsychodramatikerInnen gehören (Klein, U. 2/94, S. 161–62).

3. Begriffsbestimmung

Das Wort „Soziometrie" kann schon vom Sinn her nicht mit „Drama" gleichgesetzt werden, wie in der Psychodrama-Literatur oft aufgefunden. Das Messen (metrik) eines gegebenen Gruppenkörpers will mehr über seine innere Struktur erfahren, er soll mehr herausfinden über sein gesellschaftliches Eingebettet-Sein, die Bedingungen, die auf ihn einwirken, das Netzwerk der Strukturen und Erwartungen, durch das seine Rolle von außen bestimmt wird. Moreno schlägt u. a. als Definition „soziale Messung gesellschaftlicher und zwischenmenschlicher Verhältnisse" vor. (Moreno, 1974, Seite XXII). Deshalb bleibt auch „handelnde Soziometrie" (Gellert 1993, Seite 286–

301) immer Messung. Setzen sich Untergruppen in dramatischer Form zueinander in Bewegung, handeln sie soziodramatisch. Sie gestalten ein gemeinsames Thema aus unterschiedlichen Rollen und gehen miteinander in Interaktion.
Es kann jedoch auch Psychodrama oder Gruppenpsychotherapie sein, was sich nach der Messung anschließt. Das hängt von der jeweiligen Konkretion der vier „Universalia: Zeit, Raum, Realität und Kosmos“ ab (Moreno 1974, S. 101).

4. Das Soziodrama – ein Arrangement des Psychodramas oder ein eigenständiges Verfahren?

Wenn ich hier näher auf das Soziodrama eingehe, lege ich die *Zuordnungen* zugrunde, wie sie Ferdinand Buer in seinem Lehrbuch der Supervision angeboten hat (Buer 1999 d, S. 22–25): Ein Format ist ein „institutionalisierter Rahmen fachlicher Beziehungsarbeit“, z.B. Bildungsarbeit, Supervision, Organisationsentwicklung, Unterricht. Innerhalb dieser Formate gibt es die verschiedenen Verfahren, mit denen die Beziehungsarbeit stattfindet. (z. B. Themenzentrierte Interaktion, Gestaltarbeit, Psychodrama). Bislang wurde Soziodrama als *Arrangement* des Psychodramas eingesetzt. Als solches gehört es mit zu anderen Arrangements wie „lebendige Soziometrie“ (Gellert 1993, Seite 286), Stegreifspiel, Rollenspiel, Stuhlkreis, etc.. Soziodrama als *selbständiges Verfahren* ist bisher in Deutschland über die Erprobungsstufe nicht hinaus gekommen (Geisler & Görmar 1996).
Das Soziodrama als Verfahren lebt von den wichtigsten Säulen des Psychodramas:

1. Rollentausch
Ein Thema wird in ein szenisches Spiel mit mehreren Kleingruppen verwandelt. Die Teilnehmenden in den Untergruppen sprechen den Inhalt und die Regeln miteinander ab, mit denen sie in das Spiel eintreten. Eine Gruppe übernimmt den Start.
Nach einer von der Leitung festgesetzten Zeit, die von der Energiekurve bestimmt wird, werden die Gruppenplätze (im Uhrzeigersinn) getauscht, möglichst, bis alle wieder auf ihrem ursprünglichen Platz gelandet sind. Der Rollentausch in eine andere Gruppe erfordert, mit Ernsthaftigkeit das neue Thema, die dazugehörigen Bewegungen und die Texte aufzunehmen. Je nach Spielregel wird auch hier wie in der sonstigen Bühnenarbeit, das Geschehen aufgenommen, variiert und manchmal im Stegreif neu gestaltet.
Danach erfolgt eine gemeinsame Auswertung, indem alle an den jeweiligen Platz rücken, zu dem das Rollenfeedback gerade zusammengetragen wird. Dieser Rahmen gibt die äußere Struktur für die jeweiligen Rückmeldungen vor. Mit diesem Arrangement, platziert als Start in ein bildungspolitisches Seminar, wird in weiteren soziodramatischen Schritten gearbeitet (Geisler und Görmar 1996).

2. Doppeln

Zwei Personen tragen einen aktuellen Konflikt auf der Bühne aus. Sie sitzen oder stehen einander gegenüber. Soll ihre Stellvertreterfunktion in der Gruppe ans Licht kommen, wird die Auseinandersetzung soziodramatisch erweitert: Die anderen sind aufgefordert, die jeweilige Position, vermutete Empfindungen und Meinungen, einzudoppeln, hinter die jeweilige Person zu treten und in ICH-Form zu reden. Diese bekommt jedoch immer wieder genügend Zeit, das Doppel anzunehmen oder abzulehnen. Wechseln die einzelnen Hilfs-ICHs nie in die Gegenposition, ist ein Gruppenrollentausch zum Schluss angesagt. Erst danach erfolgt die verbale Auswertung.

Durch dieses Arrangement fokussiert sich der Gruppenkonflikt. Es kommen verborgene Schlüsselthemen an die Oberfläche: Frauen/Männer, Berufsgruppen oder unterschiedliche Qualifikationen, Konkurrenz etc. (Blattner, 1997, S. 23–30).

3. Spiegeln

In einer Veranstaltung werden allgemeine Konflikte durch Zuruf gesammelt und von psychodramatisch geschulten Fachleuten inszeniert. Es wird ein „inneres Psychodrama" und eine Katharsis erwartet. Durch die Rückmeldungen aus dem Publikum am Ende wird das Ergebnis für alle erfahrbar (Leutz 1974). Als Arrangement ist diese Form an vielen Stellen einsetzbar.

Dem weltweit im International Playback Theatre Network verbundenen Playback-Theater liegt die Idee der Spiegeltechnik Morenos zugrunde. Seine beiden SchöpferInnen Jo Salas (Musik) und Jonathan Fox (Theater) entwickelten zusammen mit einer Theatertruppe ein Improvisationstheater, das Geschichten des anwesenden Publikums von einer trainierten Laienspielgruppe spontan in festgelegten Formen zurückspielt. Hier wurde ein Verfahren entwickelt, das dem gesellschaftlichen Anspruch, der Idee von Netzwerken, der Spontanität ohne einfache Beliebigkeit der Idee Morenos entspricht (Fox, 1996, Seite 52).[1]

4. Zerrspiegel

Hier ist die Gruppe durch ein gruppenimmanentes Thema angewärmt. In verfremdeten Szenarien kann sich die Großgruppe mit ihren unterschiedlichen Erfahrungen und Empfindungen wiederfinden (vgl. Eingangsbeispiel Granada). Das Thema und die Kleingruppen werden von der Leitung sorgfältig für einen bestimmten Prozess gewählt. Dieses Arrangement birgt einen hohen Grad an Verarbeitungsmöglichkeiten. Sympathien, Abneigungen und Aggressionen verändern sich „spielend". Eine kognitive Auswertung schließt die Arbeit ab.

„Die Spiegelbühne" in Frankfurt ist eine der bekanntesten Playback-Theater-Truppen in Deutschland. Sie wird oft zu Konferenzen und größeren Veranstaltungen eingeladen und leistet dort einen originellen künstlerischen Spiegeleffekt zu Erfahrungen, Seiten-Themen und Stimmungen auf einer Veranstaltung. Ihre RegisseurInnen sind Marlies Arping und Daniel Feldhendler. Kontaktadresse für weitere Informationen: Jürgen Schoo, Volksgartenstraße 4, D-50677 Köln.

5. Rollentraining
Inszenierungen in gesellschaftlichen Rollen, d. h. in den Berufsrollen, den Rollen als SchülerInnen oder Studierende, als Lehrende, Vorgesetzte, auch als Familienangehörige. Es kann als Geschicklichkeits- oder Verhaltenstraining eingesetzt werden (Blattner, 1997). Die Szenen entsprechen denen der Lebensräume der Teilnehmenden. Sie aber schlüpfen in die *abgelehnten* Rollen und probieren sich darin aus. Oder: Sie schlüpfen in die von außen erwarteten Verhaltensweisen und suchen sie zu ergründen, zu variieren und selbst zu gestalten. Die soziodramatischen Rollen bewirken eine Rollenerweiterung im täglichen Dasein.
Im Soziodrama spielt die soziale Komponente die tragende Rolle. Es geht um Begegnung in der Gruppe und da bleibt auch der Schwerpunkt. Es geht aber auch um Eingebettet-Sein in der Peergroup, um Schutz vor Bloßstellung, wenn eine Lerngruppe, ein Team oder eine informelle, mehr zufällige Gruppe beisammen ist (Moreno, J.D. 1994, S. 97–111).
Immer werden die Normen, Verbote, Feindbilder, Vorurteile, Anliegen dramatisiert. Ziel ist die innere Struktur, die Dynamik, das Anliegen und die Herangehensweise der anderen zu erfassen. Jede Gruppe kehrt zum eigenen Ort zurück. Die Erweiterungen aus dem Erlebten werden reflektiert und können integriert, Fixierungen aufgegeben, neues Verständnis entwickelt und somit die eigenen Rollen erweitert werden (Moreno).
Das Soziodrama hat bisher in Deutschland noch nicht seinen Platz als ein *eigenes Verfahren* eingenommen. Der erste Entwurf war das Projekt „Rollentausch mit dem Feind" (1996) als eine sozialpolitische Einmischung nach dem schrecklichen Mord an den fünf Türkinnen in Solingen am 29. Mai 1993, der erhebliche außenpolitische Konsequenzen bedeutete. Ein Soziodrama war auch die Sommerakademie von Jörg Burmeister in Granada. Weitere sind nicht bekannt.

5. Die vier Universalia im Soziodrama

Moreno hat in einem grundlegenden Aufsatz vier Grundpfeiler seiner Psychotherapie beschrieben: die Begriffe *Zeit, Raum, Realität* und *Kosmos* (Moreno, 1978, S. 101 / 112, Geisler ^{2}1998, ^{3}1999, S. 69). Diese Eckpfeiler werden hier in Erinnerung gebracht, weil sie uns den Weg zum Soziodrama weisen, wenn es als Verfahren oder Arrangement eingesetzt wird. Moreno bezog sich auf die „richtige" *Zeit*, ein Geschehen auf der Bühne, das über unsere Vorstellungen von Tempi hinaus die Gefühlsqualitäten und Erinnerungsbilder mitbelegt. Damit kommt die je lebendige Bedeutung der verschiedenen Zeiten auf die Bühne.
Der vorgegebene Bühnen*raum* verwandelt sich jeweils in den Ort des Geschehens durch Imagination und symbolhafte Gegenstände für Wände, Türen Fenster, Möbel etc. Er öffnet die Tür zu den Einzelheiten eines Ereignisses.

Als *Realität* fordert Moreno eine „therapeutische Situation, … welche eine Simulation der Realität erlaubt und den Menschen gestattet, neue Lebensweisen zu entwickeln und zu lernen, ohne ernstliche Konsequenzen oder gar eine Katastrophe zu riskieren, wie das im wirklichen Leben der Fall sein könnte". (Moreno, 1978, Seite 105) An dieser Stelle hat er auch den Begriff „Surplus-Reality" geprägt.

> Surplus-Reality meint die verschiedenen Realitäten, die durch die Erinnerung der Protagonistin und ihre jetzige, die der Mitspielenden und Zuschauenden, sowie die imaginierte gewünschte und eventuell im Vorgriff gespielte Realität, die alle in diesem Raum gerade versammelt sind und gemeinsam einen „Überschuss" bilden. Die Realität auf der Bühne ist demnach immer „Surplus-Reality".

Den *Kosmos* bringt er in die therapeutische Situation als „experimentellen und existentiellen Wert" ein. Es ist die „Form der schöpferischen Aktion" (Geisler, 1999; Moreno 1978).

Auch für das Soziodrama gilt: Gewählt wird auch hier ein *Zeitpunkt*, der Qualitäten von Erlebnissen, Erinnerungen, Erfahrungen und Gefühlen hat. Der *Raum* ist die Großbühne, auf der alle AkteurInnen einen je eigenen Raum gestalten können. Die *Realität*, eher die *Surplus-Reality* wird von den Spielenden geschaffen. Die schöpferischen Qualitäten Kreativität und Spontaneität können sich nun entfalten und neue Realitäten schaffen, die sich in Gestalten und Zukunftsbildern verkörpern, das meint, später wirklich Realität zu werden vermögen, hier jedoch Laborcharakter haben. *(Kosmos)*

Auch die Vorbereitung ist zweckmäßig unter den vier Universalia zu betrachten:

Ein Vertrag zwischen dem Auftraggeber/Finanzier sowie den Teilnehmenden und der Leiterin bestimmt das Geschehen:

1) Den Zeitpunkt und die Zeitstruktur (eine Veranstaltung oder mehrere, ein Tag oder nur eine Unterrichtsstunde)
   - die Zeitdimensionen, in denen sich das Thema befindet: Vergangenheit, Gegenwart und Zukunft,
   - nach einem politischen Ereignis, einer Katastrophe, für eine zukünftige Aktion, die geplant wird,
   - für eine Veränderung der gegenwärtigen Gruppenlage, für die Integration einer Minderheit.
2) Den Raum und seine Umgebung: Jugendraum im Gemeindezentrum, Parteizentrale, Klassenraum, Abschlussveranstaltung einer Konferenz, o.ä.
3) Den Auftraggeber und Finanzier mit seinen Wünschen und Zielen, die Menschen mit ihren Vorstellungen und Vorbehalten, ich selber als Trainerin und die anwesenden Personen mit ihren Erwartungen.
4) Die Einbettung in ein großes Ganzes, das kleine Ziel und die Fernziele.

Mit der Anwendung von Morenos Universalia in der Vorbereitung entgehen wir den leidigen Diskussionen des „Was darf ich … Was ist hier verboten … Was ist Therapie – was Pädagogik". Die Grenzen und Möglichkeiten sind durch die äußeren und inneren Möglichkeiten und Grenzen und das Format der Anwendung jeweils abgesteckt. Man/frau wird von dem inneren Zwang der Zensur befreit und findet selber die jeweiligen äußeren und inneren Strukturen und Möglichkeiten, ein emanzipatorisches Vorgehen.

6. Vergleiche

a) Soziodrama und Pädagogisches Rollenspiel

„Das Pädagogische Rollenspiel“ ist für Wolfram Mävers eine der ersten Transformationen des Psychodramas in die Bildungsarbeit. Es bewegt sich wie das Soziodrama im pädagogischen bzw. gesellschaftlichen Feld und will dort Veränderungen herbeiführen. Aber überraschenderweise ist es die pädagogische Schwester des psychotherapeutischen Psychodramas. Es wendet sich mit seinen Inszenierungen an die einzelne Person und deren Anliegen, ihre unterschiedlichen Rollen z.B. als Familienglied, als Berufsperson oder als LiebhaberIn zu erfassen, zu modifizieren oder gar „zu kippen“ (Mävers, Wolfram, 1993/1994).

Das wichtigste Element des Soziodramas gehört nach der vorliegenden Literatur nicht dazu: Die Einbeziehung der ganzen Gruppe, die Arbeit in mehreren Kleingruppen. Es wird nämlich eine ***protagonistische*** Bühnenarbeit angeleitet, die auf eine ***aktuelle*** Problemlösung zielt. Als pädagogisches Verfahren schließt es jedoch die persönliche Analyse ausdrücklich aus, die zum Selbsterfahrungsprozess des „großen“ Psychodramas gehört.

Es nimmt Bezug auf einen bestimmten Rahmen oder Auftrag, wendet sich zu einem bestimmten Zeitpunkt an einem bestimmten Ort an die unter diesen Prämissen versammelten Personen und arbeitet mit den psychodramatischen Mitteln Erinnern, Fühlen, Handeln hin zum „wahren zweiten Mal“ (Moreno) in eine Verbesserung der Zukunft. Die vier „Universalia Zeit, Raum, Realität und Kosmos“ werden im Sinne Morenos berücksichtigt und dann jede Modifikation des Verfahrens zugelassen, die genau diesem speziellen Rahmen entspricht. Hier liegt nämlich das Geheimnis dieses wunderbaren heuristischen Prinzips, mit Kreativität und Spontaneität und in dem genauen Wissen und Befolgen der „Universalia“ in eben diesen je einmaligen Prozess zu gehen. Deshalb ist das Pädagogische Rollenspiel m.E. die pädagogische Form des Psychodramas als Verfahren.[2]

[2] Vier Charakteristika (des Pädagogischen Rollenspiels, F.G.) „Die Leitung hat nicht etwa ein Publikum als nur miterlebenden Adressaten im Blick. Die Leitung hat nicht etwa die Verdeutlichung eines inneren Vorgangs nach außen hin, sondern einen Selbstklärungsprozess im Hinblick auf innere Vorgänge im Sinn. Diejenigen, die im Pädagogischen Rollenspiel etwas für sich selbst herauszufinden suchen, haben nicht in szenischem Handeln einer Rolle besonders zutreffend gerecht zu werden; eher gilt für sie das Gegenteil. Denn zumindest die ProtagonistInnen erhalten die Chancen, Rollenklischees – wenn sie auch noch so harmlos anmuten – dingfest zu machen, sie durch gesellschaftlich vermittelte Verhaltens-

Hier gehört das Soziodrama ebenfalls hin. Aber es gibt einen wesentlichen Unterschied: Die Protagonistin ist die *Gruppe.*

b) Rollenspiele im Literaturunterricht
Das ist das Anliegen von Dorothea Freudenreich und Fritz Sperth (1993), die unter diesem Begriff „das gemeinsame Spiel in angenommenen Rollen, ohne vorgeschriebenen Text und ohne Publikum" (Seite 14) verstehen. Sie machen mit ihrem Rollenspiel literarische Texte für die SchülerInnen erlebbar, um den Erkenntnisprozess mit den eigenen Erfahrungen und Gefühlen der Lernenden zu verbinden und zu erweitern. Die Soziodrama-relevanten Elemente sind u.a. die drei Schritte: Anwärmphase, Spielphase, Reflektionsphase. Die AutorInnen nennen ihren Spielraum Bühne, haben Ort und Zeit der Handlung eingeführt und arbeiten mit den Spielenden im Monolog und Interwiev. Sie setzen den Doppelgänger ein, um die Rolle der Spielenden zu gestalten. Soziodramatisch erscheint auch der beschriebene Rollentausch. Hier tauschen alle auf der Bühne ihre Rollen, um die „Einfühlung in den anderen anzuregen (Seite 23)". Alle Spielenden bleiben der vorgegebenen Literatur verordnet und gestalten von dort her ihre Rollen, die persönlichen Erfahrungen und Empfindungen sind gewollt didaktisch eingebaut, werden aber nicht fokussiert. In der umfangreichen Literaturliste sind die Urheber dieses Soziodramas Leutz und Moreno ausgewiesen. Wäre dieser Terminus in einschlägigen deutschen Veröffentlichen eingeführt gewesen, könnte er von den AutorInnen hier benutzt worden sein.

c) Die Stegreifbühne und das Stegreifspiel
Die Stegreifbühne ist ein Geschöpf Morenos (1921) aus seiner Wiener Zeit. Diese bis heute bekannte Kunstform hatte strenge Regeln aus dem Repertoire des Theaters: Es gibt eine genaue Choreographie, Zeiten und Geschwindigkeiten werden vom Regisseur bestimmt. Jedoch der Stegreifspieler thematisiert sich selber, seine individuelle Lage. Der Ausgangspunkt ist das Leben, und das soll durch das Spiel erweitert und ergänzt werden. „Stegreiftheater ist Ausatmen der Seele und lässt das Unbewusste unverletzt frei", sagt Moreno (1924, S. 71) darüber. In der berühmten Maysedergasse veränderte er die Regeln: Choreographie und Rollenvorgaben entfielen, alle Anwesenden spielten mit und bestimmten Thema und Gang der Handlung, als „OFFENE BÜHNE" diente ein großer kreisrunder Raum (Marschall 1988, S. 38–51).
Das ist die Regel, nach der bis heute das Stegreifspiel seinen Platz in vielen Psychodramagruppen innehat (Leutz, 1974, Seite 111–114).

und Erlebniseinschränkungen wahrzunehmen und innere Verbotstafeln, die uns solche Selbsteinschränkungen suggerieren, zu kippen." (alle Hervorhebungen W.M.) (Mävers, Wolfram, 1993, Über Charkteristika, Prinzipien und Ziele Pädagogischen Rollenspiels, in Materialien zur Praxis des Rollenspiels Nr.27/28, 16. Jahrgang 1993. Weiterführend 1994: Grenzüberschreitungen, Festschrift für Alfred Rohloff, Hgb. Frieder Müller und Jan Tillmann, Evangelische Fachhochschule Hannover)

d) Freires Erziehung zur Freiheit und Solidarität und Boals Theater der Unterdrückten

Aus dem fernen Brasilien bieten sich uns gleich mehrere Modelle von Pädagogik und Theater zum Vergleich an. Sie entstanden Mitte der Fünfziger Jahre. Paulo Freire entwickelte die Pädagogik der Befreiung mit einem Modell, wie es in Ansätzen bei Freudenreich und Sperth beschrieben ist. Er hat jedoch ALLES schulische Lernen konsequent in die Lebenswelt der Armen und Unterdrückten gestellt und von diesem Ort aus die Lerninhalte entwickelt. Seine Unterrichtsformen gehen von der direkten Gefühlswelt seiner SchülerInnen aus und beziehen die Lebenswelt mit ein. Die Lernenden sind die Subjekte ihrer Anliegen und somit auch Lehrende ihrer Lehrer. Dieses Lehr- und Lernmodell hat sich über mehrere Staaten Südamerikas, Mittelamerikas bis zu den Basisgemeinden der Mayas in Mexico und Guatemala ausgebreitet. Wie in Brasilien wird es auch in anderen Staaten als subversiv marginalisiert (Geisler, 1981). Eine Schülerin Freires, die Schulpädagogin Flavia Mädche (1995, Seite 165 – 204) weist einen ungeheueren Lernerfolg nach. Von Schulmüdigkeit ist nirgends berichtet, vielmehr von einer nicht endenden Motivation. Allerdings waren nicht alle Auftraggeber Freires damit einverstanden, aus den Favelas (Brasiliens Elendsviertel) ein Potential kritischer und selbstbewusster BürgerInnen wachsen zu sehen. Nach großen emanzipatorischen Erfolgen, an denen auch die Befreiungsbewegung der katholischen Kirche ihren wesentlichen Anteil nahm, putschte 1964 das Militär, um die Kontrolle über das riesige Land wieder in ihre Hand zu bekommen (Seite 71). Untergegangen ist die Bewegung jedoch nicht (Mädche, 1995, Seite 221).

Freires Erziehungskonzept nahm direkten Einfluss auf Augusto Boals Theater der Unterdrückten (1979 in Deutsch erschienen). Der Pädagoge und der Theatermann arbeiteten mehrere Jahre gemeinsam in einem Alphabetisierungsprogramm Brasiliens (Feldhendler, 1992, Seite 26–27). Auch Boal geht es um die Befreiung aus der Unmündigkeit des Kosumenten, des unterdrückten Zuschauers. Er macht wie Moreno die Zuschauer zu Protagonisten der Handlung, um Möglichkeiten zur politischen Einflussnahme einzuüben. Er arbeitet mit dem emotionalen Gedächtnis und gestaltet ein „eingreifendes Theater", das von einer veränderbaren Welt ausgeht (Feldhendler, 1992, Seite 27). Boal benutzt den Rollentausch, um dem Unterdrückten sein Unterdrückungspotential bewusst zu machen und um ihn seine eigenen Unterdrückungsmechanismen erleben zu lassen. Das ist das primäre Anliegen des Soziodramas, die gesellschaftlichen Mechanismen in der konkreten Szene zu veröffentlichen, um Veränderungen einzuüben. Wenn Boal hier den Zusammenhang zu Morenos Verfahren ablehnt, wie Thorau (1991, Seite15) berichtet, so mag das persönliche Gründe haben. Die Anliegen und Verfahren sind nahe verwandt.

7. Fünf Soziodrama-Arrangements:

a) Soziodrama als Großgruppenworkshop von circa 4 Stunden im Rahmen von Psychodramatagen o.ä.

In verschiedenen Szenarien mit wechselnden Kleingruppen nähert sich die Veranstaltung einem gesellschaftlich relevanten Thema (z.B. Ausländer, Macht und Ohnmacht, Gewalt in der Schule etc.), das vorher schon bekannt ist.

1. Schritt: Die ganze Gruppe wird nach Ländern (Orten, Bundesländern, Instituten, Berufen o.ä.) in Bewegung gesetzt. Die einzelnen Gruppierungen bekommen einen Platz im Saal zugewiesen. Leitung fragt für alle hörbar die Gruppen ab.
2. Schritt: In neuen Kleingruppen (ca. 5 Personen) tauschen sich die Teilnehmenden intim zum Thema aus (ca. 10 Minuten).
3. Schritt: Alle bewegen sich durch den Raum zu einer weiteren Kleingruppe und tauschen sich erneut aus.
4. Schritt: In einer nächsten Kleingruppe soll eine Aktion entstehen, die das Thema pantomimisch entschlüsselt.
5. Schritt: Im Uhrzeigersinn wechseln alle Kleingruppen den Platz und bilden die Pantomime nach, die sie vorher auf diesem Platz gesehen haben. Je nach Zeit und Gruppenzahl können die Gruppen von Platz zu Platz reisen und die Pantomime nachbilden, bis alle wieder an ihrem ursprünglichen Platz angekommen sind.
6. Schritt: Es folgt eine verbale Auswertung, Rollenfeedbacks, aus den Kleingruppen heraus in die große Runde.
7. Schritt: Nun finden sich die Teilnehmenden noch einmal zu Gruppen zusammen, in denen sie ihr eigenes Anliegen einbringen wollen. Eine Leitung und ein Thema werden gewählt.
8. Schritt: Hier ist ca. die Hälfte der vorgegebenen Zeit verbraucht und eine Pause gut platziert.
9. Schritt: Zum Workshop-Thema kann nun in allen Gruppen psychodramatisch lösungsorientiert gearbeitet werden.
10. Schritt: In der folgenden Abschlussrunde melden sich einige zu Wort, die bereit sind, von ihrer Arbeit etwas zu berichten. Dazu steht ein Stuhl in der Mitte des großen Kreises.

Damit endet die Veranstaltung.

Hier wird bewusst auf eine große Vorstellungsrunde verzichtet, weil sie für viele Teilnehmende unangenehm ist und deshalb meist die Arbeitsstimmung beeinträchtigt. So bleibt viel Raum für Begegnungen in Austausch und Bewegung. Es wird auch bewusst darauf verzichtet, alle Themen für alle zu veröffentlichen. Die Leitung hat vor allem die Aufgabe, die Kleingruppenbewegungen zu beobachten und zu steuern. Außerdem trägt sie Sorge, dass Leitungsqualität in allen Gruppen vorhanden ist.

Nach Morenos Theorie von der Gruppe als therapeutischem Agens und aus meiner vieljährigen Gruppenerfahrung weiß ich: Ich kann mich auf die Gruppe verlassen. Die Mitglieder tragen selber für das Thema Verantwortung und setzen es auch um. Unterstützung der Leitung kann natürlich jederzeit abgerufen werden. Aber sie ist nicht damit beschäftigt, alle Prozesse auf sich zu vereinigen und zu kontrollieren. Sie kann frei im Raum den Gesamtverlauf beobachten und sich abrufen lassen, wo es nötig ist.
In dieser Arbeitsform haben viele der Anwesenden die Chance sich einzubringen. Lösungen auf Fragen zum Thema wird es viele geben, nicht alle werden dem Leitungsteam bekannt werden. So bleibt die horizontale Struktur der Gruppenarbeit des Psychodramas gewahrt, die Rolle der Trainerin mit ihren Kompetenzen hat eine dienende Funktion. Die soziodramatische Einstimmung auf das Thema des Workshops mit viel Bewegung im Raum, Rollenwechsel in andere Untergruppen und Gruppenrollentausch in andere Kleingruppen schafft die arbeits-athmosphärische Grundlage für die kleinen Formen lösungsorientierter Psychodramen.

b) Soziodrama als Warming up
Die Anwesenden teilen sich in Kleingruppen auf, besprechen ihre Themen und gestalten eine Szene daraus (z.B. nach längerer Abwesenheit). Diese werden nacheinander vorgestellt und durch Gruppenrollentausch (im Uhrzeigersinn) von allen anwesenden Gruppen nachgespielt. Danach erfolgt der mündliche Austausch im gemeinsamen Kreis.
Die Gruppe startet hier mit Aktionen. Durch die Bewegung und das Miteinander kommt viel Energie auf. Der Gruppenrollentausch hat viel Situationskomik und lädt zu Lachen und Heiterkeit ein, gleichwohl bringt das play back (nicht zu verwechseln mit dem Playback Theater, siehe oben) auch Vertiefungen, Pointierungen und Verfremdungen hervor, die neugierig auf das Erlebte dahinter machen. Die Gruppe wird aufmerksam und arbeitsbereit. Das wird sich schon in der anschließenden Feedback-Runde zeigen, in der auch Platz ist für die eigenen Themen.

c) Soziodrama als politische Bühne
Offene oder verdeckte Aggressivität, Feindseligkeit, Ablehnung oder dergleichen mehr stellen Fachleute immer wieder vor neue Herausforderungen (Geisler & Görmar 1996). In diesem Seminartyp können Fachleute neue Einsichten und Eingriffe zu schwierigen gesellschaftlichen oder strittigen Themen entwickeln.

d) Soziodrama als „Lebendige Zeitung" (Moreno)
Eine politische Situation, ein gesellschaftlich relevantes Thema wird in einem größeren Kreis bis ca. 200 Personen in vorher festgelegten Rollen an Personen und Kleingruppen verteilt. Texte aus der Zeitung und/oder literarische Texte stehen zur Verfügung. Nach dem szenischen Spiel wird der Prozess reflektiert, die Komplexität des

Themas freigesetzt und die neuen Möglichkeiten auf dem Flipchart festgehalten. In dieser Kategorie hat Klaus Ottomeyer viele interessante Ideen ausprobiert (Ottomeyer 1992, S. 53–61). Diese Form eignet sich auch hervorragend für Unterrichtsstoffe (siehe oben Freudenreich/Sperth).

e) Bibliodrama in soziodramatischer Inszenierung
beschreibt der Norweger Theologe Martti Lindqvist als the cosmic circus (1994). In seiner Soziodramagruppe (9 stud. theol.) kam nach einem Gottesdienst die Frage um Himmel und Hölle auf. Man diskutiere aus zwei gegensätzlichen Positionen: Die meisten lehnten eine Hölle nach dem Tod als eine veraltete theologische Position ab. Aber was war die mehr unbewusste innere Haltung dazu? Lindqvist bot drei Möglichkeiten an (sociometric triangle), Position zu beziehen und sich in drei Ecken des Raumes zu verteilen: ewige Trennung von Gott – ewige Verdammnis durch Gott – Hölle hat keine Bedeutung für Leben und Tod. Niemand bewegte sich an den Ort „ewiger Verdammnis", aber einige blieben in der Mitte des Raumes. Eine Studierende bekannte von diesem Platz aus, dass sie zwar denkt, die ganze Frage sei irrelevant, aber ihre Befürchtungen zögen sie zum Platz der „ewigen Verdammnis" hin. Der Trainer entwickelte daraus zunächst ein Spiel zwischen Gottvater, der Hölle und der jungen Frau. Für die beiden neuen Positionen wählte sie je einen Mitspieler. Es folgte eine kurze Spielphase. Dann kamen die Zuschauenden wieder ins Spiel: Sie hatten den menschliche Kopf zu besetzen. Im gemeinsamen Spiel agierten sie die unterschiedlichen Positionen des menschlichen Denkens, Erinnerns und Fühlens. Die Studierende meinte dazu: „It wonders wether a man has the right to condemn another man."
Wie sich in der Auswertung zeigte, hatte die Gruppe die Ebene erreicht, auf der die existentiellen Fragen differenziert und realistische von allen als junge denkende und fühlende Menschen von heute spielerisch ausgetauscht werden konnten: „Sociodrama opened my eyes to see things in different light. Our thoughts about God are usually too clean and sterile, too distinct from the real world.", war eine der Rückmeldungen.
Diese Inszenierung im Wechsel zwischen der ganzen Gruppe, einer expliziten Trägerin des Themas als Protagonistin, aus deren Arbeit heraus dann wieder die ganze Gruppe einbezogen wird, kann in vielen existentiellen Fragen angewandt werden, wenn das Setting das psychotherapeutische Psychodrama ausdrücklich ausschließt. Es ist eine weitere Form, wie die Leitung das gemeinsame Anliegen in der Gruppe hält, statt daraus eine hier unangebrachte vertiefende Einzelarbeit zu kreieren.
Ich diskutiere an dieser Stelle nicht die theologischen Aspekte dieses Bibliodramas, sondern das immanente emanzipatorische Element des Soziodramas. Es hat die wichtigste Funktion auch in dem Bemühen um unsere religiösen Fragen, nämlich die eigene Position im Chor der anderen aus den überkommenen Botschaften und Erfahrungen mit dem eigenen Wissen, Wollen und Handeln in Einklang zu bringen (Geisler, ^{2}1998, S. 34–35).

8. Schlussbemerkungen

Das Soziodrama ist als Verfahren wie als Arrangement in vielen Bereichen einsetzbar. Es eignet sich mit seinen Wandlungs- und Variationsmöglichkeiten für Menschen in allen Altersgruppen und in vielen Settings. Nur Interessierte müssen vorhanden sein, die sich miteinander zur Verfügung stellen. Das Soziodrama will nach seinem Erfinder heilen ohne Einzeldiagnose und Abrechnungsverfahren (B. Müller 1991). Es will die soziale Wirklichkeit zum Ausgangspunkt nehmen und die Möglichkeiten der Verständigung zwischen unterschiedlichen Gruppen pflegen und verbessern hin zu mehr Lebenskraft, Gestaltungswillen und Lebensfreude.

Literatur

Blattner, Adam: Psychodrama: The State of the Art. In: The Arts Seite 24. In: Psychotherapie, Vol. 24, No. 1, Printet in the USA, pp. 23–30.

Boal, Augusto (²1989): Theater der Unterdrückten. Frankfurt: Suhrkamp.

Buer, Ferdinand (1999): Lehrbuch der Supervision, Der pragmatisch-psychodramatische Weg zur Qualitätsverbesserung professionellen Handelns. Münster: Votum.

Burmeister, J. (1999,1): Zwischen Kulturen und Welten: Die erste Sommerakademie des DAGG in Granada, Epilog. In: Matrix, Hg. DAGG Kassel.

Feldhendler, Daniel (1992): Psychodrama und Theater der Unterdrückten. Frankfurt: Wilfried Nold.

Fox, Jonathan (1996): Renaissance einer alten Tradition, Playback Theater. Köln: inScenario Verlag.

Freudenreich, Dorothea/Sperth, Fritz (1994): Stundenblätter Rollenspiele im Literaturunterricht, Sekundarstufe I, Stundenblätter Deutsch. Stuttgart/Dresden: Ernst Klett Verlag für Wissen und Bildung.

Geisler, Friedel, Tojolabales (1998):Gebräuche zu Gesetzen gemacht. In: Das Wort in der Welt, 19981/ Nr.5–Oktober, Missionswerk Hamburg, Seite 5–7

Geisler, Friedel und Görmar, Frank (1996): Der Rollentausch mit dem Feind, Morenos Soziodrama zum Thema Gewalt und Rechtsradikalismus In: Jahrbuch für Psychodrama psychosoziale Praxis & Gesellschaftspolitik, Ferdinand Buer (Hg.). Opladen: Leske + Budrich, S. 9–26

Geisler, Friedel (²1998): Morenos Wurzeln in der jüdischen Tradition, Skripten zum Psychodrama-Band 9. Stuttgart: Moreno Institut.

Geisler, Friedel (³1999): Judentum und Psychodrama, Eine Einführung in ihre kultur- und ideengeschichtlichen Kontexte. In: Buer, Ferdinand (Hg.): Morenos therapeutische Philosophie, S. 69.

Gellert, Manfred (1993): Lebendige Soziometrie in Gruppen. In: Bosselmann, Rainer u.a., (Hg.), Variationen des Psychodramas, Verlag Christa Limmer, Kiel

Gellert, Manfred, Klein, Ulf (1994): Soziometrie: Mehr als eine Standortbestimmung, Im Gespräch mit Klein, Ulf. In: Psychodrama 2/94, Soziometrie; Hg. Klein, U.. Köln: inSzenario. S. 239–258

Klein, U. (1994): Einführung . In: Klein, U., Psychodrama 2/94, Soziometrie. Köln: inSzenario. S. 161f.

Lenkersdorf, Carlos (1999): Die Natur und das „Wir". In Bennhold-Thomsen, Veronika u.a. (Hg.): Das Subsistenzhandbuch, Widerstandskulturen in Europa, Asien und Lateinamerika. Wien: Promedia Druck- und Verlagsgesellschaft m.b.H. S. 74–83.

Leutz, Grete (1974): Psychodrama. Berlin/Heidelberg/New York.

Lindqvist, Martti (1994): Religion and the spirit., In: Holmes, Paul u.a. (Hg.): Psychodrama since Moreno. London/New York, S. 191–209.

Mädche, Flavia (1995): Kann Lernen wirklich Freude machen? Der Dialog in der Erziehungskonzeption von Paulo Freire. AG SPAK, München

Marschall, Brigitte (1988) "Ich bin der Mythe", Von der Stegreifbühne zum Psychodrama Jakob Levy Morenos. Wien/Köln/Graz: Böhlau Verlag. S. 38–51

Moreno, Jacob L. (1973): Gruppenpsychotherapie und Psychodrama, Einleitung in die Theorie und Praxis. Stuttgart: Georg Thieme Verlag, S. 1–8.
Moreno, J. L.(1924): Das Stegreiftheater. Ort: Kiepenheuer.
Moreno, J. L.(1982): Soziodrama (1943). In: Petzold, Hilarion & Mathias, Ulrike Hg., Rollenentwicklung und Identität, Paderborn, S. 297–300.
Moreno, Jacob Levi (1978): Die Psychiatrie des Zwanzigsten Jahrhunderts als Funktion der Universalia Zeit, Raum, Realität und Kosmos. In: Petzold, Hilarion (Hg.): Angewandtes Psychodrama. Paderborn: Junfermann, S. 101–112.
Moreno, Jonathan D. (1994): Psychodramatic moral philosophy and ethics. In: Holmes, Paul u.a. (Hg.): Psychodrama since Moreno, London and NewYork. 1994, S. 97 – 111.
Moreno, Jonathan D. (1996): Psychodramaticmoral philosophy and ethics. In: Holmes, Paul u.a. (Hg.): Psychodrama since Moreno. London & New York: Verlag.
Ottomeyer, Klaus (1992): Die Haider-Faszination. In: Psychodrama, Sozialpädagogik 1/1992, Franz Stimmer, Hg. Seite 53–61.
Petzold, Hilarion & Mathias, Ulrike (Hg.) (1984): Rollenentwicklung und Identität, Paderborn: Junfermann.
Schwehm, H. (1994): Soziometrie – Die Methode der Wahl. In: Psychodrama 2/94, Soziometrie. hg. v. Klein, U.. Köln: inSzenario. S. 165–178.
Thorau, Henry (1991): Durch Millionen von Mikrorevolutionen die Makrorevolutionen der Zukunft vorbereiten. Augusto Boals Teatro do Oprimido (Theater der Unterdrückten) und Jacob Levy Moreno. In: Psychodrama 4. Jahrgang, 1.

Klaus Lammers

Kreativitätsförderung und ästhetische Bildung

Kreativität ist direkt nicht zu fördern! Mit dieser Behauptung möchte ich mein in der Überschrift formuliertes Anliegen nicht negieren. Das Vorhaben, andere Menschen, z.B. Schüler im Unterricht, in der Entfaltung ihrer Kreativität zu unterstützen, wird allerdings von zahlreichen Faktoren beeinflusst: individuellen, sozialen, situativen, institutionellen. Mit der Kreativität sollen im Bildungszusammenhang in der Regel eine Entwicklung der Eigenständigkeit und Selbstbestimmung, die Ausprägung der Individualität, also Ziele der Emanzipation angestrebt werden. Wir haben es mit dem pädagogischen Paradox einer Unterstützung von Unabhängigkeit und Mündigkeit zu tun. Kreativität ist dabei kein Selbstzweck. Eine Schwierigkeit liegt deshalb darin, dass eine Bewertung ihrer Produkte zwar unumgänglich ist, sich für ihren Entwicklungsprozess aber sehr hemmend auswirken kann. Kreatives Handeln entfaltet sich nur in einmaligen Situationen, soll aber darüber hinaus für das weitere Leben Geltung erlangen. Dafür müssen im Bildungsprozess günstige Voraussetzungen und Bedingungen geschaffen werden. Meine Behauptung liegt darin, dass beim Einzelnen Kreativität nicht direkt gefördert werden kann. Ausbilden lassen sich immer nur die individuellen Eigenschaften, wie z.B. Flexibilität, Vertrauen und die Fähigkeit zum Perspektivenwechsel, die eine konstruktive Entfaltung von Kreativität ermöglichen.

Hier geht es um die Frage, inwiefern das Psychodrama hilfreiche situative und soziale Bedingungen schaffen und die persönlichen Möglichkeiten im Sinne einer kreativen Entwicklung erweitern kann. Zur Veranschaulichung möchte ich Beispiele wählen, die dem Bereich der ästhetischen Bildung als einem sinnenbetonten Erfahrungslernen entlehnt sind. Die Aufmerksamkeit liegt dabei zum einen auf methodischen Möglichkeiten des Psychodramas als Verfahren, die eine Entwicklung der verschiedenen Faktoren der Kreativität in dem Format der Bildung unterstützen können, zum anderen auf Denkweisen und Interpretationsfolien der psychodramatischen Theorie, die ein spezielles Verständnis der Kreativität und damit auch ihrer Entfaltung beinhalten. Sie verdeutlichen zugleich, was es bedeutet, eine Lernsituation in spezifisch psychodramatischer Weise einzurichten und zu strukturieren, geben Kriterien für Beobachtung und Auswertung eines rollenspielerischen Experiments an die Hand und setzen einzelne Aspekte in den Vordergrund, die bei einer erneuten Durchführung des psychodramatischen Spiels betont und besonders unterstützt werden können.

Ein enges Zusammenspiel von theoretischem Verständnis und praktischem Vorgehen zeigt sich im Psychodrama z.B. im Modus der Anwärmung. Diese Phase ist notwendig, um spontan-kreatives Handeln zu erleichtern. In der Anwärmung werden bereits entscheidende Bahnen geöffnet im Hinblick auf die Richtung der Aufmerksamkeit, auf Vertrauens- und Lustgewinn sowie die inhaltlichen Schwerpunkte eines anschließenden Spielexperiments und die Aktivierung für kreative Prozesse. Eine stärkere Differenzierung der methodischen Vorgehensweisen im Anwärmungsprozess als dies in der Regel in der psychodramatischen Arbeit üblich ist, scheint mir unter dem Anspruch gezielter Förderung sinnvoll. Ähnliches gilt für die Inszenierungstechniken im psychodramatischen Spiel, mit denen Wahrnehmungsprozesse gesteuert und die ästhetische Auseinandersetzung mit spezifischen Inhalten forciert werden können. Einen Ansatz für eine methodische Differenzierung möchte ich zum Abschluss skizzieren.

1. Kreativität: Experiment, Konkretisierung, Verkörperung, Protagonist und Gruppe

Um aus dem Vollen schöpfen zu können, sind, neben der Sensibilität für die Situation, vor allem zwei Dinge erforderlich: Lust und Vertrauen. Der Ansporn, etwas Neues auszuprobieren, etwas Bestehendes zu verändern, kann aus Unzufriedenheit entstehen, aber auch aus dem Verlangen, über die bekannten Konserven, die früher einmal Ergebnis kreativer Prozesse waren, hinaus zu wachsen, aus dem Vergnügen, etwas ganz Eigenes zu schaffen. Moreno definiert Spontaneität, den Katalysator für Kreativität, als „adäquate Reaktion auf eine neue Situation oder als eine neue Reaktion auf eine alte Situation" (1953, S. 336). Die Veranlassung zu kreativem Handeln entsteht dementsprechend aus inneren Bedürfnissen oder äußeren Notwendigkeiten. Spontaneitätsdruck, der durch eine noch nicht bekannte Situation oder das Drängen der Anderen gesteigert wird, kann den Einzelnen aber schnell überfordern. Unsicherheit oder die Angst davor, für die eigene Schöpfung nicht gewürdigt, vielleicht sogar ausgelacht oder beschimpft, mit seinem Produkt auch selbst abgewertet zu werden, erweist sich als der größte Hemmschuh für kreatives Tun. Dieses ist eingebettet in einen komplexen Zusammenhang aus kognitiven, motorischen und sinnlichen (perzeptiven) Fähigkeiten, der Frage nach der psychischen Stabilität und dem Selbstwertgefühl sowie aus bisherigen Erfahrungen im Umgang mit Krisen und Veränderung. Die Entscheidung, sich auf die eigene Spontaneität einzulassen, beinhaltet immer auch Verzicht, bedeutet den Verlust von Sicherheit, die Einbuße bekannter, verlässlicher Strukturen, die die eigene Identität ausmachen.
Um die damit einhergehende Krise meistern zu können, wird in der psychodramatischen Arbeit so großer Wert auf die Erwärmung gelegt. Sie soll nicht nur Lust, Leidenschaft und Aktionshunger wecken, sondern sollte immer auch die Möglichkeit geben, die Anderen wahrzunehmen, sich selbst in der Gruppe zu erleben, mit Aktionen und Reaktionen zu spielen. Dies ist der Platz, um die eigene Bereitschaft, sich zu

öffnen, wahrzunehmen und wenn möglich zu erweitern, aber auch, um die Solidarität und Gegenseitigkeit in der Gruppe testen zu können. Wer eine Erwärmung vernachlässigt oder sogar vergisst und direkt in ein bedeutsameres Rollenspiel einsteigt, braucht sich über fehlende Spontaneität und Kreativität bei den AkteurInnen nicht zu wundern. Viele Erwärmungen gründen im Psychodrama auf Improvisation und Stegreifspiel. Im Sinne eines Kreativitätstrainings, in dem es zunächst darauf ankommt, alle Entwicklungen einer Szene und Lösungen einer Situation, eines Problems wert zu schätzen, muss hier auch ein Platz sein für die Lust am Unsinn, für das Spiel mit Typischem genauso wie mit Skurrilem oder scheinbar Irrealem, mit unkonventionellen Kommunikationsmöglichkeiten und phantasievollen Kontakten, sei es mit Nasenspitze oder Ellenbogen. Eine Erweiterung der Stegreifkompetenz und des Rollenrepertoires bildet eine gute Grundlage für kreatives Handeln.
Kreativität ist immer zugleich Ressource und Ziel. Förderung in diesem Bereich bedeutet zum einen Befreiung, nämlich des individuellen Potentials, vor allem durch vertrauensstärkende Maßnahmen, und zum anderen Übung, nämlich darin, die spontanen Impulse und Einfälle in eine Form bringen zu können, ihre Brauchbarkeit zu erproben. Wo es um Bildung oder Unterricht geht, wird die Dialektik einer angestrebten Kreativitätsförderung besonders deutlich: Der Leistungsdruck muss deutlich herabgesetzt werden – gefordert ist mit der Kreativität aber zugleich das Besondere, das Schwierigste, das Neue und Originelle. Eine unbedingte Wertschätzung jeder Äußerung und jedes Ausdrucks ist erforderlich – fördern heißt aber gleichzeitig auch fordern können, auswählen, anregen, zur Entwicklung antreiben.
Das Psychodrama setzt zu diesem Zweck auf das spielerische Experiment. Die Bühne bietet mit der Surplus-Realität ein Forum, in dem mehr möglich ist als im Alltag und die Ebene der inneren Realität, der Phantasie eine besondere Bedeutung erlangen kann. Der Antrieb entsteht durch das Spiel selbst. Die Mitspieler fordern Reaktionen heraus. Die Brauchbarkeit einer neuen Kreation erweist sich meist sehr schnell in ihrer Wirkung auf die Anderen. Im Sinne eines von Moreno favorisierten Spontaneitätstrainings können Überraschungsmomente und neue Bezüge, mit denen die Spieler konfrontiert werden, im Spiel fein abgestimmt variiert werden. Im Experiment geht es allerdings nicht um Spontaneität um jeden Preis. Kreative Lösungen sind optimalerweise einerseits gekennzeichnet durch Neuartigkeit und Originalität, andererseits aber ebenso durch Angemessenheit. Sie müssen den Anforderungen eines bestimmten Handlungszusammenhangs entsprechen. Zu bedenken ist, dass „Kreativität allein – ohne einen Maßstab, ohne Einigung auf und Anstrengung für das, was in der abendländischen Tradition das gute Leben heißt – keinen Sinn hat. Ja, wir müssten sie fürchten, also als ‚fürchterlich' hinstellen, wenn sie sich als Ziel verselbständigte." (Hentig 1998, S. 11)
Was die Bewertung von Kreativität anbelangt, so lässt sich beim Faktor der Originalität unterscheiden, für wen das kreative Produkt tatsächlich neuartig sein muss. Im Rahmen persönlicher Bildung stehen nicht die gesellschaftliche Relevanz einer Idee,

sondern zunächst der individuelle Neuigkeitswert und das spontane Erleben im Vordergrund. Ob eine kreative Lösung angemessen erscheint, entscheiden in einem weiteren Schritt nach dem Prinzip der Aktionsforschung die von der Situation Betroffenen, im Psychodrama also die MitspielerInnen und der Leiter. „Der pragmatischen Folgenabschätzung, die durch die Realitätsprobe operationalisiert werden kann, ist in der psychodramatischen Tradition das Herausfordern des spontanen Engagements vorgeschaltet." (Buer 1999, S. 70) Kriterium für die Beurteilung eines kreativen Produkts ist die Verbesserung der sozialen Lage sowie des eigenen Handelns. Um nicht als bloßer Zufall stehen zu bleiben, verlangt die Erstmaligkeit der Kreation nach Bestätigung. (Schacht 1992, S. 106) Steht zu Beginn des kreativen Aktes der spontane Impuls, so steht am Ende eine Festigung, die auch soziale Akzeptanz erfordert. Eine prozess- und eine produktorientierte Betrachtungsweise von Kreativität müssen sich nicht widersprechen.
Mit dem experimentellen Bühnenspiel bietet das psychodramatische Vorgehen eine Untersützung für kreative Veränderung. Es entspricht damit dem Primat der ästhetischen Bildung, die auf die sinnliche Wahrnehmung als zentralen Erkenntnisprozess und Ausgangspunkt für Auseinandersetzung setzt. Die Kreativitätsforschung hat im vergangenen Jahrhundert durchaus andere Akzente gesetzt. Auch wenn man inzwischen davon abgekommen ist, das kreative Potential einer Person in einem Quotienten, ähnlich der Intelligenz, messen zu wollen, ist der Mainstream zur Kreativitätsforschung doch eher einer kognitiv-rationalen als einer sinnlich-experimentellen Ausrichtung gefolgt. Dies zeigt sich etwa an der Strukturierung des kreativen Prozesses in Präparation, Inkubation, Illumination, und Verifikation, die, seit der Psychologe Graham Wallas 1926 diese Stadien benannt hat, dominierend geblieben ist. (Kruse 1997, S. 19) Einer vornehmlich rationalen Orientierung entsprechen auch die populär gewordenen Kreativitätstechniken wie spezielle Analyse- oder Syntheseverfahren, Checklisten, laterales oder divergentes Denken und allen voran das Brainstorming, welches das Organ, das am meisten beansprucht wird, im Namen trägt.
Das Psychodrama folgt dem Prinzip der Konkretisierung. Als Ansatzpunkt für kreative Veränderung sind daher auch körperliches Erleben und sinnliche Impulse von Interesse. Konkretisierung bedeutet die Übersetzung der inneren Welt (Überzeugungen, Denk- und Erlebnisweisen, Deutungen und Vermutungen etc.) in sinnliche Erlebnismöglichkeiten. Insbesondere Aussagen mit metaphorisch-symbolischen Gehalten werden auf der Bühne in konkrete Situationen umgewandelt. Eine Inszenierung von Sprichworten oder Redensarten lässt sich auch für eine improvisatorische Anwärmung nutzen. (Gellert 1993) Die Umwandlung selbst verlangt bereits nach kreativem Bemühen. Entscheidend ist bei der Konkretisierung aber vor allem die Erfahrung für die Mitspieler, mit Aussagen und ‚Wahrheiten' spielen zu können, mit kleinen oder größeren Varianten zu experimentieren und sich damit weitere Wege der Erkenntnisgewinnung zu erschließen. Bei der Sensibilisierung für eine Problemlage, wie sie zu Beginn jedes kreativen Prozesses erforderlich ist, werden durch die Kon-

kretisierung der sinnlichen Wahrnehmung mehr Möglichkeiten geboten, so dass dann auch einer kognitiven Analyse mehr Material zu Verfügung steht.
Das Psychodrama folgt darüber hinaus dem Prinzip der Verkörperung. Eine typische Anweisung lautet deshalb nicht: ‚Erzähle über...', sondern statt dessen: ‚Sei...' oder ‚Spiele...'. In der Aktionssoziometrie beinhaltet dies das Prinzip der ‚Stellung-Nahme'. Eine inhaltliche Position, die Wahl eines Themas oder eines Mitspielers wird durch die Einnahme einer bestimmten Position im Raum, die Einstellung zu etwas durch eine körperliche Stellung (evtl. mit Gestus) verdeutlicht. In allen Methoden des psychodramatischen Ansatzes kommt das Prinzip der Verkörperung zur Geltung. Neben dem Empfinden des eigenen Körpers und seiner Impulse durch den einzelnen Spieler enthält dieses Prinzip drei nach außen hin sichtbare Arbeitskomponenten:
1. Die Haltung: Sie ist vom Gemütszustand der Person und ihrer Identifikation geprägt, vermittelt ein Bild von Anstrengung oder Vergnügen und verdeutlicht eine Ausrichtung möglicher Dynamik. In der Haltung kommen zurückliegende Erfahrungen, gegenwärtige Impulse und Bestrebungen sowie das Potential für zukünftiges Gestalten zum Ausdruck. Für die Arbeit mit Standbildern ist diese Komponente von besonderer Bedeutung.
2. Die Bewegung: Sie verdeutlicht die Dynamik einer Person, begleitet ihre Handlungen und Interaktionen, gibt einen Eindruck vom Verhältnis zwischen Aktivität und Passivität, veranschaulicht die Geschwindigkeit.
3. Die Position: Sie zeigt Nähe oder Abstand zu etwas oder jemandem und ist insbesondere dann relevant, wenn es um die Beziehungen und die soziale Konstellation geht.
Beim Psychodrama arbeiten in der Regel mehrere Beteiligte zusammen. Im Zusammenhang mit einer Entfaltung von Kreativität wird die Bedeutung der Gruppe häufig unterschätzt. Sie gilt bei den klassischen Kreativitätstechniken (Brainstorming etc.) eher als quantitativer Verstärker, denn als qualitativer Faktor, nach dem Motto: je mehr Teilnehmer, um so umfangreicher die Materialgewinnung. Im psychodramatischen Rollenspiel ist die Auseinandersetzung mit einem Thema oder Problem immer eingebettet in die Interaktion der TeilnehmerInnen, die auf ganz spezifische Weise handeln und einen einmaligen szenischen Bezug schaffen. Kreative Aktion ist deshalb abhängig von der Kooperation der TeilnehmerInnen. Als Gestaltungsexperiment kann etwa ein Stegreifspiel nur dann zufriedenstellend gelingen, wenn alle MitspielerInnen eine Balance finden zwischen kreativer Neuschöpfung aufgrund spontaner Impulse und der Anpassung an das Spiel der Anderen. Produzieren sich die Einzelnen ausschließlich nach ihren eigenen Vorstellungen, entsteht lediglich ein unzusammenhängendes Chaos. Orientieren sich die MitspielerInnen nur an Vorgaben, Klischees und Rollenerwartungen stagniert das Spiel ohne Überraschungsmomente und wird schnell langweilig.
Um für den Einzelnen die kreativen Möglichkeiten zu erhöhen, wurde im Psychodrama eine Rollenverteilung geschaffen, bei der alle einen Spieler unterstützen, der an

erster Stelle, also als Protagonist handeln kann. Im pädagogischen Bildungszusammenhang sollte der Protagonistenstatus flexibler gehandhabt werden als dies z.B. in der therapeutischen Arbeit mit dem Psychodrama üblich ist, da hier zumeist die Probleme einer Person im Mittelpunkt stehen. Der Part eines bestimmenden Spielers kann in Abständen von wenigen Minuten wechseln und alternierend jedem Beteiligten zukommen. Um eine bessere Abstimmung zu gewährleisten muss er allerdings, z.B. durch Ansage des Leiters, gekennzeichnet sein. Kreative Entwicklungen werden durch mehrfachen Wechsel des Protagonistenstatus auch deshalb gefördert, weil die szenischen, auf ein einzelnes Problem ausgerichteten Interaktionen so aus wechselnder Perspektive bestimmt werden und andere Empfindungen, Wahrnehmungen, Interessen, Ideen eine entscheidende Rolle spielen.

2. Ästhetische Erfahrungen: Bild und Szene

Ein Ort, um die Entfaltung von Kreativität zu fördern, kann der Kunstunterricht in der Schule sein. Allerdings erschöpft sich der Anspruch an ästhetische Bildung nicht in der unterrichtsfachbezogenen Arbeit. Mit der Ästhetik als Wissenschaft stellt sich die Frage nach der Erkenntnis durch sinnliche Wahrnehmung. Empfindungen, subjektive Eindrücke und die Lehre des Gefühls wurden von Alexander G. Baumgarten (1714-1762), dem Begründer der Ästhetik als philosophischer Disziplin, als Instrumente der Erkenntnis gleichrangig neben die Vernunft gestellt. „Die frühzeitig einsetzende Verkürzung auf eine Philosophie der Schönheit oder Kunst, war und ist für eine wirkungsvolle Verbindung von Ästhetik und Pädagogik fatal." (Kern 1997, S.93) Ästhetische Bildung entspricht im weitesten Sinne immer sinnlichem Erfahrungslernen. Damit werden zugleich die individuellen Besonderheiten der Wahrnehmung angesprochen und neben einer kognitiven Ausrichtung eine leiborientierte Beschäftigung und Problemlösung favorisiert.
Lerninhalt ist eine Auseinandersetzung mit den Erscheinungsweisen der Welt im Allgemeinen sowie mit ästhetischen Vorgaben, Normen und (medialen) Botschaften im Besonderen, gegenüber denen sich das Subjekt behaupten muss. Neben dem Verständnis von ästhetischen Prozessen ist das Individuum insbesondere angewiesen auf seine Fähigkeiten zu Kritik und Innovation sowie den eigenen Möglichkeiten zum Ausdruck der inneren Realität. „Ästhetische Kommunikationsfähigkeit stellt so das Leit- und Annäherungsziel der ästhetischen Erziehung dar." (Richter-Reichenbach 1992, S. 100) Eine sinnlich-konkrete, aktiv gestaltende Form der Auseinandersetzung steht im Dienst einer Sensibilisierung und direkten Einflussnahme auf die Realität zur Steigerung personaler Identität und Autonomie. Im Sinne des kreativen Fortschritts der Person versteht sich „Emanzipation als permanente Selbstentfaltung." (Kobbert 1994, S. 53)
Die rollenspielerische Aktivität im Psychodrama ermöglicht eine enge Verbindung

ästhetisch rezeptiver wie produktiver Kommunikationsprozesse. Dies wird deutlich in dem Beispiel einer psychodramatischen Form der Bildbetrachtung und -analyse. In dramatisches Handeln umgesetzt werden können eigene Bildproduktionen, um ein perspektivenreicheres Verständnis zu gewinnen oder als Ausgangspunkt für weitere Veränderungen, sowie Werke bekannter Maler der Kunstgeschichte oder öffentlich gemachte Bildbotschaften, etwa aus dem Bereich der Werbung. Obwohl sich abstrakte, ungegenständliche Bilder für eine dramatische Auseinandersetzung grundsätzlich eignen, sollten, insbesondere wenn die Teilnehmer noch über wenig Übung im Rollenspiel verfügen, zunächst Gemälde mit einem szenischen Gehalt gewählt werden, in denen verschiedene Personen in einer Situation dargestellt sind.

Für eine Umsetzung des Bildgehaltes in dramatisches Geschehen kann zunächst sämtliche erreichbare Hintergrundinformation über ein Gemälde eingeholt werden: Wissenswertes über die Zeitumstände, den Maler, die Objekte und Personen im Bild, deren Kleidung sowie bisherige Interpretationen von Kunstexperten. Auf dieser Basis lässt sich dann eine Inszenierung in einem fächerübergreifenden Projekt umfassend vorbereiten mit Bühnenbild, Kostümierung und fertig entwickelten Dialogen. Mit dem Bild wird so ein Stück Zeitgeschichte erschlossen. Eine psychodramatische Erarbeitung legt allerdings eher eine phänomenologische Herangehensweise nahe, die mehr Freiraum für spontane, persönliche Impulse der MitspielerInnen lässt, welche von augenblicklichen Belangen und Interessen geprägt sind. Eine kreative Erweiterung des Bildstoffes wird dann wahrscheinlich, die in vielfältige Richtungen führen und neue Aspekte zutage fördern kann, die bisher keine sichtbare Rolle spielten. Ausgangspunkt für stegreifspielerische Experimente ist zunächst ein Standbild, in das die zentralen Elemente und Personen des Gemäldes übertragen werden. In der Verkörperung erkunden die Darsteller zunächst, welche Eindrücke und Empfindungen sich aus der Haltung der Einzelnen, ihrer Position im Raum und zueinander ergeben.

Nehmen wir als Beispiel das Gemälde „Das Frühstück im Atelier" (1868) von Édouard Manet (vgl. Ausschnitt des Gemäldes auf der Titelseite). In einem Raum, der sich nicht ohne weiteres als Atelier erkennen lässt, sind drei Personen um einen gedeckten Tisch gruppiert, die, obwohl relativ nah beieinander, aufgrund ihrer Haltung kaum einen Bezug zueinander aufweisen. Rücklings zu den beiden anderen Figuren steht im Bildvordergrund ein junger Mann locker an den Tisch gelehnt und schaut am Betrachter vorbei in die Ferne. Von hinten links nähert sich eine Frau dem Tisch mit einer Kanne in den Händen, zugleich, leicht verträumt wie alle drei Gestalten, in eine andere Richtung blickend. Am Bildrand rechts sitzt hinter dem Tisch ein Mann mit Vollbart und Zylinder, raucht Zigarre und scheint, ähnlich wie der Jüngling im Vordergrund, eher zum Ausgehen als zum Frühstücken angekleidet zu sein. Neben den drei menschlichen Figuren und dem Tisch fallen am linken Bildrand vor allem eine dunkle Katze zu Füßen der Frau ins Auge, eine hohe Pflanze in einem dekorativen Übertopf, erhöht stehend, sowie altertümliche Waffen, Helm und Schwerter.

Zu diesem Bild liegen viele Interpretationen vor, die Personen sind eindeutig identifiziert, und Röntgenaufnahmen haben verraten, dass unter den endgültigen Farbschichten tatsächlich das Gemälde ursprünglich als Wiedergabe eines Ateliers entstand. Exakte Hintergrundinformationen können einen bildhaften Eindruck und dessen Erweiterung durch Rollenspiel aber unnötig einengen. Ein gemaltes Bild und eine gespielte Szene entsprechen sich in einer präsentativen Form der Symbolik (Langer 1987, Frankl 1992), die alle Elemente in ihrer Gleichzeitigkeit und in ihren Beziehungen aufzeigt. In ihrem Verständnis basiert die präsentative Symbolik auf konkreten Erfahrungen und sinnlichen Eindrücken. Im psychodramatischen Spiel zu einer Bilderkundung sind deshalb die körperlichen Empfindungen der Ausgangspunkt. Um den Haltungen der Figuren des Gemäldes zu entsprechen sollten sich die Darsteller von Beobachtern unterstützen lassen, die das Standbild mit dem Original vergleichen, Anweisungen für Veränderungen geben und evtl. als Modelleure die Feinheiten formen helfen. Von der konkreten Erfahrung auszugehen bedeutet dann für die SpielerInnen, sich selbst als Person und ihren eigenen Körper in der gegebenen Situation möglichst genau wahrzunehmen.
Die Sensibilisierung für die hier und jetzt bestehenden Bedingungen ist eine Voraussetzung für kreative Entfaltung. Der Leiter kann die Wahrnehmung unterstützen, indem er die Aufmerksamkeit auf einzelne Körperteile lenkt, z.B. auf die Beine und Füße oder die Unterschiede zwischen rechter und linker Hand, die Empfindungen des Leibes oder die Stellung des Kopfes. Um zunächst vielleicht noch zarte Bewegungsimpulse zu aktivieren, kann die Haltung in bestimmten Aspekten maximiert werden. Aus der Steigerung erwachsen vielleicht kleine Bewegungen eines Körperteils, dem der Spieler eine Stimme verleiht. (Lammers 1998, S. 96) Häufig verdeutlicht sich so ein unmittelbares, aus dem Moment und dem Körperempfinden geborenes Anliegen und einer kommenden Aktion wird dadurch eine Richtung gegeben. Zu diesem Zweck ist es meist ebenso hilfreich, die Aufmerksamkeit auf den Blick der Figuren zu richten. Das beschriebene Bild von Manet, in dem niemand den Anderen ansieht, legt dies besonders nahe. Der Blick macht die Selektion der Wahrnehmung, die das eine sieht und dafür so vieles vernachlässigt, besonders deutlich. Mit der Frage, worauf die Konzentration gerichtet ist, verbindet sich auch ein Blick nach innen, die Imagination möglicher Eindrücke und Bilder. Aus einer gezielten Variation einzelner Details der Körperhaltung lassen sich Handlungsimpulse aus den veränderten Empfindungen ableiten.
Für die Entwicklung von Interaktionen aus dem Stegreif kann mit verschiedenen Ideen experimentiert werden, um zu sehen, wie sich Kontakte gestalten lassen. Die vorübergehende Zuweisung des Protagonistenstatus bedeutet für einen einzelnen Spieler, seinen Rollenentwürfen besser folgen zu können, weil ihn die anderen Darsteller als Hilfs-Ich in seinen Interpretationen mit entsprechenden Reaktionen unterstützen. Der psychodramatische Rollentausch ermöglicht den MitspielerInnen einen Perspektivenwechsel, also die Wahrnehmung der Szene aus einer anderen Blickrich-

tung. Im spielerischen Experiment können dann auch Tiere, Gegenstände oder Landschaftselemente durch Darsteller belebt werden, bis hin zu Farbstimmungen oder atmosphärischen Eindrücken, die in einer eigenen Rolle verkörpert werden. Ihr Einfluss auf die handelnden Personen, ihre Funktion innerhalb der Beziehungen, z.B. als trennende oder verbindende Elemente (Zaun, Weg) oder als Kontakt nach draußen (Tor, Fenster), ihre einzigartige Position mitten im Geschehen oder eher überblickend am Rand vermitteln wertvolle Erkenntnisse und treiben mit neuen Impulsen die Handlung voran. Den TeilnehmerInnen vermittelt sich die Erfahrung, dass der Vielfalt der Perspektiven kaum Grenzen gesetzt sind. Kreativität wird gefördert durch eine Steigerung der Variabilität im Ausdruck und einer zunehmenden Beweglichkeit und schnellen Anpassung an neue Bedingungen.

Die Vorgehensweise, auch nicht lebende Elemente einer Szene durch MitspielerInnen zu verkörpern, orientiert sich an der psychodramatischen Arbeit mit Träumen, bei der besonderer Wert darauf gelegt wird, zentrale Elemente lebendig werden zu lassen. Man nimmt an, dass jeder Bestandteil als Komponente des Traums und damit für die Person des Träumers Bedeutung hat. Im Sinne einer Kreativitätsförderung sensibilisiert dieses konsequente Prinzip der Verkörperung die Wahrnehmung einer Vielzahl möglicher Bezüge, aus deren Dynamik eine Veränderung hervorgehen kann. Eine kognitive Analyse der Details, Funktionen und Attribute wird spielerisch durch sinnliche Erfahrungsmöglichkeiten erweitert. Sie steigern die Sensibilität für die gesamte Situation und vor allem für die Möglichkeit, durch die Änderung einer Komponente das Ganze neu zu gestalten. In dem Bild ‚Das Frühstück im Atelier' hat vielleicht das Grau einen nicht zu unterschätzenden Einfluss. Es dominiert den Hintergrund des Gemäldes und macht die vorhandenen Fenster durch einen dichten Schleier nahezu undurchsichtig. Damit konzentriert sich das Geschehen auf das Innere des Raumes und erhöht sich die Faszination für den Blick der Figuren, für die Frage, wohin sie eigentlich schauen.

In vielen Bildern von van Gogh wäre sicherlich der Farbbewegung besondere Aufmerksamkeit zu widmen, den Strömen und Wirbeln eine eigene Rolle zu verleihen. Mit zunehmender Übung lassen sich auch ungegenständliche Bilder verkörpern. Im Unterschied zur Sprache ist ein Bild niemals wirklich abstrakt. (Gombrich 1984, S. 136) Eine gesetzte Farbe hat immer eine konkrete Position, Größe, Form, Volumen und einzigartige Schattierungen und Nuancen. Die Lernziele, den Gehalt eines Gemäldes tatsächlich tiefergehend zu erkunden oder es einfach als Ausgangspunkt für eigenes Spiel und kreative Entfaltung zu nehmen, können unterschiedlich gewichtet werden. Ich möchte hier die Kreativität in den Vordergrund rücken. Dementsprechend kann die psychodramatische Aktion auch vom Bild weg bewegt werden, etwa durch die Aufforderung, das Geschehen in einer speziellen Gattung, als Tragödie, Thriller, Science Fiction, Krimi oder Lustspiel fortzuführen. Es werden alternative Kommunikationsformen eingeführt, z.B. durch Laute oder Gesten oder die Beziehungen der Personen, ihre Handlungsmotive, der gemeinsame Ort werden neu definiert.

3. Das Spiel als Instrument der Bildung

Anlässe für psychodramatische Spiele als experimentelles Theater können neben dem beschriebenen Beispiel der Bildbetrachtung auch aus anderen Medien des täglichen Lebens hervorgehen. Themen werden etwa aus der Presse entnommen und ‚Die lebendige Zeitung' gespielt (Fangauf 1999, S. 101), Fernsehbotschaften oder ein Werbespot dienen als Ausgangsmaterial. Die Lektüre von Zeitschriften bietet reichhaltiges Material, um sich im psychodramatischen Spiel z.B. mit Kultfiguren auseinander zu setzen (Lammers 1998, S. 185), die insbesondere in der ästhetischen Welt Jugendlicher einen hohen Stellenwert einnehmen und Identifikationsmöglichkeiten liefern. Bei allzu großer Zweckgebundenheit ist allerdings Vorsicht geboten. Das Typische des psychodramatischen Vorgehens macht es aus, dass die MitspielerInnen auch eigene Anteile und Geschichten einbringen können. Sie erweitern das vorgegebene Thema um ihr persönliches Denken und Handeln wie ihre einzigartigen Ideen. Auf der psychodramatischen Bühne treffen sie auf die Vorhaben und Anliegen der Anderen, und der Versuch der Vermittlung ist zugleich ein Ringen um Rollenflexibilität und Rollendistanz sowie um Selbstbewusstsein und um das Vertrauen in die eigene Spontaneität. Ob und wie das gelingt, können nur die MitspielerInnen selbst beurteilen. Psychodramatisches Prinzip ist es deshalb auch, dass alle Beteiligten über den Gewinn des Unternehmens entscheiden.

Wer das Spiel als methodisches Hilfsmittel etwa im Unterricht gezielt einsetzt, muss sich vor Augen führen, dass er sich damit auf ein dialektisches Spannungsfeld einlässt zwischen einer immer wieder postulierten Zweckfreiheit des Spielerischen und einer nicht zu umgehenden Instrumentalisierung. Im Prozess der Sozialisation übernimmt das Spiel eine Reihe von Aufgaben, bietet die Möglichkeit für Probehandlungen und das Sammeln sozialer Erfahrungen, fördert Selbst- und Fremdwahrnehmung, körperliche Geschicklichkeit und eine intelligente Auseinandersetzung mit der Umwelt. Es ermöglicht in krisenhaften Situationen eine Problemdarstellung und -verarbeitung und darüber hinaus, sich in regulative Systeme einzufinden und diese mitzugestalten. (Krappmann 1983, S. 80) Führt man sich diese vielfältigen Funktionen vor Augen, verbunden mit einer Steigerung der Motivation und Eigenaktivität, kann es kaum überraschen, dass das Spiel als hilfreiches Instrument in Bildung und Erziehung gerne genutzt wird. Eine übertriebene Instrumentalisierung verringert allerdings den tatsächlichen Spielraum und selbstbestimmte Handlungsmöglichkeiten. Die Freude an der freien Entfaltung und an der spontanen Idee, das Vergnügen am nicht zweckgerichteten Tun und die Lust am Experimentieren gehen verloren.

Mehrdeutigkeit und Offenheit des Ablaufs sind wesentliche Kriterien des Spiels. Das Vorhaben entzieht sich einer absoluten Kontrolle, ist nicht bis ins Letzte planbar. Überraschende Entwicklungen, spontane Wendungen und ein hohes Maß an Selbstbestimmung machen den Reiz aus. Zum Ausgleich dieser freiheitlichen Dimension besteht bei den Spielern allerdings zugleich ein Verlangen nach Sicherheit gebender

Stabilität. Ein Übermaß an Zufall und Willkür verunsichert, bringt den Spielfluss ins Stocken oder sogar zum Erliegen. Der Spielleiter muss deshalb einerseits äußere Kontrolle hintan setzen, andererseits aber verlässliche Strukturen garantieren. Er muss die Belange der eigenen Person zurückstellen können, um den Konzentrationsprozess der Spieler nicht zu stören und sie in Interaktion zu bringen, zugleich aber stetig präsent sein, um bei Anfragen, Schwierigkeiten, zur Hilfestellung und evtl. auch als Spielpartner zur Verfügung zu stehen. Seine Hauptaufgabe besteht darin, bei der Strukturierung der Spielelemente, -abläufe, -inhalte und Deutungsmöglichkeiten Unterstützung zu leisten, um eine Basis für kreative Entfaltung zu schaffen. Das Psychodrama erweist hier seine spezifische Eignung, denn in der Konzeption Morenos sind dem Leiter als Arrangeur entsprechende Aufgaben zugedacht.

4. Inszenierung und Anwärmung

Die Verkörperung wirkt im Psychodrama als didaktisches Prinzip im Hinblick auf ein spielerisch-sinnliches Lernen. Situationen werden so arrangiert und untersucht, dass günstige Bedingungen für vielfältige ästhetische Erfahrungen geschaffen werden. Gewähr dafür bietet das Prinzip der Konkretisierung, mit dem Aussagen und Inhalte in sinnliches Erleben umgewandelt werden. In der Surplus-Realität der Bühne wird dem Imaginären und Phantastischen, das für die kreative Entfaltung von besonderem Wert ist, ein gleichberechtigter Platz eingeräumt. Für die Erkundung und Analyse eines Problems stehen verschiedene Inszenierungsmethoden zur Verfügung. Da wären zunächst die klassischen Psychodramatechniken: Rollentausch, Doppeln und Spiegeln.
Der Rollentausch ermöglicht es, die Situation aus verschiedenen Perspektiven zu erleben und der Handlung aus einer neuen Richtung Impulse zu geben. Das Doppeln gibt dem Zuschauer oder Beobachter die Chance, seine Ideen direkt ins Geschehen einzubringen. Er begibt sich bei passender Gelegenheit, z.B. wenn die Handlung ins Stocken gerät, neben oder hinter einen Darsteller, nimmt die gleiche Körperhaltung ein und macht ihm durch eine kurze und prägnante Aussage oder Handlung einen Vorschlag, fortzufahren. Anders als in der therapeutischen Arbeit, bei der vorrangig das eigene Körperempfinden für eine Einfühlung in den Protagonisten genutzt wird, können im pädagogischen Rahmen mit dem Doppeln auch gezielt alternative Handlungsimpulse gesetzt werden. Es bleibt allerdings eine Intervention, die sich aus der Identifikation mit einer bestimmten Rollenfigur und aus der Dynamik der Handlung ergibt. Im Gegensatz dazu wird mit der Technik des Spiegelns ein Überblick angestrebt, der es einem oder mehreren MitspielerInnen erlaubt, sich aus den Verstrickungen der Handlung zu befreien und durch eine neutrale Position auf eine reflexive Ebene zu gelangen. Sie kann unter anderem dazu genutzt werden, um bisherige Entwicklungen zu beurteilen, das Zusammenwirken der einzelnen Rollen in einem

System zu analysieren, Einflussmöglichkeiten einzuschätzen, Hindernisse für Spontaneität aufzuzeigen, Themen und Prozesse zu benennen.
Darüber hinaus werden in der psychodramatischen Praxis zahlreiche Inszenierungstechniken verwendet, die einerseits eine sensible Erkundung befördern, andererseits eine kreative Entwicklung antreiben. Erforschung und Veränderung gehören im Psychodrama unmittelbar zusammen. Die Simultandramaturgie etwa eröffnet verschiedene Möglichkeiten: Zwei Szenen können parallel gespielt bzw. nebeneinander aufgebaut und alternierend fortgeführt werden. Dabei wird evtl. ein zentrales Element oder eine bestimmte Rollenvorgabe variiert und deren Einfluss auf die Handlung beobachtet. Sollen mehr als zwei Kontrastszenen erarbeitet werden, bietet es sich aus praktischen Gründen an, prägnante Interaktionen zwischen zwei oder drei Beteiligten herauszugreifen oder sich auf Standbilder zu konzentrieren, um die Unterschiede zu analysieren. Die Standbilder oder einzelne Rollen lassen sich auch durch einen spektrographischen Aufbau im Raum verteilen. Dann können die Beziehungen zwischen den einzelnen Abläufen untersucht werden, z.B. im Hinblick auf das Kriterium Nähe-Distanz, oder die Bezüge zwischen den Szenen oder Standbildern werden symbolisch-präsentativ gefasst, etwa durch die Einführung einer Vermittlerrolle. Auf ähnliche Weise lässt sich auch mit Real- und Wunschbildern oder mit Rückblenden und Zukunftsprojektionen parallel arbeiten.
Um einen einzelnen Moment in einer szenischen Handlung genauer zu betrachten, können die Figuren einfrieren (Freeze). Das Spiel wird unterbrochen, um über bestimmte Aspekte in verbalen Austausch zu gelangen und alternative Möglichkeiten zu diskutieren. Wie mit einem punktuell strahlenden Scheinwerfer (Spotlight) lassen sich aus einer Szene einzelne Elemente oder Interaktionen ins Zentrum der Aufmerksamkeit stellen, wobei ein Ausschnitt nicht nur hervorgehoben, sondern dann bei Bedarf einzeln weitergeführt werden kann. Eine variierte Betrachtung und neue Handlungsimpulse ermöglichen auch die zeitliche Dehnung oder Raffung einer szenischen Darstellung. Von innen sowie von außerhalb der Szene können verschiedene Varianten eingebracht werden, um mit der neuen Situation spontan zu experimentieren. Statt eines kompletten Rollenwechsels tauschen z.B. zwei MitspielerInnen eine zentrale Charaktereigenschaft aus. Sehr wirksam ist zudem die Methode der Maximierung. Eine sich im Handlungsgeschehen andeutende Dynamik wird gezielt gesteigert, in einem Sinnbild aufgegriffen und auf diesem Wege deutlicher konkretisiert. Dies geschieht etwa durch schnellere Bewegungen, eindringlichere Aktionen in kürzerem Zeitabstand, Vergrößerung der Gestalten oder höhere Lautstärke. Eine Machtposition im Rollensystem kann z.B. durch eine erhöhte Position auf einem Stuhl oder Tisch zum Ausdruck gebracht werden oder die Unterhändler handeln tatsächlich unten auf dem Boden.
Die Spontaneität der ZuschauerInnen findet in Rollenerfindungen ihren Ausdruck. Mit einer Idee für eine spezielle Figur gehen sie überraschend oder in Absprache mit dem Leiter auf die Bühne, um der Handlung einen Impuls zu geben. Der Phantasie

sind dabei keine Grenzen gesetzt. Es können also nicht nur reale Personen auftreten, sondern auch Geistwesen, Comicfiguren, imaginäre Gestalten oder Verkörperungen von inneren Stimmen. Ein ‚Fürsprecher', der ‚innere Schweinehund' oder der sprichwörtliche ‚Floh', den jemand ins Ohr gesetzt bekommt, treten so ins Geschehen. Neben der Bühne lässt sich außerdem ein Forum einrichten für Zuschauerkommentare. Hier kann jemand auch in der Rolle eines beliebigen Experten seine Meinung zum Geschehen kundtun. Ein Geschichtenerzähler wird aufgerufen, von dieser Position aus die Handlung weiterzuspinnen oder ein permanenter Kommentator erläutert pantomimische Inszenierungen.

Wie wirksam letztlich die verschiedenen Inszenierungstechniken zur Förderung kreativen Potentials eingesetzt werden können, hängt entscheidend von der Vorbereitung ab, die sich nicht auf eine Planung bis ins kleinste Detail stützt, sondern auf eine Sensibilisierung und Lockerung der Beteiligten. Ich möchte-deshalb zum Abschluss noch einmal auf die Phase der Erwärmung im psychodramatischen Prozess zu sprechen kommen. Am Beispiel der Schule lässt sich erkennen, dass eine Erwärmung für kreatives Tun aus einer Diskrepanz zwischen offiziellen Vorgaben (Oberflächenstruktur) und informellen Bestrebungen (Tiefenstruktur) entstehen kann. Dies zeigt sich etwa in schriftlichen Prüfungen, wenn es darum geht, sich um Einschränkungen bei der Informationsbeschaffung herum zu mogeln, oder auch in anderen Bereichen eines sogenannten informellen Lehrplans. Für die Erwärmung als Methode bedeutet dies, dass die individuellen Bestrebungen als zentrale Antriebskraft unbedingt genutzt werden sollten. Eine Erwärmung soll tatsächliches, nicht vorgegebenes Interesse wecken und muss darüber hinaus eine vertrauensvolle Atmosphäre schaffen, in der die sehr eigenen Bedürfnisse, Vorstellungen, Ideen und Geschichten zum Ausdruck kommen können. Sie soll die Beteiligten als Gruppe zueinander finden lassen und eine gemeinsame Ausrichtung unterstützen.

Für eine Anwärmung eignen sich eine Fülle von Übungen, Interaktionsspielen und Improvisationsexperimenten, die inzwischen in zahlreichen Veröffentlichungen unter verschiedenen Kriterien aufgelistet zur Verfügung stehen. Im Hinblick auf eine psychodramatische Arbeit im Bildungszusammenhang möchte ich für die Anwärmung vier Kategorien zur Unterscheidung ihrer Ausrichtung vorschlagen. Die ersten drei sind an den Rollenkategorien Morenos orientiert, der zwischen einer sozialen, einer leiblichen (psychosomatischen) und einer aus dem inneren Erleben geleiteten (psychodramatischen) Rollendimension unterscheidet. (Moreno 1960, S 265) In diesem Sinne entspricht einer somatischen Anwärmung die Wahrnehmung des eigenen Körpers, dessen Verspannungen oder Blockierungen sowie dessen Beweglichkeit und Impulse. Vorrangige Ziele sind die Lockerung und Flexibilisierung des Bewegungsapparates, die (Rück-)Gewinnung körperlicher Energie auch nach langen Gesprächsphasen, die Förderung von Spielfreude, der Lust an Bewegung und Aktion. Die Aufmerksamkeit auf den eigenen Körper zu lenken bedeutet außerdem, ihn als Instrument für den persönlichen Ausdruck zu sehen, die einzelnen Sinne für die Wahrnehmung zu sensibilisieren, nicht zuletzt auch die Haut als Kontaktfläche nach außen.

Bei der psychischen Anwärmung geht es um die Wahrnehmung der eigenen Befindlichkeit, der Gefühle und Gedanken, auch in der Form von Wünschen, Träumen, Phantasien. Die momentane Stimmungslage wird geprägt durch die gegenwärtige Situation, in dieser Zeit, in diesem Raum, mit diesen Menschen, sowie durch zurückliegende Ereignisse, zukünftige Vorhaben und Erwartungen. Eine sozial ausgerichtete Anwärmung stellt den Kontakt mit den anderen Teilnehmern in den Vordergrund. Hier lassen sich die verschiedenen Möglichkeiten der Begegnung erkunden, aber auch deren Einflüsse auf das eigene Verhalten. Selbst- und Fremdwahrnehmung werden auf diese Weise hervorgehoben.

Für die pädagogische Anwendung des Psychodramas erhält eine thematische Anwärmung als vierte Kategorie besondere Bedeutung. Dabei geht es weniger um die didaktische Aufbereitung eines Themas, das in variantenreicher Form dargeboten, aufgeschlüsselt und in seinen verschiedenen Facetten vorgestellt wird, sondern um die Möglichkeit einer ganz persönlichen Annäherung, bei der die individuelle Beziehung zu einem speziellen Inhalt zum Ausdruck gelangen und gestaltet werden kann. Ein Aspekt der Thematik wird konkretisiert und in ein Spiel einbezogen, in dem die Beteiligten mit eigenen Stellungnahmen, Auffassungen und Bezügen experimentieren. Mit einem leeren Stuhl oder einem anderen gewählten Symbol kann das Thema repräsentiert werden, um näher damit in Kontakt zu kommen, einen Rollentausch vorzunehmen, eine individuelle Haltung und Aussage zu finden.

Die verschiedenen Formen der Anwärmung lassen sich miteinander kombinieren, so dass Schwerpunkte gezielt herausgearbeitet werden können. Eine Differenzierung der Inszenierungstechniken und Anwärmungen soll allerdings nicht ein akribisch planvolles Vorgehen unterstützen. Wer kreatives Handeln fördern möchte, muss Platz lassen für Überraschungsmomente und eigene Anteile der Beteiligten. Die Ergebnisse der pädagogischen Bemühungen vorausbestimmen zu wollen, würde dem Vorhaben genau widersprechen. Das Psychodrama lebt von der Spontaneität, auf die sich nicht zuletzt auch der Leiter der Aktionen einlassen muss. Das Verfahren bietet einen sicheren, verlässlichen Rahmen, um Situationen zwecks ihrer Erkundung und Veränderung zu arrangieren. Nur bei ausreichender Offenheit des Prozesses können allerdings die Methoden dabei helfen, eine günstige Atmosphäre sowie persönliche Eigenschaften zu entfalten, die Kreativität ermöglichen.

Bernd, C. (1988): Bewegung und Theater. Lernen durch Verkörpern. Frankfurt.

Buer, F. (1999): Lehrbuch der Supervision. Der pragmatisch-psychodramatische Weg zu Qualitätsverbesserung professionellen Handelns. Münster.

Ehrenspeck, Y. (1996): Aisthesis und Ästhetik. Überlegungen zur einer problematischen Differenzierung, in: Mollenhauer, K./Wulf, C. (Hg.): Aisthesis/Ästhetik. Zwischen Wahrnehmung und Bewußtsein. Weinheim, S. 201–230.

Fangauf, U. (1999): Moreno und das Theater. In: Buer, F. (Hg.): Morenos therapeutische Philosophie. Die Grundideen von Psychodrama und Soziometrie. Opladen, S. 93–110.

Frankl, H. (1992): Über Mead hinaus: Morenos Theorie des alltäglichen und des psychodramatischen Rollenspiels. In: Buer, F. (Hg.): Jahrbuch für Psychodrama, psychosoziale Praxis und Gesellschaftspolitik – 1992. Opladen, S. 19–72.

Gellert, M.(1993): Die Gruppe in Bewegung bringen... In: Bosselmann, R.; Lüffe-Leonhardt, E.; Gellert, M. (Hg.): Variationen des Psychodramas. Ein Praxis-Handbuch nicht nur für Psychodramatiker. Meezen. S. 155–159.

Gombrich, E.H. (1984): Bild und Auge. Neue Studien zur Psychologie der bildlichen Darstellung. Stuttgart.

Hentig, H. von (1998): Kreativität. Hohe Erwartungen an einen schwachen Begriff. München, Wien.

Kern, A. (1997): Ästhetik und Kreativität als Ressource: Zur authentischen Theaterarbeit der Wilden Bühne mit ehemaligen Drogenabhängigen. In: Kruse, O. (Hg.): Kreativität als Ressource für Veränderung und Wachstum. Kreative Methoden in den psychosozialen Arbeitsfeldern: Theorien, Vorgehensweisen, Beispiele. Tübingen, S. 89–107.

Kobbert, M. J. (1994): Möglichkeiten einer freien Kunsttherapie. In: Hörmann, K./Schurian W. (Hg.): Kunsttherapie. Münster. S. 35–54.

Krappmann, L. (1983): Spiel als Medium der Sozialisation. In: Kurzrock, R. (Hg.): Das Spiel. Berlin. S. 73–84.

Kruse, O. (1997): Kreativität und Veränderung. Modellvorstellungen zur Wirksamkeit kreativer Methoden. In: Ders. (Hg.): Kreativität als Ressource für Veränderung und Wachstum. Kreative Methoden in den psychosozialen Arbeitsfeldern: Theorien, Vorgehensweisen, Beispiele. Tübingen, S. 13–53.

Lammers, K. (1994): Bildnerische und dramatische Soziogramme. Netzwerkarbeit mit Hilfe psychodramatischer und kunsttherapeutischer Verfahren. In: Psychodrama, Nr. 2, S. 197–216.

Lammers, K. (1996): Existenz und Experiment. Psychodrama als Atelier der Lebensgestaltung. In: Buer, Ferdinand (Hg.): Jahrbuch für Psychodrama, psychosoziale Praxis und Gesellschaftspolitik 1995. Opladen, S. 93–119.

Lammers, K. (1998): Verkörpern und Gestalten. Psychodrama und Kunsttherapie in der psychosozialen Arbeit. Göttingen.

Langer, S. (1987): Philosophie auf neuem Wege. Das Symbol im Denken, im Ritus und in der Kunst. Frankfurt/M.

Moreno, J.L. (1953): Who shall survive? Beacon.

Moreno, J.L. (1960): Rolle. In: Petzold, H.; Mathias, U.: Rollenentwicklung und Identität. Paderborn. 1982. S. 259–266.

Richter-Reichenbach, K.-S. (1992): Identität und ästhetisches Handeln: präventive und rehabilitative Funktionen ästhetischer Prozesse. Weinheim.

Schacht, M. (1992): Zwischen Chaos und Ordnung. Neue Aspekte zur theoretischen und praktischen Fundierung der Konzeption von Spontaneität und Kreativität. In: Psychodrama Vol. 5(1), S. 95–130.

Turner, V. (1995): Vom Ritual zum Theater. Der Ernst des menschlichen Spiels. Frankfurt a.M.

Jacob L. Moreno

Die Spontaneitäts-Theorie des Lernens

1. Revision der experimentellen Methode in Wissenschaft und Philosophie der Erziehung

Einstein postulierte, dass die Erkenntnis des physischen Universums vom Beobachter abhängig ist. Indem er den Beobachter zum Bestandteil des Experiments machte, bewirkte er in der Physik eine Revolution. Die durch die Soziometrie eingeleitete Verbesserung der experimentellen Methode in den Sozialwissenschaften ging einen Schritt weiter. (J.L. Moreno, 1948, S. 119–163; 1981, S. 159–164; 211–224); Leonard S. Cottrell/Ruth Gallagher, Sociometry, Vol. 4, 3, S. 322–323) Sie postulierte, dass die Erkenntnis des sozialen Universums von den konstituierenden Akteuren und deren Beziehungen zueinander abhängig ist. Es ging nicht nur darum, den Beobachter wieder einzuführen, sondern auch dessen Status zu verändern – aus dem Sozialforscher einen Partner und Gruppenmitglied zu machen und besonders allen Beobachteten den Status von Sozialforschern zu geben. Dieser doppelte Rollentausch wird schrittweise zu einer Umstrukturierung der Methoden des sozialen Experiments führen.

Im Bereich der Erziehung hatte diese Revision zwei Konsequenzen. Erstens mussten Vorgehensweisen gefunden werden, die diese Revision berücksichtigten und wie z.B. Psychodrama und Soziodrama reales und dynamisches Lernen ermöglichten. Zweitens verändert sich der Lehrer von einer Autorität, von einem beziehungslosen Außenseiter zu einem Partner und Gruppenmitglied. Er ist jetzt außerhalb und innerhalb der Gruppe ein Lehrer und ein Lernender. Sein erzieherischer Einfluss wird nun ähnlich kontrollierbar wie bei dem ebenfalls in Schranken gehaltenen Sozialwissenschaftler in der experimentellen Soziometrie oder dem Psychotherapeuten und Berater im Psychodrama.

2. Die Vorgehensweise

Spontanes Vorgehen bezieht sich auf die Aktionen des Lernenden im Augenblick des Lernens. Wenn der Augenblick nicht vollkommen gelebt, ihm nicht entsprochen wird, können daraus Rückstände aktionaler Spontaneität resultieren und den Fortschritt des Lernenden blockieren. Diese Reste können durch vielfältige Reize wie z.B.

durch Streß im Verlauf des Handelns verursacht und vom Lernenden nicht verdaut werden. Aus diesen Rückständen spontaner Handlung resultiert, was häufig Frustration des Lernenden genannt wird. Der Lernende kann mit diesen Resten auf dreierlei Weise verfahren: Erstens kann er passiv zulassen, dass sich die Rückstände anhäufen, bis sie sein Leben unsicher und untragbar machen. Z.B. kann er psychisch krank werden. Zweitens kann er sie als Material für die Bildung mentaler Stereotype und kultureller Konserven verwenden. Diese beiden Möglichkeiten sind fast ausschließlich praktiziert worden. Letztlich kann der Lernende der Spontaneität vertrauen und versuchen, die Rückstände durch Dekonservierung aufzulösen, um so Spontaneität aktiv und systematisch zu trainieren. Dieser Vorgehensweise ist die Spontaneitäts-Theorie des Lernens gewidmet.
Es gibt noch keine angemessen geplanten Experimente, um Spontaneität zu testen und zu trainieren. Unsere Hypothesen in diesem Bereich basieren weitgehend auf klinischen Beobachtungen. Es ist jedoch genug unternommen worden, um andere Wissenschaftler zur Erforschung des Problems zu bewegen.

3. Die Form

Die Aktivitäten des Lernenden werden nicht nur durch den jeweiligen Augenblick, sondern auch durch vergangene Ereignisse oder zukünftige Ziele beeinflusst. Je nach Schwerpunkt wurden verschiedene Lerntheorien entwickelt: assoziatives Lernen (behavioristisch oder gestaltpsychologisch), zielorientiertes Lernen oder heutzutage Spontaneitäts-Lernen. Ein Beispiel dafür, was Zielorientierung mit dem Lernenden macht, ist das „Parademarsch"-Lernen, das von deutschen Militärschulen übernommene Modell. Der Lernende übt, er wird peinlichst gedrillt, wie er sich in bestimmten Situationen zu verhalten hat. Es wird angenommen, dass er eine bestimmte Situation um so genauer bewältigen wird, je besser er sie geübt hat. Er soll so lernen, wie ein Schauspieler seine Rolle auswendig lernt. Das Ergebnis mag große Präzision bei der Lösung dieser Aufgabe sein; jedoch steht nur ein Minimum an Spontaneität für irgend ein anderes unerwartetes Ereignis zur Verfügung (Toeman 1944).
Wenn sich eine neue Situation ereignet, in der der lernende Soldat auf keine passende Spontaneitäts-Erfahrung zurückgreifen kann, wird er von genau den Klischees blockiert werden, die zu beherrschen er gelernt hat. Er hätte auch auf *alle* potentiellen Situationen vorbereitet sein können anstatt auf einige wenige. Aber dies würde eine Veränderung der Philosophie und der Techniken des Lernens erfordern. Wir müssten die Spontaneität des Soldaten trainieren und nicht die exakte Ausführung in dieser oder jener Situation. Während des letzten Krieges wurde speziell über australische aber auch amerikanische Soldaten gesagt, dass sie nicht so genau und schnell dafür jedoch individueller und spontaner als deutsche Soldaten gewesen seien. Diese Beobachtung kann leicht zu einem Hemmnis werden und zu falsch geplanten Maß-

nahmen führen, wenn sie nicht in einem größeren Bezugsrahmen gesehen wird. Ziel des Lernens ist möglicherweise nicht die Präzision bei einer bestimmten Zahl von Aufgaben, sondern die Spontaneität des ganzen Organismus eines Soldaten sowie die spontane Koordination der Interaktionen zwischen den Angehörigen einer Kompanie. Das Ziel bestünde dann darin, den Organismus des Soldaten zu befähigen, angemessen und schnell den Erfordernissen des Augenblicks zu entsprechen. Erhalt und Steigerung seiner Plastizität würden wichtiger als Präzision in einem begrenzten Bereich. Es ist sehr gut möglich, dass größere Spontaneität und Findigkeit der amerikanischen und australischen Soldaten zum Kriegsgewinn beigetragen haben. Diese entrissen den Deutschen gegen alle Wahrscheinlichkeit den Sieg, besaßen die Deutschen doch zu Beginn eine überlegene Bewaffnung und eine viel disziplinierte Armee.

Der Transfer zwischen dem Erlernen einer Sache und dem Erlernen einer anderen sollte um so schwerer gelingen, je weniger die Plastizität zwischen den verschiedenen Lernfeldern entwickelt ist. Beim Lernen von Spontaneität stellt sich daher die Aufgabe, sich auf leichten Transfer vorzubereiten und dies gleichzeitig mit diszipliniertem Handeln zu integrieren, zu lernen, wie ein angemessenes Gleichgewicht zwischen den beiden Extremen zu finden ist. Wieviel von dem einen oder dem anderen zu opfern ist, hängt dabei vom Einzelfall ab. Es gibt verschiedene Methoden, mit denen man lernen kann, Transfer zu erleichtern, z.B. die Improvisation sinnloser Worte und Phrasen bei der Behandlung von Stotterern. So eine Übung ähnelt keineswegs dem Auswendiglernen und Vergessen sinnloser Silben. Es handelt sich ausschließlich um eine Übung spontanen Schaffens „eine Methode der Dekonservierung, der allmählichen Beseitigung von Klischees durch Spontaneitätstraining. Sie führt den Stotterer von der semantischen zur präsemantischen Sprachebene. Wenn Gefühle und Gesten mit sinnlosen Worten assoziiert werden, verschwindet das Stottern. Später kann der Moment erreicht werden, in dem der Stotterer das durch bedeutungsloses Sprechen erreichte spontane Gleichgewicht zurück auf die semantische Ebene transferiert.

Der Parademarsch-Lernende wird zum Schutz vor Fehlern oder Lampenfieber oft angehalten, übermäßig zu lernen, um seinen Part besser als notwendig zu kennen. Zuwenig-Lernen könnte für den spontan Lernenden ein ebenso wichtiges Hilfsmittel sein. Der übermäßig Lernende sucht eine Kulturkonserve, um sich daran festzuhalten. Der wenig Lernende möchte seine Spontaneität wachsen lassen.

4. Das Medium – psychodramatische Bühne oder psychoanalytische Couch

Das Medium, in dem sich Lernen ereignet, symbolisiert die angedachte Art des Lernens. Ein Beispiel ist die psychoanalytische Couch. Der Patient muss sich passiv in eine horizontale Position legen. Wenn er eine höhere Position einnehmen möchte, muss er die Beine der Couch verlängern und die Matratze anheben. Wenn er eine tiefere Position einnehmen möchte, muss er die Beine abnehmen. Und wenn er sich

von einer Position in die andere begeben möchte, muss er die Couch so verändern, dass sie über mehrere Ebenen verfügt. Wenn er auf seinen Füßen sicher stehen möchte, benötigt er eine Couch mit einer harten, vielleicht hölzernen Oberfläche. Und wenn er sich frei und nach allen Seiten ausgreifend bewegen möchte, benötigt er viel Raum, einen ausgedehnten Handlungsraum. Mit diesen Veränderungen ist ein neues Medium geboren. Die alte Couch hat sich in eine Psychodramabühne verwandelt. Und es wurde noch etwas hinzugefügt. Wenn er auf der Couch an seine Mutter oder seine Frau dachte, sprach er über sie. Mehr erlaubte die Couch nicht. In dem neuen Medium können diese auf der Bühne erscheinen und agieren, ihren eigenen Part präsentieren. Und die ganze Welt kann vor ihnen im Zuschauerraum sitzen.
Medium für Truppenübungen ist das offene Feld. Es ist ein ähnliches Medium wie die Bühne „am weitesten entfernt von der Couch, da hier alles passieren, alles getan werden kann. Die Ereignisse werden nicht durch ein einzelnes Individuum, durch einen sprechenden Soldaten auf der Couch bestimmt. Individuelle und soziale Spontaneität im weitesten Sinne des Wortes sind die Erfordernisse einer agierenden Armee. Aber das offene Feld kann durch Übungsformen, die die Möglichkeiten des Feldes nicht ausnutzen, an Wert verlieren. Deren Symbol ist der Parademarsch. Der Parademarsch erfordert keine weiten, offenen Räume. Ein Medium wie ein Schienenstrang würde für die Ausübung genügen. Der Schienenstrang macht aus einem offenen Feld, was die Couch aus der Bühne macht. Unter dem Gesichtspunkt der Mobilität ist der Schienenstrang eine physikalische Beschränkung des offenen Handlungsfeldes, die Couch die Beschränkung der therapeutischen Bühne und Psychoanalyse eingeschränktes Psychodrama.

5. Autonomie des Lernenden

Lernen ist ein alles umfassender Prozess. Lernen im Verlauf der Erziehung stellt nur eine Phase dieses Prozesses dar. Dieser muss das Lernen im Verlauf des Lebens von der frühesten Kindheit bis zum hohen Alter einschließen, für subhumane genauso wie für humane Organismen. Er muss soziales und kulturelles Lernen beinhalten, da es im Rahmen sozialer und kultureller Institutionen erfolgt. Das Konzept des Lernens muss therapeutisches Lernen auf der Couch ebenso wie auf der Bühne umfassen. Wenn wir eine derart breite Sicht des Lernprozesses formuliert haben, können wir einen Schritt weiter gehen und die verschiedenen Instrumente des Lernens danach bewerten, was sie zur Autonomie, Spontaneität und Kreativität des Lernenden beitragen.
Man kann den erzieherischen oder therapeutischen Wert eines Instruments danach bemessen, wie sehr es die Autonomie von Individuen oder Gruppen anregt. Z.B. ist das Maß an Autonomie, das die Psychoanalyse einem Subjekt zu erreichen erlaubt, auf die verbale Dimension begrenzt. Non-direktive Beratung kann noch niedriger als die Psychoanalyse eingeschätzt werden, da sie die Spontaneität des therapeutisch Ler-

nenden nicht erhöht. Auf der anderen Seite ist sie so gestaltet, dass sie die Spontaneität des Beraters einschränkt. Der Grad, bis zu dem sich ein Subjekt für eine Erfahrung sowie für das Ausleben von selbst und anderen erwärmt, stellt ein Maß für die Autonomie des Selbst dar. Es ist nützlich, Grad, Umfang und Intensität der Erwärmung zu studieren, die Individuen im Verlauf verschiedener Lernvorgänge erreichen. Wir können von Instrumenten, die Beteiligung und Autonomie nur minimal anregen, und von Instrumenten, die Beteiligung und Autonomie maximal anregen, sprechen. Manche Instrumente regen das Individuum lediglich an, sich für Wahrnehmungen zu erwärmen, andere nur für Phantasien, andere für verbale freie Assoziation. Man kann sich eine Vielzahl noch nicht existierender Instrumente vorstellen, die auf kontrollierte Weise immer größere Teile der Persönlichkeit für ein Ausmaß der Erwärmung mobilisieren und stützen würden, von dem der Handelnde vollständig erfaßt und dadurch frei gesetzt wird. Derartige Instrumente, die hohe Grade an Autonomie ermöglichen, sind Psychodrama und Soziodrama.

6. Integrationskatharsis und das Ziel des Lernens

Eine der Leistungen der Spontaneitäts-Forschung bestand darin, die verschiedenen Phasen und Varianten der Spontaneität als Teil eines Prozesses zu verstehen „Einschränkung und Verlust der Spontaneität, impulsives Ausagieren und pathologische Exzesse ebenso wie adäquate und disziplinierte, produktive und kreative Spontaneität. Eine andere Leistung bestand in der Erkenntnis, dass Spontaneität nicht in einem Vakuum, sondern in bezug auf bereits strukturierte Phänomene, kulturelle und soziale Konserven, operiert. An dieser Stelle haben wir einen weiteren Aspekt zu berücksichtigen, die Beziehung des Lernens zur mentalen Katharsis.
Die Einbindung aller Arten des Lernens in das Prinzip der Spontaneität ist der Traum vieler Erzieher. Sie wird sich allmählich in Verbindung mit der Entwicklung und Anwendung von Methoden vollziehen, die dessen Nützlichkeit erweisen. Wir werden uns immer stärker der Tatsache bewusst, dass der Erzieher in seinem Wirken nicht sauber vom Elternteil, Berater, Therapeuten, Freund und Partner unterschieden werden kann. Umgekehrt kann der Schüler nicht säuberlich vom Sohn, Lernenden, Beratenen oder Patienten unterschieden werden. Die dynamische Beziehung zwischen allen Arten des Lernens rückt das Konzept der mentalen Katharsis, das bisher auf einen speziellen Bereich, den der Psychotherapie, beschränkt blieb, in den Vordergrund. Mentale Katharsis wird hier als Prozess definiert, der jede Form des Lernens begleitet, nicht nur die Lösung eines Konflikts, sondern auch eine Verwirklichung des eigenen Selbst, nicht nur Spannungsabfuhr und Entlastung, sondern auch Gleichgewicht und Frieden. Es handelt sich nicht um eine Katharsis des Abreagierens, sondern um eine *Integrationskatharsis.* Nehmen wir Shakespeares Hamlet als Beispiel. Stellen wir uns vor, dass Hamlet auf der Bühne der wirkliche Prinz Hamlet

und *kein* Schauspieler ist. Dann gibt es vom kritischen Erscheinen seines Vaters am Tor von Fortinbras neben Abreaktionen eine ganze Reihe von Rollenübernahmen und Interaktionen, von Dialogsequenzen und Pausen, Augenblicken der Besinnung und Entscheidung, die in ihrer Gesamtheit auf die Integration von Hamlet, von seinen Mitspielern und den Zuschauern abzielen.
In einem Universum, das von Kulturkonserven und sozialen Stereotypen beherrscht wird, ist das Individuum eine vergleichsweise freie und spontane Entität. Aber die isolierte persönliche Spontaneität von zwei Milliarden Menschen, wertvoll wie sie auch sein mag, ergibt keine Spontaneität der Masse. Deshalb ist es erforderlich, die Spontaneität der Masse mit Hilfe spezieller Vorgehensweisen systematisch zu entwickeln. Wie wir aus der Soziometrie und der Spontaneitätsforschung gelernt haben, führt in einer Gruppe eine steigende Zahl von Personen und deren Interaktionen zu einer Verminderung der Spontaneität des Einzelnen und der Gruppe. Sie machen sich gegenseitig unfrei und unspontan. In einer von Konserven dominierten Welt werden die Individuen und Kleingruppen innerhalb der ganzen Population um so unfreier, je mehr die Menschheit wächst. Die Studien zur Massenpsychologie von Le-Bon, Tarde und anderen waren an sich richtig. Sie fanden heraus, dass die Masse und der Mob impulsiv, automatisch, unkontrolliert und von primitiven Emotionen bestimmt wird, wobei die Initiative, Freiheit und Spontaneität der einzelnen Beteiligten auf ein niedriges Niveau reduziert wird. Was sie nicht bemerkten war, dass die sogenannte Masse oder der Mob bereits pathologisch gestörte Gruppenstrukturen darstellen, für die unsere Weltordnung selbst verantwortlich ist. LeBon und Tarde beschrieben, wie die Strukturen von Massen und Mobs in *unserer* Art von Gesellschaft aussehen, aber nicht, wie sie sein könnten, wenn die optimale soziale Struktur spontan-kreativer menschlicher Beziehungen erreicht werden könnte. Wenn wir uns entscheiden sollten, anstelle des jetzigen Universums, in dem Spontaneität willkürlich und zufällig auftritt, ein spontan-kreatives Universum zu erschaffen, würde die Spontaneität eines Individuums die Spontaneität des anderen anregen. Das quantitative Ergebnis wäre das Gegenteil von dem, was wir jetzt haben. Die Spontaneität der Gruppe würde mit ihrer Größe und der Anzahl der Interaktionen der Beteiligten ansteigen, während in unserer gegenwärtigen Weltordnung „der Spontaneitätsquotient der gesamten Menschheit praktisch unwirksam ist“, wie z.B. die Völkerversammlung und die Vereinten Nationen illustriert haben.
Die Spontaneität der Menschheit in einer solchen zukünftigen Weltordnung wird in direkter Abhängigkeit zur Anzahl der Individuen und deren Interaktionen zunehmen. Sie wird so außergewöhnlich sein, dass die Kraft des Menschen, die Wirkung seines kollektiven Willens alles übertreffen wird, was wir uns je erträumen konnten.

Erschienen 1949 bei Beacon House Publishers, Beacon, NY als Sonderausgabe der Zeitschrift „Sociatry, Journal of Group and Intergroup Therapy“. Titel der Ausgabe: Psychodrama and Sociodrama in American Education, Robert Bartlett Haas (Editor), S. 3/191, 8/196.

Literatur

Cottrell, Leonard S./Gallagher, Ruth: Developments in Social Psychology, Sociometry, Vol. 4, 3, S. 322–323.

Moreno, Jacob L. (1948): Experimental Sociometry and the Experimental Method in Science, Current Trends in Social Psychology. Pittsburgh. S. 119–163.

– (1940): A Frame of Reference for Testing the Social Investigator. Sociometry, Vol. 3. S. 317; (deutsche Übersetzung in: J.L. Moreno, Soziometrie als experimentelle Methode. Petzold, Hilarion (Hg.) (1981) Paderborn. S. 159–164).

– (1949): Sociometrie et Marxisme, Cahiers Internationaux de Sociologie. Paris. (deutsche Übersetzung in: Moreno, J.L.: Soziometrie als experimentelle Methode. Ort. S. 211–224).

Toeman, Zerka (1944): Role Analysis and Audience Structure. Sociometry, Vol. 7, 2.

AutorInnenliste

Prof. Dr. Ferdinand Buer

Jg. 1947; Erziehungs- und Sozialwissenschaftler an der Universität Münster; Psychodramatiker (DFP/DAGG); Supervisor (DGSv); Leiter des Psychodrama-Zentrums Münster GmbH, Institut für Forschung und Weiterbildung in den Bereichen: Beratungs- und Bildungsarbeit; Supervision; Organisations- und Personalentwicklung. Supervisor im Rahmen der Psychodrama-Ausbildung an verschiedenen Instituten.

Anschrift: Alte Schanze 46, 48159 Münster
Fon: 0251/213548; Fax 0251/211071; E-mail: info@psychodramazentrum.de

Daniel Feldhendler

1947 in Paris geboren. Seit 1969 in Frankfurt am Main. Dozent für die französische Sprache an der J.W. Goethe-Universität in Frankfurt/Main. Ausbilder in Lehrerfortbildung/Erwachsenenbildung im In- und Ausland. Mitarbeiter bzw. Gastdozent an Moreno-Instituten (Überlingen und Stuttgart). Gründungsmitglied mit Marie und Bernard Dufeu des Centre de Psychodramaturgie in Mainz. Psychodramaleiter (DAGG/Deutscher Fachverband für Psychodrama/IAGP), Supervisor (DGSv), Absolvent der School of Playback Theatre, N.Y.; Leiter Spiegelbühne Frankfurt (International Playback Theatre Network).

Anschrift: Hallgartenstr. 69, 60389 Frankfurt
Tel.: 069 45 04 17, Fax.: 069 46 22 05

Dr. Margret Fühles

SC, Psychodrama-Leiterin, ist u.a. tätig als Exerzitienleiterin und Lehrerin am Gymnasium.

Friedel Geisler

Pastorin, Dipl. rel. päd., Sozialtherapeutin, Psychodramatikerin (DFP/DAGG), Lehrsupervisorin (DGSv), Ausbilderin und Supervisorin an verschiedenen Psychodrama-Instituten. Leiterin der Arbeitsgemeinschaft ganzheitliche Psychotherapie und Zukunftswerkstatt.

Anschrift: Konrad-Adenauer-Str. 21, 42651 Solingen
Fon/Fax: 0212/273478/9; E-mail: friedel.geisler@t-online.de

Annette Hummelsheim

Bibliodramaleiterin und Dozentin am Erzbischöflichen Berufskolleg in Köln.

Cornelia Kleijn-Stangier

Psychodramaleiterin, Lehrsupervisorin für Psychodrama und Physiotherapeutin. sie leitet mit ihrem Mann das Meister Eckhart Haus in Köln.

Klaus Lammers

geb. 1966, Dipl.-Pädagoge, Kunst- und Kreativtherapeut, Psychodramaleiter (DFP/ DAGG). Tätigkeitsfelder: Beratung, Erwachsenenbildung, Sonderpädagogik.

Anschrift: Emdener Str. 3 48155 Münster
Fon/Fax 0251-43672, E-mail: klammers@web.de

Thomas Rimmasch

Psychodramatischer Supervisor und Psychodramaleiter (DFP/DAGG).
Zwanzigjährige Erfahrung im Berufsfeld Schule als Berufsschullehrer, davon zehn Jahre in der Lehrer-, Schulleitung- und Schulaufsichtsfortbildung.
Im Auftrag der Bezirksregierungen Arnsberg, Münster, Düsseldorf
- Supervision und Coaching von Schulleitungen,
- Konzeptentwicklung und Durchführung von Schulleitungsfortbildungen,
- Beratung und Fortbildung in Schulentwicklungsprozessen,
- Fortbildung in Gesprächsführung und Gesprächstrainings,
- Vermittlung des Verfahrens der Kollegialen Fallberatung,
- Konfliktberatung in Kollegien.

Anschrift: Breslaustr. 2A, 44263 Dortmund
Tel./Fax 0231 / 41 25 03

Eva Serafin

Diplom-Soziologin, Psychodrama-Leiterin und systemische Beraterin. Leiterin des Bereiches Pädagogik der DAG-Bildungsstätte in Berlin (gesellschaftspolitische und gewerkschaftliche Bildung sowie berufliche Orientierung), Lehrbeauftragte im Fachbereich Wirtschafts- und Erwachsenenpädagogik der Freien Universität Berlin.

Arbeitsschwerpunkte der sozio- und psychodramatischen Bildungsarbeit: Weiterbildung von MultiplikatorInnen und Konzeptentwicklung sowohl für die politische Bildung als auch für Gruppenleitung.
Anschrift: Eva Serafin, Sprengelstr.41, 13353 Berlin

Klaus-Werner Stangier

Jahrgang 1938, Ausbildung zum Lehrer für werktätige Erziehung, Studium der Philosophie, Theologie und Germanistik. Bis 1979 als Priester in der Jugend- und Erwachsenenarbeit tätig. Anschließend Ausbildung in Initiatische Therapie und Za-Zen bei Karlfried Graf Dürckheim, Maria Hippius-Dürckheim und Yamada Bunryo Roshi in Todtmoos-Rütte und Japan. Ausbildung zum Psychodramaleiter am Moreno-Institut Überlingen, inzwischen Lehrbeauftragter des Instituts und Supervisor (DAGG). Seit 1985 Leiter des Meister Eckehart Hauses in Köln.

Anschrift: Odenthaler Str. 401, 51069 Köln
Fon: 0221/9604120, Fax: 0221/9604121
E-Mail: meister-eckehart-haus @netcologne.de

Detlef Th. Tappen

Pastoralassistent in einer Gemeinde der Erzdiözese Köln.

Peter Wollsching-Strobel

Jg. 1959, naturwissenschaftliche Lehre, Studium der Pädagogik, Psychodramaleiter (DFP/DAGG), Supervisor (DGSv). Seit 1987 Unternehmensberater im Bereich Human Ressource Management, Führungs- und Organisationsentwicklung, Führungskräftetraining. Als Geschäftsführer der Firma Wollsching-Strobel & Partner für zahlreiche namhafte Unternehmen in Deutschland und europäischen Ausland tätig. Autor zahlreicher Veröffentlichungen.

Anschrift: Bertha-von Suttner-Ring 17a, 60598 Frankfurt/M
Fon: 069/612091, Fax: 069/611065

Beatrix Wildt

Jg 47; Diplom Psychologin und Lehrerin, Psychodramatikerin. Studien in Psychologie und Philisophie, in Soziologie und Erziehungswissenschaft, in Germanistik und Theologie an den Universitäten Münster, Hamburg und Bielefeld. Seit 1972 innovative und entwickelnde Tätigkeit in Schule, LehrerInnenaus- und -weiterbildung. Tätigkeiten in der allgemeinen Erwachsenenbildung und anderen pädagogischen Einrichtungen. Fortbildung, Beratung und Supervision für Schulen, Hochschulen und in der LehrerInnenausbildung. Arbeit für Non-Profit-Organsationen. Publikationstätigkeiten.

Adresse: Am Brodhagen 92a, 33631 Bielefeld

Thomas Wittinger

Evangelischer Theologe, Grundausbildung in Spiel- und Theaterpädagogik, Psychodramaleiter (DFP/DAGG), seit 1985 Jahre nacheinander Religionsunterricht an einer gewerblichen Berufsschule, einer additiven Gesamtschule und jetzt an zwei Gymnasien. Nebenberufliche Tätigkeit: Beratung, Erwachsenenbildung, Personal- und Führungstraining.

Anschrift: Samuel-Morse-Str. 9b, 64807 Dieburg
Fon. 06071/207541, Fax: 06071/207547, E-Mail: ifu.Wittinger@t-online.de